사도행전
속으로

제4권 택한 나의 그릇

사도행전 속으로
Into the Acts
4. My chosen Instrument to Carry

지은이 이재철
펴낸곳 주식회사 홍성사
펴낸이 정애주
국효숙 김의연 박혜란 손상범
송민규 오민택 임영주 차길환

2011. 6. 15. 초판 발행   2024. 2. 20. 7쇄 발행

등록번호 제1-499호 1977. 8. 1.
주소 (04084) 서울시 마포구 양화진4길 3 **전화** 02) 333-5161 **팩스** 02) 333-5165
홈페이지 hongsungsa.com **이메일** hsbooks@hongsungsa.com **페이스북** facebook.com/hongsungsa
양화진책방 02) 333-5161

ⓒ 이재철, 2011

• 잘못된 책은 바꿔 드립니다. • 책값은 뒤표지에 있습니다.

ISBN 978-89-365-0865-4 (04230)
ISBN 978-89-365-0531-8 (세트)

4 택한 나의 그릇

사도행전 8, 9장

이재철

서문

참된 교회를 그리며

저는 주일예배 시간에 늘 '순서설교'를 합니다. 순서설교는 제가 만든 용어로, 문자 그대로 성경을 순서대로 설교하는 것입니다. 강해설교도 성경의 순서를 따르지만 일반적으로 본문을 넓게 잡기에 각 구절에 대한 비중이 떨어지기 쉽습니다. 그러나 순서설교는 본문을 한두 구절씩 짧게 잡는 것이 특징입니다. 그러다 보니 성경 가운데 책 한 권의 설교를 끝내기 위해서는 상당한 햇수가 필요합니다. 그런데도 제가 목회를 시작한 이래 20여 년 동안 계속 순서설교를 해온 까닭이 있습니다. 1년에 주일은 52일밖에 없습니다. 그러므로 목회자가 한 교회에서 평생 목회해도 주일예배 시간에 성경 66권의 내용을 모두 심도 있게 설교하는 것은 물리적으로 불가능합니다. 주일예배는 물론이고 새벽 기도회, 수요 성경공부, 구역 성경공부 등에 빠짐없이 참석하는 교인은 예외겠지만, 주일예배에만 참석하는 대다수 교인은 결국 일주일에 한 번 설교자가 선호하거나 의도하는 구절에 대한 설교만 듣게 됩니다. 그렇게 해서는 하나님의 말씀이신 성경 전체를 바르게 이해하고 세상에서 하나님의 말씀을 좇아 사는 것은 지극히 어려운 일입니다. 그와 같은 단점을 보완하기 위해 매 주일 본문 구절의 깊이와 성경 전체의 넓이를 동시에 추구하자는 것이 순서설교입니다. 다시 말해 주일마다 가 구절을 깊이 있게 다루면서, 그 깊이만큼 해당 구절을 창으로 삼아 성경 전체를 들여다보고, 예배가 끝난 뒤에는 그 구절을 안경으로 쓰고 일주일 동안 세상에서 살자는 것입니다.

성경은 창세기부터 요한계시록까지 거미줄보다 더 정교하고 치밀하게 얽혀 있습니다. 그리고 성경 각 구절은 그 전체를 들여다보는 신비로운 창입니다. 똑같은 풍경도 창의 모양과 색깔에 따라 다르게 보이듯이, 성경을 들여다보는 창이 많고 다양할수록 성경 전체에 대한 이해가 더 깊어지고 넓어지기 마련입니다. 제가 순서설교를 선호하는 까닭이 여기에 있습니다. 구약성경의 초점이 '오실 예수'에, 신약성경의 초점이 '오신 예수'에 맞추어져 있기에, 즉 성경 전체의 초점이 '오직 예수' 한 분이시기에 순서설교와 절기설교는 상충하지 않습니다. 성경의 모든 구절이 예수님을 들여다보기 위한 창이기 때문입니다. 특정 절기와는 무관해 보이는 구절로 그 절기를 묵상함으로써 오히려 성경의 오묘함을 더 깊이 확인할 수 있습니다.

100주년기념교회 주일예배 설교 텍스트로 사도행전을 선택한 데엔 두 가지 이유가 있습니다. 저의 첫 목회지였던 '주님의교회'에서 요한복음 순서설교를 끝으로 10년 임기를 마친 것이 첫 번째 이유입니다. 목회의 장소와 형태 그리고 목적은 달라져도 목회의 영속성이 단절되는 것은 아니기에 요한복음에 이어 사도행전을 선택하였습니다. 두 번째 이유는 100주년기념교회로 저를 불러내신 주님께서 제게 부여하신 소명이 한국 교회의 출발점인 양화진외국인선교사묘원 묘지기이기 때문입니다. 이미 출판된 요한복음 설교집 〈요한과 더불어〉의 주제가 '주님과 동행'이라면 〈사도행전 속으로〉의 주제는 복음의 결과인 '교회 되기'이므로, 한국 교회의 출발점인 양화진에서 사도행전을 통해 참된 교회의 의미를 되새기기 위함입니다. 2005년 7월 10일 100주년기념교회 창립과 동시에 사도행전 1장 1절부터 순서설교를 시작한 이래 만 5년을 맞는 현재에도 사도행전을 계속 설교하고 있습니다. 주님께서 제 건강과 여건을 허락하신다면, 100주년기념교회에서 목회하는 동안 사도행전 순서설교를 끝내는 것이 제 소박한 바람입니다.

부족하기 짝이 없는 사람을 늘 변함없이 당신의 도구로 사용해 주시는 주님께 감사드릴 뿐입니다.

2010년 7월 양화진에서

이재철

차례

서문_ 참된 교회를 그리며 5

사도행전 8장

1. 다 흩어지니라 (행 8:1-3) 13
2. 남녀를 끌어다가 24
3. 빌립이 사마리아 성에 (행 8:4-8) 36
4. 큰 기쁨이 있더라 48
5. 주께 기도하라 (행 8:9-24) 61
6. 예루살렘으로 돌아갈새 (행 8:14-25) 100주년기념교회 창립 2주년 기념 주일 74
7. 성령이 이르시되 (행 8:26-40) 89
8. 빌립이 달려가서 101
9. 무슨 거리낌이 있느냐 114
10. 누구를 가리킴이냐 (행 8:32-40) 127
11. 가이사랴에 이르니라 (행 8:34-40) 140

사도행전 9장

12. 그 도를 따르는 사람 (행 9:1-9) 157
13. 하늘로부터 빛이 169
14. 사울아 사울아 181
15. 네가 박해하는 예수라 192
16. 시내로 들어가라 204
17. 사흘 동안 216
18. 직가라 하는 거리 (행 9:10-19상) 228
19. 기도하는 중 240

20. 택한 나의 그릇 Ⅰ 종교개혁 주일 252
21. 택한 나의 그릇 Ⅱ 양화진홍보관 입주 265
22. 택한 나의 그릇 Ⅲ 277
23. 택한 나의 그릇 Ⅳ 감사 주일 289
24. 예수께서 보내어 (행 9:17-19상) 301
25. 다시 보게 된지라 대림절 첫째 주일 313
26. 일어나 세례를 받고 대림절 둘째 주일 325
27. 음식을 먹으매 대림절 셋째 주일 337
28. 다메섹에 있는 제자들 (행 9:19하-22) 대림절 넷째 주일 349
29. 즉시로 전파하니 (행 9:19하-25) 송년 주일 363
30. 계교가 알려지니라 신년 주일 376
31. 바나바가 전하니라 (9:26-31) 390
32. 그 사람들이 죽이려고 403
33. 다소로 보내니라 사순절 첫째 주일 415
34. 그리하여 사순절 둘째 주일 427
35. 주를 경외함 사순절 셋째 주일 439
36. 정돈하라 (행 9:32-35) 사순절 넷째 주일 454
37. 돌아오니라 사순절 다섯째 주일 466
38. 심히 많더니 (행 9:36-43) 고난 주일 479
39. 다락에 누이니라 부활 주일 / 양화진홀 개관 491
40. 무두장이의 집에서 504

부록

미래와 희망 신년 0시 예배 517
아브라함, 이삭, 야곱의 하나님 전 교인 합동 예배 및 운동회 526

일러두기

*〈사도행전 속으로〉 제4권은 2007년 6월 3일부터 2008년 3월 30일까지 100주년기념교회 이재철 목사가 주일예배에서 설교한 내용을 묶어 낸 것입니다.
*본문에 인용한 성경 구절은 개역개정판 성경을 기본으로 하였고, 그 외의 역본을 따랐을 경우 별도 표기 하였습니다.
*본문에 인용한 찬송가는 새찬송가를 기본으로 하였습니다.

사도행전 8장

이를테면 빌립에 의한 사마리아의 복음화는,
복음의 세계화가 현실적으로 가능함을 확인해 준
실천적 예증이었습니다.
빌립이 닦은 이 예증의 길을 통해 복음은
온 세계를 향해 퍼져 나갈 수 있었고,
그 결과 인류의 역사가 새로워질 수 있었습니다.

1. 다 흩어지니라

사도행전 8장 1-3절
사울은 그가 죽임 당함을 마땅히 여기더라 그날에 예루살렘에 있는 교회에 큰 박해가 있어 사도 외에는 **다** 유대와 사마리아 모든 땅으로 **흩어지니라** 경건한 사람들이 스데반을 장사하고 위하여 크게 울더라 사울이 교회를 잔멸할새 각 집에 들어가 남녀를 끌어다가 옥에 넘기니라

본문 1절이 이렇게 시작되고 있습니다.

사울은 그가 죽임 당함을 마땅히 여기더라 그날에 예루살렘에 있는 교회에 큰 박해가 있어(1절 상).

여기에서 "그"란 스데반을, 그리고 "그날"은 스데반이 순교한 바로 그날을 의미합니다. 예수님의 부활과 그리스도 되심을 증언하던 스데반은 신성모독 죄로 돌에 맞아 죽었습니다. 스데반의 죽음을 가장 가까이에서 목격했던,

열혈 유대교 신자인 사울이라는 청년은 스데반이 그렇게 죽는 것을 당연하게 여겼습니다. 그리고 스데반의 죽음과 동시에 바로 그날부터 예루살렘 교회, 즉 예루살렘에 있는 그리스도인에게 큰 박해가 일어났습니다. 그리스도인에 대한 유대교의 박해가 시작된 것입니다. 그 박해가 얼마나 컸었는지 우리말 '큰'으로 번역된 헬라어가 '메가스μέγας'인데, 이 '메가스'에서 유래된 영어 난어가 '백만 배'를 의미하는 'mega'입니다. 한마디로 상상을 초월할 정도의 메가톤급 대박해가 예루살렘 교인들을 덮친 것입니다. 그 급박한 상황 속에서 오늘 본문에는 네 부류의 사람이 등장하고 있습니다.

사도 외에는 다 유대와 사마리아 모든 땅으로 흩어지니라 경건한 사람들이 스데반을 장사하고 위하여 크게 울더라 사울이 교회를 잔멸할새 각 집에 들어가 남녀를 끌어다가 옥에 넘기니라(1하–3절).

첫째 부류는 사울과 같은 박해자요, 둘째는 그 박해의 날에 스데반을 장사 지낸 경건한 사람들이요, 셋째는 그 엄청난 박해 속에서도 예루살렘을 지킨 사도들이요, 넷째는 박해를 피하여 예루살렘을 떠나 각처로 흩어진 교인들입니다. 이 네 부류의 사람들 가운데 본문의 상황 속에서 과연 누가 가장 성경적이었는지, 다시 말해 누가 주님의 뜻을 바르게 실천했는지를 규명하는 것이 오늘의 주제입니다.

먼저 사울과 같은 박해자에 대하여 생각해 보십시다. 본문 3절은 박해자의 우두머리였던 사울이 교회를 잔멸하여, 남녀를 무론하고 닥치는 대로 끌어다가 옥에 넘겼음을 증언하고 있습니다. 우리말 '잔멸하다'로 번역된 헬라어 '뤼마이노마이λυμαίνομαι'는, 포도원에 뛰어든 멧돼지가 포도원을 마구 짓밟아 온통 쑥대밭으로 만드는 형국을 묘사하는 단어입니다. 한마디로 박해자들은 폭력적이고도 잔인한 방법으로 아예 그리스도인의 씨를 말리려 했습니다. 따라서 그들은 주님의 뜻과 무관한 인간들일 수밖에 없었습니다. 그들이 그토록 잔인하게 박해를 행한 까닭이 무엇이었습니까? 그들이 그 무자비한 폭력을 누구의 이름으로 자행했습니까? 그들은 하나님을 위해, 하나님의 이름으로, 그리스도인에 대한 박해를 자임하고 나선 사람들이었습니다. 하나님을 잘못 알고, 잘못 믿은 결과였습니다.

사도행전 9장 18절은 사울이 다마스쿠스 도상에서 주님을 만난 뒤, '사울의 눈에서 비늘 같은 것이 벗겨졌다'고 밝혀 주고 있습니다. 사울은 그제야 비로소 하나님을 바로 뵐 수 있었습니다. 생각해 보십시다. 눈에 비늘을 뒤집어쓰고서야 어찌 하나님을 바르게 알고, 제대로 믿을 수 있겠습니까? 그 상태에서 믿는 하나님이란 실재의 하나님이 아니라 자신에 의해 만들어진 하나님의 허상일 수밖에 없기에, 그때의 믿음이란 하나님의 허상을 빚어낸 자기 자신에 대한 집착에 지나지 않습니다. 그런 사람은 열심을 낼수록 실은 하나님과는 더욱 멀어집니다. 그는 하나님을 믿는 것이 아니라, 자기 자신을 믿는 자기 숭배자이기 때문입니다.

우리가 하나님에 대한 편견의 비늘, 무지의 비늘, 불신앙의 비늘, 자기 욕망의 비늘, 이기심의 비늘—한마디로 자기 집착의 비늘을 떨쳐 버리지 않는다면, 바로 우리 자신이 하나님을 위해 하나님의 이름으로 하나님을 대적하는 어리석은 사울이 될 수밖에 없음을 유의해야 합니다.

두 번째로, 바로 그날 스데반을 장사 지낸 사람들에 대하여 생각해 보십시다. 그들은 첫 번째 부류의 박해자들에 비하면 월등 나은 사람들입니다. 유대인의 관습은, 법을 어긴 죄인으로 형벌을 받아 죽은 사람에 대한 곡哭을 금하고 있었습니다. 죄인이 처형당해 죽는 것은 당연한 일이므로 그를 위해 울 까닭이 없다는 의미였습니다. 그럼에도 그들은 신성모독죄로 돌에 맞아 죽은 스데반을 위하여 공개적으로 크게 울었습니다.

우리말 '크게'로 번역된 헬라어 역시 본문 1절에서 사용된 '메가스'입니다. 그리고 우리말 '울다'로 번역된 헬라어 '코페토스κοπετός'는 본래 가슴을 치는 동작을 나타내는 단어입니다. 그들은 스데반의 죽음을 보고, 죄인의 죽음을 위해서는 곡을 해서는 안 된다는 관습을 무시한 채 가슴을 치며 공개적으로 내심통곡하였습니다. 그로 인해 어떤 불이익을 당해도 전혀 개의치 않겠다는 뜻이었습니다. 이를테면 그들은 스데반에게 사형을 언도한 산헤드린 법정의 그릇된 판결을 그런 식으로 비판한 정의로운 사람들이었습니다. 그러나 본문은 그들을 "경건한 사람들"이라 부르고 있습니다. 누가복음과 사도행전을 기록한 누가는 사도행전 10장에서 고넬료를 소개할 때처럼, 도덕적이고 윤리적이며 정의롭기는 하지만 아직 예수 그리스도를 알지 못하는 사람을 가리킬 때 '경건한 사람'이란 용어를 사용하였습니다. 다른 사람에 비하여 상대적으로 낫다는 의미에서였습니다. 따라서 본문 속 사람들이 스데반의 장례를 치러 주고 가슴을 치며 대성통곡한 것은 자기 도덕심과 정의감의 발로였을 뿐, 예수 그리스도에 대한 믿음으로 인함은 아니었습니다.

우리가 불의에 과감히 맞서고 불우한 이웃을 위해 통곡할 줄 아는 정의감을 지니고 있다 한들, 주님을 바르게 알고 온전히 좇기 전까지는 우리는 단지 세상의 관점에서 남보다 조금 나은 사람일 뿐, 그 자체로 성경적인 믿음의 사람이 되는 것은 아닙니다. 그 경우 우리의 도덕심과 정의감의 기준은 진리가 아니라 우리 자신일 것이기 때문입니다.

세 번째로, 예루살렘을 사수한 사도들에 대해 생각해 보십시다.

그날에 예루살렘에 있는 교회에 큰 박해가 있어 사도 외에는 다 유대와 사마리아 모든 땅으로 흩어지니라(1절 하).

예수 부활을 외치던 스데반은 돌에 맞아 죽었습니다. 그것도 모자라 박해자들은 마치 멧돼지가 포도밭을 쑥대밭으로 만들듯, 그리스도인에 대한 대박해를 시작하였습니다. 그리스도인이라면 남녀를 불문하고 무조건 투옥하였습니다. 무시무시한 메가톤급 박해였습니다. 그 박해를 피해 교인들은 예루살렘을 떠나 각처로 흩어지기 시작했습니다. 사도들 역시 사람인 이상 두렵지 않을 수 없었을 것이요, 그런 상황에서는 박해를 피해 도피하는 것이 상책일 것입니다. 그러나 사도들은 예루살렘을 떠나지 않았습니다. 예수님의 고난과 부활의 현장인 예루살렘을 지키는 것이 자신들의 의무라고 여겼기 때문인지 모릅니다. 어쩌면 그들은 이미 유대인들 사이에서 주요 인물이 되어 있었기에, 박해자들이 자신들에게까지는 손을 대지 못하리라는 자신감이 있었는지도 모릅니다. 여하튼 그들은 자신들의 생명이 위태로운 박해 현장 예루살렘을 고수하였습니다. 역시 사도다운 결연한 행동이 아닐 수 없습니다. 그래서 그들이야말로 본문의 상황 속에서 가장 성경적인 인물들이요, 주님의 뜻을 사수한 사람들처럼 여겨집니다. 그러나 이것이 과연 사실입니까? 이것이 성경적으로 타당한 평가이겠습니까?

이 땅에 오셨던 주님께서 승천하시기 직전 제자들에게 남기신 말씀을 우리는 생생하게 기억하고 있습니다.

오직 성령이 너희에게 임하시면 너희가 권능을 받고 예루살렘과 온 유대와 사마리아와 땅끝까지 이르러 내 증인이 되리라(행 1:8).

이것은 주님께서 제자들에게 남기신 주님의 최후의 유언이요, 지상 최후의 명령이었습니다. 유언의 중요성은 반드시 지켜져야 한다는 데 있습니다. 오늘날에도 죽은 사람의 유언은 법으로 보호받고 있습니다. 사람의 유언도 이 정도로 중요하다면, 하물며 주님의 유언이야 두말해 무엇하겠습니까? 사도들은 주님의 유언을 반드시 이행해야만 했습니다. 사도들에게 그보다 더 중요한 임무란 있을 수 없었습니다. 그 절대적인 유언의 내용은 '예루살렘과 온 유대와 사마리아와 땅끝까지 이르러 주님의 증인이 되라'는 것이었습니다.

사도들에게 예루살렘은, 앞으로 그리스도의 증인으로 살아갈 인생 여정의 출발점일 뿐 결코 종착역이 아니었습니다. 그들에게는 가야 할 아득히 먼 길이 있었습니다. 그러나 그들은 예루살렘에 주저앉아 예루살렘을 떠날 생각을 하시 않았습니다. 그들은 자신들의 설교에 하루 수천 명씩 회개하고, 심지어 허다한 제사장의 무리까지 복음에 굴복하는 예루살렘의 성공에 안주하고 말았습니다. 주님의 마지막 유언을 망각해 버린 것이었습니다.

이것이 스데반의 순교를 기점으로 예루살렘에 대박해가 시작된 연유였습니다. 예루살렘을 떠날 생각일랑 아예 하지도 않는 사도들로 하여금 예루살렘을 넘어서게 하기 위한 하나님의 섭리였습니다. 그런데도 사도들은 예루살렘을 떠나지 않았습니다. 마치 예루살렘이 이 세상에서 지켜야 할 마지막 보루인 양, 예루살렘을 지키는 것만이 참된 신앙인 양, 그들은 주님의 말씀과는 무관하게 예루살렘을 지키고 있었습니다. 따라서 그들이 그 순간 그토록 애써 지킨 것은 주님의 말씀이 아니라, 예루살렘을 떠나지 않는 것이 바른 신앙이라고 확신하던 그들의 편견이었습니다.

이런 관점에서 그 순간의 그들은, 예루살렘성전을 하나님과 동일시하던 유대인들이나, 자신이 만든 하나님의 허상을 고수하느라 하나님의 대적이 되었던 사울과 구별되지 않았습니다. 그러므로 대박해 속에서도 예루살렘을 고수하는 그들의 행동이 겉으로는 대단히 신앙적으로 보이지만, 실제로는 비신앙적인 자기 집착에 지나지 않았습니다.

마지막으로, 대박해를 피해 예루살렘을 떠나 사방으로 흩어진 사람들에 대하여 생각해 보십시다. 일반적으로 참된 신앙은 박해를 두려워하지 않는 것으로 간주되고 있습니다. 박해의 자리를 떠나는 것이 신앙의 배신인 것처럼 여겨지는 것입니다. 물론 그럴 수도 있지만, 반드시 그런 것은 아닙니다. 본문 속에서 흩어진 사람들이 어디로 흩어져 무엇을 했느냐가 중요합니다.

그날에 예루살렘에 있는 교회에 큰 박해가 있어 사도 외에는 다 유대와 사마리아 모든 땅으로 흩어지니라(1절 하).

'사도 외에 다 흩어졌다'는 것은 열두 명의 사도를 제외한 나머지 교인 전원이 흩어졌다는 말이 아니라, 대부분의 교인들이 흩어졌다는 의미일 것입니다. 그들은 유대와 사마리아의 모든 지역으로 흩어졌습니다. 그리고 그들이 흩어진 곳에서 무엇을 했었는지는 본문 4절이 밝혀 주고 있습니다.

그 흩어진 사람들이 두루 다니며 복음의 말씀을 전할새.

그들은 단순히 박해를 피해 도망치기 위하여, 혹은 새로운 장삿거리를 위하여 예루살렘을 떠난 사람들이 아니었습니다. 그들은 예루살렘을 넘어 유대와 사마리아 지역으로 흩어지면서, 그들의 발길이 닿는 곳에서마다 주님의 증인이 되었습니다. 결과적으로 그들은 예루살렘을 넘어 온 유대와 사마리아로 향해야 한다는 주님의 명령을 상기하고, 그 명령에 순종한 첫 번째 그리스도인들이었습니다. 다시 말해 그들은 어느 날 느닷없이 몰아닥친 대박해의 의미를 바르게 깨달은 사람들이었습니다. 그 박해가 그들을 예루살렘에서 떠나게 하시려는 주님의 섭리임을 알았던 것입니다. 이런 의미에서 사방으로 흩어진 사람들이야말로 본문의 상황에서 가장 성경적이고, 주님의 뜻을 가장 바르게 실천한 사람들이었습니다. 바로 그들에 의해 복음이 유대와 사마리아는 말할 것도 없고, 이방인과 온 세계를 향해 확산되었기 때문입니다.

> 그때에 스데반의 일로 일어난 환난으로 말미암아 흩어진 자들이 베니게와 구브로와 안디옥까지 이르러 유대인에게만 말씀을 전하는데 그중에 구브로와 구레네 몇 사람이 안디옥에 이르러 헬라인에게도 말하여 주 예수를 전파하니 주의 손이 그들과 함께하시매 수많은 사람들이 믿고 주께 돌아오더라(행 11:19-21).

흩어진 사람들 가운데에는 지중해의 키프로스(구브로)에 가서 복음을 전한 사람이 있었는가 하면, 북쪽으로는 오늘날의 레바논 지역인 베니게 그리고 현재의 터키에 속해 있는 안디옥에까지 가서 교회를 세운 사람들도 있었습니다. 이때 세워진 안디옥교회가 2천 년 교회 역사상 가장 중요한 교회 중의 하나로 언급되는 것은 두 가지 이유 때문입니다. 첫째는 이곳에서부터 주님을 믿는 사람들이 세상 사람들에 의해 '그리스도인'이란 호칭으로 불렸기 때문입니다. 그들이 얼마나 예수 그리스도를 닮았으면 세상 사람들이 그들을 가리켜 그리스도를 닮은 그리스도인이라 불렀겠습니까? 둘째는 이 교회가 파송한 사도 바울─회심하기 전 오늘의 본문 속에 핍박자로 등장하는 사울에 의해 세계 역사가 새로워졌기 때문입니다. 안디옥교회가 없었던들 세계 역사의 흐름을 새롭게 한 사도 바울을 상상하기는 어렵습니다. 그 정도로 안디옥교회는 기독교 역사상 없어서는 안 될 교회였습니다. 그 중요한 안디옥교회가 예루살렘을 고수하고 있는 사도들이 아니라, 대박해를 피해 흩어진 이름 없는 교인들에 의해 시작되었다는 것은 우리로 하여금 많은 것을 생각하게 합니다.

오늘 본문이 사도행전에서 중요한 비중을 차지하고 있는 것은, 예루살렘에 국한되어 있던 복음이 예루살렘을 넘어 사방으로 퍼지고, 유대인만을 향하던 복음이 이방인을 향해 확산되는 대전환점을 이루고 있기 때문입니다. 그 중요한 전환점에서 주님께 쓰임 받은 사람들은 위대한 직함을 지닌 사도들이 아니라, 사방으로 흩어진 이름 없는 교인들이었습니다.

우리말 '흩어지다'로 번역된 헬라어는 '디아스페이로$\delta\iota\alpha\sigma\pi\epsilon\acute{\iota}\rho\omega$'인데, 이 단어로부터 '흩어진 사람'을 뜻하는 '디아스포라$\delta\iota\alpha\sigma\pi o\rho\acute{\alpha}$'가 파생되었습니다. 본래 디아스페이로는 농부가 씨를 사방으로 두루 흩어 뿌리는 행동을 표현하는 동사입니다. 씨를 흩어 뿌리는 농부의 행동은 항상 능동적이지만, 반대로 농부에 의해 흩뿌려지는 씨는 수동적일 수밖에 없습니다. 씨가 어디에 뿌려질 것인지는 씨가 아니라 농부에 의해 결정된다는 말입니다. 본문 1절이 '다 흩어지니라'고 번역되어 있어 마치 예루살렘 교인들이 능동적으로 흩어진 것처럼 보이지만, 헬라어 원문에는 이 동사가 수동태로 기록되어 있습니다. 하나님께서 당신의 섭리에 의해 그들을 흩으셨음을 밝히기 위함입니다. 따라서 본문 속 흩어진 디아스포라들에게 위대함이 있다면, 자신들을 흩어 뿌리시는 하나님의 섭리에 자신들을 온전히 맡겼다는 것입니다. 반면에 사도들의 잘못은, 하나님의 흩어 뿌리심으로부터 자신들을 고수하려 한 것이었습니다. 다시 말해 뿌려져야 할 곳을 그들 스스로 결정하려 한 것이었습니다. 그 결과 사도행전이 문자 그대로 사도들의 행적을 기록한 책임에도 불구하고, 예수님의 직계 제자였던 열두 사도들은 사도행전 15장을 끝으로 사도행전에서 제외되어 버리고 맙니다. 사도행전의 초점이 하나님에 의해 계속 흩어져 가는 디아스포라, 특히 그중에서도 가장 적극적인 디아스포라였던 바울에게로 옮겨졌기 때문입니다. 이와 같은 사실은 사도란 하나님에 의해 흩어지는 디아스포라요, 그 디아스포라들의 삶의 기록이 곧 사도행전임을 깨닫게 해줍니다.

참된 그리스도인은 하나님에 의한 디아스포라여야 합니다. 2천 년 전 이 땅에 오셨던 예수님께서는 하나님의 독생자이셨습니다. 그분은 이 땅에서 비천한 인간의 모습으로 사실 분이 아니셨습니다. 그런데도 예수님께서는 당신을 이 땅으로 흩뿌리시는 하나님 아버지의 뜻에 순종하셨습니다. 그분은 하나님에 의해 이 땅으로 디아스페로 되신 하늘나라의 디아스포라셨습니다. 그 결과 온 인류를 구원하신 생명의 구주가 되셨습니다. 만약 예수님께서 천상에만 집착하여 천상에만 머물러 하셨다면 결코 불가능하였을 생명의 대역사였습니다. 우리는 그 예수님을 우리의 주님으로 모신 그리스도인들입니다. 그렇다면 우리가 하늘나라의 디아스포라이신 주님을 좇아 이 땅의 디아스포라가 된다는 것은, 그리스도인 된 우리의 의무인 동시에 특권입니다. 주님을 위한 디아스포라로 살아가는 사람이 참된 의미의 사도요, 디아스포라의 삶이 곧 이 시대를 위한 사도행전이기 때문입니다.

사랑하는 교우 여러분!

오늘 나의 모습에, 오늘 내가 가진 소유에, 오늘 내가 누리는 지위에, 오늘 내가 정착하고 있는 터전에, 오늘 내게 주어진 찬사에, 오늘 나를 둘러싸고 있는 그 무엇에도 집착하거나 머물려 하지 마십시다. 때로 하나님께서 현실에 안주하는 내 인생을 흩으시기 위해 폭풍의 바다 속으로 나를 끌어가실 때, 디아스포라가 되는 것을 두려워하지 마십시다. 오늘에 집착하여 머물려

하는 사람에게는 새로운 내일이 주어질 수 없고, 내일을 누릴 수 없는 사람의 삶을 통해서는 영원하신 하나님의 섭리가 이루어질 수 없습니다. 주저 없이 오늘을 떠나, 매 순간 나를 향해 다가오고 있는 새로운 시간 속으로 하나님에 의해 디아스페이로 되는 디아스포라가 되십시다. 결코 한순간의 화석으로 멈춤이 없는 영원한 진리의 디아스포라가 되십시다. 그보다 우리 자신을 더 존귀하게 가꾸는 길은 없습니다.

잊지 마십시다. 구르는 돌에만 이끼가 끼지 않습니다. 흐르는 물만 썩지 않습니다. 오늘에 머물지 않는 사람에게만 내일이 주어집니다. 이 땅에 뿌리 내리려 하지 않는 사람의 삶 속에만, 매일 하나님의 나라가 일구어집니다.

우리를 살리시기 위해 이 땅에 디아스페이로 되시고, 하늘나라의 디아스포라가 되신 주님! 이제 우리가 주님을 위해 이 땅의 디아스포라가 되기를 원합니다.

우리 모두 주님의 손안에 든 씨앗들임을 잊지 말게 하옵소서. 뿌려지지 않는 씨앗은 그 어떤 가치나 의미도 있을 수 없사오니, 날마다 주님에 의해 새로운 시간 속으로 흩뿌려지게 하여 주옵소서. 오늘에 집착하거나 머물려 하지 않음으로, 매일 주님께서 주시는 새로운 내일을 얻고 누리게 하옵소서. 이 땅에 영원히 머물려 하지 않음으로, 매 순간 우리의 삶 속에 하나님의 나라가 일구어지게 하옵소서. 진리의 디아스포라로 살아가는 우리의 삶을 통해 주님께서 거두시기 원하는 열매를 친히 거두시고, 이루시기 원하는 섭리를 이루시옵소서.

그리하여 어느 한 순간에도 우리의 영혼에 이끼가 끼지 말게 하시고, 우리의 삶이 뭇사람을 살리는 생명 행전이 되게 하옵소서. 아멘.

2. 남녀를 끌어다가

사도행전 8장 1-3절
사울은 그가 죽임 당함을 마땅히 여기더라 그날에 예루살렘에 있는 교회에 큰 박해가 있어 사도 외에는 다 유대와 사마리아 모든 땅으로 흩어지니라 경건한 사람들이 스데반을 장사하고 위하여 크게 울더라 사울이 교회를 잔멸할새 각 집에 들어가 **남녀를 끌어다가** 옥에 넘기니라

유대인들이 십자가에 못박아 죽인 예수님께서 부활하셨고, 그 예수님이 하나님께서 인간을 구원하시기 위해 이 땅에 보내신 그리스도이심을 전파하던 스데반은, 유대인에 의해 신성모독죄로 돌에 맞아 죽었습니다. 스데반의 죽음을 가장 가까이에서 직접 목격한 열혈 유대교 신자였던, 사울이라는 청년은 스데반이 그렇게 죽는 것을 당연하게 여기고 있었습니다. 스데반의 죽음과 동시에 예루살렘 교회, 즉 예루살렘에 있는 그리스도인들에게 큰 박해가 일어났습니다. 그리스도인에 대한 유대교의 대박해가 시작된 것이었습니다. 그 박해를 피해 사도들을 제외한 교인들은 예루살렘을 떠나 유

대와 사마리아의 각 지역으로 흩어지기 시작했습니다. 그리고 본문 3절이 이렇게 증언하고 있습니다.

사울이 교회를 잔멸할새 각 집에 들어가 남녀를 끌어다가 옥에 넘기니라.

박해 현장의 우두머리 격이었던 사울은 아예 교회를 잔멸하려 했습니다. 우리말 '잔멸하다'로 번역된 헬라어 '뤼마이노마이'는, 포도원에 뛰어든 멧돼지가 포도원을 마구 짓밟아 온통 쑥대밭으로 만드는 상황을 묘사하는 단어라고 했습니다. 그리스도인에 대한 사울의 핍박은 그 정도로 잔인하고도 집요했습니다. 그는 집집마다 돌아다니며 만나는 그리스도인마다 이유 여하를 막론하고 닥치는 대로 끌어다가 감옥에 가두어 버렸습니다. 구원자이신 예수 그리스도를 믿는다는 이유만으로 당시의 교인들이 마치 도살장에 끌려가는 짐승처럼 잡혀가는 모습을 생각해 보십시오. 참으로 끔찍한 박해가 아닐 수 없습니다.

중요한 것은 본문에 사용된 단어입니다. 이때는 예수 그리스도를 믿는 교인이 세상 사람들로부터 그리스도인이라 불리기 전이었습니다. 따라서 본문이, 사울이 그리스도인들을 끌어가 투옥시켰다고 증언할 수는 없었습니다. 그렇다고 본문이 믿는 사람들, 혹은 교인들을 끌어갔다고 표현하지도 않았습니다. 본문은 사울이 "남녀"를 끌어갔다고 밝히고 있습니다. 헬라어 원문에는 남녀가 각각 복수로 기록되어 있습니다. 원문을 정확하게 옮기면 사울은 '남자들'과 '여자들'을 끌어다가 투옥시켰습니다. 본문이 박해받은 그리스도인들을 '남자들'과 '여자들'이라고 표현하여 '여자들'을 의도적으로 부각시킨 이유가 무엇이겠습니까?

주님께서 감람산에서 제자들이 보는 가운데 승천하신 뒤 예루살렘으로 되돌아온 제자들은, 그들의 예루살렘 거처였던 소위 마가의 다락방이라 불리는 곳으로 들어갔습니다. 그리고 그곳에 모여 있던 성도들과 함께 기도하기 시작했습니다. 그 기도 모임이 기독교 역사상 절대적 의미를 지니는 것은, 바로 그 모임으로부터 교회가 시작되었기 때문입니다. 그 모임이 곧 초대 교회의 시작이었습니다. 사도행전 1장 12-15절 상반절은 그 모임을 이루고 있던 사람들의 면면을 밝혀 주고 있습니다.

> 제자들이 감람원이라 하는 산으로부터 예루살렘에 돌아오니 이 산은 예루살렘에서 가까워 안식일에 가기 알맞은 길이라 들어가 그들이 유하는 다락방으로 올라가니 베드로, 요한, 야고보, 안드레와 빌립, 도마와 바돌로매, 마태와 및 알패오의 아들 야고보, 셀롯인 시몬, 야고보의 아들 유다가 다 거기 있어 여자들과 예수의 어머니 마리아와 예수의 아우들과 더불어 마음을 같이하여 오로지 기도에 힘쓰더라 모인 무리의 수가 약 백이십 명이나 되더라.

초대교회를 태동시킨 그 모임은 예수님의 제자 중에서 예수님을 배신한 가룟 유다를 제외한 나머지 열한 명의 제자들과 예수님의 아우들, 그리고 예수님의 어머니인 마리아를 포함한 여자들로 구성되어 있었습니다. 우리가 잘 아는 바와 같이 예수님의 제자들은 모두 남자였습니다. 예수님의 아우들 역시 모두 남자로 마태복음 13장 55절에 의하면, 그들의 이름은 야고보, 요셉, 시몬, 그리고 유다였습니다. 그 남자들을 다 합쳐도 열다섯 명밖에 안 됩니다. 그곳에 모인 사람의 총수가 120명 정도였으므로, 신원이 밝혀진 남자 열다섯 명을 제외하면, 나머지 대부분은 예수님의 어머니 마리아를 포함한 여자들이었음을 알게 됩니다. 그 여자들이 구체적으로 어떤 여자들이었는지를 밝혀 주는 단서가 있습니다. 예수님께서 십자가에 못박혀 돌아가신 현장과 관련하여 마가복음 15장 40-41절은 다음과 같은 사실을 증언하고 있습니다.

> 멀리서 바라보는 여자들도 있었는데 그중에 막달라 마리아와 또 작은 야고보와 요세의 어머니 마리아와 또 살로메가 있었으니 이들은 예수께서 갈릴리에 계실 때에 따르며 섬기던 자들이요, 또 이 외에 예수와 함께 예루살렘에 올라온 여자들도 많이 있었더라.

예수님께서 십자가의 구원을 성취하시기 위하여 갈릴리를 떠나 예루살렘으로 향하실 때, 예수님을 좇아 예루살렘까지 따라온 많은 갈릴리 여인들이 있었습니다. 따라서 초대교회의 구성원 대부분을 차지한 여자들이 바로 이 여인들임을 알 수 있습니다. 이처럼 교회의 역사와 사도들의 행적을 기록한 사도행전 1장에서부터, 초대교회를 태동시킨 구성원 대부분이 여자들이었음이 밝혀져 있습니다. 우리는 그 의미에 대하여 이미 1년 반 전, 해당 본문을 살펴볼 때 깊이 생각해 보았습니다.

성경은 3400년 전부터 1900년 전까지, 약 1500년에 걸쳐 기록되었습니다. 오늘의 시점에서 보자면 성경은 아득히 먼 옛날에 기록되었습니다. 따라서 성경이 전하는 내용의 의미를 정확하게 파악하기 위해서는, 성경이 기록될 당시의 상황을 먼저 이해하는 것이 필수적입니다. 오늘의 시각으로 성경을 보아서는 바른 의미를 파악할 수 없다는 말입니다.

옛날 유대 사회는 철저한 가부장적 사회였습니다. 한마디로 남자, 그것도 성인 남자 중심의 사회였습니다. 그 정도가 얼마나 심했던지, 여자와 아이는 아예 사람 축에 끼워 주지도 않았습니다. 그와 같은 극단적인 남성 중심의 시대 상황 속에서 기록된 성경은 여자와 관련하여, 그 시대의 관점에서 본다면 대단히 중요한 사실들을 전해 주고 있습니다.

마태복음 14장 21절은 예수님께서 떡 다섯 조각과 물고기 두 토막으로 대군중을 먹이신 '오병이어의 현장'에, 여자와 아이 외에 성인 남자가 5천 명 있었음을 전해 주고 있습니다. 오늘날의 관점에서 보면 그 구절은 여자를 수에 포함시켜 주지도 않은, 대표적인 여성 비하 구절로 간주됩니다. 그러나 2천 년 전의 관점으로 이 구절을 대하면, 여성 비하와는 정반대의 의미임을 알게 됩니다. 당시의 관습으로는 그곳에 여자가 있었음을 아예 언급할 필요조차 없었습니다. 여자는 있어도 있지 않은 것과 같았기 때문입니다. 그런데도 복음서는 굳이 여자를 언급하면서, 여자와 아이 외에 성인 남자가 5천 명 있었다고 증언하였습니다. 그것은 여자와 아이의 수가 성인 남자 5천 명보다 월등하게 많았음을 강조하는 당시의 표현법이었던 것입니다.

복음서는 예수님께서 십자가에 못박혀 돌아가시는 고난의 현장을 끝까지 지킨 사람도 여자들이요, 예수님께서 돌아가신 지 사흘째 되는 날 새벽 예수님의 무덤을 찾아 예수님의 부활을 최초로 목격한 부활의 증인들도 여자들이었음을 밝혀 주고 있습니다. 2천 년 전 시대 상황 속에서 그것은 단순한 사실 전달이 아니라, 예수님의 고난과 부활의 현장에 여자들만 참된 신앙으로 참여하고 있었음을 밝히는 강조법이었습니다.

사도행전 1장에서 초대교회의 모태가 되었던 기도 모임의 장소를, 사람들은 마가의 다락방이라 부르고 있습니다. 그 집주인의 이름이 마가라는 데서 연유한 호칭입니다. 예수님께서 돌아가시기 전 제자들과 최후의 만찬을 가지신 곳도, 제자들의 발을 씻겨 주시며 마지막 유훈의 말씀을 남기신 곳도, 오순절에 성령님께서 강림하셨던 곳도 모두 그 집이었습니다. 그러나 성경은 그 역사적인 집을, 우리가 부르는 것처럼 단 한 번도 마가의 집이라 부르지 않습니다. 사도행전 12장 12절은 그 집을, '마가의 어머니 마리아의 집'이라 부르고 있습니다. 마가의 아버지가 먼저 세상을 떠났다면, 유대 사회 관습상 그 집은 응당 아들인 마가의 소유로 상속됩니다. 그렇지만 성경은 그 집이 마가의 집이 아니라, 유독 마가의 어머니인 마리아의 집이라 못박고 있습니다. 주님을 위해 그 집을 내어놓은 사람이 아들 마가가 아니라, 어머니 마리아였음을 분명히 하기 위함이었습니다. 2천 년 전 철저한 가부장 사회인 유대인의 관습을 생각할 때, 그것은 가히 혁명적인 표현이었습니다.

그리고 앞에서 살펴본 것처럼 사도행전 1장은, 바로 그 마리아의 집에서 태동된 초대교회의 구성원 대부분이 여자들이었음을 증언하고 있습니다. 성경 기자들은 이상과 같은 여자들의 이야기를, 당시의 관습만을 따른다면 성경에 기록할 이유가 전혀 없었습니다. 여자들은 사람 축에 끼지도 못했기 때문입니다. 그런데도 그들은 남성 중심의 가부장적 사회 관습을 거스르면서까지, 당시로서는 혁명적일 정도로 여자의 비중과 역할을 강조하며 성경을 기록하였습니다. 그것이 2천 년 전의 관점에서는 무엇을 의미하겠습니까? 신앙에 관한 한, 여자의 중요성은 절대적이라는 것입니다. 신앙의 깊이에 관한 한, 여자의 신심이 남자보다 훨씬 깊다는 것입니다. 신심 깊은 여자들이 있음으로 초대교회가 교회답게 태동될 수 있었다는 것입니다.

이것이 마가의 어머니인 마리아의 다락방에서 시작된 초대교회의 성장을 증언하는 사도행전 5장 14절의 내용이 다음과 같은 이유입니다.

믿고 주께로 나아오는 자가 더 많으니 남녀의 큰 무리더라.

이 구절 역시 단순히 '큰 무리'라 말하지 않고, "남녀의 큰 무리"라 증언하고 있습니다. 이 구절도 원문에는 '남자들과 여자들의 큰 무리'라 기록되어 있습니다. 2천 년 전의 관점에서 볼 때 '여자들'이란 단어가 굳이 별도로 기록되었다는 것은, 남자들보다 여자들의 수가 훨씬 많았다는 의미임을 알게 됩니다. 초대교회는 태동 당시에만 여자들이 많았던 것이 아니라, 교회가 성장하는 과정에서도 항상 남자들보다 여자들이 더 많았던 것입니다.

그렇다면 이제 우리는 그리스도인에 대한 유대교의 대박해가 시작되었음을 전해 주는 오늘 본문 3절이, 왜 사울이 '남자들과 여자들'을 끌어다가 투옥시켰다고 증언하고 있는지, 왜 굳이 '여자들'을 언급하였는지, 그 이유를 알게 됩니다. 그것은, 대박해의 와중에서 남자 교인들보다 여자 교인들이 훨씬 많이 끌려서 투옥당했음을 증언하는 2천 년 전 신 방식의 표현이었습니다. 2천 년 전 초대교회의 태동 때부터 시작하여 성장 과정 중에도 여자 교인들의 수가 남자 교인들보다 월등하게 많았으니, 유대교의 대박해가 시작되었을 때에도 남자보다 더 많은 여자들이 끌려갔을 것임은 두말할 나위가 없습니다.

이것은 당시 여자 교인들의 신앙심이 그만큼 참되고도 깊었음을 의미합니다. 그 여자들은 평상시에는 주님을 좇다가, 자신들의 신앙으로 인해 위해가 가해질 때에는 간단히 주님을 외면하는 신앙의 기회주의자들이 아니었습니다. 오직 예수 그리스도만 구원자이심을 믿는 그들은, 그들이 믿는 예수 그리스도로 인해 짐승처럼 끌려가 감옥 속에 던져지는 박해를 피하려 하지 않았습니다. 신앙 양심을 속이고 박해를 모면하려 하기보다는, 박해를 당할지언정 예수 그리스도에 대한 신앙의 정절을 지키는 진정한 그리스도인들이었습니다. 이처럼 여자들이 박해를 두려워하지 않는데, 그 여자들 앞에서 어느 남자가 감히 신앙의 절개를 헌신짝처럼 버릴 수 있겠습니까? 따라서 2천 년 전에 기록된 본문 3절에 특별히 '여자들'이란 단어가 강조되어 있는 것은, 초대교회 교인들이 대박해 속에서도 신앙을 지킬 수 있었던 계기가 여자들의 신앙심으로부터 비롯되었음을 일깨워 주고 있습니다.

왜 성경은 이처럼, 기록될 당시의 관점으로 볼 때 혁명적이라 할 만큼 여자의 중요성을 강조하고 있습니까? 왜 믿음에 관한 한 여자의 역할이 그다지도 중요합니까? 여자는 이 세상에 태어나는 모든 인간을 위한 생명의 태요, 자궁이기 때문입니다. 이 세상에 태어나는 사람치고 여자의 태를 거치지 않는 인간은 없습니다. 성자 하나님이신 예수님마저도 여자의 태를 통해 이 땅에 오셨습니다. 생명의 태인 여자가 얼마나 중요하면, 하나님께서 당신의 독생자인 예수님을 이 땅에 보내실 때 순결한 처녀 마리아를 예수님을 위한 태로 선택하셨겠습니까? 창기나 범법자 여인의 태를 통해 예수 그리스도가 태어나는 것은 생각하는 것만으로 끔찍합니다. 그래서 신앙에 관한 한, 아니 신앙을 벗어나서도 여자의 중요성은 절대적일 수밖에 없습니다. 여자가 어떤 생각과 마음으로 살아가느냐는 것은 자기 혼자만의 문제가 아니라, 결과적으로 수많은 사람에게, 나아가 온 세상에 영향을 미치는 까닭입니다.

그렇다면 우리는 오늘의 본문 속에서 보다 귀한 사실을 깨달을 수 있습니다. 본문에서 남자를 가리키는 헬라어 '아네르ἀνήρ'는 본래 '남자'와 '남편'을 동시에 의미하는 단어입니다. 그리고 본문에서 여자를 가리키는 헬라어 '귀네γυνή' 역시 '여자'와 '아내'를 동시에 의미하고 있습니다. 성경에는 이 두 단어가 '남자'와 '여자'의 의미보다는, '남편'과 '아내'의 의미로 더 많이 사용되었습니다. 따라서 사울이 '남자들과 여자들'을 끌어다가 감옥에 투옥시켰다는 본문 3절은, 사울이 '남편들과 아내들을' 끌어다가 투옥시켰다는 의미이기도 합니다. 이것은 얼마나 중요한 메시지입니까?

2천 년 전의 관점에서 이 구절을 해석한다면, 아내들이 신앙의 박해를 두려워하지 않음으로 믿는 남편들 역시 박해 속에서도 신앙의 절개를 지킬 수 있었습니다. 백번 타당한 말이 아닐 수 없습니다. 남편이 아무리 신앙을 좇아 살기 원해도, 아내가 남편의 발목을 붙잡고 신앙보다 세상의 부귀영화를 목적 삼기를 닦달하면, 남편은 결코 신앙 양심을 지킬 수 없습니다. 베드로가 성전 미문 앞에서 자신에게 구걸하는 앉은뱅이 걸인에게, "내게 은과 금은 없거니와 내게 있는 이것을 네게 주노니 나사렛 예수 그리스도의 이름으로 걸으라"며 손을 내밀어 그를 일으킨 사실을 우리는 이미 알고 있습니다. 그 얼마나 아름다운 생명의 삶입니까? 그러나 만약 베드로의 아내가 베드로의 발목을 잡고, 당신도 다른 남자들처럼 은과 금을 벌어 오라고 매일 닦달했던들, 과연 베드로에게 그런 생명의 삶이 가능할 수 있었겠습니까?

빈번히 아내가 신앙의 성설을 시키는 한, 남편은 아내의 내조를 힘입어 위대한 신앙인으로 살아갈 수 있습니다. 일제강점기 때 신사참배를 거부하다 옥사한 주기철 목사님은 한국 순교자의 대명사입니다. 그분으로 인해 끊어질 뻔했던 한국 교회의 정통성이 지켜질 수 있었습니다. 그러나 그분 역시 인간인 이상 왜 마음이 흔들릴 때가 없었겠습니까? 사랑하는 아내와 어린 자식들을 생각하면, 왜 불쑥불쑥 마음이 약해지지 않았겠습니까? 그럼에도 그분이 끝까지 신앙의 절개를 지킬 수 있었던 것은 그분의 아내, 오정모 여사의 내조로 인함이었습니다. 오정모 여사는, 남편 주기철 목사님이 주님을 위해 죽을지언정 처자식을 위해 주님을 배신치 않도록 초지일관하게 남편을 신앙으로 도왔습니다. 남편은 아내의 그 결연한 신앙을 힘입어 주님을 향한 신앙의 절개를 지킬 수 있었습니다. 마침내 주기철 목사님은 주님을 위해 순교하였고, 순교함으로 자신과 더불어 한국 교회를 지켰습니다. 이것은 한국 교회 역사가 기록하고 있는 바요, 우리가 알고 있는 바입니다. 언뜻 위대한 순교자 주기철 목사님의 이름에 가려 그분의 아내 오정모 여사는 아무것도 한 일이 없는 것처럼 보이지만, 실은 그녀의 믿음이 남편을 영원히 살렸고 또 한국 교회를 살렸습니다. 사람들은 위대한 순교자 주기철 목사님에게 찬사를 보내지만, 하나님께서는 그분의 아내에게 더 큰 찬사를 보내셨을 것입니다.

여인의 믿음은, 여인의 역할은 이렇듯 중요합니다.

성경은 일관되게 한 시대의 건강성이 여자에게 달려 있음을 증언하고 있습니다. 인류의 타락은 최초의 여자 하와의 범죄로 인함이었습니다. 믿음의 조상 아브라함의 후손들이 유대인과 아랍인으로 갈라져 오늘날까지 세계의 평화를 위협하고 있는 것은, 아브라함의 아내 사라가 자신의 태를 통해 후손을 주시겠다는 하나님의 말씀을 믿지 못해 자신의 몸종을 남편의 첩으로 삼게 한 불신앙의 결과입니다. 열왕기에는 왕들의 어머니의 이름이 기록되어 있습니다. 어머니가 누구냐에 따라 어떤 왕인지가 결정되고, 그로 인해 이스라엘의 역사가 달라졌음을 교훈하기 위함입니다. 복음서는, 정혼한 처녀의 몸으로 돌에 맞아 죽을 위험을 무릅쓰고 성령의 능력으로 아들을 잉태하라는 하나님의 명령에 순종한 마리아에 의해 인류 구원의 역사가 시작되었음을 밝히는 것으로 그 막이 오르고 있습니다. 그리고 이미 살펴본 것처럼, 초대교회의 태동과 성장 그리고 대박해 속에서의 보존에 여자들이 결정적인 역할을 감당하였습니다. 한마디로 한 가정도, 교회도, 국가도, 인류의 역사도, 여자가 어떤 생각과 마음을 지녔느냐에 따라 건강할 수도, 병들 수도 있음을 성경은 일관되게 증언하고 있습니다.

이것은 남자의 역할은 중요하지 않다거나, 남자는 아무것도 하지 않아도 된다는 말이 결코 아닙니다. 남자의 중요성 역시 두말할 나위도 없이 큽니다. 단지 오늘 이 시간에는 인간의 생명을 잉태하는 여성의 역할을 더 중요시하는 성경의 관점을 강조할 뿐입니다.

사랑하는 자매 여러분!

이다음 여러분이 이 세상을 떠나 하나님의 앞에 설 때 하나님께서는 여러분에게 이 세상에서 얼마나 예뻤는지, 얼마나 화려하게 살았는지, 얼마나 상류사회에서 살았는지, 얼마나 이재理財에 밝았는지 따지시지 않을 것입니다. 단지 여러분이 어떤 생각과 마음으로 살았는지를 따지실 것입니다. 다시 말해 세상만을 탐하는 세상의 여자로 살았는지, 신심 깊은 믿음의 여자로 살았는지 물으실 것입니다. 여러분이 어떤 생각과 마음으로 살아가느냐에 따라 여러분의 남편과 자식의 삶이 달라지고, 나아가 이 땅의 교회와 이 민족의 역사가 달라지기 때문입니다.

알고 계십니까? 이 세상의 모든 인간이 여자의 태를 통해 태어난다는 것은, 이 세상 자체가 여자에게서 잉태됨을 의미한다는 사실을 말입니다.

솔로몬은 지혜의 책인 잠언 14장 1절을 통해, '지혜로운 여인은 자기 집을 세우되, 미련한 여인은 자기 손으로 그것을 헌다'고 말했습니다. 3천 년 전 솔로몬은 삼권을 장악한 절대 군주였습니다. 그러나 솔로몬은 자신의 권력이나 군대의 힘으로, 자신의 집이나 국가를 바로 세울 수 있다고 말하지 않았습니다. 한 집안과 한 국가의 흥망성쇠가 오직 여인에게 달려 있다고 고백했습니다. 모든 인간의 생명이 여자로부터 잉태되기에, 이 사회가 곧 여자로부터 잉태된다는 하나님의 법칙에 대한 깨달음, 그것이 바로 솔로몬의 지혜였습니다.

이 시간 우리로 하여금 이 귀중한 지혜를 깨닫게 하심을 감사합니다. 지금 머리 숙인 여자 성도님들이 이 시대를 허무는 어리석은 여인이 아니라,

이 시대를 진리 위에 바로 세우는 지혜로운 믿음의 어머니, 믿음의 딸, 믿음의 아내가 되게 하여 주옵소서. 지금 머리 숙인 남자 성도님들이 지혜로운 여자의 말에 귀를 기울일 줄 아는 믿음의 아버지, 믿음의 아들, 믿음의 남편이 되게 하여 주옵소서. 그리하여 우리 모두 참된 믿음의 사람들이 되게 하시고, 우리로 인해 우리가 몸담고 있는 우리의 가정과 교회와 사회가 날로 새로워지게 하여 주옵소서. 아멘.

3. 빌립이 사마리아 성에

사도행전 8장 4-8절
그 흩어진 사람들이 두루 다니며 복음의 말씀을 전할새 **빌립이 사마리아 성에** 내려가 그리스도를 백성에게 전파하니 무리가 빌립의 말도 듣고 행하는 표적도 보고 한마음으로 그가 하는 말을 따르더라 많은 사람에게 붙었던 더러운 귀신들이 크게 소리를 지르며 나가고 또 많은 중풍병자와 못 걷는 사람이 나으니 그 성에 큰 기쁨이 있더라

1999년은 베를린장벽이 무너진 지 10주년 되는 해였고, 2000년은 서독과 동독이 통일된 지 10주년을 맞는 해였습니다. 그래서 1999년 초부터 유럽 각국의 언론 매체들은 베를린장벽 붕괴와 독일 통일에 대한 특집을 경쟁하듯 앞다투어 내어놓았습니다. 그도 그럴 것이 만약 유럽 대륙에서 또다시 세계 전쟁이 터진다면 그 발발지는 독일일 것이라고 한때 간주될 정도로, 전혀 다른 이념과 체제하의 서독과 동독이 무력의 힘을 빌리지 않고 평화적으로 통일될 수 있으리라고 믿은 유럽인은 거의 없었기 때문입니다. 그

렇기에 프랑스의 일간지 〈르몽드 Le Monde〉가 '베를린장벽 붕괴와 독일 통일은 20세기 말 최대의 기적'이라 표현한 것은 아주 적절하였습니다. 당시 스위스 제네바에 거주하던 저는, 베를린장벽 붕괴와 독일 통일에 유럽인들이 얼마나 큰 의미를 부여하는지 직접 확인하였습니다.

1999년 11월 9일, 독일 베를린에서 베를린장벽 붕괴 10주년 기념식이 성대하게 열렸습니다. 1945년 2차 세계대전이 끝난 뒤 패전국이었던 독일이 동서로 분단되면서 동독 지역에 속하게 된, 독일의 수도였던 베를린 역시 동서로 분할되었습니다. 그리고 자유를 찾아 서독으로 탈출하려는 동독인들의 발길을 차단하기 위하여 1961년, 동독에 의해 그 유명한 베를린장벽이 세워졌습니다. 그 이후 베를린장벽은 붕괴될 때까지 한국의 휴전선과 함께 분단과 냉전의 상징물이 되었습니다.

높이 4미터에 길이가 160킬로미터에 이르는 그 철근 콘크리트 장벽은 결코 허물어지지 않을 난공불락의 성벽처럼 여겨졌습니다. 그러나 그 장벽은 1989년 11월 9일 목요일 밤에 기적처럼 무너졌고, 그 이듬해인 1990년 10월 3일 마침내 독일은 총 한 번 쏘지 않고 완전 통일을 이루었습니다. 베를린장벽의 붕괴가 동독의 멸망과 독일 통일의 서곡인 셈이었습니다.

한 나라가 존재하기 위해서는 반드시 주권, 국민, 영토를 갖추고 있어야 합니다. 당시 동독에는 분명히 주권이 있었습니다. 동독 국민의 민주화 요구 시위에 굴복하여 밀려난 호네커 서기장의 후임 크렌츠를 수반으로 한 정부가 엄연히 존재하고 있었습니다. 1,600만 명에 달하는 국민도 있었습니다. 터키의 쿠르드족처럼 영토 없는 난민들인 것도 아니었습니다. 남한보다 더 넓은 영토를 갖고 있었습니다. 동독은 분명히 주권과 국민 그리고 영토를 지닌 명실상부한 국가였습니다. 그 국가를 지키기 위한 막강한 군대도 보유하고 있었습니다. 그것도 모자라 무려 39만 명에 달하는 소련의 붉은 군대까지 주둔하고 있었습니다. 그런 나라가 전쟁을 거치지도 않고 붕괴한다는 것은 상상조차 어려운 일이었습니다. 그러나 베를린장벽의 붕괴와 함께 동독도 무너져, 동독이라 불리던 '독일민주공화국'은 지구상에서 영원히 자취를 감추고 말았습니다. 그리고 베를린장벽 붕괴와 독일 통일은 유럽의 역사에, 인류의 역사에 엄청난 변혁을 초래했습니다. 이런 의미에서 1990년 11월 9일 독일이 베를린장벽 붕괴 10주년을 맞아 성대한 기념식과 축제를 거행하고, 또 온 세계 언론의 초점이 베를린에 모아졌던 것은 지극히 자연스러운 일이었습니다.

그 뜻깊은 기념행사의 일환으로 독일 정부는 통독 당시의 조지 부시 전 미국 대통령, 미하일 고르바초프 전 소련 공산당 서기장을 독일로 초청하여 독일 최고 훈장인 특별대십자훈장을 수여했습니다. 베를린장벽 붕괴와 독일 통일에 이바지한 그들의 공을 치하하기 위함이었습니다. 그 두 사람 중에서도 냉전 종식과 독일 통일에 관한 한, 미하일 고르바초프 서기장의 역할이 절대적이었음은 그 누구도 부인하지 않습니다. 그래서 통독 당시 서독 수상이었던 헬무트 콜은 베를린장벽 붕괴 10주년을 기념하기 위한 독일 의회 연설에서 그 자리에 참석한 고르바초프를 가리켜, "고르바초프와 냉전 종식, 그리고 독일 통일은 그 누구도 떼어 놓을 수 없다"라고 말했습니다. 그리고 언론과의 인터뷰를 통해, "고르바초프 서기장이 소련의 KGB보다 서독 수상이었던 나를 더 신뢰해 주었고, 또 프라하의 비극이 재현되지 않도록 해준 것에 대해 그에게 진심으로 감사한다"고 밝혔습니다. 프라하의 비극이란 1968년 당시 체코슬로바키아의 수도 프라하에서 둡체크를 중심으로 민주화운동이 일어났을 때, 당시 소련 공산당 서기장이었던 브레즈네프가 군대를 동원하여 유혈 진압한 사건을 의미합니다. 1989년 베를린장벽이 붕괴될 즈음, 만약 고르바초프 서기장이 브레즈네프처럼 동독에 주둔하고 있던 39만 명의 소련 군대에게 출동하라는 단 한마디의 명령만 내렸던들, 동독은 온통 처참한 피바다가 되고 말았을 것입니다. 그러나 그는 끝내 군대를 움직이지 않았습니다.

베를린장벽 붕괴 10주년 기념행사가 끝난 뒤 미하일 고르바초프는 체코로 가서, 그곳에서도 체코 최고 훈장을 받았습니다. 당시 민주화 10주년을 맞은 체코 정부도 체코의 민주혁명에 기여한 고르바초프에게 감사를 표한 것이었습니다. 그러나 당시 고르바초프의 영향이 독일과 체코에만 국한된 것은 아니었습니다. 동구 공산 사회의 완전 몰락, 냉전과 이념 대립의 종식, 중국 덩샤오핑의 과감한 개방정책, 카자흐스탄·우즈베키스탄·우크라이나처럼 구소련에 강제 편입되었던 나라들의 잇단 독립 등, 20세기 말 세계역사의 대 변혁은 모두 페레스트로이카(개혁)와 글라디노스트(개방)의 기치를 내세웠던 고르바초프와 무관하지 않습니다. 고르바초프 자신마저 자신의 생각과 결단과 행동이 그처럼 엄청난 역사적 파장을 몰고 오리라고는 전혀 예상치 못했을 것입니다. 만약 20여 년 전 역사의 무대에 고르바초프가 등장하지 않았던들 20세기 말 인류의 역사가 어떻게 전개되었을는지, 21세기를 맞이한 우리가 현재 어떤 상황 속에 처해 있을는지는 상상하는 것조차 불가능합니다.

이상과 같은 사실은, 한 사람에 의해 인류의 역사가 바뀔 수 있다는 것은 단지 공허한 탁상이론이 아니라 얼마든지 현실 가능한 역사적 사실임을 여실히 입증해 주고 있습니다. 우리는 오늘의 본문 속에서도 바로 그러한 인물을 만나게 됩니다.

스데반의 순교와 더불어 시작된 유대교의 대박해로 인해, 사도들을 제외한 교인들은 예루살렘을 떠나 각처로 흩어지기 시작했습니다. 그 흩어짐의 이유와 의미에 대해서는 2주 전에 깊이 생각해 보았습니다. 오늘 본문 4-5절은 그 흩어진 디아스포라와 관련하여 다음과 같이 증언하고 있습니다.

그 흩어진 사람들이 두루 다니며 복음의 말씀을 전할새 빌립이 사마리아 성에 내려가 그리스도를 백성에게 전파하니.

흩어진 디아스포라들은 발길이 닿는 곳마다 복음을 증거하였습니다. 그들은 주님께서 자신들을 흩으신 까닭이 바로 거기에 있음을 바르게 깨달은 진정한 그리스도인들이었습니다. 그 디아스포라들 가운데 빌립이란 사람이 있었습니다. 그는 예수님의 열두 제자 중의 한 사람인 사도 빌립이 아니라, 예루살렘 교회가 초대 집사로 세운 일곱 집사 가운데 한 명인 빌립 집사였습니다. 빌립은 사마리아 성으로 내려가 사마리아인들에게 복음을 전했습니다. 그 결과를 본문 6절이 밝혀 주고 있습니다.

무리가 빌립의 말도 듣고 행하는 표적도 보고 한마음으로 그가 하는 말을 따르더라.

사마리아 성 사람들은 한마음이 되어 빌립이 전하는 복음을 따랐습니다. 그뿐만이 아니었습니다.

많은 사람에게 붙었던 더러운 귀신들이 크게 소리를 지르며 나가고 또 많은 중풍병자와 못 걷는 사람이 나으니 그 성에 큰 기쁨이 있더라(7-8절).

사마리아 성에, 더 정확하게 말하여 사마리아 성 사람들에게 큰 기쁨이 임했습니다. 그들이 영육 간에 구원을, 새 생명을 얻었기 때문입니다. 그들에게 그리스도 안에서 새로운 삶이 시작된 것이었습니다. 그것은 빌립 단 한 사람으로 인해 일어난 일이었습니다. 그러나 그것만으로 끝난 것이 아닙니다. 빌립에 의한 사마리아 성 복음화의 참된 의미는 보다 높은 데 있습니다.

본래 하나의 나라였던 이스라엘은 솔로몬의 아들 르호보암 왕 때에 남북으로 분단되었고, 분단된 북왕국의 수도가 사마리아였습니다. 그러나 분단 200여 년 만에 북왕국은 아시리아 제국의 사르곤 대왕에게 멸망당하고 맙니다. 사마리아를 정복한 사르곤 대왕은 북왕국의 지배계급에 속해 있던 사마리아인 2만 7,290명을 국외로 추방해 버렸습니다. 그 대신 사르곤은 자신이 정복한 다른 나라 사람들을 사마리아로 강제 이주시켜 살게 했습니다. 이를테면 이민족 간에 서로 피를 섞게 하는 강제적인 혼혈정책이었습니다. 사르곤은 그것이 사마리아인을 아시리아 제국에 가장 빨리, 그리고 가장 손쉽게 동화시키는 첩경으로 여겼습니다. 그 결과 사마리아인은 이방인과 피가 섞이게 되었고, 바로 이것이 순수 혈통에 집착하던 유대인이 사마리아인을 경멸하게 된 이유였습니다.

유대인들은 사마리아인들을 자신들과 같은 이스라엘인으로 여기지 않았습니다. 아예 사람으로 취급하지도 않았습니다. 그래서 유대인들은 예루살렘에서 갈릴리에 갈 때에도 그 중간에 위치한 사마리아에 발을 들여놓지 않으려고 먼 길을 돌아가곤 했습니다. 유대인이 사마리아인을 이렇듯 경멸했으니, 그 사실을 잘 알고 있는 사마리아인 역시 유대인을 증오할 수밖에 없었습니다. 그와 같은 견원지간의 지역감정은 예수님 때에도 계속되고 있었습니다. 요한복음 4장에는 예수님께서 유대 지방에서 갈릴리로 향하실 때, 유대인들처럼 사마리아를 피해 가시지 않고 직접 관통하신 이야기가 소개되어 있습니다. 예수님께서 사마리아의 '수가'라는 동네에 이르셔서 우물가에 앉으셨습니다. 마침 물을 길으러 나온 여인에게 목을 축일 물을 청하셨을 때, 깜짝 놀란 사마리아 여인의 반응을 요한복음 4장 9절이 밝혀 주고 있습니다.

> 사마리아 여자가 이르되, 당신은 유대인으로서 어찌하여 사마리아 여자인 나에게 물을 달라 하나이까 하니, 이는 유대인이 사마리아인과 상종하지 아니함이러라.

유대인과 사마리아인 사이의 골은, 서로 상종도 않을 만큼 깊었습니다. 따라서 예수님께서 사마리아를 거쳐 땅끝까지 주님의 증인이 되라고 분명히 명령하셨음에도, 예루살렘에 앉아 있는 사도들이 사마리아를 생각조차 하지 않았던 배경이 여기에 있음을 알 수 있습니다. 그들에게 사마리아인은, 진주를 줘도 그 가치를 알지 못해 발로 짓이기는 돼지와 구별되지 않았기 때문입니다.

그런데 바로 그 사마리아 사람들이 빌립으로부터 복음을 받아들였습니다. 주님의 구원의 역사가 그들에게 임한 것입니다. 이 소문이 알려지자 사도행전 8장 14절에 의하면, 예루살렘에 있던 사도 베드로와 요한이 직접 사마리아에 내려가 그 사실을 확인하였습니다. 그것은 참으로 중요한 사건이었습니다. 짐승 같은 사마리아인에게도 주님의 구원이 임했다면, 이방인에겐들 복음을 전하지 못할 까닭이 없었습니다. 그래서 26절 이하를 보면, 빌립이 이방인인 에티오피아 사람에게 복음을 전하고 세례를 베풀었습니다. 그 이후부터 이스라엘 내에 있는 이방인뿐 아니라, 이방에 있는 모든 이방인에게 복음이 전파되기 시작했습니다. 이를테면 빌립에 의한 사마리아의 복음화는, 복음의 세계화가 현실적으로 가능함을 확인해 준 실천적 예증이었습니다. 빌립이 닦은 이 예증의 길을 통해 복음은 온 세계를 향해 퍼져 나갈 수 있었고, 그 결과 인류의 역사가 새로워질 수 있었습니다.

이처럼 빌립에 의해 사마리아 성의 역사만 새로워진 것이 아니었습니다. 빌립 역시 결과적으로 인류 역사의 흐름을 바꾼 한 사람이었습니다. 이런 관점에서 고르바초프보다 빌립이 훨씬 위대한 인물이었습니다. 고르바초프는 당시 미국과 더불어 세계 초강대국이던 소련의 최고 권력자였고, 그 무시무시한 소련 붉은 군대의 통수권자였습니다. 그러나 빌립은 권력 혹은 군대와는 전혀 무관한 한 개인이었을 뿐입니다. 고르바초프에 의해 인류의 역사에 큰 변화가 초래되긴 했지만, 그 변화는 정치체제와 경제체제와 같은 외적 형식에 국한되었을 뿐 인간의 내적 변화를 수반한 것은 아니었습니다. 내적 변화가 결여된 사회체제만의 변화는 반드시 새로운 문제와 모순과 후유증을 야기함을 우리는 이미 보았고, 알고 있습니다. 그러나 빌립은 인간 사회의 모든 문제와 모순과 후유증을 뛰어넘어 인류에게 영원한 생명의 길을 제시해 주었습니다. 그래서 고르바초프는 아직 생존해 있음에도 이미 인류에게 잊혀진 존재인 반면, 빌립은 2천 년이 지난 지금까지도 성경과 우리 가운데 살아 있습니다. 이런 의미에서 고르바초프보다 빌립이 더 위대하다는 것은 결코 과장이 아닙니다.

감격적인 사실은 우리가 고르바초프처럼 초강대국의 권력자가 될 수는 없지만, 우리 모두 예수 그리스도 안에서 고르바초프보다 더 위대한 빌립이 될 수는 있다는 것입니다.

요한복음 4장 9절의 증언처럼 유대인이 사마리아인과 아예 상종조차 않던 시대에, 유대인이 자기 발로 사마리아를 찾아가 짐승 같은 사마리아인과 진리를 논한다는 것은 같은 유대인들로부터 혹독한 비난과 비판을 받아 마땅한 일이요, 사마리아인으로부터도 배척당할 수밖에 없는 일이었습니다. 그런데도 어찌 유대인인 빌립은, 유대인과 사마리아인 모두로부터 욕 듣기를 두려워하지 않고 사마리아를 찾아가는 최초의 그리스도인이 될 수 있었겠습니까? 그는 다른 유대인과는 다른 세계관을 지니고 있었고, 그것은 그가 유대인이되 헬라파 유대인이었기 때문입니다.

우리는 8개월 전 사도행전 6장 1-7절을 통해 예루살렘 초대교회가 최초로 일곱 명의 집사를 세운 진정한 의미는 단순히 행정적인 제도의 신설에 있는 것이 아니라, 초대교회의 중심이 히브리파 유대인으로부터 헬라파 유대인에게 이동된 데 있음을 살펴보았습니다. 초대교회는 다수파인 히브리파 유대인과 소수파인 헬라파 유대인으로 구성되어 있었습니다. 히브리파 유대인은 조상 대대로 이스라엘 땅에서 태어나 히브리말을 모국어로 사용하는 유대인들로, 그들에게 세계는 그들이 속해 있는 유대 사회가 모두였습니다. 반면에 헬라파 유대인은 이방에서 태어나 당시 지중해 세계 공용어이던 헬라어를 모국으로 사용하는 유대인들로, 그들에게 세계란 두말할 것도 없이 유대 사회를 뛰어넘는 것이었습니다.

그런데 주님께서 사도행전 6장에서 최초의 집사를 세우시면서 일곱 명 전원을 소수파인 헬라파 유대인으로 세우셨습니다. 그 이유가 무엇이었는지는 사도행전 6장 이후의 내용이 직접 답해 주고 있습니다. 사도행전 7장에는 이미 우리가 알고 있는 바와 같이 헬라파 유대인인 스데반이 등장하고 있습니다. 그는 하나님을 예루살렘성전에 가두어 두고 있는 유대인들의 그릇된 신앙을 통박하였습니다. 그는 하나님께서 인간이 만든 성전에 갇혀 계시지 않고 무소부재하신 분임을 설파하였습니다. 당시의 유대인들은 감히 생각할 수 없는 설교였습니다. 그 결과 스데반은 예루살렘성전과 하나님을 동일시하는 유대인에 의해 신성모독죄로 돌에 맞아 죽었지만, 그는 죽음을 무서워하거나 피하려 하지 않았습니다. 사도행전 8장의 빌립 역시 헬라파 유대인이었습니다. 오늘 우리가 살펴본 것처럼 그는 유대인과 사마리아인의 비난을 두려워하지 않고 사마리아를 찾아가 사마리아인에게 복음을 전하는가 하면, 이방인인 에티오피아인에게 복음을 전하고 세례를 베푼 최초의 그리스도인이 되었습니다. 사도행전 9장은, 명실상부하게 세계의 역사를 새롭게 했던 헬라파 유대인의 거두 사도 바울의 회심을 보여 주고 있습니다. 그리고 사도행전 13장 이후의 사도행전은 아예, 바울을 필두로 한 헬라파 유대인들에게 집중하고 있습니다.

앞으로 기회 있을 때마다 계속 살펴보겠지만, 사도행전은 이처럼 초대교회의 중심이 히브리파 유대인으로부터 헬라파 유대인에게로 이동한 과정을 상세하게 보여 주고 있습니다. 중심 이동의 이유는 헬라파 유대인과 히브리파 유대인의 세계관의 차이에 있었습니다. 자신들이 속한 유대 사회만을 온 세계로 생각하던 히브리파 유대인의 세계관은 어쩔 수 없이 폐쇄적이었습니다. 그들은 자신들과 다른 사람을 받아들이지 못했습니다. 오죽했으면 히브리파 유대인이었던 사도들마저 사마리아로 향하라는 주님의 마지막 명령을 전혀 개의치 않고 있었겠습니까? 반면에 이방 세계에서 태어날 때부터 자신들과 다른 사람들 속에서 살아온 헬라파 유대인들은 열린 세계관의 소유자들이었습니다. 그래서 사마리아를 거쳐 땅끝까지 이르라는 주님의 말씀을 자연스럽게 받아들이고 또 실천할 수 있었습니다. 다시 말해 히브리파 유대인들이 인류를 구원하시려는 주님의 복음을 자신들의 좁은 세계에 가두어 두려 했다면, 헬라파 유대인들은 복음의 세계로 스스로 뛰어든 사람들이었습니다. 그래서 그들은 복음을 위해 사람들의 비난과 비판을 두려워하지 않을 수 있었고, 죽음마저 감수할 수 있었습니다. 주님께서 그들을 도구 삼아 인류의 역사를 새롭게 하신 것은 사필귀정일 수밖에 없었습니다.

　여기에서 우리는 신앙이란 복음의 세계 속으로 우리 자신이 뛰어드는 것임을 알게 됩니다.

　사랑하는 교우 여러분!

　신앙은 결코 좁고 좁은 자신의 세계 속에 주님의 복음을 가두어 두고, 자신의 편의와 필요에 따라 복음을 왜곡하는 것이 아닙니다. 그것은 유대인들이 하나님을 예루살렘성전 안에 가두어 두려 했던 것처럼 백해무익할 뿐입니다. 예루살렘성전 안에 갇힌 하나님이 하나님이실 수 없듯이, 인간에 의해 갇히고 왜곡되는 복음은 복음일 수 없기 때문입니다. 2천 년 전 이 땅에 오셨던 예수님께서는 우리에게 새로운 세계를 주시기 위해 오신 성자 하나님이셨습니다. 우리 모두 우리 자신의 세계를 탈피하여 주님의 그 세계—그 구원의 세계, 그 사랑의 세계, 그 말씀의 세계, 그 영원한 생명의 세계로 주저 없이 뛰어드는 영적 헬라파 유대인이 되십시다. 그 세계 속에서만 이 세상의 비난과 비판, 불이익을 감수하면서까지 지켜야 할 것이 무엇이고, 버려야 할 것이 무엇인지 바르게 분별하고 실천할 수 있습니다.

　그리고 그때 우리가 비록 세상에서 보잘것없어도, 우리는 고르바초프보다 더 위대한 이 시대의 빌립이 될 수 있습니다. 빌립을 당신의 도구로 쓰신 주님께서, 우리를 이 시대를 위한 당신의 도구로 쓰실 것이기 때문입니다.

　우리에게 새롭고도 영원한 세계를 주시기 위해 이 땅에 오시어 생명의 복음을 주신 주님. 우리는 그동안 주님의 복음을 좁디좁은 우리 자신의 세계 속에 가두어 두고, 우리 자신을 위해 필요할 때마다 복음을 왜곡해 왔습니다. 그래서 주님을 믿는다는 우리의 삶 속에서 말씀에 의한 생명의 역사는 전혀 일어날 수 없었고, 결과적으로 하나님께서 우리에게 맡겨 주신 귀한 세월을 의미 없이 소진해 왔습니다. 우리의 이 무지와 허물을 용서하여 주옵소서.

이제 우리 모두 우리 자신의 세계를 탈피하여 주님의 세계—그 말씀의 세계, 그 사랑의 세계, 그 영원한 생명의 세계 속으로 뛰어드는 영적 헬라파 유대인이 되게 하여 주옵소서. 그 세계 속에서 말씀에 의해 우리 자신이 먼저 본질적으로 새로워지게 하옵소서. 그 세계 속에서 버려야 할 것을 미련 없이 버리고, 지켜야 할 것을 반드시 지키기 위해, 세상의 비난과 비판과 불이익을 두려워하지 않는 참믿음의 용기를 주옵소서. 그리하여 우리에게 고르바초프가 지녔던 절대 권력과 막강한 군대는 없지만, 이 사회와 인류의 역사를 새롭게 하는 이 시대의 빌립으로 쓰임 받게 하옵소서. 아멘.

4. 큰 기쁨이 있더라

사도행전 8장 4-8절
그 흩어진 사람들이 두루 다니며 복음의 말씀을 전할새 빌립이 사마리아 성에 내려가 그리스도를 백성에게 전파하니 무리가 빌립의 말도 듣고 행하는 표적도 보고 한마음으로 그가 하는 말을 따르더라 많은 사람에게 붙었던 더러운 귀신들이 크게 소리를 지르며 나가고 또 많은 중풍병자와 못 걷는 사람이 나으니 그 성에 **큰 기쁨이 있더라**

    스데반의 순교로 촉발된 유대교의 대박해로 인해 그리스도인들은 예루살렘을 떠나 각처로 흩어졌습니다. 그 흩어진 크리스천 디아스포라들 가운데 빌립이 있었습니다. 그는 사마리아 성을 찾아가 사마리아인에게 복음을 전했습니다. 당시 유대인은 이방인과 피가 섞인 사마리아인을 인간으로 취급조차 하지 않았고, 그 사실을 알고 있는 사마리아인 역시 유대인을 증오하였습니다. 그러므로 유대인이 자기 발로 사마리아인을 찾아가 진리를 논한다는 것은 자신과 같은 유대인으로부터는 혹독한 비난과 비판을 초래하고,

사마리아인으로부터는 배척당하기 십상인 일이었습니다. 적어도 정신이상자가 아닌 바에야, 유대인치고 그처럼 바보 같은 짓을 할 사람은 없었습니다. 그러나 유대인 중에서도 헬라파 유대인이었던 빌립은, 그러한 세상의 비난과 비판을 개의치 않고 사마리아를 찾아가 사마리아인에게 복음을 전하였고, 나아가 이방인인 에티오피아인에게 세례도 베풀었습니다. 그 결과 빌립은, 사마리아와 땅끝까지 당신의 증인이 되라는 주님의 최후 명령을 자신의 삶으로 실천한 최초의 그리스도인이 되었을 뿐 아니라, 인류의 역사를 새롭게 하는 한 사람이 되었습니다.

오늘의 본문은 그 빌립의 사마리아 행적과 관련하여 다음과 같이 증언하고 있습니다.

> 무리가 빌립의 말도 듣고 행하는 표적도 보고 한마음으로 그가 하는 말을 따르더라(6절).

유대인이 생각하는 것처럼 사마리아인은 진리를 깨닫지 못하는 짐승이 아니었습니다. 하나님의 구원에서 제외된, 저주받은 인간 집단도 아니었습니다. 그들은 빌립이 전하는 복음을 듣고, 복음을 받아들이고, 복음을 믿고, 한마음으로 복음을 좇았습니다. 그뿐이 아니었습니다.

> 그 성에 큰 기쁨이 있더라(8절).

우리말 '있더라'로 번역된 헬라어 동사 '기노마이 γίνομαι'는 어떤 상태를 표현하기보다는 역동적인 현상을 나타내는 단어로, 큰 기쁨이 '생겼다', '솟아났다'는 의미입니다. 사마리아 성에 큰 기쁨이 솟아나게 된 배경은 7절이 밝혀 주고 있습니다.

> 많은 사람에게 붙었던 더러운 귀신들이 크게 소리를 지르며 나가고(7절 상).

사마리아 성에 큰 기쁨이 솟아난 첫째 이유는, 많은 사람을 괴롭히던 귀신들이 쫓겨났기 때문입니다. 헬라어 원문에는 '더러운 귀신들에게 사로잡혀 있던 사람들이 크게 소리 지르며 나갔다'고 기록되어 있습니다. 그러나 그 표현은 복음서의 내용을 견주어 볼 때 결국 귀신이 쫓겨났음을 의미한다는 전제하에, 전 세계 거의 모든 성경은 '귀신들이 크게 소리를 지르며 나갔다'고 번역하고 있습니다. 천지를 창조하신 하나님의 생명과 능력의 말씀 앞에서 더러운 귀신이 쫓겨났다는 것은 조금도 이상하거나 놀랄 일이 아닙니다. 따라서 축귀逐鬼에 대하여는 이다음에 관련 구절이 나올 때 깊이 생각해 보도록 하겠습니다.

이 시간에 우리가 유의하고자 하는 것은 사마리아 성에 큰 기쁨이 솟아난 두 번째 이유입니다.

> 또 많은 중풍병자와 못 걷는 사람이 나으니(7절 하).

'못 걷는 사람'으로 번역된 헬라어 '콜로스χωλός'는 앉은뱅이처럼 선천적 불구자를 뜻합니다. 2천 년 전 중풍병자와 선천성 불구자라면 요즈음 말로 모두 불치의 환자들입니다. 당시 의학으로는 도저히 손도 댈 수 없는 불치의 환자들이 말씀의 능력에 의해 깨끗하게 치유되었고, 그로 인해 사마리아 성에 큰 기쁨이 샘솟게 되었습니다. 불치의 환자가 치유되는 생명의 역사가 일어났는데, 그곳에 큰 기쁨이 샘솟지 않는다면 그것이 도리어 이상한 일일 것입니다.

2천 년 전 사마리아에서 고통받던 불치의 환자들을 치유한 말씀은 다른 말씀이 아니었습니다. 빌립이 그들에게 전했던 말씀은, 바로 우리에게도 주어진 이 복음의 말씀이었습니다. 바꾸어 말하면 2천 년 전 사마리아의 불치병자들을 치유하여 그곳에 큰 기쁨이 샘솟게 한 이 말씀은, 오늘날에도 똑같은 능력을 지닌 생명의 말씀입니다. 이 말씀은 영원하신 하나님, 전능하신 하나님의 말씀이기 때문입니다.

우리 교우님들 가운데 현대 의학으로 고칠 수 없는 불치의 병으로 고통당하고 있는 분들이 계십니다. 저는 어제 오늘의 설교를 준비하면서 주님의 말씀을 믿는 그분들이 말씀의 능력으로 치유되기를, 그래서 그분들의 가정과 우리 교회에 큰 기쁨이 샘솟기를 간절히 기도드렸습니다. 저는, 주님의 뜻이 있으시다면 그렇게 될 줄로 믿고 있습니다. 여러분 역시 저와 같은 믿음이리라 믿고 있습니다.

아울러 우리의 신앙은 육체의 병이 낫기를 간구하는 것으로 멈추지 않고, 거기에서 한 걸음 더 나아갈 수 있어야 합니다. 2천 년 전 사마리아의 불치병자들이 나음으로 분명히 사마리아에 큰 기쁨이 있었습니다. 그러나 그 기쁨의 원인이 단지 육체가 치유된 것뿐이었다면, 과연 그 기쁨이 얼마나 지속될 수 있었겠습니까? 우리는 육체의 소원이 이루어졌을 때 큰 기쁨 속에서 주님을 찬양하지만, 그때의 기쁨이란 이내 사라져 버리고 만다는 사실을 그동안 수도 없이 경험해 왔습니다. 오히려 육체의 소원이 이루어짐으로 인해 새로운 불만이 생기거나, 하나님과 더 멀어지는 경우는 또 얼마나 자주 있었습니까? 게다가 성경은 육체의 질병이 낫지 않는 것 역시 주님의 은혜임을 분명히 밝혀 주고 있습니다.

구약성경에서 모세 다음으로 많은 이적을 행하였던 선지자 중의 선지자인 엘리사는 죽을병, 다시 말해 치명적인 병에 걸려 죽었습니다. 죽은 사람을 살리는 능력을 지녔던 엘리사 자신이 정작 죽을병에 걸려 죽었다는 것은 얼마나 난해한 일입니까? 그러나 엘리사는 자신의 병이 낫기를 단 한 번도 기도하지 않았습니다. 그는 죽을병을 통한 죽음을 믿음으로 받아들였습니다. 죽음을 통하지 않고서는 영원한 하나님의 나라에 임할 수 없기에, 믿는 사람에게는 어떤 형태의 죽음이든 하나님 나라에 이르게 하시기 위한 하나님의 은총임을 알았기 때문입니다. 신약성경의 사도 바울 역시 죽을 때까지 불치의 지병에 시달렸습니다. 그가 하나님의 말씀을 온전히 믿지 않았거나, 주님께서 그를 사랑하시지 않았기 때문입니까? 오히려 그 반대였습니다. 주님께서 그를 당신의 눈동자처럼 사랑하셨기에, 죽은 사람마저 살릴 수 있는 능력을 그에게 주시면서도 그로 인해 그가 교만에 빠지지 않는, 더더욱 겸손하게 주님만 의지하는 진정한 그리스도인으로 그를 지켜 주시기 위함이었습니다.

본문 8절이 언급하고 있는 기쁨, 즉 헬라어 '카라χαρά'는 주님의 은혜로 인해 일어나는 본질적이고도 지속적인 기쁨을 의미합니다. 일시적이거나 찰나적인 기쁨을 뜻하지 않는다는 말입니다. 만약에 사마리아의 불치병자들이 단지 육체의 치유만을 얻었던들, 사마리아의 기쁨이 본질적이고도 지속적인 기쁨일 수는 없었을 것입니다. 그런 경우의 기쁨이었다면, 그 기쁨은 얼마 지나지 않아 대체 언제 기뻐했느냐는 듯이 흔적도 없이 사라져 버리고 말았을 것입니다. 그러므로 우리는, 사마리아에 본질적이고도 지속적인 기쁨이 솟아났음을 증언하는 본문이 우리에게 주고자 하는 더 깊은 메시지를 깨달을 수 있습니다.

또 많은 중풍병자와 못 걷는 사람이 나으니(7절 하).

우리말 '나으니'로 번역된 헬라어 '데라퓨오θεραπεύω'는 '치유하다to cure'라는 의미와 동시에 영어로 'to serve'의 뜻을 지니고 있습니다. 잘 아시다시피 'to serve'는 '예배드리다'는 의미입니다. 그러므로 본문은, '또 많은 중풍병자와 못 걷는 사람이 하나님께 예배드리니, 그 성에 큰 기쁨이 있더라'는 의미이기도 합니다.

빌립이 전하는 복음의 말씀을 받아들이고 믿었다고 해서, 사마리아에 있는 모든 불치병자가 다 나은 것은 아닐 수도 있었습니다. 그들 가운데에는 계속 불치의 병을 안고 살아야 하는 사람도 있을 수 있었습니다. 그러나 육체의 질병의 치유 여부와 상관없이 복음의 말씀을 믿음으로 받아들인 그들은 모두 하나님께 예배드리는 예배의 사람이 되었고, 그로 인해 사마리아에는 큰 기쁨이 샘솟게 되었습니다. 그 기쁨은 단순히 육체의 질병이 나았을 때의 기쁨과는 비교도 할 수 없는 본질적이고도 지속적인 기쁨이었습니다.

창세기 2장에 의하면, 하나님께서는 사람과 짐승을 모두 흙으로 지으셨습니다. 흙으로 지어졌다는 사실에 관한 한, 인간과 짐승 사이에는 아무 차이가 없습니다. 그러나 인간의 경우에는 하나님께서 흙으로 빚으신 다음, 당신의 생기를 불어넣어 주심으로 생령이 되게 하셨습니다. 생령의 삶을 살지 못하는 인간은 짐승과 구별될 수 없게 만드신 것입니다. 그러므로 인간과 짐승의 유일한 구별점은 예배입니다. 하나님께 예배드릴 줄 아는 사람만 하나님과의 바른 관계 속에서 진정 사람다운 삶, 하나님의 생기를 품은 생령다운 삶을 살 수 있기 때문입니다.

신학자 윌리엄 템플William Temple은 예배를 다음과 같이 정의하였습니다.

예배란 우리의 전 존재를 하나님께 굴복시키는 것이다. 예배란 그분의 거룩함으로 우리의 양심을 깨우는 것이고, 그분의 진리로 우리의 마음을 살찌우는 것이며, 그분의 아름다움으로 우리의 상상을 정화시키는 것이고, 그분의 사랑으로 우리의 심령을 활짝 여는 것이며, 그분의 목적에 우리의 의지를 내려놓는 것이다.

예배의 중요성과 예배의 아름다움과 예배의 신비로움, 그리고 예배의 은혜로움을 이보다 더 잘 표현할 수는 없을 것입니다. 대체 하나님께서 어떤 분이시기에 하나님께 드리는 예배를 통해 이처럼 불가사의한 일들이 가능할 수 있겠습니까? 이사야가 이 질문에 대한 해답을 제시해 줍니다.

너희의 구속자시요 이스라엘의 거룩하신 이이신 여호와께서 이르시되, 나는 네게 유익하도록 가르치고 너를 마땅히 행할 길로 인도하는 네 하나님 여호와라(사 48:17).

하나님께서는 우리에게 유익하도록 가르치시고, 우리가 마땅히 행할 길로 인도하시는 진리의 하나님이십니다. 그래서 우리가 하나님께 예배드릴 때 하나님께서는 당신의 말씀으로 우리의 양심을 깨우시고, 우리의 영혼을 정화시키시고, 우리의 마음을 진리로 살찌우시면서 우리가 사람답게 살기에 유익하도록, 생령답게 마땅히 바른길을 걷도록 우리를 새롭게 빚어 주시는 것입니다. 우리가 예배를 거듭할수록 육체의 소원이 이루어졌을 때와는 비교할 수 없는 영적 기쁨 속에 거하게 되는 이유가 여기에 있습니다.

나이가 들어 갈수록 인간의 육체는 쇠하여지고, 노쇠해진 인간의 육체는 각종 질병에 노출되기 마련입니다. 나이가 들어서도 젊은이와 같은 육체의 건강을 지닐 수 있다는 세상의 유혹에 현혹되지 마십시오. 절대로 그런 일은 있을 수 없습니다. 그것은 하나님의 법칙에 위배되는, 인간 상술의 새빨간 거짓말일 따름입니다. 그런 거짓말에 현혹되기보다는 세월이 흘러갈수록, 나이가 들어 갈수록, 비록 우리의 육체는 노쇠해진다 할지라도, 우리의 예배가 회복되고 더욱 살아 있는 예배가 되기를 기도드리십시다. 예배를 통해 날로 사람다운 사람, 생령다운 생령으로 성숙해지고 원숙해지는 우리로 인해 우리의 가정과 우리의 교회, 그리고 우리가 몸담고 있는 이 사회에 새로운 차원의 기쁨이 충만하게 될 것입니다.

본문 7절 하반절을 다시 주목해 보십시다.

또 많은 중풍병자와 못 걷는 사람이 나으니.

우리말 '나으니'로 번역된 헬라어 '데라퓨오'는 영어로 'to serve'라 했습니다. 잘 아시다시피 'to serve'는 '예배드리다'라는 의미와 함께 '봉사하다'라는 뜻을 지니고 있습니다. 이 동사가 본래 '시중드는 사람attendant'을 일컫는 '데라폰θεράπων'에서 파생되었다는 것은, 이 단어가 '봉사하다'라는 의미를 더 강하게 내포하고 있음을 의미합니다. 그렇다면 본문은, '많은 중풍병자와 못 걷는 사람이 사람에게 봉사하니, 그 성에 큰 기쁨이 있더라'는 의미이기도 합니다.

이미 말씀드린 바와 같이 본문 속의 중풍병자와 선천성 불구자들은 2천년 전 당시 불치의 환자들이었습니다. 불치의 환자란 누군가의 도움 속에서만 생존할 수 있다는 말입니다. 그 불치병자들이 빌립이 전한 복음을 통해 주님을 만났습니다. 그들 가운데 주님의 은혜로 불치병으로부터 치유받은 사람도 있었지만, 동일한 은혜 속에서 치유받지 못한 사람도 있을 수 있었습니다. 그러나 비록 육체적으로는 치유받지 못한 사람들에게도 엄청난 변화가 있었습니다. 남의 도움을 의지해서만 생존할 수 있던 그들이 주님을 만난 뒤, 주님의 은혜 속에서 다른 사람에게 봉사하는 사람으로 바뀐 것입니다. 그들의 사고방식과 삶의 방식이 180도 달라진 것이었습니다. 생각해 보십시오. 남의 도움 받는 것을 자신의 당연한 권리로 생각하던 사람들이 남을 생각하고 남에게 봉사할 줄 아는 사람으로 바뀌었으니, 어찌 그들로 인해 그들이 있는 곳에 큰 기쁨이 샘솟지 않았겠습니까?

여기에서 이런 질문이 가능해집니다. 2천 년 전 남의 도움 속에서만 생존할 수 있던 당시의 불치병자들이 대체 남을 위하여 어떻게 봉사할 수 있으며, 또 구체적으로 어떤 봉사를 할 수 있었다는 말인가? 언뜻 타당한 질문처럼 여겨지지만, 이런 질문은 봉사를 인간의 손과 발에 국한시켜 생각하는 데서 기인한 그릇된 질문입니다. 손과 발을 움직일 수 없는 사람도 얼마든지 마음으로 사람을 섬길 수 있습니다. 손과 발의 봉사는 가장 이기적인 사람마저도 자신의 만족을 위하여 얼마든지 열심을 다해 행할 수 있습니다. 그러나 마음의 봉사는 당사자의 마음이 변하지 않는 한 절대로 불가능하기에, 참된 봉사는 손과 발이 아니라 마음에서부터 시작됩니다. 사람의 생각과 마음을 움직이는 봉사는, 봉사자의 마음이 담긴 봉사입니다.

5월 19일 자 동아일보는 'well dying', 즉 '품위 있는 죽음'과 관련하여 우리 교회 송영혜 집사님의 이야기를 특집 기사로 다루었습니다. 올해 우리 나이로 59세인 송영혜 집사님은 유방에서 시작된 암세포가 척수와 뇌로 번져, 현대 의학으로는 치료 불가능한 상태로 두 달째 신촌 세브란스병원 암센터에 입원해 있습니다. 그런데 시한부 인생을 사는 그 말기 암 환자로 인해 같은 병동에 입원해 있는 암 환자들은 말할 것도 없고, 의료진마저도 얼마나 큰 감동을 받았던지 병원 측에서 신문사에 연락하여 그분에 관한 특집 기사가 실리게 되었습니다. 그 기사에는 송 집사님이 입원하기 직전에 겪은 경험담이 소개되어 있습니다.

입원하기 전 송 집사님이 택시를 탔습니다. 젊은 기사가 무슨 생각에선지 넋두리를 늘어놓기 시작했습니다. 그는 한때 도박에 손을 댔다가 재산을 탕진하고 아내로부터 이혼당한 젊은이였습니다. 하루아침에 재산과 가정을 몽땅 날려 버린 것입니다. 생존을 위해 택시 운전을 하면서도, 문득문득 자기 절망에 짓눌릴 때마다 깊이 죽음을 생각하는 비관적인 젊은이였습니다. 그의 넋두리가 끝났을 때, 송 집사님은 자신이 시한부 인생을 사는 말기 암 환자임을 밝혔습니다. 그 순간 젊은 기사의 안색이 변했습니다. 송 집사님은, 젊은이는 앞으로도 훨씬 더 많은 인생을 살 수 있으므로 절망하지 않고 매사에 최선을 다하면 반드시 재기할 수 있을 것이라고 진심으로 조언해 주었습니다. 송 집사님은 자신의 조언에 감동하던 그 젊은이의 얼굴을 잊을 수 없다고 했습니다. 그리고 뇌에까지 번진 암세포로 인해 비록 하루하루 꺼져 가긴 하지만, 자신의 병약한 생명이 다른 사람에게 희망과 용기를 북돋워 줄 수 있다는 귀한 사실을 깨달았습니다. 그 이후 자신이 만나는 사람을 마음으로 섬기려는 마음으로 살고 있으니, 비록 그분이 말기 암 환자로 병상에 누워 있을지언정 그분과 눈을 마주치는 사람의 생각과 마음이 어찌 움직이지 않을 수 있으며, 그분으로 인해 그분이 있는 공간 속에 어찌 큰 기쁨이 샘솟지 않겠습니까?

이틀 전 저를 만난 송 집사님은, 시한부 인생을 사는 자신을 만나는 사람들의 생각과 마음이 달라지는 것을 보고 자신도 놀란다고 말했습니다. 그리고 만약 자신이 건강했다면 이런 일이 가능하겠느냐며, 그저 하나님께 모든 것이 감사할 뿐이라고 말했습니다. 그분이야말로 진정한 그리스도인이요,

참된 봉사자요, 우리 시대의 영적 거인이었습니다.

우리 자신은 어떻습니까? 우리를 위하여 누군가 수고하고 애쓰는 것을, 우리를 위해 수고하고 애쓰는 사람들에 대한 일말의 배려도 없이, 그분들의 수고와 애씀을 마치 우리가 당연히 누려야 할 우리의 권리로 여기고 있는 것은 아닙니까? 그렇다면 우리가 아무리 바른말을 해도 우리의 바른말이 사람의 마음을 움직일 수 없는 것은 말할 것도 없고, 나이가 들어가면 갈수록 우리는 주위 사람에게 무거운 짐이 될 뿐입니다. 혹 봉사를 손과 발에 국한시켜서만 생각하고 있는 것은 아닙니까? 그렇다면 우리의 봉사가 다른 사람에게 상처를 입힐 수도 있음을 간과해서는 안 됩니다. 손과 발에 국한된 봉사는 대개 자기 자신의 만족을 위한 이기적인 행위이기가 쉽기 때문입니다. 그리스도인의 참된 봉사는 손과 발에서 시작하는 것이 아니라, 마음에서부터 시작함을 잊어서는 안 됩니다.

또 많은 중풍병자와 못 걷는 사람이 사람을 섬기니, 그 성에 큰 기쁨이 있더라.

우리가 살다가 뜻하지 않게 중풍병자가 될 수도 있습니다. 육신이 늙어 멀쩡하던 두 다리를 움직이지 못할 수도 있습니다. 말기 암 환자가 되어 병원에 누워 있어야만 할 수도 있습니다. 그러나 그 어떤 상황 속에서도 사람을 섬기려는 마음만 지니고 있다면, 우리가 어디에 있든 그곳에는 큰 기쁨이 샘솟게 될 것입니다. 사람을 섬기려는 마음을 지닌 우리로 인해 우리가 처해 있는 곳의 분위기가 달라질 것이요, 체감온도가 달라질 것이요, 공기의 진동이 달라질 것은 물론이요, 무엇보다도 우리의 그 마음을 통로로 삼아 주님께서 많은 사람의 인생을 새롭게 하실 것이기 때문입니다.
　인간 생명의 참된 가치는 육체의 건강에 의해 판가름되지 않습니다. 비록 육체는 노쇠하고, 심지어 말기 암 환자라 해도, 사람을 섬기려는 마음을 지녔다면 그는 참된 가치의 생명을 지닌 사람입니다. 중요한 사실은 사람을 섬기려는 마음을 지닌 사람만 아무리 나이가 들어도 '노인'이 아니라 진정한 '어른'이 될 수 있고, 어른이 있는 곳에만 큰 기쁨이 샘솟는다는 것입니다.

　우리 가운데 불치의 병으로, 혹은 중병과 지병으로 고통당하고 있는 주님의 백성들이 있습니다. 2천 년 전 사마리아에서 그렇게 하셨던 것처럼, 그들의 병을 고쳐 주시옵소서. 주님께는 불치의 병이 있을 수 없사오니, 주님의 보혈로 그들의 몸을 깨끗하게 치유하여 주옵소서. 그리하여 그들의 가정과 우리 교회에 큰 기쁨이 샘솟게 하여 주옵소서. 혹 병이 낫지 않는다 해도 그것 역시 하나님의 은혜임을 깨달아, 병약한 육체로 인해 도리어 주님과 더욱 깊이 교제하는 영적 자유와 참기쁨을 누리게 하여 주옵소서.
　우리의 예배가 날로 회복되게 하여 주옵소서. 일주일에 한 번 습관적으로 드리는 종교의식이 아니라, 매 주일 살아 있는 예배가 되게 하여 주옵소서. 예배를 통해 하나님을 만나고, 하나님께 굴복하며, 하나님의 손길을 경험하게 하옵소서. 그와 같은 예배가 거듭될수록 사람다운 사람, 생령다운 생령으로 성숙하고 원숙하게 해주셔서, 우리로 인해 우리가 몸담고 있는 이 사회가 참기쁨으로 충만하게 하여 주옵소서.
　주님 안에서 참된 봉사자로 살아가게 하여 주옵소서. 누군가가 우리를 위해 수고하고 애쓰는 것을 우리가 응당 누려야 할 권리로 오인하거나, 봉사를 단지 손과 발에 국한된 것으로 오인하는 어리석음을 범치 말게 하여 주옵소서. 참된 봉사의 시발점은, 그리스도 안에 거하는 우리의 마음임을 잊지 말게 하여 주옵소서. 주님께서 우리를 섬기시기 위해 우리에게 임하시고 우리 곁에 계시기에, 어떤 상황 속에서도 주님 안에서, 주님처럼, 사람을 섬기려는 마음을 견지하게 하옵소서. 그리하여 우리의 육체가 병약해지고 우리의 몸을 가눌 수 없는 형편 속에서도 뭇사람의 인생을 새롭게 해주는 영적 어른이 되게 해주시고, 영적 어른인 우리로 인해 우리가 있는 곳에 큰 기쁨이 날로 더하게 하여 주옵소서. 아멘.

5. 주께 기도하라

사도행전 8장 9-24절

그 성에 시몬이라 하는 사람이 전부터 있어 마술을 행하여 사마리아 백성을 놀라게 하며 자칭 큰 자라 하니 낮은 사람부터 높은 사람까지 다 따르며 이르되 이 사람은 크다 일컫는 하나님의 능력이라 하더라 오랫동안 그 마술에 놀랐으므로 그들이 따르더니 빌립이 하나님 나라와 및 예수 그리스도의 이름에 관하여 전도함을 그들이 믿고 남녀가 다 세례를 받으니 시몬도 믿고 세례를 받은 후에 전심으로 빌립을 따라다니며 그 나타나는 표적과 큰 능력을 보고 놀라니라 예루살렘에 있는 사도들이 사마리아도 하나님의 말씀을 받았다 함을 듣고 베드로와 요한을 보내매 그들이 내려가서 그들을 위하여 성령 받기를 기도하니 이는 아직 한 사람에게도 성령 내리신 일이 없고 오직 주 예수의 이름으로 세례만 받을 뿐이더라 이에 두 사도가 그들에게 안수하매 성령을 받는지라 시몬이 사도들의 안수로 성령 받는 것을 보고 돈을 드려 이르되 이 권능을 내게도 주어 누구든지 내가 안수하는 사람은 성령을 받게 하여 주소서 하니 베드로가 이르되 네가 하나님의 선물을 돈 주고 살 줄로 생각하였으니 네 은과 네가 함께 망할지어다 하나님 앞에서 네 마음이 바르지 못하니 이 도에는 네가 관계도 없고 분깃 될 것도 없느니라 그러므로 너의 이 악함을 회개하고 **주께 기도하라** 혹 마음에 품은 것을 사하여 주시리라 내가 보니 너는 악독이 가득하며 불의에 매인 바 되었도다 시몬이 대답하여 이르되 나를 위하여 주께 기도하여 말한 것이 하나도 내게 임하지 않게 하소서 하니라

제가 만 20년 동안 살던 집이 우리 교회 교육관으로 사용됨에 따라 작년 11월에 근처 아파트로 이사하였습니다. 일반 가옥과 아파트는 구조 자체가 다른 데다, 한 가옥에서 20년을 살았으니 아파트로 이사 가면서 두고 가야 할 것들이 얼마나 많았겠습니까? 많은 가재도구들을 필요로 하는 주위 분들에게 나누어 드렸고, 나눌 수 없는 것들은 모두 버렸습니다. 제가 소장하고 있던 5천여 권 이상의 장서들도 원하는 분들에게 거의 다 나누어 드렸습니다. 그 덕분에 아파트에서 새로운 삶을 홀가분하게 시작할 수 있었습니다. 만약 옛 가옥에서 20년 동안 쓰던 물건들이 아까워 몽땅 들고 갔더라면, 지금쯤 그 물건들 틈에 끼여 이리 치이고 저리 치이며 살고 있을 것이 뻔한데, 그것은 생각하는 것만으로 끔찍합니다. 그런데 구약성경 야곱의 경우는 달랐습니다.

야곱에게는 열두 명의 아들이 있었는데, 야곱은 그들 가운데 열한 번째 아들인 요셉을 도가 지나칠 정도로 편애하였습니다. 그로 인해 이복형들에게 요셉은 눈엣가시 같은 존재였습니다. 결국 이복형들은 요셉을 이집트에 종으로 팔아 버렸습니다. 그러나 하나님께서 요셉을 이집트의 국무총리로 세우셨고, 총리가 된 요셉은 자신을 팔았던 형들과 극적으로 상봉하게 됩니다. 국무총리 요셉이 가족을 만났다는 소식을 들은 이집트의 파라오는 마치 자신의 일인 양 기뻐하면서, 그때까지 가나안에 살고 있던 요셉의 아버지 야곱을 위시한 야곱의 전 가족을 이집트로 초청하였습니다. 자신이 신임하는 국무총리 요셉으로 하여금 헤어졌던 가족과 이집트에서 함께 살게 해

주기 위한 배려였습니다. 이와 관련하여 창세기 45장 16-20절은 다음과 같이 증언하고 있습니다.

> 요셉의 형제들이 왔다는 소문이 바로의 궁에 전해지자, 바로와 그의 신하들이 기뻐하였다. 바로가 요셉에게 말하였다. "그대의 형제들에게 나의 말을 전하시오. 짐승들의 등에 짐을 싣고 가나안 땅으로 돌아가서, 그대의 부친과 가족을 내가 있는 곳으로 모시고 오게 하시오. 이집트에서 가장 좋은 땅을 드릴 터이니, 그 기름진 땅에서 나는 것을 누리면서 살 수 있다고 이르시오. 그대는 또 이렇게 나의 말을 전하시오. 어린 것들과 부인들을 태우고 와야 하니, 수레도 이집트에서 여러 대를 가지고 올라가도록 하시오. 그대의 아버지도 모셔 오도록 하시오. 이집트 온 땅 가운데서도 가장 좋은 땅이 그들의 것이 될 터이니, 가지고 있는 물건들은 미련 없이 버리고 오라고 하시오."(새번역).

이집트의 파라오는 요셉을 통해 야곱에게, 가나안에서 사용하던 모든 물건은 무엇이든 미련 없이 버리고 올 것을 당부했습니다. 당시 세계 최고 최대의 제국인 이집트의 파라오 자신이 땅과 집은 말할 것도 없고, 야곱 가족에게 필요한 세간 일체를 가장 좋은 것으로 하사하겠다는 의미였습니다. 그렇다면 야곱은 그야말로 아무것도 가져갈 필요가 없었습니다. 가나안에서 사용하던 구닥다리 세간을 가져가 본들 짐만 될 뿐, 이집트의 새 정착지에서는 아무짝에도 쓸모없을 것이기 때문입니다. 그러나 창세기 46장 1절은 이집트 파라오의 초청을 받은 야곱이 가나안을 떠날 때의 모습을 이렇게 전해 주고 있습니다.

이스라엘이 식구를 거느리고, 그의 모든 재산을 챙겨서 길을 떠났다(새
번역).

야곱은 자신의 모든 재산, 다시 말해 가나안 땅에서 사용하던 일체의 가재도구를 다 챙겨 갔습니다. 가나안에서 이집트까지 그 멀고 먼 길을, 그 많은 구닥다리 세간들을 하나도 남기지 않고 모두 옮기기 위해 얼마나 애를 썼겠습니까? 이집트 파라오가 하사한 이집트의 새 땅, 새집, 새 가구들 속에서 아무짝에도 쓸모없는 가나안의 세간들에 치여 사느라 고생은 또 얼마나 심했겠습니까? 생각하면 할수록 어리석기 짝이 없는 짓이었습니다. 이런 관점에서 이사 갈 때 나누어 줄 것을 나누어 주고 버릴 것을 버릴 줄 아는 우리는 야곱보다 훨씬 나은 사람이라 할 수 있습니다.

그러나 우리의 영적 실상은 어떻습니까? 이집트의 파라오가 모든 것을 책임져 준다는데도, 버려야 할 것을 버리지 못해 몽땅 들고 가는 이 미련한 야곱의 모습이 우리 자신의 영적 실상인 것은 아닙니까? 하나님의 자녀로 부르심을 받았다면서도, 그리스도 안에서 새로운 피조물이 되었다면서도, 여전히 자기중심적인 옛 성품, 그릇된 언행, 이기적인 마음과 욕망을 고스란히 부둥켜안고 살아가는 우리 자신 말입니다. 미련 없이 버려야 할 것들을 지니고 사느라, 주님께서 주신 새 삶의 기쁨을 전혀 누리지 못하는 우리 자신 말입니다.

만약 이것이 사실이라면, 그와 같은 어리석은 삶의 굴레에서 우리가 어떻게 벗어날 수 있겠습니까? 오늘 본문이 그 해답을 제시해 주고 있습니다.

스데반의 순교로 촉발된 유대교의 대박해를 피해, 사도를 제외한 교인들은 예루살렘을 떠나 각처로 흩어졌습니다. 그 흩어진 크리스천 디아스포라

들 가운데 빌립은 사마리아 성을 찾아갔고, 빌립 한 사람에 의해 사마리아 성에는 큰 기쁨이 샘솟게 되었습니다. 그 큰 기쁨의 이유와 의미에 대하여는 지난 시간에 상세하게 살펴보았습니다. 오늘 본문은 그 사마리아 성에 살고 있던 시몬이란 사람에 대한 이야기입니다.

> 그 성에 시몬이라 하는 사람이 전부터 있어 마술을 행하여 사마리아 백성을 놀라게 하며 자칭 큰 자라 하니 낮은 사람부터 높은 사람까지 다 따르며 이르되, 이 사람은 크다 일컫는 하나님의 능력이라 하더라 오랫동안 그 마술에 놀랐으므로 그들이 따르더니(9-11절).

시몬은 마술사였습니다. 그의 마술이 얼마나 신통했던지 그 자신이 스스로 '큰 자'를 자처한 것은 차치하더라도, 사마리아 성의 모든 사람들이 그를 신적 능력을 지닌 사람으로 추앙하고 추종할 정도였습니다.

> 빌립이 하나님 나라와 및 예수 그리스도의 이름에 관하여 전도함을 그들이 믿고 남녀가 다 세례를 받으니 시몬도 믿고 세례를 받은 후에 전심으로 빌립을 따라다니며 그 나타나는 표적과 큰 능력을 보고 놀라니라 (12-13절).

바로 그때 빌립이 사마리아 성에 나타나 복음을 전하였고, 마술사 시몬을 추종하던 사람들이 빌립이 전하는 복음을 따르면서 세례를 받았습니다. 마술사 시몬의 입장에서 본다면 강력한 라이벌이 나타난 셈이었습니다. 시몬 개인적으로는 자신을 따르던 무리를 몽땅 앗아 간 빌립과 사생결단을 벌여야 할 판이었습니다.

그러나 시몬의 반응은 정반대였습니다. 시몬 역시 빌립이 전하는 복음을 듣고 세례를 받았습니다. 그리고 마음을 다해 빌립을 따라다녔습니다. 스스로 '큰 자'라 자처하던 그로서는 쉬운 일이 아니었지만, 그러나 빌립을 통해 참된 진리를 접한 그에게는 그것이 그가 취할 수 있는 유일한 선택이었습니다. 그가 누구의 강압이나 강요에 의해서가 아니라 순전히 자발적으로 세례를 받았다는 것은, 그릇된 옛 삶으로부터 돌아서겠다는 결단의 표시라 할 수 있습니다. 그의 믿음의 시작은 이렇듯 아름다워 보였습니다.

> 예루살렘에 있는 사도들이 사마리아도 하나님의 말씀을 받았다 함을 듣고 베드로와 요한을 보내매 그들이 내려가서 그들을 위하여 성령 받기를 기도하니 이는 아직 한 사람에게도 성령 내리신 일이 없고 오직 주 예수의 이름으로 세례만 받을 뿐이더라 이에 두 사도가 그들에게 안수하매 성령을 받는지라 (14-17절).

유대인이 짐승처럼 취급하는 사마리아인이 하나님의 말씀을 받아들였다는 놀라운 소식이 예루살렘을 사수하고 있는 사도들에게도 전해졌습니다. 사도들은 반신반의하면서 사실 여부를 확인하기 위하여 베드로와 요한을 현장에 급파하였고, 사마리아에 이른 두 사도는 소문이 사실임을 자신들의 두 눈으로 직접 확인하였습니다. 그리고 사마리아 사람들이 복음을 믿고 세례를 받긴 했지만 아직 성령님을 받지는 못했다는 사실도 확인하였습니다. 복음을 믿고 세례까지 받은 사마리아 사람들에게 왜 성령님의 임재가 없었는지, 그 이유에 관해서는 다음 시간에 생각해 보도록 하겠습니다. 두 사도는 사마리아 사람들의 머리에 손을 얹고 기도하였고, 그와 동시에 성령님께서 그들에게 임하심을 그곳에 있는 모든 사람들이 직접 보고 느낄 수 있었습니다.

> 시몬이 사도들의 안수로 성령 받는 것을 보고 돈을 드려 이르되 이 권능을 내게도 주어 누구든지 내가 안수하는 사람은 성령을 받게 하여 주소서 하니(18-19절).

사도들이 사람들에게 안수할 때마다 성령님께서 임하시는 광경을 목격한 시몬은 즉석에서 지갑을 열어 사도들에게 돈을 내밀며, 그 희한한 능력을 자기에게 팔 것을 요청했습니다. 시몬은 본래 마술사였습니다. 마술은 사람을 교묘하게 속이는 기술입니다. 시몬은 뛰어난 마술사로서 그의 마술에 필요한 기술이나 기구라면, 금액 고하를 막론하고 지체 없이 사들이던 사람이었습니다. 그래서 성령님의 임재를 보는 즉시, 그는 앞뒤 가리지 않고 그 권능을 돈으로 사려고 했습니다. 가장 중요한 순간에 옛 성품, 옛 습관, 옛 사고 방식, 옛 삶의 태도가 아주 자연스럽게 드러난 것이었습니다. 그가 외적으로는 세례를 받고 빌립을 지성으로 좇는 그리스도인의 모습이었지만, 내적으로는 여전히 옛 마술사의 심성을 고스란히 지닌 옛사람 그대로였습니다.

그것은 이집트의 파라오가 하사하는, 모든 것이 갖추어진 새집으로 이사 가면서도 가나안의 구닥다리 세간을 들고 가는 야곱의 모습과 전혀 다를 바가 없었습니다. 아니, 그것은 주님을 믿으면서도 결정적인 순간에는 옛 삶을 답습하고 있는 우리 자신의 모습입니다.

시몬에 대한 사도 베드로의 질책 내용은 본문 20-21절이 밝혀 주고 있습니다.

> 베드로가 이르되, 네가 하나님의 선물을 돈 주고 살 줄로 생각하였으니

네 은과 네가 함께 망할지어다 하나님 앞에서 네 마음이 바르지 못하니 이 도에는 네가 관계도 없고 분깃 될 것도 없느니라.

헬라어 원문에는 '네 은과 네가 함께 망할지어다'라는 말이 제일 먼저 기록되어 있습니다. 2천 년 전 이스라엘에서는 은의 가치가 금과 거의 동일하였고, 또 은의 구매력이 대단히 높아 '은'이란 말은 항상 돈과 동의어로 사용되었습니다. 그러므로 베드로가 시몬을 '네 은과 네가 함께 망할지어다'라고 질책한 것은, '네 돈과 함께 네가 망할 것이다'라는 의미였습니다.

그렇지 않겠습니까? 하나님을 믿는다면서도 하나님보다 돈의 힘을 더 신뢰하여 성령님의 임재마저도 돈으로 사려 하였으니, 만사를 돈으로 해결하려는 그가 어떻게 하나님과 바른 관계를 맺을 수 있으며, 또 하나님의 나라에서 무슨 분깃을 얻을 수 있겠습니까? 자신의 죽음 이후를 책임져 주지 못할 돈의 힘만 믿다가 그 돈 때문에 결국 공동묘지에서 영원히 망하고 말지 않겠습니까? 하나님을 믿는다면서도 이렇듯 옛 삶을 청산하지 못한 시몬에 대한 베드로의 질타는, 실은 중요한 순간마다 옛 삶을 답습하고 있는 우리를 향한 주님의 질책이 아닐 수 없습니다.

그러나 베드로가 시몬을 질책만 한 것은 아니었습니다. 이제 시몬을 향한 베드로의 사랑의 권면에 귀를 기울여 보십시다.

그러므로 너의 이 악함을 회개하고 주께 기도하라 혹 마음에 품은 것을 사하여 주시리라 내가 보니 너는 악독이 가득하며 불의에 매인 바 되었도다(22-23절).

베드로는 그 마음이 여전히 악독과 불의로 가득한 시몬에게 회개하고 주님께 기도할 것을 권했습니다. 우리말 '혹'으로 번역된 원문 '에이 아라εἰ ἄρα'는 그 앞에 선행된 조건절을 강조하는 표현입니다. 따라서 베드로의 말은 회개하고 기도하면 혹 용서받을 수 있을지도 모르겠다는 모호한 의미가 아니라, 회개하고 기도하면 주님께서 반드시 사해 주실 것이란 뜻이었습니다. 우리가 잘못했을 때 회개하고 기도하면 주님께서 용서해 주신다는 것은 너무나도 익히 알려진 사실이기에 전혀 새삼스러울 것이 없습니다. 중요한 것은 베드로가 "주께 기도하라"고 말하면서 사용한 단어입니다.

일반적으로 기도한다는 의미의 헬라어는 '프로슈코마이προσεύχομαι'로, 우리가 통상적으로 말하는 기도를 의미합니다. 그러나 본문에 사용된 헬라어는 '데오마이δέομαι'인데, 이 단어는 '묶다', '붙들어 매다'라는 의미의 헬라어 동사 '데오δέω'의 변형입니다. 즉 베드로가 시몬에게 '주께 기도하라'고 말한 것은 '너 자신을 주님께 묶어 두라', '네 마음을 주님께 동여매라'는 의미였습니다. 그러나 그 단어는 베드로가 임의로 사용하거나 지어낸 말이 아니었습니다. 그것은 주님께서 가르쳐 주신 주님의 말씀이었습니다. 주님께서는 누가복음 21장에서 미구에 임할 큰 환난에 대해 말씀하시며 이렇게 끝을 맺으셨습니다.

> 이러므로 너희는 장차 올 이 모든 일을 능히 피하고 인자 앞에 서도록 항상 기도하며 깨어 있으라(눅 21:36).

주님께서 제자들에게 어떤 환난 속에서도 주님 앞에 떳떳하게 설 수 있게끔 항상 기도하라고 명령하셨습니다. 그런데 이때 사용된 동사가 '데오마이'입니다. 어떤 결정적인 순간에도 그리스도인답게 자신을 지킬 수 있는 길은 기도를 통해 자신을 주님께 묶어 두는 것이요, 자신의 마음을 주님께 동여매는 것임을 주님께서 친히 가르쳐 주신 것입니다. 제자들이 자신들을 주님께 동여맨다는 것은 주님께서 제자들을 붙들고 계심을 의미하기 때문입니다.

흔히 기도를 우리의 소원이나 바람을 주님께 아뢰고 간구하는 것으로 이해하고 있습니다. 물론 그것도 기도이긴 하지만, 그것이 기도의 전부라는 그릇된 인식 때문에 우리가 아무리 기도해도 우리의 삶이 새로워지지는 못합니다. 평생 나의 소원만을 간구하는 기도가 어떻게 나의 삶을 거룩하고 성숙게 할 수 있겠습니까? 어찌 그것만이 주님께서 우리에게 요구하시는 기도의 모든 것이겠습니까?

기도란 '데오마이', 나의 마음을 주님께 붙들어 매는 노동입니다. 기도는 그분의 깊은 호흡으로 호흡하면서, 그분의 눈으로 자신을 관찰하고, 그분의 말씀으로 생각하며, 그분의 마음으로 세상을 바라보는 존재적 시간입니다. 그분의 말씀과 생명을 힘입어 자기 정립과 자기 확장을 꾀하는 자기 성숙의 과정입니다. 그런 기도를 통하여 우리는 옛 삶에서 탈피하여 결정적인 순간에도 그리스도인답게 처신할 수 있게 됩니다. 우리가 우리 자신을 주님께 동여맬 때 주님의 진선미가 우리를 통해 흘러나오기 때문입니다. 이것이 베드로가 시몬에게 '데오마이' 하라고 권면한 이유였습니다. 그러나 본문 24절은 그 결과를 다음과 같이 전해 주고 있습니다.

> 시몬이 대답하여 이르되 나를 위하여 주께 기도하여 말한 것이 하나도 내게 임하지 않게 하소서 하니라.

시몬은 자기 스스로 기도를 통해 자신의 마음을 주님께 동여매는 대신,

사도들이 자신을 위하여 '데오마이' 해주기를 부탁했습니다. 위대한 사도가 자신을 위해 기도해 준다는 것은 참으로 귀한 일입니다. 그러나 사도가 기도한다고 해서 시몬의 마음이 절로 주님께 동여매어지는 것은 아닙니다. 한 사람의 마부가 스무 마리의 말들을 물가로 몰고 갈 수는 있지만, 단 한 마리의 말도 억지로 물을 마시게 할 수는 없습니다. 이와 마찬가지로 사도들이 시몬에게 자신을 주님께 동여매어야 할 필요성을 일깨워 줄 수는 있지만, 그 실천 여부는 철저하게 시몬 개인 소관이었습니다. 만약 시몬이 베드로의 권면을 받아들여 기도를 통해 자신을 주님께 동여매는 삶을 시작했더라면 그 이후 그의 삶이 향기로웠을 것은 물론이요, 하나님의 능력을 돈으로 사려 했던 그의 성품마저도 그리스도 안에서 합력하여 선을 이루었을 것입니다. 그러나 단지 사도들이 대신 기도해 주기를 바랐던 시몬에 대하여 성경은 더 이상 언급하지 않습니다. 어쩌면 재론할 가치조차 없기 때문인지도 모릅니다.

오늘은 7월 1일입니다. 우리는 오늘로 올해의 중간 지점에 처해 있습니다. 정확하게 올해의 반이 지났고, 정확하게 앞으로 반이 남았습니다. 그런데 어떻습니까? 대단한 결심으로 올해를 시작한 것 같은데 올해의 중간 지점에서 되돌아보니, 올해에도 우리의 삶이 변한 것이라고는 아무것도 없는 것은 아닙니까? 평소에는 그리스도인다운데 결정적인 순간에는 여전히 옛 삶을 고스란히 답습하고 있는 것은 아닙니까? 그렇다면 대체 그 이유가 무엇이겠습니까? 기도하되 우리의 소원만을 간구했기 때문인 것은 아닙니까? 기도를 통해 우리의 마음을 주님께—주님의 그 길, 주님의 그 말씀, 주님의 그 생명에 동여매지 않았기 때문이 아닙니까? 주님의 십자가에 내 마음을 못박아 동여매지 아니하고 어찌 나의 옛 삶의 덫으로부터 자유로울 수 있겠습니까?

사랑하는 교우 여러분!

우리가 지난 여섯 달 동안 비록 시몬처럼 살았다 해도, 다가오는 여섯 달마저 시몬처럼 살 수는 없지 않겠습니까? 야곱처럼 옛 삶의 짐을 고스란히 짊어지고서 나머지 여섯 달을 맞을 수는 없지 않겠습니까? 우리 모두 기도를 통해 우리 자신을, 우리의 마음을 하나님께 동여매십시다. 하나님께 동여매어진 우리의 삶을 하나님께서 반드시 향기롭고도 아름답게 가꾸어 주실 것입니다. 하나님께서 올 1월 1일 0시 예배를 통해 일러 주신 것처럼 우리가 믿는 하나님은 우리를 바로 세워 주시는 분이시요, 오직 하나님만 그 능력을 지니신 야긴과 보아스의 하나님이시기 때문입니다.

주님께서 우리에게 '야긴과 보아스'라는 표어를 주시고 시작하게 하신 2007년이, 오늘로 정확하게 반이 지나갔습니다. 지난 여섯 달 동안 우리는 적지 않은 시간 하나님께 기도하였습니다. 그러나 단지 우리의 소원과 바람을 간구했을 뿐입니다. 그래서 우리가 원하던 것을 소유하게 되었을지는 몰라도, 우리의 존재가 새로워지지는 못했습니다. 우리의 종교심은 깊어졌지만, 그러나 가장 중요하고 결정적인 순간에는, 마술사 시몬처럼 옛 삶을 답습하는 어리석은 삶을 계속하고 있습니다.

그렇지만 오늘 이 시간에도 우리를 불러 주시고, 우리의 삶이 진정 새로워지기 위해서는 우리의 기도가 '데오마이'가 되어야 함을 일깨워 주신 주님의 사랑에 진심으로 감사를 드립니다. 이제부터 기도를 통하여 우리 자신을, 우리의 심령을, 주님께 동여매게 하여 주옵소서. 단단한 벽에 잘 박힌 못처럼, 나 자신을 주님의 말씀과 생명에 꼭 붙들어 매게 하여 주옵소서. 이제 남은 여섯 달 동안 주님의 호흡으로 호흡하고, 주님의 눈으로 나를 관찰하고, 주님의 말씀으로 생각하며, 주님의 마음으로 세상을 바라보게 하여 주옵소서. 그리하여 야긴과 보아스의 하나님께서 우리에게 2007년을 허락하신 하나님의 뜻이, 우리의 삶을 통해 아름답게 구현되게 하옵소서.

우리 가운데, 자신은 기도하지 않고 남의 기도만을 구하는 한심한 시몬이나, 옛 삶을 송두리째 지고 새날을 맞으려는 미련한 야곱이, 단 한 사람도 없게 하여 주옵소서. 아멘.

6. 예루살렘으로 돌아갈새 100주년기념교회 창립 2주년 기념 주일

사도행전 8장 14-25절

예루살렘에 있는 사도들이 사마리아도 하나님의 말씀을 받았다 함을 듣고 베드로와 요한을 보내매 그들이 내려가서 그들을 위하여 성령 받기를 기도하니 이는 아직 한 사람에게도 성령 내리신 일이 없고 오직 주 예수의 이름으로 세례만 받을 뿐이더라 이에 두 사도가 그들에게 안수하매 성령을 받는지라 시몬이 사도들의 안수로 성령 받는 것을 보고 돈을 드려 이르되 이 권능을 내게도 주어 누구든지 내가 안수하는 사람은 성령을 받게 하여 주소서 하니 베드로가 이르되 네가 하나님의 선물을 돈 주고 살 줄로 생각하였으니 네 은과 네가 함께 망할지어다 하나님 앞에서 네 마음이 바르지 못하니 이 도에는 네가 관계도 없고 분깃 될 것도 없느니라 그러므로 너의 이 악함을 회개하고 주께 기도하라 혹 마음에 품은 것을 사하여 주시리라 내가 보니 너는 악독이 가득하며 불의에 매인 바 되었도다 시몬이 대답하여 이르되 나를 위하여 주께 기도하여 말한 것이 하나도 내게 임하지 않게 하소서 하니라 두 사도가 주의 말씀을 증언하여 말한 후 **예루살렘으로 돌아갈새** 사마리아인의 여러 마을에서 복음을 전하니라 스데반의 순교로 촉발된 대박해를 피해 예루살렘을 떠나 각처로 흩어진 크리스천 디아스포라들 가운데, 빌립은 사마리아 성을 찾아가 복음을 전했습니다. 사마리아 사람들은 빌립이 전한 복음을 믿고 세례를 받았습니다. 심지어는 스스로 '큰 자'를 자처하고 또 사람들이 신적 능력을 지닌 사람으로 추앙하고 추종하던 마술사 시몬마저 세례를 받았습니다. 한마디로 사마리아 성에는 영육 간에 생명의 역사가 충만했고, 그로 인해 큰 기쁨이 샘솟게 되었습니다.

유대인이 짐승처럼 간주하는 사마리아인이 하나님의 말씀을 받아들였다는 놀라운 소문은, 그때까지도 예루살렘을 굳게 지키고 있던 사도들에게도 전해졌습니다. 사도들은 반신반의하면서 소문의 진위를 확인하기 위해 베드로와 요한을 현장에 급파하였습니다. 사마리아 현장에 이른 두 사도는 소문이 사실임을 자신들의 두 눈으로 직접 확인하였습니다. 그리고 두 사도는 사마리아 사람들이 예수님을 믿고 세례 교인이 되긴 했지만, 그들이 아직 성령을 받지 못했다는 사실도 확인하였습니다. 그래서 지난 시간에 살펴본 것처럼 두 사도는 그들의 머리에 손을 얹고 성령 받기를 기도하였고, 그와 동시에 그들에게 성령님께서 임하심을 그곳에 모인 모든 사람이 확인할 수 있었습니다.

베드로는 일찍이 사도행전 2장 38절을 통해, 회개하고 세례를 받아 죄사함을 얻으면 성령을 받는다고 설교했습니다. 사도행전 10장 44절에 의하면 이방인 백부장 고넬료 집에서는, 회개하거나 세례를 받지 않았는데도 그곳에 모인 사람들이 하나님의 말씀을 듣다가 모두 성령을 받았습니다. 바울은 하나님의 말씀을 듣기는커녕 도리어 하나님을 대적하던 시절에 성령님께 사로잡혔습니다. 그래서 그는 고린도전서 12장 3절을 통해, 성령님의 역사 없이는 그 누구도 예수님을 구주로 믿을 수 없다고 천명했습니다. 이상과 같은 성경의 증언들은, 인간이 하나님의 말씀을 받아들여 예수님을 구주로 믿고 세례 받는 믿음의 과정이 성령님의 역사 속에서만 이루어짐을 일깨워 주고 있습니다. 그렇지 않겠습니까? 성령님의 역사 없이 우리가 어떻게 직접 만난 적도 없는 예수님이 우리 죄를 씻어 주시고, 또 영원한 생명을 주시는 구주라고 믿을 수 있겠습니까?

그렇다면 사마리아 사람들이 하나님의 말씀을 받아들이고, 예수님을 구주로 믿어 예수님의 이름으로 세례를 받았다는 것 역시 성령님의 역사였음을 알게 됩니다. 성령님의 역사가 아니고는 그런 일이 일어날 수 없기 때문입니다. 그럼에도 베드로와 요한 보기에 그들에게 아직 성령강림이 이루어지지 않은 것처럼 보인 것은, 그것 역시 성령님의 역사였습니다. 다시 말해 성령님께서 사마리아 사람들이 수님을 믿고 세례를 받도록 역사하시고서도, 그것이 성령님의 역사가 아닌 것처럼 보이게 하신 것이 성령님의 특별한 역사였습니다.

그처럼 특별한 성령님의 역사가 사마리아에서 일어난 이유가 무엇이겠습니까? 아니, 성령님의 그 특별한 역사는 대체 누구를 위한 역사였겠습니까? 사마리아 사람들에게 성령강림이 가시적으로 이루어지기를 기도한 사람은 빌립이나 사마리아인이 아니었습니다. 그 기도를 드린 사람은 그동안 예루살렘을 굳게 지키고 있던 베드로와 요한, 두 사도들이었음을 본문 15절이 밝혀 주고 있습니다. 따라서 성령님의 그 특별한 역사는 바로 두 사도들을 위한 것이었습니다. 3주 전에 살펴본 것처럼 사도들은, 예루살렘과 온 유대와 사마리아와 땅끝까지 이르러 당신의 증인이 되라는 주님의 명령을 망각한 채 예루살렘을 떠나려 하지 않았습니다. 주님께서 스데반의 순교로 촉발된 유대교의 대박해를 통해 사도들을 흩으려 하셨지만, 그때에도 그들은 예루살렘을 사수하는 것이 참된 믿음인 양 예루살렘만 지키고 있었습니다.

마침내 주님께서는 빌립을 도구 삼아 사마리아 성을 먼저 복음화시키시고, 베드로와 요한을 보내시어 그들이 기도할 때 사마리아인에게 성령강림이 가시적으로 이루어지도록 역사하셨습니다. 유대인이 짐승으로 간주하는 사마리아인에게도 성령님께서 임하심을, 그들 역시 하나님의 자녀임을 사도들이 직접 확인케 하심으로, 사도들로 하여금 사마리아를 넘어 땅끝 즉 이방 세계에까지 나아가게 해주시기 위함이었습니다.

그렇다면 사도들은 사마리아의 경험을 발판 삼아 주님의 명령을 좇아 그들의 삶의 방향을 이방 세계로 돌려야만 했습니다. 그러나 본문 25절은 정반대의 사실을 전해 주고 있습니다.

> 두 사도가 주의 말씀을 증언하여 말한 후 예루살렘으로 돌아갈새 사마리아인의 여러 마을에서 복음을 전하니라.

두 사도는 다시 예루살렘으로 돌아가 버리고 말았습니다. 고작 한 것이라고는, 예루살렘으로 되돌아가는 길에 위치한 사마리아인의 마을에서 복음을 전했을 뿐입니다. 사마리아에서의 특별한 경험 덕분에 사마리아인에게는 거부감 없이 복음을 전하게 되었지만, 사마리아를 발판 삼아 이방 세계로 뛰어들 생각은 전혀 하지 않았습니다.

주님께서 두 사도를 사마리아로 부르셔서 그들의 기도를 통해 사마리아 사람에게 성령강림이 가시적으로 이루어지게 하신 것은, 예루살렘 사수를 참된 믿음의 길이라고 오해하고 있던 그들에게 이방 세계로 나아갈 기회를 다시 주신 것이었습니다. 그러나 그들은 그 기회를 스스로 거부해 버리고 말았습니다. 이것이 그들의 한계였고, 이것이 주님께서 사도행전 9장에서 이방인을 위한 당신의 새로운 도구로 바울을 선택하실 수밖에 없는 이유였습니다.

앞으로 살펴보겠지만 이 이후에도 주님께서는 사도들을 대표하는 베드로에게 이방 세계로 나아갈 기회를 여러 차례 더 주셨습니다. 그러나 베드로는 끝내 그 기회의 의미를 깨닫지 못했고, 이미 말씀드렸던 것처럼 사도행전 13장 이후부터 사도행전의 카메라는 사도 바울에게 초점을 맞추게 됩니다. 만약 베드로가 주님께서 주신 기회의 의미를 바르게 알고 바르게 행하였다면, 사도행전의 내용은 필히 다르게 전개되었을 것입니다.

우리가 사도행전 전체를 통해 얻을 수 있는 가장 큰 교훈 중의 하나는, 주님의 부르심을 먼저 받고 주님과 무려 3년이나 밤낮으로 동거했던 사도들로부터 이방 선교의 촛대가 그들보다 훨씬 뒤에 부르심을 받은 바울에게 옮겨졌다는 사실입니다. 요한계시록 2장 4-5절 말씀은 에베소 교회에 대한 주님의 책망 내용입니다.

> 그러나 너를 책망할 것이 있나니 너의 처음 사랑을 버렸느니라 그러므로 어디서 떨어졌는지를 생각하고 회개하여 처음 행위를 가지라 만일 그리하지 아니하고 회개하지 아니하면 내가 네게 가서 네 촛대를 그 자리에서 옮기리라.

주님께서는 당신의 특별한 섭리를 이루시기 위해 당신께서 특별히 선택하신 특정 단체 혹은 특정 인물에게 당신의 촛대를 맡기십니다. 촛대란 빛을 드러내기 위한 기구로, 빛이신 주님 당신을 상징합니다. 만약 주님의 촛대를 맡은 사람이 그 촛대를 자랑하기만 할 뿐 당신의 촛대를 맡기신 주님의 뜻을 바르게 행하지 않을 경우, 주님께서는 당신의 촛대를 옮기십니다. 창립 2주년 기념 주일을 맞는 오늘 주님께서 본문을 통해 우리에게 주시는 메시지가 이것입니다.

  1879년 백홍준과 이응찬이 압록강을 건너 중국 땅에 있던 매킨타이어 J. McIntire 선교사에게 세례를 받음으로 한국 최초의 세례 교인이 되었습니다. 그때부터 공식적으로 시작된 한국 개신교는, 1885년 최초로 입국한 선교사 아펜젤러와 언더우드를 뒤이어 외국 선교사들이 속속 조선 땅을 밟으면서 본격적인 막이 올랐습니다. 선교사들은 곳곳에 교회와 학교 그리고 병원을 세워 죄와 가난, 질병과 무지몽매에 빠져 있던 조선 민중을 영육 간에 치유하고 계몽하였습니다. 그분들이 우리 근세사에 미친 영향은 그 누구도 부정할 수 없습니다. 이런 의미에서 그분들이 묻혀 있는 이곳 양화진은 한국 개신교의 시발점인 동시에, 그분들의 믿음과 희생정신을 우리의 삶으로 실천해야 한다는 의미에서 한국 개신교의 목적지이기도 합니다. 이처럼 양화진이 한국 개신교 최고 성지라고 해서 양화진의 역사가 평탄했던 것은 아닙니다. 양화진의 지난 역사는 몇 시기로 나누어집니다.

  첫 번째 시기는 방치의 시기입니다. 1890년 의료 선교사 헤론의 사망으로 이곳에 외국인묘지가 시작되었습니다. 당시에는 비행기가 없었고, 또 선박을 이용하여 유럽이나 미국에 가기 위해서는 최소한 수십 일씩 소요되었으므로, 외국인이 조선에서 죽을 경우 시신을 조선 땅에 묻을 수밖에 없었습니다. 이것이 한국 땅에서 순직한 대부분의 선교사님들이 이곳 양화진에 묻혔고, 결과적으로 이곳이 한국 개신교 최고 성지가 된 이유입니다. 초기 이곳은 '경성구미인묘지회 Kyung Sung European American Cemetery Committee', 요즈음 말로 옮기면 '서울 유럽인 및 미국인 묘지회'로 등기되었고, 필요할 경우 영국·프랑스·독일·러시아·미국 공사公使 가운데서 묘지회위원장 역할을 담당했던 것으로 알려지고 있습니다. 그러나 그들은 사람이 죽으면 이곳을 묘지로 이용하였을 뿐 이곳을 관리한 것은 아니어서, 양화진은 자연히 방치될 수밖에 없었습니다. 일제강점기였던 1941년에 태평양전쟁 발발과 동시에 일제가 모든 외국인을 추방함에 따라 양화진은 법적 명의자가 없는 상태로 방치되었습니다. 1945년 해방 후 미군과 함께 한국에 재입국한 언더우드 2세가 경성구미인묘지회 대표가 되었고, 그의 사후에는 그의 아들인 언더우드 3세에게 대표직이 승계됨으로, 언더우드 2세와 3세는 양화진에 대한 실질적 영향력을 행사하였습니다. 국가를 대표하는 외교관이 아닌, 민간인에 불과한 언더우드 2세가 어떻게 경성구미인묘지회 대표가 되고, 또 그의 아들에게 대표직이 승계될 수 있었는지에 대한 저 개인적인 판단은 언급하지 않겠습니다. 1961년 '외국인토지법'의 제정으로 외국인이 토지를 소유할 수 없게 되었지만, 이곳 양화진은 1985년까지 언더우드 3세가 대표인 경성구미인묘지회 명의로 남아 있었습니다. 하지만 이때까지도 양화진에 대한 실제적인 관리는 제대로 이루어지지 않았습니다. 1979년 지하철 2호선 공사를 위해 양화진묘지를 이전하려는 서울시의 계획을 저지하기 위해 한국 교회의 원로 전택부 선생님께서 이곳을 방문하셨습니다. 그리고 그 당시 이곳의 상황을 《양화진 선교사 열전》에 다음과 같이 기록하셨습니다.

> 1979년 당시의 외인묘지는 쓰레기장을 방불케 하는 폐허지였고, 흉가터처럼 아이들이 무서워하는 곳이었으며, 아무도 돌보지 않는 쓸쓸한 땅이었다.

양화진 역사에서 두 번째 시기는 조성의 시기였습니다. 마침내 1985년 6월 17일 100주년기념사업협의회 Council For The 100th Anniversary Of The Korean Church가 법적 절차를 거쳐 이곳의 법적 소유권자가 되었습니다. 한국 개신교 선교 100주년을 기념하기 위해 1981년, 국내 20개 교단과 26개 기독 기관 단체에 의해 설립된 100주년기념사업협의회의 초대 총재는 영락교회 한경직 원로목사님이셨습니다. 협의회는 쓰레기와 잡초만 무성하여 청소년 우범지대였던 이곳으로부터 당시 덤프트럭으로 150대분의 쓰레기를 수거해 난지도로 옮기고, 쓰러진 비석을 연고 무덤을 찾아 바로 세우는 등의 작업을 시작했습니다. 1890년 외국인묘지가 시작된 이래 처음으로 본격적인 정비 작업이 시작된 것입니다. 또 협의회는 선교 100년을 기념하고 한국 교회를 위한 선교문화센터를 이곳에 건립하기로 하였습니다. 이를 위하여 현대그룹 고 정주영 회장님이 2억 원, 대우그룹 김우중 회장님이 2억 원, 대농그룹 박용학 회장님이 2억 원, 고려합섬 장치혁 회장님이 1억 원, 한국유리 최태섭 회장님이 5천만 원을 쾌척하였습니다. 22년 전 7억 5천만 원이라면 요즈음 돈으로 얼마나 큰 금액일지는 짐작하실 수 있을 것입니다. 그 돈으로 묘역이 정비되었고, 1986년에 완공된 건물이 지금의 선교기념관입니다.

협의회는 선교기념관의 지하실은 한국 교회를 위한 선교자료실, 1층은 협의회 사무실, 2~3층은 추모객을 위한 예배실로 만들었습니다. 그리고 그동안 고정 예배 처소가 없던 서울유니온교회로 하여금 선교기념관이 완공되면 이곳에서 예배드리면서 묘지와 건물을 관리케 하였고, 그를 위해 1층 사무실 일부도 사용하도록 했습니다. 선교기념관이 완공되고 협의회가 이곳으로 사무실을 옮기기 직전 유니온교회가 1층 사무실을 교회 교육관으로, 지하 자료실을 친교실로 사용할 수 있게 해달라고 간청했습니다. 이에 한경직 목사님은 이사들의 반대가 있었지만 협의회가 이곳으로 이사 오는 것을 유보하고, 유니온교회가 1층 사무실과 지하 자료실을 사용할 수 있도록 잠정적으로 허락하셨습니다. 그 이후 유니온교회는 건물 및 묘역 관리에 대한 전권을 반영구적으로 서면 위임해 줄 것을 요청하였지만 한경직 목사님은 거절하셨습니다. 양화진은 한국 개신교회의 성지요, 선교기념관 역시 한국 교회를 위한 건물이었기 때문입니다.

양화진 역사에서 세 번째 시기는 일탈의 시기로, 가장 불행한 시기였습니다. 이 시기가 가장 불행한 시기라는 것은 '방치'는 사람의 의지와 돈으로 쉽게 종식시킬 수 있지만, '일탈'은 의도적으로 일탈시키는 사람들이 있는 관계로 회복이 그만큼 어렵다는 의미에서입니다. 1986년 10월 10일 선교기념관이 완공되기 2개월여 전인 1986년 8월 1일에 저는 양화진 옆으로 이사 왔습니다. 그래서 그 후 약 20년 동안 양화진이 어떻게 일탈되어 왔는지를 생생하게 목격하였습니다. 선교기념관이 한국 교회를 위해 건립된 건물임에도, 초기 신교기념관은 유니온교회의 주일예배 시간을 제외하고는 일주일 내내 셔터가 내려져 있었습니다. 선교기념관의 이름도 유니온교회 예배당으로 바뀌어 불렸습니다. 1986년 당시의 유니온교회 교인들이 세상을 떠나거나 귀국함에 따라, 그 이후에 온 교인들은 묘역과 건물을 유니온교회 소유로 여겼습니다. '도시공원 및 녹지 등에 관한 법', '국토의 계획 및 이용에 관한 법', '장사 등에 관한 법'에 의하여 주거지역인 이곳은 매장이 불가능합니다. 그런데도 유니온교회는 협의회 소유인 대한민국 국토를 외국인들에게 묘지로 팔았습니다. 심지어는 살아 있는 사람들에게까지 돈을 받고 선판매하여, 2년 전 우리 교회가 창립될 당시 선판매한 묘지만 무려 37기에 달했습니다. 협의회가 한국 개신교 최고 성지로 조성한 양화진이 소수 외국인에 의해 치외법권 지대가 되고 만 것입니다.

약 10년 전부터는 국내 유명 교회 목사님과 특정인의 이름이 새겨진 기념비들이 이곳저곳에 세워지기 시작했습니다. 몇 해 전부터는 상업적인 선교회가 돈을 받고 무분별하게 참배객을 끌어들여 묘역이 심각하게 훼손되기 시작했습니다. 한국 개신교의 최고 성지가 이렇듯 일탈되고 훼손되는 과정을 20년 동안 지켜본 제 심정이 얼마나 쓰라렸는지 모릅니다. 그래서 양화진묘역을 거닐거나 벤치에 앉아 수없이 기도드리곤 했습니다. '주님, 이건 아니지 않습니까?' '이곳이 이렇게 훼손되어서는 안 되지 않습니까?'

바로 그와 같은 일탈과 훼손의 상황 속에서 협의회는 이곳 양화진을 제대로 지키고 관리하기 위해 100주년기념교회100th Anniversary Memorial Church를 설립하기로 하였습니다. 그리고 협의회 어른들께서 제게 그 교회를 맡아 달라고 부탁하셨습니다. 당시 저는 교회 목회를 더 이상 하지 않는 것이 저 나름대로 주님께 헌신하는 길이란 신념을 갖고 있었으므로 어른들의 제의를 사양했습니다. 그러나 재차 어른들의 방문을 받고 제가 순종한 것은, 창립 예배 취임사에서 밝혔던 것처럼, 주님께서 협의회 어른들을 통해 저를 양화진 묘지기로 부르신다는 믿음 때문이었습니다. 그리고 바로 그 일을 맡기시기 위해 지난 20년 동안 양화진이 어떻게 일탈되고 훼손되는지를 현장에서 지켜보게 하셨다는 깨달음 때문입니다. 마침내 2005년 7월 10일 협의회에 의해 100주년기념교회가 창립되었습니다. 그것은 단순히 이 땅에 또 하나의 교회가 탄생한 것을 의미하지 않았습니다. 한국 개신교의 최고 성지인 양화진을 회복하고 관리하고 보존하여 후세에 계승하기 위한 한국 교회의 새로운 결단이요, 의지의 표명이었습니다. 그러므로 100주년기념교회는 태동과 동시에, 그동안 이곳에서 비정상적인 방법으로 비정상적인 기득권을 누려 온 단체 혹은 개인과의 충돌이 불가피하였습니다. 그것을 피하려 해서는 이곳을 회복시킬 수도, 지킬 수도 없기 때문이었습니다.

100주년기념교회가 단순한 또 하나의 교회가 아니라 양화진 관리의 주체로 세워졌음이 확인됨과 동시에 유니온교회는 협의회와 100주년기념교회가 유니온교회를 내쫓으려 하고, 또 선교사님들의 묘를 파헤치려 한다고 주장

했습니다. 그와 같은 거짓 모함은 국내에 선교사님들이 세운 학교, 교단, 기독 기관은 말할 것도 없고, 심지어는 외국에 있는 선교사님들의 유족에게까지 유포되었습니다. 제가 이 세상에 태어나 그런 거짓 모함을 받아 보기는 처음이었습니다. 그것이 제겐 얼마나 충격적이었는지, 한동안 불면증과 소화 장애에 시달려야만 했습니다. 선교기념관 내에 100주년기념교회의 사무실을 요구하사 유니온교회는 창문도 없고 난방도 되지 않는 지하 창고를 주었습니다. 그곳에서 네 명의 교역자들이 이듬해 봄까지 일했습니다. 100주년기념교회 교인들이 사용하지 못하도록 부엌문을 잠가 버리기도 했습니다. 그리고 협의회 어른들을 모독했습니다. 협의회 2대 이사장이셨던 고 강원용 목사님, 그리고 현재 3대 이사장이신 정진경 목사님(2009년 9월 3일 소천—편집자 주)께서는 모두 한국 교회 최고 어른늘이십니다. 그런데 그 어른들을 비방하고 모함하고, 면전에서 무례를 범하기도 했습니다. 한국 역사를 모독하기도 했고, 우리 교회 교인들을 업신여기기도 했습니다. 그 모든 사실은 현재의 유니온교회가 예전에 한국을 사랑하여 이곳 양화진에 묻힌 선교사님들과는 아무 상관없는, 단지 자신들의 사익을 위해 한국에 거주하는 소수 외국인 모임에 불과함을 스스로 입증하였습니다. 지난 2년을 되돌아보건대 만약 주님께서 제게 묘지기의 사명감을 심어 주시지 않았더라면, 주님께서 원근 각처에서 보내 주신 신실한 교우님들의 도움이 없었더라면, 그간의 소용돌이 속에서 저 자신이 벌써 허물어지고 말았을 것입니다.

 그동안 저는 유니온교회와 동일한 방법으로 유니온교회에 대응한 적이 한 번도 없었습니다. 또 유니온교회에 대해 교우님들께 공개적으로 이야기한 적도 없었습니다. 어떤 경우에도 유니온교회를 끝까지 품어야 한다는 개인적인 믿음 때문이었습니다. 그럼에도 이 시간에 그동안의 모든 진상을 밝혀 드린 것은 두 가지 이유에서입니다.

첫째, 100주년기념교회 창립 2주년을 맞아 우리 교회가 왜 세워졌고, 왜 이 양화진에 존재하는지 재확인하기 위함입니다. 100주년기념교회는 우리끼리 모여, 우리끼리 은혜를 나누기 위해 세워진 교회가 아닙니다. 그런 목적만이라면 주님께서 또 하나의 교회를 굳이 이곳에 세우시지는 않았을 것입니다. 100주년기념교회는 한국 개신교 최고 성지인 양화진을 지키기 위해 세워진 교회입니다. 우리는, 이곳에 묻힌 선교사님들의 신앙과 희생정신을 이어받아 후세에 전해 주는 징검다리가 되기 위해 이곳에 있습니다. 그러므로 우리는 어떤 도전 속에서도 우리의 책임과 의무를 다해야 할 것입니다. 그동안 이곳에 무단으로 세워져 있던 유명 교회 목사님들과 특정 개인의 기념비를 제거하는 과정에서도 우여곡절이 많았습니다. 어떤 사람은 자신의 기념비를 제거하지 못하도록 소송을 제기하기도 했지만, 그 자신이 패소하고 말았습니다. 상업적 선교회의 무질서를 바로잡기 위해 여러 교우님들이 수모를 당하고 곤욕을 치르기도 했습니다. 그러나 그 어떤 도전도 우리를 가로막지는 못할 것입니다.

지난 7월 1일은 홍콩 반환 10주년 기념일이었습니다. 아편전쟁 이후 홍콩을 지배해 온 영국은 반환 기한이 다가오자, 그 10여 년 전부터 세계에서 가장 큰 이권이 걸려 있는 홍콩을 계속 지배하기 위한 계책에 골몰했습니다. 그래서 당시 영국의 대처 수상이 중국의 덩샤오핑에게 갖가지 제의를 했지만, 덩샤오핑은 단호했습니다. 덩샤오핑은 영국의 제의를 거절하는 이유를 이렇게 밝혔습니다.

"만일 작은 것에 연연하여 홍콩을 반환받지 않으면, 그것은 후손들에게 큰 죄를 짓는 것이다."

만약 우리가 이 양화진을 제대로 지키지 못해 예전처럼 일탈되고 훼손된다면 그것은 이곳을 찾을 우리 후손에게 두고두고 죄를 범하는 것이요, 무엇보다 이 귀한 사명을 우리에게 맡겨 주신 주님께 대한 범죄일 것입니다.

그동안의 모든 진상을 이 시간에 밝혀 드린 두 번째 이유는, 이미 말씀드린 바와 같이, 앞으로도 유니온교회를 계속 품어야 함을 우리 모두가 분명히 하기 위함입니다. 우리는 그동안 유니온교회가 오전 9시 30분에 예배드리는 시간을 확보해 주기 위해 작년 11월 말까지 오후 3시에, 그리고 작년 12월부터는 오전 11시 30분에 예배드리는 불편을 기꺼이 감수해 왔습니다. 유니온교회가 선교기념관에서 예배드리고 사무실을 사용하는 데 필요한 경비는 100퍼센트 우리 교회가 부담하고 있습니다. 유니온교회는 단돈 1원도 지불하지 않습니다. 청소도 모두 우리 교회 교우님들이 하고 있습니다. 그런데 이 모든 것을 유니온교회가 자신들의 당연한 권리로 생각하는 한 앞으로도 근본적인 문제는 해결되지 않을 것입니다. 그래서 협의회는 지난 5월 말, 유니온교회에 8월 첫째 주일부터 예배 시간을 오후 4시 30분 이후로 변경해 줄 것을 통보했습니다. 누가 이곳의 주인이고 누가 객인지 서로의 자리와 질서를 분명히 함으로, 그리스도 안에서 계속 품고 함께 가기 위함입니다. 그로 인해 유니온교회는 또다시 우리 교회를 비방, 모함하고 있습니다. 우리 교회가 8월 첫째 주일부터 오전 9시에 선교기념관에서 예배드리는 것을 저지하려 한다는 이야기도 들려옵니다. 그러나 그 누구도, 양화진의 질서를 바로 세우려는 우리의 의지를 꺾지 못할 것입니다. 또한 그 어떤 상황 속에서도 우리는 유니온교회를 품어야 합니다. 양화진의 질서를 바로 세우는 것이 주님께서 우리에게 부여하신 우리의 사명인 것처럼, 더불어 함께 사는 것 또한 우리의 의무이기 때문입니다.

주님께서 2년 전 양화진의 법적 소유주인 협의회를 통해 양화진의 관리 주체로 100주년기념교회를 창립하셨다는 것은, 주님께서 양화진의 촛대를 유니온교회에서 100주년기념교회로 옮기신 것을 의미합니다. 그러나 유니온 교회는 이 사실을 믿음으로 받아들이지 못하기 때문에, 한국을 위해 자신을 희생하고 이곳에 묻힌 선교사님들의 이름을 빌려 그릇된 자기 권리를 주장하는 아름답지 못한 모습을 보이고 있습니다. 이런 의미에서 사도들은 역시 사도들이었습니다. 자신들의 한계로 인해 이방 선교의 촛대가 자신들보다 늦게 부르심을 받은 바울에게 옮겨 갔지만, 그들은 그것을 주님의 뜻으로 기꺼이 받아들였습니다. 그래서 바울을 위시한 헬라파 유대인들이 개척한 이방 선교의 길을 좇아 주님께로부터 부여받은 사명을 완수하였습니다. 주님께서 비록 이방 선교의 촛대를 사도들로부터 바울에게 옮기시긴 했지만, 주님께서는 그들 모두를 사용하시어 당신의 섭리를 이루신 것입니다.

사랑하는 교우 여러분!

우리 주님께서는 우리를 믿으시고 당신의 촛대를 맡기기도 하시지만, 옮기기도 하신다는 사실을 잊지 마십시다. 주님께서 양화진의 촛대를 우리에게 맡기셨으니, 양화진을 지키기 위해 우리의 신명을 바치십시다. 우리의 가정과 일터에서 우리가 주님께로부터 받은 소명의 촛대는 무엇입니까? 그 촛대가 우리에게 있는 동안, 주님께서 주신 사명을 다하기 위해 최선을 다하십시다. 앞으로 나아가야 할 때, 예루살렘으로 되돌아가는 어리석음을 범치 마십시다. 그러나 우리는 완전한 존재가 아님을 기억하십시다. 언젠가 주님께서 우리에게서 당신의 촛대를 옮기신다 해도 불평하거나 원망하지 마십시다. 오히려 촛대가 옮겨 간 사람을 기꺼이 돕는 성숙한 그리스도인들이 되십시다. 그때 우리는 언제 어느 곳에 있든, 양화진의 믿음과 정신을 이어받은 진정한 양화진의 묘지기들이 될 것입니다.

주님, 2년 전 오늘을 생각해 봅니다. 주님께서 2년 전 우리 교회를 세우시고 양화진의 촛대를 맡겨 주셨을 때 우리에게는 아무것도 없었고, 골리앗 앞의 다윗처럼 연약하기만 했습니다. 그러나 2년 동안 주님께서 원근 각처에서 주님의 신실한 종들을 불러 모으시고, 그분들의 믿음과 헌신을 통해 양화진을 회복시켜 주시고, 새로운 질서가 확립되게끔 은혜를 베풀어 주셨음을 감사드립니다.

주님께서 우리에게 한국 개신교 최고 성지인 양화진의 촛대를 맡겨 주셨으니, 그 어떤 도전 앞에서도 이 사명을 잘 감당하여 우리의 후손 앞에서, 주님 앞에서 부끄럼이 없게 하여 주옵소서. 우리의 가정에서, 일터에서, 주님께서 맡겨 주신 촛대가 무엇인지 바르게 깨달아, 주님의 뜻을 온전히 이루어 가는 참된 그리스도인이 되게 하여 주옵소서. 혹 촛대가 누구에겐가 옮겨 간다면 그 상황을 믿음으로 받아들이게 하시고, 촛대가 옮겨 간 사람을 기꺼이 돕는 이 시대의 진정한 사도들이 되게 하여 주옵소서. 100주년기념교회와 유니온교회가 서로 바른 자리, 바른 질서를 회복하여, 주님 안에서 서로 품어 주는 아름다운 신앙의 관계를 맺어 가게 하옵소서.

양화진에 묻힌 분들의 신앙과 얼이, 우리 모두의 일거수일투족을 통해 이 세상 속으로 스며들게 하여 주옵소서. 그리하여 우리를 100주년기념교회로 불러 주신 주님의 뜻이, 우리의 삶을 통해 이 땅에 아름답게 구현되게 하옵소서. 아멘.

7. 성령이 이르시되

사도행전 8장 26-40절

주의 사자가 빌립에게 말하여 이르되 일어나서 남쪽으로 향하여 예루살렘에서 가사로 내려가는 길까지 가라 하니 그 길은 광야라 일어나 가서 보니 에디오피아 사람 곧 에디오피아 여왕 간다게의 모든 국고를 맡은 관리인 내시가 예배하러 예루살렘에 왔다가 돌아가는데 수레를 타고 선지자 이사야의 글을 읽더라 **성령이** 빌립더러 **이르시되** 이 수레로 가까이 나아가라 하시거늘 빌립이 달려가서 선지자 이사야의 글 읽는 것을 듣고 말하되 읽는 것을 깨닫느냐 대답하되 지도해 주는 사람이 없으니 어찌 깨달을 수 있느냐 하고 빌립을 청하여 수레에 올라 같이 앉으라 하니라 읽는 성경 구절은 이것이니 일렀으되 그가 도살자에게로 가는 양과 같이 끌려갔고 털 깎는 자 앞에 있는 어린 양이 조용함과 같이 그의 입을 열지 아니하였도다 그가 굴욕을 당했을 때 공정한 재판도 받지 못하였으니 누가 그의 세대를 말하리요 그의 생명이 땅에서 빼앗김이로다 하였거늘 그 내시가 빌립에게 말하되 청컨대 내가 묻노니 선지자가 이 말한 것이 누구를 가리킴이냐 자기를 가리킴이냐 타인을 가리킴이냐 빌립이 입을 열어 이 글에서 시작하여 예수를 가르쳐 복음을 전하니 길 가다가 물 있는 곳에 이르러 그 내시가 말하되 보라 물이 있으니 내가 세례를 받음에 무슨 거리낌이 있느냐 이에 명하여 수레를 멈추고 빌립과 내시가 둘 다 물에 내려가 빌립이 세례를 베풀고 둘이 물에서 올라올새 주의 영이 빌립을 이끌어 간지라 내시는 기쁘게 길을 가므로 그를 다시 보지 못하니라 빌립은 아소도에 나타나 여러 성을 지나다니며 복음을 전하고 가이사랴에 이르니라

행함이 중요한 것은, 행함은 행함으로 이어지기 때문입니다. 행하지 않고서는 후속 행동이 뒤따를 수 없다는 말입니다.

제가 살고 있는 아파트에서는 이곳 양화진 전경이 한눈에 내려다보입니다. 지난 6월 16일 양화진묘역에 장관이 펼쳐졌습니다. 2년 전 우리 교회가 창립된 이후 세 번째 실시한 묘비 닦기와 묘역 잡초 제거 및 잔디 심기에 무려 178명의 교우님들이 참여한 것입니다. 그날이 마침 토요일인지라 주일 설교 준비를 위해 제가 직접 참여하지는 못했지만, 그날따라 유난히 더운 날씨에 그 많은 교우님들이 묘역에 흩어져 헌신하는 모습은 얼마나 감동적이었는지 모릅니다. 우리 교회가 창립되기 전에는, 지난 20년 동안 단 한 번도 볼 수 없었던 광경이었기 때문입니다.

그 이후 주일예배 후나 수요 성경공부 시간 전에 묘역을 둘러보는 분들이 많아졌습니다. 자신이 심은 잔디가 잘 자라고 있는지, 잡초를 뽑은 곳에서 또 잡초가 나 있는 것은 아닌지, 어디 손볼 곳은 없는지 확인하기 위함입니다. 지난 화요일 낮에 교회 사무실에서 저와 만나기로 했던 교우님도, 저를 만나기 전에 미리 도착하여 묘역을 먼저 둘러보았다고 했습니다. 그리고 2년 동안 우리 교회를 다니면서도, 교회에 와서 먼저 묘역을 둘러보게 된 것은 근래의 일이라고 했습니다. 이처럼 시간 날 때마다 묘역을 돌아보는 교우님의 공통점은, 대부분 묘역 정화 작업에 참여했던 분들이라는 것입니다. 행함이 행함으로 이어진다는 말은 바로 이런 의미입니다.

우리 속담에 "도둑질도 해본 사람이 한다"는 말이 있습니다. 이 속담에서 중요한 단어는 '해본'이라는 동사입니다. 따라서 도둑질도 해본 사람이 한다는 말은, 도둑질이라는 행동이 또 다른 도둑질로 이어진다는 말입니다. 바꾸어 말하면 도둑질을 해본 적이 없는 사람은 계속 도둑질과 무관하게 살지만, 단 한 번이라도 도둑질하게 되면 필요할 때마다 도둑질이 되풀이될 수밖에 없습니다. '바늘 도둑이 소도둑'이 되는 것은 이런 이유에서입니다. 그래서 행함이 중요한 만큼, 행함의 내용은 더 중요합니다. 행함은 한 번의 행함 그 자체로 끝나지 않고, 행함은 행함으로 이어지기 때문입니다.

일반적으로 사람들은 자신이 '하고 싶은 것'은 즐겨 행하는 반면에, '해야 할 것'은 꺼리는 경향이 있습니다. '하고 싶은 것'은 문자 그대로 '하고 싶은 것'이기에 별도의 결단과 의지가 필요 없지만, '해야 할 것'에는 반드시 인간의 결단과 의지가 필요하기 때문입니다. 인간의 결단과 의지를 필요로 하지 않는 '하고 싶은 것'은 계속 '하고 싶은 것'으로 이어지기에 그 결국은 후회로 끝날 수밖에 없습니다. 그 '하고 싶은 것'만 계속 좇아 행하느라 가족의 일원으로서, 사회인으로서, 인간으로서, 그리스도인으로서, 반드시 '해야 할 것'을 행할 겨를이 없기 때문입니다.

반드시 '해야 할 것'을 하는 데에는 인간의 결단과 의지가 수반되므로 '하고 싶은 것'을 행하는 것보다 어려울 수밖에 없습니다. 그러나 결단과 의지를 다해 단 한 번이라도 '해야 할 것'을 행하면, 그 행함은 '해야 할 또 다른 것'으로 자연스럽게 이어지게 됩니다. 그리고 그 과정이 반복되는 가운데 당사자는 '해야 할 것'을 행하는 삶의 가치와 의미를 확인하게 됩니다. 그 순간부터 '해야 할 것'을 행하는 것은 더 이상 부담이 아니라 삶의 기쁨이 됩니다. '해야 할 것'을 행하는 것은 자기 자신의 가치를 더 높이는 것임을 이미 확인했기 때문입니다. 그러나 이것은 '해야 할 것'을 결단과 의지를 다해 단 한 번이라도 행하는 사람에게만 가능한 일입니다. 행함은 단 한 번의 행함 그 자체로 끝나는 것이 아니라, 행함은 행함으로 이어지기 때문입니다.

지난 주초 텔레비전을 통해, 개그맨 황기순 씨의 감동적인 인생 고백을 시청했습니다. 그는 10년 전 도박으로 패가망신한 적이 있었습니다. 우연히 필리핀 원정 도박에 한번 따라나섰다가 상습 도박꾼이 되었습니다. 마음은 늘 이래서는 안 된다고 생각하면서도, 몸은 언제나 필리핀행 비행기에 먼저 앉아 있었습니다. 도박 행각이 자기 마음과는 달리 더 큰 도박 행각으로 계속 이어졌기 때문입니다. 도박 자금을 위해 집은 벌써 팔아치웠고, 주위에 아는 사람치고 빚을 지지 않은 사람이 없었습니다. 설상가상으로 그의 도박 행각이 매스컴을 통해 세상에 알려지고 검찰에 기소되면서, 그의 인생은 사실상 파멸해 버리고 말았습니다. 그 이후 오랜 도피 생활과 은둔 생활은 그에게 대인공포증을 안겨 주었습니다. 누군가가 자신을 알아볼 수도 있다는 생각 자체가 공포였습니다. 어쩔 수 없이 외출해야 할 일이 있으면, 큰 마스크로 얼굴을 온통 가리고 모자를 깊이 눌러쓴 채 고개를 숙이고 외출해야만 했던 그는 영락없는 폐인이었습니다.

그러나 주위 동료들의 도움과 격려 속에서, 굳은 결단과 의지로 그는 마침내 재기에 성공하였습니다. 그가 재기에 임하면서 제일 먼저 시작한 것이 얼마를 벌든, 최소한의 생존 경비를 제하고는 버는 대로 빚을 갚는 것이었습니다. 처음에는 빚은 많고 벌이는 시원찮아, 이렇게 푼돈을 갚아서야 살아생전 빚을 다 갚을 수 있을까 싶었습니다. 그러나 그는 포기하지 않고 돈이 생기는 대로 빚을 갚았습니다. 그리고 빚을 갚을 때마다 갚은 액수와 남은 액수를 장부에 꼬박꼬박 기록하였습니다. 갚은 액수와 남은 액수의 차이는 전혀 줄어드는 것 같지 않았습니다. 그러나 어느 순간부턴가 그 차이가 천천히 줄어들기 시작했습니다. 그리고 어느 날, 그는 장부를 통해 갚은 액수와 남은 액수가 동일하다는 사실을 발견했습니다. 다시 말해 빚을 반이나 갚은 것이었습니다. 그때 황기순 씨 속에서 이런 감탄사가 튀어나왔습니다. '아, 이것이구나!' '되는구나!' 그리고 그 순간부터 빚을 갚는 일이 어렵게도, 더디게도 여겨지지 않았습니다. 그는 기쁨으로 마침내 모든 빚을 다 갚고 당당하게 재기에 성공하였습니다.

  그가 '하고 싶은 것'만 행하려 했을 때 그의 도박 행각은 노력이나 훈련 없이도 더 큰 도박 행각으로 이어졌고, 그 결과는 비참한 패가망신이었습니다. 그러나 그가 그 절망 속에서도 결단과 의지를 다해 '해야 할 것'을 행하기 시작했을 때, 그것이 가능하다는 자기 확신과 함께 그는 도박에 손을 대기 전보다 훨씬 더 멋진 모습으로 재기하였습니다. 만약 그가 도박으로 인해 폐인이 되었을 때 결단과 의지를 다해 '해야 할 것'을 행하려 하지 않았던들, 오늘처럼 멋진 황기순 씨로 거듭나지는 못했을 것입니다.

  신앙생활도 이와 같습니다. 그리스도인은 '하고 싶은 것'을 행하는 사람이 아닙니다. '하고 싶은 것'만 행하여서는 말씀을 좇는 거룩한 삶은 불가능합니다. 그리스도인은 말씀에 순종하여 '해야 할 것'을 결단과 의지를 다해 행하는 사람입니다. 말씀을 좇아 '해야 할 것'을 결단과 의지를 다해 행할 때에만 '아, 이것이구나!' 하고 그 삶의 가치와 의미를 확인하게 되고, 성령님의 인도하심 속에서 '해야 할 또 다른 것'들을 계속 행하면서 '되는구나!' 하고 주님께 감사드리게 됩니다. 그러나 이것은 생각만으로는 결코 이루어지지 않습니다. 단 한 번이라도 결단과 의지를 다해 '해야 할 것'을 행할 때에만 가능합니다. 생각은 생각을 낳을 뿐이요, 행함은 행함 그 자체로 끝나지 않고 또 다른 행함으로 이어지기 때문입니다. 오늘 본문을 통해 우리가 얻게 되는 교훈이 이것입니다.

주님께서 승천하시기 직전에 제자들에게 남기신 마지막 명령은, 예루살렘과 온 유대와 사마리아와 땅끝까지 이르러 주님의 증인이 되라는 것이었습니다. 그러나 사도들은 예루살렘을 떠나려 하지 않았습니다. 주님께서 스데반의 순교로 촉발된 유대교의 대박해를 통해 사도들을 땅끝으로 흩으려 하셨지만, 그래도 사도들은 예루살렘을 지키는 것만이 참된 믿음인 양 예루살렘을 사수하였습니다. 결국 주님의 명령을 좇아 제일 먼저 사마리아를 찾은 사람은 사도들이 아닌 빌립 집사였습니다. 그리고 빌립으로 인해 사마리아 사람들이 복음을 받아들이게 되었습니다.

유대인이 짐승처럼 여기는 사마리아 사람들이 복음을 받아들였다는 놀라운 소문이, 그때까지 예루살렘을 사수하고 있던 사도들에게도 전해졌습니다. 사도들은 반신반의하면서 소문의 진위를 확인하기 위하여 베드로와 요한을 사마리아에 급파했습니다. 베드로와 요한은 주님의 명령에 순종하여, 그것이 마땅히 '해야 할 일'이라고 믿어 사마리아를 찾은 것이 아니었습니다. 사람들의 소문을 듣고, 그 소문을 확인하기 위해 사마리아로 간 것이었습니다. 그리고 소문이 사실임을 확인한 두 사도는, 사마리아 그리스도인 가운데 그때까지 그 누구도 성령님을 받은 사람이 없음을 알았습니다. 두 사도는 사마리아 사람들의 머리에 손을 얹고 성령님께서 임하시기를 기도했고, 그와 동시에 성령님께서 각 사람에게 임하시는 것을 그곳에 모인 사람들이 모두 확인할 수 있었습니다. 그것은 베드로와 요한에 대한 주님의 배려였다고 했습니다. 유대인이 짐승처럼 여기는 사마리아 사람들에게도 성령님께서 친히 임하심을, 그들 역시 하나님께서 예수 그리스도의 핏값으로 사신 하나님의 자녀임을 두 사도로 하여금 확인케 하심으로, 예루살렘 사수를 자신들의 사명으로 생각하고 있는 사도들의 잘못을 일깨워 주시기 위함이었습니다.

그렇다면 사도들은 그 순간부터 땅끝을 향해 삶의 방향을 돌려야만 했습니다. 그러나 지난 주일에 살펴본 것처럼, 두 사도는 그냥 예루살렘으로 돌아가 버리고 말았습니다. 한 것이라고는 예루살렘으로 되돌아가는 길에 있는 사마리아인의 마을에 복음을 전한 것이 고작이었습니다. 이미 언급한 것처럼, 그들이 사마리아를 찾은 목적 자체가 주님의 명령을 좇기 위함이 아니었습니다. 사람들의 소문을 듣고 그 소문을 확인하는 것이, 그들이 사마리아를 찾은 애초의 목적이었습니다. 그래서 그들의 목적이 성취됨과 동시에 그들은, 그들이 지키고 싶은 예루살렘으로 되돌아가 버렸습니다. 행동은 행동으로 이어지기에, 예루살렘을 지키고 싶은 그들의 행동이 예루살렘 사수로 계속 이어진 것입니다.

그러나 빌립의 경우는 달랐습니다. 유대교의 박해를 피해 예루살렘을 떠난 그가 갈 데가 없어서, 혹은 발길 닿는 대로 그냥 가다 보니 우연히 사마리아에 이른 것이 아니었습니다. 그가 히브리파 유대인인 사도들과는 달리 헬라파 유대인이긴 했지만, 그러나 유대인은 유대인이었습니다. 어린아이도 아니요, 이미 성인이었던 그가 견원지간이었던 유대인과 사마리아인의 적대적인 관계를 왜 몰랐겠습니까? 유대인이 사마리아를 자기 발로 찾아가 진리를 논한다는 것은, 같은 유대인에게 혹독한 비난과 조소의 대상이 될 수도 있음을 어찌 몰랐겠습니까? 그러므로 유대인인 빌립이 사마리아를 찾아갔다는 것 자체가 결단과 의지의 소산물이었음을 알게 됩니다. 만약 그가 '하고 싶은 것'만을 행하는 사람이었다면 구태여 사마리아를 찾을 까닭이 없었을 것입니다. 그가 결단과 의지를 다해 사마리아를 찾은 것은 그것이 주님의 말씀을 좇아 '해야 할 일'이기 때문이었습니다.

그가 '해야 할 일'을 행하기 위해 결단과 의지를 다해 사마리아를 찾았을 때 무슨 일이 일어났습니까? 그가 전한 복음을 유대인이 짐승처럼 여기는 사마리아인들이 믿었습니다. 그들이 예수님을 구주로 영접하고, 자발적으로 세례를 받았습니다. 심지어는 마술사 시몬까지도 세례 교인이 되었습니다. 그것은 빌립 자신도 상상하지 못한 일이었을 것입니다. 그가 '해야 할 것'을 행하기 위해 사마리아를 찾아가지 않았더라면 결코 확인하지 못했을, 소중한 영적 경험이었습니다. 그렇다면 그의 행동은 또 다른 행동으로 응당 이어지지 않았겠습니까?

주의 사자가 빌립에게 말하여 이르되 일어나서 남쪽으로 향하여 예루살렘에서 가사로 내려가는 길까지 가라 하니 그 길은 광야라(26절).

'주의 사자'가 사마리아에 있는 빌립에게, 남쪽으로 내려가 광야 길로 가라고 명령했습니다. 그 명령을 내린 주의 사자는 구체적으로 누구입니까?

성령이 빌립더러 이르시되 이 수레로 가까이 나아가라 하시거늘(29절).
둘이 물에서 올라올새 **주의 영**이 빌립을 이끌어 간지라(39절 상).

빌립에게 명령을 내리신 분은 삼위일체 하나님이신 성령님이셨습니다.
인간의 행함은 행함으로 이어진다고 했습니다. 인간의 악행이 더 큰 악행으로 이어지고 선행이 보다 큰 선행을 낳습니다. 그러나 인간 행함의 주체가 인간 자신일 때, 다시 말해 인간이 행함의 절대 기준일 때, 인간이 선이라 믿고 행한 것이 하나님 보시기에는 악일 수도 있고, 또 선을 거듭 행하고도 자기 교만에 빠져 얼마든지 실족할 수 있습니다. 그러나 주님의 말씀에 순종하여 결단과 의지를 다하여 마땅히 '해야 할 것'을 행할 때 그 행함은 반드시 또 다른 행함으로 이어지지만, 중요한 사실은 그 행함과 행함 사이에 반드시 성령님의 인도하심이 있다는 것입니다. 그래서 주님의 말씀을 좇아 '해야 할 것'을 행하는 사람에게는 실족이 있을 수 없습니다. 성령님께서 그의 발걸음을 인도하시고, 바르게 행하여야 할 것을 일깨워 주시기 때문입니다.

성령님께서는 사마리아에서 '해야 할 일'을 행한 빌립을 남쪽 광야 길로 인도하셨습니다. 빌립은 이제 막 사마리아에서 복음 전도의 성공을 거두었습니다. 계속 사마리아에 머문다면 사마리아 사람들의 존경을 한 몸에 받을 것이요, 보다 편한 삶을 살게 될 것이 분명했습니다. 그러나 성령님께서는 빌립으로 하여금 안락한 삶이 보장되어 있는 사마리아를 떠나 아무것도 없는 광야 길로 향하게 하셨습니다. 이에 대하여 빌립은, '왜 하필이면 광야입니까?' 하고 불평이나 항의 한번 하지 않았습니다. 주님의 명령에 순종하여 '해야 할 것'을 행하기만 하면, 자신이 상상치도 못한 주님의 섭리가 반드시 이루어짐을 이미 사마리아에서 경험했기 때문입니다. 성령님께서 빌립을 인도해 가신 그 광야 길에서는 대체 무슨 일이 있었습니까?

> 일어나 가서 보니 에디오피아 사람 곧 에디오피아 여왕 간다게의 모든 국고를 맡은 관리인 내시가 예배하러 예루살렘에 왔다가 돌아가는데 수레를 타고 선지자 이사야의 글을 읽더라(27-28절).

빌립이 성령님께 순종하여 찾아간 광야 길에서 빌립은 에티오피아의 고위 관리를 만났습니다. 이 사람에 대하여는 다음 시간에 상세하게 살펴보겠지만, 한마디로 그는 아프리카 이방인이었습니다. 빌립이 2천 년 기독교 역사상 사마리아에 복음을 전한 최초의 그리스도인이 되었는데, 이번에는 최초로 이방인에게 복음을 전하는 기록을 세우게 된 것입니다. 그 놀라운 사실을 확인했을 때, 빌립의 놀라움과 감격이 얼마나 컸겠습니까? 본문 27절은 "일어나 가서 보니"로 시작합니다. 그러나 '보니'로 번역된 헬라어 '이두

ἰδού'는 영어로 'behold', 즉 '보라'는 의미의 감탄사입니다. 성령님의 명령을 좇아 간 광야 길에서 성령님께서 자신에게 맡기신 일을 확인하고, 빌립이 얼마나 감격했으면 '이두'라고 감탄사를 말했겠습니까? '아, 이것이군요!' '이런 일까지 맡겨 주시는군요!' 그래서 빌립은 2천 년 기독교 역사상 이방인에게 최초로 세례를 베푼 또 하나의 기록도 세웠습니다.

그뿐만이 아니었습니다.

> 빌립은 아소도에 나타나 여러 성을 지나다니며 복음을 전하고 가이사랴에 이르니라(40절).

이스라엘 동북쪽의 사마리아에 있던 빌립을 동남쪽 광야 길로 인도하셨던 성령님께서는, 빌립을 다시 남서쪽 아소도에서부터 지중해 해안을 따라 서북쪽 가이사랴에 이르기까지 온 이스라엘을 누비며 복음을 전하게 하셨습니다. 그때까지 예루살렘을 고수하고 있는 사도들로서는 상상할 수도 없는 일이었습니다. 적어도 사도행전 8장만을 놓고 본다면, 사도들이 감히 넘볼 수 없을 정도로 빌립이 훨씬 위대한 그리스도인이요, 전도자였습니다. 그러나 그의 위대한 삶은 처음부터 거창하게 시작한 것이 아닙니다. 자신이 '하고 싶은 일'이 아니라, 결단과 의지를 다해 '해야 할 일'을 행하기 위해 사마리아로 향하던 작은 발걸음부터 시작되었습니다. 주님께 순종하여 마땅히 '해야 할 것'을 행할 때, 성령님께서 그를 통해 당신의 위대한 섭리를 친히 이루신 것이었습니다.

영화 〈슈퍼맨〉의 주인공으로 유명한 미남 배우 크리스토퍼 리브는, 1995년 낙마로 전신 마비가 된 이후 2004년에 사망할 때까지 병상 생활을 했습니다. 그가 타계하기 몇 년 전 CNN은 병상의 그를 찾아가 한 시간 동안 특별 회견을 한 적이 있었습니다. 리브는 전신을 쓰지 못하면서도 기자의 질문에 밝고 명랑한 음성으로 또렷하게 대답했습니다. 회견을 마치면서 기자가 마지막 질문을 던졌습니다. 옛날처럼 다시 움직일 수 있다면 무엇을 제일 먼저 하고 싶으냐는 질문이었습니다. 리브는 눈으로 방문을 가리키며 말했습니다. "제일 먼저 저 방문을 열고 나가겠습니다." 얼마나 명답입니까? 아무리 큰일도 방문을 열고 나가지 않으면 불가능합니다. 세상에서 그 어떤 큰일도, 방문을 열고 나가는 작은 일에서부터 시작합니다.

사랑하는 교우 여러분!

믿음은 '하고 싶은 것'을 하는 것이 아니라, 결단과 의지를 다해 '해야 할 것'을 행하는 것입니다. 행함은 반드시 또 다른 행함으로 이어집니다. 처음부터 거창한 것을 행하려 하지 마십시오. 그랬다가는 이내 포기하고 말 것입니다. 이 시간에 그저 순종의 문, 말씀에 순종하는 행함의 문을 열고 나가십시오. 그 문밖에 성령님께서 지금 기다리고 계십니다. 그분의 음성에 귀 기울이며, 그분의 인도하심을 따라 마땅히 '해야 할 일'을 행하십시오. 성령님께서 빌립의 삶을 통해 그렇게 하셨던 것처럼, 여러분의 삶을 통해서도 당신의 놀라운 섭리를 이루실 것입니다.

"볼지어다. 내가 문밖에 서서 두드리노니, 누구든지 내 음성을 듣고 문을 열면 내가 그에게로 들어가 그와 더불어 먹고, 그는 나와 더불어 먹으리라"(계 3:20).

그동안 우리가 왜 성령님의 인도하심을 받지 못했는지, 성경을 읽고 예배에 참석하면서도 우리 각자를 위한 성령님의 음성을 왜 들을 수 없었는지, 그 이유를 이 시간에 깨닫게 해주셔서 감사합니다. 주님을 믿는다면서도 우리가 '하고 싶은 일'만 하려고 했을 뿐, 그리스도인으로 주님의 말씀을 좇아 마땅히 '해야 할 일'을 행하려 하지는 않았던 우리의 잘못을 용서하여 주옵소서.

생각은 생각을 낳을 따름이요, 오직 행함이 행함으로 이어짐을 깨닫게 해주신 주님! 내가 결단과 의지를 다해 마땅히 '해야 할 것'을 단 한 번이라도 행하는 순간부터 성령님의 인도하심을 볼 수 있고, 성령님의 음성을 확연히 들을 수 있음을 일깨워 주신 주님!

이 시간 우리 모두 말씀에 순종하는 문, 말씀에 순종하는 행함의 문을 열고 나가게 하옵소서. 그 문밖에서 기다리고 계시는 성령님을 인격적으로 만나게 하옵소서. 매 순간 성령님의 인도하심에 눈뜨고, 성령님의 음성에 귀가 열리게 하옵소서. 성령님의 인도하심 속에서 마땅히 '해야 할 것'을 행하는 우리의 삶을 통해, 주님의 말씀이 온전히 육화되게 하옵소서. 그와 같은 우리의 삶을 통해 뭇사람의 인생이 새로워지게 하시고, 이 어둔 세상이 날로 밝아지게 하옵소서. 아멘.

8. 빌립이 달려가서

사도행전 8장 26-40절

주의 사자가 빌립에게 말하여 이르되 일어나서 남쪽으로 향하여 예루살렘에서 가사로 내려가는 길까지 가라 하니 그 길은 광야라 일어나 가서 보니 에디오피아 사람 곧 에디오피아 여왕 간다게의 모든 국고를 맡은 관리인 내시가 예배하러 예루살렘에 왔다가 돌아가는데 수레를 타고 선지자 이사야의 글을 읽더라 성령이 빌립더러 이르시되 이 수레로 가까이 나아가라 하시거늘 **빌립이 달려가서** 선지자 이사야의 글 읽는 것을 듣고 말하되 읽는 것을 깨닫느냐 대답하되 지도해 주는 사람이 없으니 어찌 깨달을 수 있느냐 하고 빌립을 청하여 수레에 올라 같이 앉으라 하니라 읽는 성경 구절은 이것이니 일렀으되 그가 도살자에게로 가는 양과 같이 끌려갔고 털 깎는 자 앞에 있는 어린 양이 조용함과 같이 그의 입을 열지 아니하였도다 그가 굴욕을 당했을 때 공정한 재판도 받지 못하였으니 누가 그의 세대를 말하리요 그의 생명이 땅에서 빼앗김이로다 하였거늘 그 내시가 빌립에게 말하되 청컨대 내가 묻노니 선지자가 이 말한 것이 누구를 가리킴이냐 자기를 가리킴이냐 타인을 가리킴이냐 빌립이 입을 열어 이 글에서 시작하여 예수를 가르쳐 복음을 전하니 길 가다가 물 있는 곳에 이르러 그 내시가 말하되 보라 물이 있으니 내가 세례를 받음에 무슨 거리낌이 있느냐 이에 명

> 하여 수레를 멈추고 빌립과 내시가 둘 다 물에 내려가 빌립이 세례를 베풀고 둘이 물에서 올라올새 주의 영이 빌립을 이끌어 간지라 내시는 기쁘게 길을 가므로 그를 다시 보지 못하니라 빌립은 아소도에 나타나 여러 성을 지나다니며 복음을 전하고 가이사랴에 이르니라

우리 교회 관리장으로 수고하시는 윤병환 집사님이 지난 월요일, 전자메일로 제게 보낸 업무 현황 보고서는 다음과 같은 내용의 글귀로 시작되었습니다.

> 다소의 소란스러움 속에서도 양화진묘역에는 무궁화꽃이 은은하게 피었습니다. 비 온 뒤라 그런지 바람도 싱그럽고요. 참새들은 아무 걱정 없이 재잘거리고, 어디서 날아왔는지 수많은 고추잠자리가 하늘을 수놓고 있습니다. 너무 바빠서 소리 없는 계절의 변화를 지나치고 가실까 봐 몇 자 적어 보았습니다.

어떻습니까? 여러분은 양화진묘역에 무궁화꽃이 은은하게 피고, 고추잠자리가 하늘을 수놓는 계절의 변화를 읽고 계십니까? 아니면 매 주일 양화진을 찾으면서도 그런 변화를 아예 인식지도 못하고 있는 것은 아닙니까? 중요한 것은 인간의 인식과는 상관없이 계절은 단 한순간의 멈춤도 없이, 계속 변화해 가고 있다는 사실입니다. 온 우주 만물이 살아 있기 때문입니다. 더 정확하게 말하면, 천지를 창조하신 하나님께서 당신의 섭리에 따라 온 우주 만물을 주관하고 계시기 때문입니다. 그래서 보지 못하는 사람에게는 계절의 변화를 좇아 찾아온 고추잠자리조차 보이지 않지만, 보려는 사람은 고추잠자리를 통해서도 우주 만물을 주관하시는 하나님을 보

고 느낄 수 있습니다.

> 하늘은 하나님의 영광을 드러내고, 창공은 그의 솜씨를 알려 준다. 낮은 낮에게 말씀을 전해 주고, 밤은 밤에게 지식을 알려 준다. 그 이야기 그 말소리, 비록 아무 소리가 들리지 않아도 그 소리 온 누리에 울려 퍼지고, 그 말씀 세상 끝까지 번져 간다(시 19:1-4상, 새번역).

아무 소리가 들리지 않는데도, 그 소리가 온 누리에 울려 퍼지고 세상 끝까지 번져 간다는 것은 얼마나 가슴에 와 닿는 말입니까? 하나님의 말씀을 들으려 하지 않는 사람에게는, 매일 아침 해가 뜨고 밤마다 별빛이 하늘을 수놓아도 아무 소리도 들리지 않는 법입니다. 그러나 하나님의 말씀을 들으려 하는 사람에게는 온 누리가 다 하나님의 말씀입니다. 그는 봄에 돋아나는 새싹을 통해서도, 가을에 떨어지는 나뭇잎을 통해서도, 여름의 폭염과 겨울의 혹한을 통해서도, 심지어는 인간의 생로병사와 희로애락을 통해서도 하나님의 말씀을 듣습니다. 하나님께서 말씀으로 천지 만물을 창조하셨기에, 들으려는 사람에게는 이 세상에 하나님의 말씀 아닌 것이 하나도 없습니다.

그렇다면 생각해 보십시오. 하늘을 나는 고추잠자리를 통해서도 하나님을 보고 하나님의 말씀을 듣는 사람과, 하나님을 믿는다면서도 일상의 삶 속에서 아예 하나님을 느끼지도 못하는 사람의 삶이 동일할 수 있겠습니까? 동일한 공간과 동일한 시간 속에 살면서도 그 삶의 의미와 가치는 전혀 달라지지 않겠습니까? 오늘 본문은, 평소의 삶 속에서 하나님을 보고 하나님의 음성을 듣는 사람의 삶이 얼마나 아름다운지를 생생하게 보여 주고 있습니다.

아무리 많은 생각을 해도, 생각한 것을 단 한 번이라도 행하려 하지 않으면 아무 소용이 없습니다. 지난 시간에 말씀드린 것처럼 행동이 뒤따르지 않는 생각은 생각을 낳을 뿐이고, 행동이 행동으로 이어지기 때문입니다. 그래서 자신이 '하고 싶은 것'이 아니라, 결단과 의지를 다해 마땅히 '해야 할 것'을 행하여야 한다고 했습니다. 방종이 방종을 낳고, 악행이 악행으로 이어지고, 선행이 또 다른 선행을 불러들이는 까닭입니다. 그러나 인간 행함의 주체가 인간 자신일 때, 다시 말해 자기 자신이 행함의 절대 기준일 때, 인간이 선이라 믿고 행한 것이 하나님 보시기에는 악일 수도 있고, 선을 거듭 행하고도 자기 교만에 빠져 얼마든지 실족할 수도 있습니다. 반면에 주님의 말씀을 좇아 결단과 의지를 다해 마땅히 해야 할 것을 행할 때 그 행함은 마땅히 해야 할 또 다른 행함으로 이어지시만, 번젓번 행함과 그에 뒤이은 행함 사이에는 반드시 성령님의 인도하심이 있다고 했습니다. 다시 말해 누구든 단 한 번이라도 주님의 말씀을 좇아 행하는 순간부터 그는 성령님의 인도하심을 확인할 수 있다는 말입니다. 그래서 주님의 말씀을 좇아 사는 사람은 실족은커녕, 도리어 자신이 상상치도 못한 일을 이루게 됩니다. 성령님의 인도하심이 그와 함께하기 때문입니다. 그 구체적인 본보기가 본문의 빌립입니다.

유대교의 대박해를 피해 예루살렘을 떠난 빌립이 사마리아에 이른 것은 갈 데가 없어서라거나, 발길 닿는 대로 가다 보니 우연히 사마리아에 이른 것이 아니라고 했습니다. 그는 그때 세상 물정 모르는 어린아이가 아니라 이미 성인이었습니다. 유대인이었던 그는 유대인이 사마리아인을 짐승처럼 여기고, 그로 인해 사마리아인이 유대인을 증오한다는 사실을 잘 알고 있었습니다. 유대인이 자기 발로 사마리아를 찾아가 진리를 논하는 것은 같은 유대인들로부터는 혹독한 비난과 조롱을 불러일으키고, 또 사마리아인으로부터는 배척당할 수 있는 일임도 알고 있었습니다. 그럼에도 유대인인 빌립이 사마리아를 찾았다는 것은, 그것이 결단과 의지의 소산물임을 알게 됩니다. 만약 빌립이 하고 싶은 것만을 행하는 사람이었다면 구태여 사마리아를 찾아가지는 않았을 것입니다. 그가 결단과 의지를 다해 사마리아를 찾은 것은, 그것이 사마리아와 땅끝까지 이르러 주님의 증인이 되라는 주님의 명령에 순종하여 마땅히 해야 할 일이라 여겼기 때문입니다. 그리고 빌립에 의해 사마리아 성이 복음화되었음을 이미 우리는 잘 알고 있습니다. 그렇다면 주님의 명령을 행함으로 실천한 빌립에게 마땅히 성령님의 인도하심이 시작되지 않았겠습니까? 다시 말해 그때부터 빌립이, 이미 오래전부터 자신과 함께하고 계시던 성령님의 인도하심을 깨달을 수 있지 않았겠습니까? 그래서 본문 26절이 이렇게 시작되고 있습니다.

주의 사자가 빌립에게 말하여 이르되 일어나서 남쪽으로 향하여 예루살렘에서 가사로 내려가는 길까지 가라 하니 그 길은 광야라.

본문이 언급하고 있는 '주의 사자'는 29절의 '성령' 그리고 39절의 '주의 영'과 같은 의미로, 성령님을 일컫는 말이라고 했습니다. 드디어 빌립이 자기 삶 속에 계신 성령님을 느끼고, 그 음성을 듣기 시작했습니다. 성령님께서는 사마리아에 있는 빌립에게 남쪽으로 내려가, 예루살렘에서 가사로 향하는 광야 길로 갈 것을 명령하셨습니다.

일어나 가서 보니 에디오피아 사람 곧 에디오피아 여왕 간다게의 모든 국고를 맡은 관리인 내시가 예배하러 예루살렘에 왔다가 돌아가는데 수레를 타고 선지자 이사야의 글을 읽더라(27-28절).

성령님의 명령을 좇아 남쪽 광야 길에 이른 빌립이 그곳에서 만난 사람은 에티오피아 여왕 간다게의 신하로서 에티오피아의 모든 재정을 책임진 고위 관리였습니다. 그가 그때 예배하러 예루살렘에 왔다가 에티오피아로 돌아가는 길에 마차에서 선지자 이사야의 글을 읽는 중이었다는 본문의 증언으로 미루어, 그가 에티오피아 사람이었음에도 하나님에 대한 깊은 관심을 지닌 사람이었음을 알게 됩니다. 간다게는 에티오피아 여왕 개인의 이름이 아니라, 로마제국의 카이사르나 이집트의 파라오처럼 에티오피아 왕의 칭호였던 것으로 알려지고 있습니다. 그런데 빌립이 만난 간다게의 신하는 에티오피아의 고위 관리이긴 했지만 뜻밖에도 내시였습니다. 그렇다면 그의 존재 자체가 유대인으로서는 마주 대할 수 없는 상대였습니다.

에티오피아 사람이라면 당시 유대인들이 경멸하던 이방인이었습니다. 또 에티오피아란 말 자체가 '검은 피부'를 의미하는 것처럼, 에티오피아 사람은 이방인 중에서도 더 큰 경멸의 대상인 흑인이었습니다. 더욱이 에티오피아인은 히브리어로 '쿠쉬כּוּשׁ'이며 우리말로는 구스인으로 번역되는데, 구스인은 인류 두 번째 시조인 노아의 세 아들 가운데 저주받은 함의 후예였습니다. 설상가상으로 그 관리는 내시였습니다. 내시란 선천적이든 후천적이든 고자를 의미합니다. 유대인들은 고자 역시 하나님으로부터 저주받은 사람으로 간주하여 인간 이하의 존재로 취급하였습니다. 한마디로 그 사람은 빌립이 선대해 줄 만한 자격이나 가치가 전혀 없는 사람, 다시 말해 결코 사람으로 불릴 수 없는 사람이었습니다.

이제 빌립이 처한 상황을 현실적인 관점에서 살펴보십시다. 예루살렘에 살던 빌립이 예수님을 영접하여 그리스도인이 되었습니다. 얼마나 신실한 그리스도인이었던지, 그는 예루살렘 교회가 2천 년 기독교 역사상 최초로 선출한 일곱 집사 가운데 한 명으로 선출되었습니다. 그 정도로 믿음이 깊은 사람이라면 모든 일이 술술 풀리고, 세상적인 성공과 출세도 누림이 마땅할 것처럼 여겨집니다. 그러나 현실은 그 반대였습니다. 그는 예수님을 믿었기 때문에 유대교의 대박해를 피해 그가 살던 예루살렘을 떠나야만 했습니다. 그가 주님의 명령을 좇아 간 곳은 유대인이라면 얼씬도 하지 않는, 유대인의 상식으로는 도저히 찾아갈 수 없는 사마리아였습니다. 감사하게도 사마리아인들은 유대인인 빌립을 배척하지 않고 그가 전하는 복음을 받아들였습니다. 그리고 빌립으로 인해 온 사마리아 성에 큰 기쁨이 충만케 되었습니다. 이제 사마리아를 새로운 정착지로 삼는다면, 빌립은 뭇 사마리아인의 존경 속에서 일평생 영적 지도자의 멋진 삶을 살게 될 것이 분명했습니다.

그러나 성령님께서는 빌립을, 장밋빛 삶이 보장되어 있는 사마리아에 내버려 두시지 않았습니다. 성령님께서는 빌립에게 사마리아를 떠나 남쪽으로 내려가, 예루살렘에서 가사로 향하는 길까지 가라고 명령하셨습니다. 그 길은 아무것도 없는 광야였습니다. 사마리아를 출발한 빌립은 무려 70여 킬로미터를 걸어 성령님께서 지정하신 광야 길에 이르렀습니다. 그곳에서 빌립이 만난 사람은 위대한 성자나 존경할 만한 스승이 아니었습니다. 그를 만난다는 것 자체가 자신의 이력에 큰 오점이 될 이방인에, 흑인에, 저주받은 함의 후예인 구스인에, 그것도 모자라 내시였습니다.

빌립의 인생행로를 가만히 따져 보면, 그가 예수님을 믿은 이후 현실적으로 나아진 것은 아무것도 없었습니다. 이스라엘 최대의 도성 예루살렘에서 유대인이 꺼리는 사마리아로, 사마리아에서 다시 아무것도 없는 광야로, 자신과 같은 유대인 공동체로부터 유대인이 짐승처럼 여기는 사마리아인 공동체로, 사마리아인 공동체에서 짐승보다 못한 저주받은 구스인 내시에게로, 이처럼 빌립의 상황은 점점 더 나빠지기만 했습니다. 사마리아에서 70여 킬로미터 걸어 찾아간 광야에서 고작 저주받은 구스인 내시를 만났다면, 그것은 절망할 수밖에 없는 상황이 아니겠습니까? '고작 이런 사람을 대면케 하시려고 나를 이곳까지 보내셨습니까?' 하며 하나님께 항의하고, 하나님을 원망해야 할 상황이 아니겠습니까? 그러나 빌립은 달랐습니다.

27절의 '일어나 가서 보니'에서 '보니'에 해당하는 헬라어 '이두'가 영어로는 'behold', 우리말로는 '보라'는 의미의 감탄사라고 했습니다. 그러므로 '일어나 가서 보니'로 번역된 원문을 그대로 옮기면, '빌립은 일어나서 갔다. 그리고 보라!'는 감탄문이 됩니다. 세상적인 관점으로만 본다면 점점 나빠지기만 한 빌립의 상황은 절망적인 것처럼 보이지만, 당사자인 빌립은 전혀 그렇게 생각하지 않았습니다. 그는 아무것도 없는 광야 길에서 저주받은 구스인 내시를 대면하는 순간, 보잘것없는 자기를 믿으시고 그 이방인까지 자기에게 맡기시는 주님의 은혜에 오히려 감탄사를 터뜨렸습니다.

그것이 가능할 수 있었던 것은, 빌립에게는 이미 주님으로부터 받은 확실한 증거가 있었기 때문입니다. 주님의 말씀에 순종하기 위해 사마리아를 찾았을 때, 주님께서는 그를 도구로 삼아 사마리아인들을 구원해 주셨습니다. 2천 년 교회 역사상 빌립을, 사마리아를 위한 최초의 복음 전도자로 세워 주신 것입니다. 그리고 이번에는 성령님께서 그를 인도하시어 광야 길에서 저주받은 구스인 내시를 대면케 하셨습니다. 그러니 사마리아에서의 경험을 가진 빌립이 어떻게 감탄사를 떠뜨리지 않을 수 있겠습니까? 그것은 빌립을, 이방인을 위한 최초의 전도자로도 쓰시겠다는 의미였기 때문입니다. 그래서 본문 29-30절은 이렇게 이어지고 있습니다.

성령이 빌립더러 이르시되 이 수레로 가까이 나아가라 하시거늘 빌립이 달려가서 선지자 이사야의 글 읽는 것을 듣고 말하되 읽는 것을 깨닫느냐 성령님께서 빌립에게 에티오피아 내시가 타고 있는 마차로 가까이 나아갈 것을 명하셨습니다. 그와 동시에 빌립은 그를 향해 달려갔습니다. 성령님께서 달려가라고 명하신 것이 아니었습니다. 성령님께서는 단지 가까이 나아가라고 말씀하셨을 뿐입니다. 그런데도 빌립은 70여 킬로미터나 되는 먼 길을 걸어 지쳤을 것이 분명한데도 에티오피아 내시를 향해 걸어간 것이 아니라, 단숨에 달려갔습니다. 그가 그 상황을 얼마나 큰 기쁨과 감격 속에서 받아들였는지를 여실히 보여 주는 증거가 아닐 수 없습니다.

세상의 관점으로만 본다면 절망할 수밖에 없는 상황이었지만, 빌립은 절망하기는커녕 도리어 기뻐하고 감격하며 그 상황 속으로 달려 들어갔습니다. 이미 말씀드린 것처럼 그는 이미 믿음의 증거를 지닌 사람이요, 성령님의 인도하심 속에 거하는 사람이었기 때문입니다. 그래서 그는 아무것도 없는 절망과 죽음의 광야 길에서, 2천 년 기독교 역사상 이방인에게 최초로 세례를 베푸는 첫 번째 그리스도인이 되었습니다. 이것은 우리에게 참된 믿음의 사람에게는 절망이 있을 수 없다는 귀중한 교훈을 일깨워 줍니다.

우리가 믿는 하나님은 천지를 창조하신 전능하신 하나님이시지 않습니까? 그런데도 왜 우리는 우리의 기대와 어긋나는 상황을 만나면 절망합니까? 절망처럼 보이는 상황만 볼 뿐, 그 상황을 주신 하나님을 보려 하지 않기 때문입니다. 우리가 계절의 변화를 느끼지 못한다고 해서 계절이 변치 않는 것은 아니지 않습니까? 우리가 의식하든 하지 않든, 하나님의 섭리에 의해 계절은 시시각각 변하고 있지 않습니까? 우리가 그 사실을 인식하며 산다면, 하늘을 나는 고추잠자리를 통해서도 우리와 함께하시는 하나님을 느끼고 들을 수 있지 않겠습니까? 똑같은 논리로 우리가 절망적인 상황만 보고 절망한다고 해서, 그 순간 하나님께서 우리와 함께하시지 않는 것은 아니지 않습니까? 우리가 의식하든 하지 않든, 무소부재하신 하나님께서는 언제나 우리와 함께하시지 않습니까? 더욱이 우리가 이 자리에 있다는 것 자체가, 주님의 구원을 체험한 믿음의 증거가 우리에게 있기 때문이 아닙니까? 이 사실을 인식하며 산다면, 우리가 절망으로 여기는 상황이 절망일 수 없지 않겠습니까? 지금 우리가 처해 있는 상황은 빌립이 처했던 광야 길처럼, 하나님의 섭리가 이루어지는 생명의 실로 승화되지 않겠습니까?

미국에서 살고 있는 제 친구가 자기도 누구에게 받았다며 제게 메일로 글을 보내 주었습니다. 처음에는 웃자고 보내 준 글이라 여겼는데, 다 읽고 나니 사뭇 의미심장한 글이었습니다. 그래서 이 시간에 여러분께도 읽어 드리겠습니다. 이 글을 본래 누가 썼는지는 알지 못합니다.

지하철 1호선을 탔습니다. 이른 아침 인천행이어서 자리가 많더군요. 자리에 앉아 있는데, 신도림쯤에서 어떤 아저씨가 가방을 들고 탔습니다. 왠지 분위기가 심상치 않더군요. 아저씨는 가방을 내려놓고 헛기침을 몇 번 하더니, 손잡이를 양손으로 잡고 일장연설을 시작했습니다. 이제부터 그 아저씨가 한 말을 아저씨의 억양과 말투 그대로 옮겨 보겠습니다.

"자, 여러분 안~녕하쉽니까? 제가 여러분 앞에 나선 이유는, 가시는 걸음에 좋은 물건 하나 소개해 드리고자 이렇게 나섰쉽니다. 그럼 물건을 직접 보여 드리겠쉽니다. 자, 플라스틱 머리에 솔이 달려 있쉽니다. 대체 이것이 무엇이겠쉽니까? 예, 칫~솔입니다. 왜 이걸 가지고 나왔겠쉽니까? 물론 팔려고 나왔쉽니다. 한 개에 200원씩 다섯 개 묶여 있쉽니다. 얼마이겠쉽니까? 천~원입니다. 뒷면 돌려 보겠쉽니다. 영어가 적혀 있쉽니다. 메이드 인 코리아. 이게 무슨 뜻이겠쉽니까? 수출했다는 겁니다. 수출이 잘됐겠쉽니까? 폭삭 망~했쉽니다. 그래서 들고 나왔쉽니다. 자,

그럼 여러분에게 한 묶음씩 돌려 보겠습니다."

그리고 아저씨는 칫솔을 한 묶음씩 사람들에게 돌리더군요. 사람들은 너무 황당해서 웃지도 않더군요. 칫솔 묶음을 다 돌린 아저씨가 다시 입을 열었습니다.

"자, 여러분! 여기서 제가 몇 묶음이나 팔 수 있겠습니까? 여러분도 궁금하십니까? 저는 더 궁금합니다. 잠시 후에 결과를 알려 드리겠습니다."

저 역시 과연 칫솔이 몇 묶음이나 팔릴는지 궁금했습니다. 결국 칫솔은 네 묶음이 팔렸고, 아저씨는 다음과 같이 마무리를 지었습니다.

"자, 여러분! 칫솔 네 묶음 팔았습니다. 총 매상이 얼마이겠습니까? 칫솔 다섯 개짜리 네 묶음 매상이 겨우 4,000원입니다. 제가 실망했겠습니까, 안 했겠습니까? 물론 실~망했습니다. 그렇다고 제가 여기서 포기하겠습니까? 절대로 포기하지 않습니다. 저는 다음 칸으로 갑니다!"

그 말과 함께 아저씨는 칫솔 가방을 들고 유유히 다음 칸으로 가더군요. 남아 있는 사람들은 거의 뒤집어졌습니다. 그러나 그날 아침 그 아저씨는 정말 중요한 것을 주었습니다. 희망, 우리는 희망을 잃지 말아야겠습니다. 우리에게는 다음 칸이 있으니까요.

칫솔 다섯 개짜리 네 묶음, 다시 말해 칫솔 20개를 판 값이 겨우 4,000원이라면 원가를 빼고 얼마나 남겠습니까? 그렇게 해서야 가족인들 제대로 부양할 수 있겠습니까? 그러나 칫솔 장수는 절망하지 않았습니다. 그에게는 그를 기다리고 있는 다음 칸이 있었기 때문입니다.

사랑하는 교우 여러분!

칫솔 장수는 절망할 수밖에 없는 상황임에도, 몇 개나 팔릴지도 모르는 다음 칸에 대한 기대로 절망하지 않았습니다. 우리에게는 천지를 창조하신 하나님께서 우리와 함께 계시지 않습니까? 그런데도 예기치 않은 상황 속에서 절망한다면, 어찌 우리가 하나님을 믿는 그리스도인이라 할 수 있겠습니까? 혹 절망적인 상황 속에 계십니까? 절망으로 보이는 상황을 보지 말고, 그 상황을 주신 하나님을 보십시오. 그 상황 속에서 주님 말씀을 좇아 마땅히 행할 것을 행하십시다. 그때부터 성령님의 인도하심이 보일 것입니다. 성령님의 인도하심을 좇아 그 상황 속으로 달려가십시오. 절망처럼 보이던 그 상황은 하나님의 위대한 섭리를 위한 은혜의 관문이 될 것입니다.

"너희를 향한 나의 생각을 내가 아나니 평안이요 재앙이 아니니라 너희에게 미래와 희망을 주는 것이니라"(렘 29:11).

빌립이 당도한 곳은 아무것도 없는 광야 길이었습니다. 그곳에서 만난 사람은, 그를 만났다는 것 자체가 유대인인 빌립에게 오점이 될 에티오피아 이방인에, 흑인에, 저주받은 구스인에, 그것도 내시였습니다. 세상적인 관점으로만 본다면, 그것은 절망할 수밖에 없는 상황이었습니다. 세상적으로만 따진다면, 예수 믿은 이후 빌립의 상황은 계속 나빠지기만 했습니다. 그러나 빌립은 결코 절망하지 않았습니다. 그는 도리어 기쁨과 감격 속에서 에티오피아 내시를 향해 달려갔습니다. 주님의 말씀을 따라 응당해야 할 것을 행한 그는 이미 믿음의 증거를 지닌 사람이요, 성령님의 인도하심을 듣고 보는 사람이었기 때문입니다. 그래서 절망과도 같은 광야 길은 도리어, 빌립이 2천 년 교회 역사상 최초로 이방인에게 세례를 베푸는 생명의 길로 승화되었습니다.

주님! 참된 믿음의 사람에게는 절망이 있을 수 없음을 다시 확인시켜 주셔서 감사합니다. 우리가 지금 이 자리에 있다는 것 자체가, 이미 주님께서 우리에게 주신 믿음의 증거가 있기 때문임을 잊지 말게 하옵소서. 혹 살아가다가 절망처럼 보이는 상황을 만난다 해도, 이미 주신 믿음의 증거들을 기억하면서, 오히려 주님의 말씀을 따라 마땅히 해야 할 것을 행하는 빌립이 되게 하여 주옵소서. 그리하여 주어진 상황 자체만을 보는 것이 아니라, 그 상황을 주신 성령님의 인도하심을 보고, 듣고, 느끼게 하여 주옵소서. 그 상황을 피하려 할 것이 아니라, 그 상황을 주신 성령님을 의지하여, 그 상황 속으로 기쁨으로 달려 들어가게 하옵소서. 그래서 우리에게 주어지는 모든 상황이, 하나님의 섭리와 새로운 미래를 위한 은혜의 관문이 되게 하여 주옵소서. 아멘.

9. 무슨 거리낌이 있느냐

사도행전 8장 26-40절

주의 사자가 빌립에게 말하여 이르되 일어나서 남쪽으로 향하여 예루살렘에서 가사로 내려가는 길까지 가라 하니 그 길은 광야라 일어나 가서 보니 에디오피아 사람 곧 에디오피아 여왕 간다게의 모든 국고를 맡은 관리인 내시가 예배하러 예루살렘에 왔다가 돌아가는데 수레를 타고 선지자 이사야의 글을 읽더라 성령이 빌립더러 이르시되 이 수레로 가까이 나아가라 하시거늘 빌립이 달려가서 선지자 이사야의 글 읽는 것을 듣고 말하되 읽는 것을 깨닫느냐 대답하되 지도해 주는 사람이 없으니 어찌 깨달을 수 있느냐 하고 빌립을 청하여 수레에 올라 같이 앉으라 하니라 읽는 성경 구절은 이것이니 일렀으되 그가 도살자에게로 가는 양과 같이 끌려갔고 털 깎는 자 앞에 있는 어린 양이 조용함과 같이 그의 입을 열지 아니하였도다 그가 굴욕을 당했을 때 공정한 재판도 받지 못하였으니 누가 그의 세대를 말하리요 그의 생명이 땅에서 **빼앗김이로다** 하였거늘 그 내시가 빌립에게 말하되 청컨대 내가 묻노니 선지자가 이 말한 것이 누구를 가리킴이냐 자기를 가리킴이냐 타인을 가리킴이냐 빌립이 입을 열어 이 글에서 시작하여 예수를 가르쳐 복음을 전하니 길 가다가 물 있는 곳에 이르러 그 내시가 말하되 보라 물이 있으니 내가 세례를 받음에 **무슨 거리낌이 있느냐** 이에 명하여 수레를 멈추고 빌립과 내시가 둘 다 물에 내려가 빌립이 세례를 베풀고 둘이 물에서 올라올새 주의 영이 빌립을 이끌어 간지라 내시는 기쁘게 길을 가므로 그를 다시 보지 못하니라 빌립은 아소도에 나타나 여러 성을 지나다니며 복음을 전하고 가이사랴에 이르니라

빌립은 사마리아와 땅끝까지 이르러 주님의 증인이 되라는 주님의 말씀에 순종하여 유대인이 짐승처럼 여기는 사마리아인을 찾아갔을 뿐인데, 주님께서는 빌립을 2천 년 교회 역사상 사마리아 성을 복음화시킨 최초의 전도자로 세워 주셨습니다. 빌립이 이 땅에서 예수님을 구주로 영접한 첫 번째 그리스도인이었던 것은 아닙니다. 본문의 시점은 예수님께서 3년에 걸친 공생애를 마치고 부활 승천하신 이후요, 또 오순절에 초대교회의 태동과 더불어 예루살렘에서 하루에 수천 명씩 주님을 영접한 이후였기에 이미 수많은 그리스도인이 있었습니다. 그렇다고 빌립이 모든 그리스도인을 대표하는 사람이었던 것도 아닙니다. 예수님의 직계 제자인 사도들이 시퍼렇게 살아 있었습니다. 신앙 연륜으로나, 초대교회 서열로나, 빌립이 2천 년 교회 역사상 사마리아를 복음화하는 최초의 전도자가 되기에는, 현실적으로만 본다면 여러 면에서 역부족이었습니다. 그런데도 그것이 가능할 수 있었던 것은, 주님의 말씀을 삶으로 실천하는 빌립에게 주님께서 베풀어 주신 은총이었습니다. 빌립으로서는 크나큰 영광이 아닐 수 없었습니다.

그 직후 성령님께서 빌립에게 사마리아를 떠나, 예루살렘에서 가사로 향하는 광야 길로 갈 것을 명령하셨습니다. 성령님께서 지정하신 광야 길은 사마리아에서 남쪽으로 무려 70여 킬로미터나 떨어진 곳으로, 광야 길이란 아무것도 없는 절망과 죽음의 상징이었습니다. 빌립이 성령님의 명령에 순종하여 그 먼 광야 길을 찾아갔을 때, 그는 그곳에서 이방인에, 흑인에, 저주받은

함의 후예인 구스인에, 그것도 모자라 거세당한 내시인 에티오피아 고위 관리를 만났습니다. 선민의식과 타 인종에 대한 우월의식에 사로잡혀 있던 유대인의 관점에서 본다면 도저히 얼굴을 맞댈 수조차 없는 대상이었습니다.

그러나 빌립은 그 광야 길에서 에티오피아 내시를 만나는 순간, 실망하기는커녕 '이두', '보라' 하고 감탄을 터뜨렸습니다. 보잘것없는 자신을 사마리아 복음화를 위한 최초의 선노자로 세워 주신 주님께서, 이번에는 자신을 이방인을 위한 첫 번째 전도자로 사용하심을 알았기 때문입니다. 그래서 성령님께서 빌립에게 내시를 향해 가까이 나아가라고 명령하셨을 때, 빌립은 즉시 내시를 향해 달려갔습니다. 사마리아에서부터 70여 킬로미터나 되는 먼 길을 걸어왔으니 빌립이 얼마나 지쳐 있었겠습니까? 빌립은 내시를 향해 천천히 걸어갈 수도 있었지만, 그는 내시를 향해 단숨에 달려갔습니다. 그가 그 상황을 얼마나 감격적으로 받아들였는지를 여실히 보여 주는 증거였습니다. 그리고 내시에게 복음을 전한 빌립은, 그 광야 길에서 2천 년 교회 역사상 이방인에게 세례를 베푸는 최초의 그리스도인이 되었습니다. 죽음과 절망의 광야 길이 빌립으로 인해, 하나님의 구원과는 동떨어져 있던 한 이방인이 예수 그리스도 안에서 구원 얻는 생명의 길로 승화된 것입니다.

바로 그 광야 길에서 이방인에게 최초로 복음을 전하고 최초로 세례를 베푸는 주님의 도구로 쓰임 받은 빌립의 감격과 감탄은, 그가 이 세상에 살아 있는 동안 그를 떠나지 않았을 것입니다. 그래서 우리는 지난 2주 동안 빌립의 입장에서 본문을 조명해 보았습니다. 그러나 이제 한 걸음 더 나아갈 필요가 있습니다. 그 죽음의 광야 길에서 만난 에티오피아 내시로 인해 빌립이 주님께서 주신 큰 감격을 경험했다면, 빌립이 경험한 감격과 똑같은 감격을 내시 역시 체험함이 마땅치 않겠습니까? 주님께서 빌립만의 주님이신 것이 아니라, 그 죽음의 광야에서 빌립을 통해 내시를 구원하신 내시의 주

넘기기도 하셨기 때문입니다. 그래서 이 시간에는, 본문을 내시의 관점에서 살펴보기로 하겠습니다.

주의 사자가 빌립에게 말하여 이르되 일어나서 남쪽으로 향하여 예루살렘에서 가사로 내려가는 길까지 가라 하니 그 길은 광야라(26절).

여기에서 '가사'란, 오늘날 팔레스타인 자치 지구인 가자지구Gaza Strip의 중심 도시인 가자입니다. 오늘날의 가자는 팔레스타인과 이스라엘 간의 정치적인 이유로 유명하지만, 2천 년 전에는 지정학적으로, 상업적으로, 전략적으로 매우 중요한 도시였습니다. 가사에서부터 지중해 연안을 따라 이집트에 이르는 대로가 닦여 있었기 때문입니다. 이스라엘에서 보면 아프리카로 향하는 제1관문이었습니다. 따라서 예루살렘에서 아프리카로 가거나 반대로 아프리카에서 예루살렘을 향할 때에도 반드시 가사를 경유해야만 했는데, 예루살렘과 가사를 잇는 도로의 대부분은 광야 길이었습니다.

일어나 가서 보니 에디오피아 사람 곧 에디오피아 여왕 간다게의 모든 국고를 맡은 관리인 내시가 예배하러 예루살렘에 왔다가 돌아가는데 수레를 타고 선지자 이사야의 글을 읽더라(27-28절).

에티오피아의 고위 관리인 내시 역시 예루살렘을 방문하기 위해서는 가사를 거쳐 예루살렘에 이르는 광야 길을 통과했을 것입니다. 당시 에티오피아에서 마차를 타고 예루살렘을 다녀가기 위해서는 최소한 수십 일이 소요되었습니다. 그가 그토록 장기간을 필요로 하는 예루살렘 여행을 단행한 이유는 예루살렘에서, 더 정확하게 말하면 예루살렘성전에서 하나님을 예배하기 위함이었습니다.

주전 586년 바빌로니아 제국에 의해 유다 왕국이 멸망함과 동시에, 많은 유대인들이 지중해 세계 각처로 흩어져 정착하였습니다. 소위 구약시대의 디아스포라들이었습니다. 세월이 경과함에 따라 그들의 후손 가운데에는 히브리어를 할 줄 모르는 사람이 생겨났습니다. 유대인으로 태어난 사람이 히브리어를 모른다는 것은 히브리어로 기록된 구약성경을 읽을 수 없다는 말이요. 유대인이면서도 구약성경을 읽을 수 없다면 정통 유대교 신자가 될 수 없다는 의미였습니다. 그래서 이집트의 알렉산드리아에 있는 유대교 공동체가 주전 250년경부터 구약성경을 당시 지중해 세계의 공용어이던 헬라어로 번역하기 시작하였습니다. 그리고 번역이 완성된 성경은 이스라엘 열두 지파에서 여섯 명씩 총 72명이 동원되어 번역한 성경이라고 해서 '70인역LXX 성경'이라 불리는데, 구약성경이 이방 언어로 옮겨진 최초의 번역본이었습니다.

그 70인역 성경으로 인해 히브리어를 모르는 유대인 역시 자기 조상들처럼 유대교인의 정체성을 지닐 수 있었고, 아주 드문 경우이긴 하지만 그 번역 성경을 읽고 유대교인이 되거나, 유대교에 관심을 갖는 이방인이 있었습니다. 본문 속의 에티오피아 내시 역시 바로 그런 사람 중의 한 사람이었음을 알게 됩니다. 그가 머나먼 예루살렘까지 직접 찾아가 예배드리고 싶어 했다는 것은 하나님에 대한 그의 관심이 얼마나 컸는지, 그리고 하나님에 대해 얼마나 알고 싶은 것이 많았는지를 능히 짐작게 해줍니다.

그러나 예루살렘성전까지 찾아간 그는 아무것도 얻는 것이 없었습니다. 이방인이었던 그는 예루살렘성전 안으로 아예 들어갈 수조차 없었기 때문입니다. 이방인은 성전 밖 '이방인의 뜰' 이상을 넘어설 수 없었습니다. 설령 그가 성전 안으로 들어가는 특권을 얻었다 하더라도 짐승을 잡아 제사드리는 유대교의 종교의식을 관찰하는 것만으로는, 그가 구약성경을 통해 접하게 된 여호와 하나님을 이해하는 데 아무 도움이 되지 않았을 것입니다. 당시 짐승을 제물 삼아 신의 노여움을 풀려는 종교의식은 비단 유대교가 아니더라도, 세계 어느 곳에서나 행해지고 있었기 때문입니다.

결국 그는 아무 소득 없이 에티오피아로 되돌아갈 수밖에 없었습니다. 그는 예루살렘을 떠나 가사로 향하는 광야 길에 접어들었습니다. 하나님을 알기 위해 머나먼 예루살렘을 찾아왔다가 아무 소득 없이 텅 빈 손으로, 아무것도 없는 광야 길을 통과하는 그의 마음 역시 광야처럼 공허하기만 했을 것입니다. 그는 마차에 앉아 지니고 있던 이사야 두루마리 성경을 펼쳐 읽기 시작했습니다. 헬라어로 번역된 70인역 성경이었기에 내용 자체를 읽는 데에는 아무 어려움이 없었습니다. 그러나 그 내용이 의미하는 바를 깨닫기는 어려웠습니다. 진리에 대한 뜨거운 열망은 있지만, 진리를 접하고도 그 의미를 깨달을 수는 없는 그의 심정이, 아무것도 없는 그 광야 길에서 얼마나 답답했겠습니까?

바로 그 순간이었습니다.

> 성령이 빌립더러 이르시되 이 수레로 가까이 나아가라 하시거늘 빌립이 달려가서 선지자 이사야의 글 읽는 것을 듣고 말하되 읽는 것을 깨닫느냐 대답하되 지도해 주는 사람이 없으니 어찌 깨달을 수 있느냐 하고 빌립을 청하여 수레에 올라 같이 앉으라 하니라(29-31절).

바로 그때 그 광야 길에 누군가가 나타났습니다. 그것 자체만으로는 놀랄 일이 전혀 아니었습니다. 그 길이 예루살렘과 가사를 잇는 길인 만큼 비록 광야 길이라 해도 이따금씩 행인은 있을 수 있었기 때문입니다. 그런데 그 사람은 내시의 마차를 보자마자 마치 기다렸다는 듯이 쏜살같이 달려왔습니다. 그리고 마차에서 내시가 이사야 두루마리 성경을 펼쳐놓고 읽는 것을 확인하고, 내시에게 그 내용의 의미를 이해하고 있는지 물었습니다. 내시는 깜짝 놀랐습니다. 그가 자신이 읽고 있는 이사야서의 내용을 깨닫는지 물었다는 것은, 그는 그 모든 의미를 이미 알고 있다는 말이었기 때문입니다. 그렇지 않아도 그 의미를 알지 못해 답답해하던 내시는 그 사람, 다시 말해 빌립을 자기 마차에 오르게 했습니다. 하나님의 말씀을 제대로 알고 싶은 열망 때문이었습니다.

> 읽는 성경 구절은 이것이니 일렀으되 그가 도살자에게로 가는 양과 같이 끌려갔고 털 깎는 자 앞에 있는 어린 양이 조용함과 같이 그의 입을 열지 아니하였도다 그가 굴욕을 당했을 때 공정한 재판도 받지 못하였으니 누가 그의 세대를 말하리요 그의 생명이 땅에서 빼앗김이로다 하였거늘 그 내시가 빌립에게 말하되 청컨대 내가 묻노니 선지자가 이 말한 것이 누구를 가리킴이냐 자기를 가리킴이냐 타인을 가리킴이냐(32-34절).

에티오피아 내시가 마차에서 읽고 있던 성경 구절은 이사야 53장 7-8절의 내용이었습니다. 내시가 읽은 해당 본문과 우리가 지닌 이사야서 본문 사이에 다소 차이가 있는 것은, 이미 언급한 바와 같이 내시가 가진 두루마리 성경이 헬라어로 번역된 70인역 성경이었기 때문입니다. 이사야 53장은 구약성경의 복음으로서, 이 땅에 오실 예수 그리스도께서 인간의 죗값을 대신 치르시기 위해 고난당하실 것을 예언하는 내용입니다. 내시는 그 내용을 읽고서도 누가 고난당한다는 의미인지 알 수 없었습니다. 그래서 내시는 빌립에게 그 내용을 기록한 이사야 자신이 고난을 당한다는 말인지, 혹은 다른 사람을 의미하는지를 물었습니다. 그것은 복음의 핵심에 대한 질문이었습니다.

> 빌립이 입을 열어 이 글에서 시작하여 예수를 가르쳐 복음을 전하니 (35절).

빌립은 내시가 읽고 있던 이사야 53장 7-8절에서부터 시작하여 예수 그리스도의 복음을 전하기 시작했습니다. 그 복음이 대체 어떤 복음입니까? 이미 우리에게도 전해졌고, 우리가 다 알고 있는 바로 그 복음입니다. 그렇다면 우리는 2천 년 전 아무것도 없는 광야 길에서 빌립이 내시에게 전한 복음의 내용을 충분히 짐작할 수 있습니다.

하나님은 거룩하시기에, 거룩하신 하나님 앞에서 모든 죄인은 죽을 수밖에 없습니다. 그러나 하나님께서는 인간을 구원하시기 위해 당신의 독생자인 예수 그리스도를 이 땅에 보내셨고, 예수 그리스도께서 우리의 죄를 지시고 십자가에서 돌아가심으로 우리의 죗값을 대신 치르셨습니다. 예수 그리스도의 죽음은 죽음으로 끝나지 않았습니다. 예수님께서는 돌아가신 지 사흘째 되는 날, 죽음을 깨뜨리고 부활하심으로 우리를 위해 영원한 생명의 길을 열어 주셨습니다. 그리고 우리 모두를 그 길로 초청하고 계십니다. '하나님께서 이 세상을 이처럼 사랑하사 독생자를 주셨으니, 이는 그를 믿는 자마다 멸망하지 않고 영생을 얻게 하려 하심이라.' '수고하고 무거운 짐 진 자들아 다 내게로 오라, 내가 너희를 쉬게 하리라.' '나는 부활이요 생명이니 나를 믿는 자는 죽어도 살겠고, 무릇 살아서 나를 믿는 자는 영원히 죽지 아니하리라.' 우리 주님의 이 구원이 지금 당신에게 임했습니다. 예수 그리스도를 당신의 구주로 영접하십시오. 예수 그리스도를 믿기만 하면 누구든지, 당신 같은 이방인도, 당신 같은 흑인도, 당신 같은 구스인도, 당신 같은 내시도 하나님의 존귀한 자녀가 될 수 있습니다.

에티오피아 내시는 70인역 성경을 통해 알게 된 하나님에 대한 열심으로 예루살렘성전까지 찾았지만, 이방인이었던 그는 이방인의 뜰을 넘어설 수 없었습니다. 그가 예루살렘성전에서 확인한 것은, 유대교를 통해서는, 자신과 같은 이방인은 유대인과 동일한 구원을 결코 얻을 수 없다는 사실이었습니다. 그러나 빌립이 전해 준 예수 그리스도의 복음은 유대교와는 달랐습니다. 복음 안에서는 유대인과 이방인의 구별이 없었습니다. 복음 안에서는 자신과 같은 아프리카 흑인도, 자신과 같은 저주받은 함의 후예인 구스인도, 자신처럼 거세당한 내시도 하나님의 존귀한 자녀였습니다. 복음을 통해 그 귀한 사실을 깨닫게 된 에티오피아 내시의 기쁨과 감격이 얼마나 컸겠습니까?

더욱이 주님께서는 그 복음을 내시에게 전해 주시기 위해 빌립을 당신의 도구로 사용하셨습니다. 빌립은 광야에 움막을 치고 사는 광야의 사람이 아니었습니다. 그는 성령님의 명령을 좇아 70여 킬로미터나 떨어진 사마리아에서 왔습니다. 사마리아는 예루살렘 북쪽 약 56킬로미터 지점에 위치하고 있습니다. 예루살렘에서 광야 길에 이르기보다 사마리아에서 광야 길까지 가기가 그만큼 더 멀다는 말입니다. 그렇다면 예루살렘을 출발한 에티오피아 내시를, 예루살렘보다 더 먼 사마리아에서 떠난 빌립이 광야 길에서 정확하게 만나기 위해서는, 빌립은 내시가 예루살렘을 출발하기 최소한 하루 전에 사마리아를 출발했어야만 했습니다. 내시가 마차를 타고 간 반면 빌립은 걸어갔음을 감안하면 그보다 훨씬 빨리 출발했을는지도 모릅니다. 이처럼 내시 자신이 예루살렘을 출발하기도 전에 주님께서 빌립으로 하여금 먼저 사마리아를 출발하게 하시고, 자신이 광야 길에서 이사야 53장 7-8절을 읽고 있을 때 한 치의 오차도 없이 자신과 빌립을 만나게 하신, 시간과 공간을 초월하시는 주님의 신비스런 구원의 은총을 깨달았을 때 내시의 감격과 감탄은 또 얼마나 컸겠습니까?

> 길 가다가 물 있는 곳에 이르러 그 내시가 말하되 보라 물이 있으니 내가 세례를 받음에 무슨 거리낌이 있느냐(36절).

마침 마차가 물이 있는 곳을 통과하게 되었습니다. 이번에는 내시가 '이두', '보라' 하고 감탄사를 발했습니다. 광야 길에서 만난 물 역시 주님께서 자신을 위해 예비해 두신 은총임을 깨달았던 것입니다. 내시가 말했습니다. "보라, 물이 있으니 내가 세례를 받음에 무슨 거리낌이 있느냐?" 그는 빌립에게 자진하여 세례를 청했습니다.

> 이에 명하여 수레를 멈추고 빌립과 내시가 둘 다 물에 내려가 빌립이 세례를 베풀고(38절).

두 사람은 즉각 마차를 멈추고 함께 물로 내려갔습니다. 그리고 물속에서 빌립이 내시에게 세례를 베풀었습니다. 사도 바울은 갈라디아서 3장 27절을 통해, '세례는 그리스도로 옷 입는 것'이라고 정의했습니다. 자기라는 옷을 벗어던지고 그리스도라는 옷으로 갈아입는 것이 세례입니다. 한마디로 그리스도의 유니폼을 입는 것입니다. 에티오피아 내시가 그리스도의 유니폼을 자진하여 입은 것은, 물론 구원받은 그리스도인으로서의 책임과 의무를 다하기 위함이었습니다. 어떤 유니폼이든 유니폼을 입는 사람은, 그 유니폼에 부과된 책임과 의무를 다하겠다고 결단한 사람입니다. 경찰이나 군인이 유니폼을 입는 이유가 여기에 있습니다. 내시 역시 마찬가지였습니다. 그러나 그가 그리스도의 유니폼을 입은 데에는 더 큰 이유가 있었습니다. 자신이 주님을 알기도 전에 광야 길에서 시간과 공간을 초월하여 구원의 은총을 베풀어 주신 주님이시라면, 자신이 그리스도의 유니폼을 입고 살아갈 때 주님께서 자신의 삶을 온전히 책임져 주실 것을 확신했기 때문입니다. 세상에서도 의사의 유니폼을 입은 사람은 병원이 책임져 주고, 군인의 유니폼을 입은 사람은 나라가 책임져 주지 않습니까? 이와 같은 사실을 깨달은 내시에게 그리스도의 유니폼을 입는 데 무슨 거리낌이 있을 수 있었겠습니까?

둘이 물에서 올라올새 주의 영이 빌립을 이끌어 간지라 내시는 기쁘게 길을 가므로 그를 다시 보지 못하니라(39절).

내시가 그리스도의 유니폼을 입은 뒤, 성령님께서 빌립을 다른 곳으로 이끌어 가셨습니다. 2주 전에 살펴본 40절에 의하면, 성령님께서는 빌립을 아소도에서부터 지중해 연안을 따라 북쪽 가이사랴로 인도해 가셨습니다. 내시는 광야 길에 다시 혼자 남게 되었습니다. 그러나 그는 더 이상 예전의 내시가 아니었습니다. 그는 아무것도 없는 절망과 죽음의 광야 길을 기쁘게 나아갔습니다. 그는 알고 있었습니다. 그는 혼자가 아니었습니다. 그리스도의 유니폼을 입은 그는 주님께서 자신과 동행하심을 알고 있었습니다. 그리스도의 유니폼을 입은 그는 더 이상 저주받은 내시가 아니었습니다. 그는 예수 그리스도 안에서 존귀한 하나님의 자녀였습니다.

작년 5월 말 제 큰아이가 군에 입대한 다음 주에 소포가 집으로 배달되었습니다. 제 아이가 군에 입대할 때 입고 간 옷과 신이었습니다. 그 아이에게는 더 이상 세상의 옷이 필요 없습니다. 부모가 그 아이의 의식주를 염려할 필요도 없습니다. 군인의 유니폼을 입고 있는 동안, 그 아이의 의식주와 관련된 모든 것을 국가가 책임져 주기 때문입니다. 믿음도 이와 같습니다. 우리가 주님을 믿음으로 그리스도의 유니폼을 입을 때, 주님께서 우리의 모든 것을 책임져 주시는 것입니다.

사랑하는 교우 여러분!

하나님을 믿는다면서도 왜 광야와도 같은 인생길을 힘겹게 홀로 걸어가려 하십니까? 왜 하나님을 믿는다면서도 형식적인 세례교인으로만 살아갈 뿐, 그리스도의 유니폼으로 갈아입지는 않으십니까? 우리 각자의 지난날을 되돌아보십시다. 에티오피아 내시가 예루살렘을 출발하기도 전에 빌립으로 하여금 사마리아를 먼저 출발하게 하시고, 내시가 광야 길에서 이사야 53장 7-8절을 읽고 있을 때 한 치의 오차도 없이 빌립을 통해 그를 구원해 주신 주님께서, 시간과 공간을 초월하시는 동일한 능력과 방법으로 우리 역시 구원해 주시지 않았습니까? 그리고 우리가 주님을 의식하든 의식하지 않든, 주님께서는 언제나 우리와 함께 계시지 않습니까? 이 사실을 믿는다면, 우리가 그리스도의 유니폼을 입을 때에 어찌 주님께서 우리의 삶을 온전히 책임져 주시지 않겠습니까?

그렇다면 대체 우리에게, 그리스도의 유니폼을 입는 데 무슨 거리낌이 있을 수 있겠습니까? 하나님을 믿는다면서도 그리스도의 유니폼을 입지 못한다면 그보다 더 어리석은 사람이 어디에 있겠습니까? 우리 모두, 우리 자신을 책임져 주지 못할 자기라는 옷을 벗어던지고, 그리스도의 유니폼으로 갈아입으십시다. 그리스도의 유니폼을 입은 사람답게 살아가십시다. 그때 우리 앞에 놓여 있는 그 어떤 광야 길도 생명과 기쁨의 길로 승화될 것입니다. 그리스도의 유니폼으로 갈아입는 것보다, 우리 자신을 더 존귀케 하는 길은 없습니다.

에티오피아 내시는, 예루살렘에서 가사로 내려가는 광야 길에서 빌립을 만나 주님의 구원을 얻었습니다. 예루살렘을 출발하여 마차를 타고 가는 내시와, 예루살렘에서 약 56킬로미터 떨어진 사마리아에서 걸어오는 빌립이 정확하게 광야 길에서 만나기 위해서는, 빌립은 내시가 예루살렘을 떠나기 훨씬 전에 사마리아를 출발해야 했습니다. 더욱이 그 광야 길에서 내시가 이사야 53장 7절에서 8절을 읽는 순간에 한 치의 오차도 없이 빌립을 만난 것은, 시간과 공간을 초월하시는 주님의 역사가 아니고는 불가능한 일이었습니다. 그 사실을 깨달은 내시는 자진하여 그리스도의 유니폼을 입었습니다. 그리스도의 유니폼을 입고 그리스도인의 책임과 의무를 다하며 사는 한, 광야 길에서 그토록 신비하게 자신을 구원해 주신 주님께서 모든 것을 책임져 주실 것을 믿었기 때문입니다.

주님께서는 광야 길에서 내시를 구원하신 것과 똑같은 방법으로 우리 각자를 구원해 주셨습니다. 그러나 우리는 내시처럼, 그리스도의 유니폼으로 갈아입으려 하지는 않고 있습니다. 여전히 세상의 옷을 입고, 하나님과 세상에 양다리를 걸치고 살아갑니다. 그래서 우리의 인생은 절망과 죽음의 광야 길과 다를 바가 전혀 없습니다. 그럼에도 이 시간에 우리를 또 불러 주시고, 주님께서 여전히 우리와 함께하고 계심을 일깨워 주심을 진심으로 감사드립니다. 이제 우리 모두 세상의 옷을 벗어던지고, 그리스도로 옷 입게 하여 주옵소서. 자신을 책임져 주지 못할 자기라는 옷 대신에, 그리스도의 유니폼으로 갈아입게 하여 주옵소서. 그리하여 우리의 인생이 더 이상 절망과 죽음의 광야 길이 아니라, 주님과 함께하는 기쁨과 생명과 새 역사의 길이 되게 하옵소서. 아멘.

10. 누구를 가리킴이냐

사도행전 8장 32-40절

읽는 성경 구절은 이것이니 일렀으되 그가 도살자에게로 가는 양과 같이 끌려 갔고 털 깎는 자 앞에 있는 어린 양이 조용함과 같이 그의 입을 열지 아니하였 도다 그가 굴욕을 당했을 때 공정한 재판도 받지 못하였으니 누가 그의 세대를 말하리요 그의 생명이 땅에서 빼앗김이로다 하였거늘 그 내시가 빌립에게 말하되 청컨대 내가 묻노니 선지자가 이 말한 것이 **누구를 가리킴이냐** 자기를 가리킴이냐 타인을 가리킴이냐 빌립이 입을 열어 이 글에서 시작하여 예수를 가르쳐 복음을 전하니 길 가다가 물 있는 곳에 이르러 그 내시가 말하되 보라 물이 있으니 내가 세례를 받음에 무슨 거리낌이 있느냐 이에 명하여 수레를 멈추고 빌립과 내시가 둘 다 물에 내려가 빌립이 세례를 베풀고 둘이 물에서 올라올새 주의 영이 빌립을 이끌어 간지라 내시는 기쁘게 길을 가므로 그를 다시 보지 못하니라 빌립은 아소도에 나타나 여러 성을 지나다니며 복음을 전하고 가이사랴에 이르니라 시력이 좋지 못한 데다 이제 육십에 접어든 저는 일상생활에서 최소한 세 개의 안경을 필요로 합니다. 책을 읽거나 쓸 때 독서용 안경을 써야 하고, 컴퓨터 작업을 할 때는 컴퓨터용 안경을 따로 써야 합니다. 독서용 돋보기로는 컴퓨터와의 거리가 맞지 않기 때문입니다. 그리고 외출할 때는 근거리와 원거리를 모두 커버해 주는 다초점렌즈가 부착된 안경을 착용합니다. 원거리만 커버하는 근시용 안경을 썼을 경우, 지금처럼 설교할 때 설교 원고가 보이지 않기 때문입니다. 30대 말 신학교 입학과 동시에 눈을 혹사한 탓에 서는 40대 초반부터 돋보기와 다초점렌즈 안경을 써야 했습니다. 일반적으로 다초점렌즈에 적응하지 못하는 분도 적지 않다는데, 저는 처음부터 아주 쉽게 적응하여 다초점렌즈 안경을 착용하는 데 아무 불편이 없었습니다.

약 10년 전 제가 스위스 제네바에서 거주하던 첫해에 외출용 안경을 떨어뜨려 렌즈가 깨어져 버렸습니다. 어쩔 수 없이 현지에서 다초점렌즈 안경을 새로 맞췄습니다. 그런데 이상하게 그 이후 얼마 지나지 않아, 오른쪽 눈의 초점이 사물과 일치하지 않기 시작했습니다. 사물이 흐려 보이거나 깨어져 보이는 것이었습니다. 독서용 안경이나 컴퓨터용 안경으로는 느낄 수 없는 현상이 다초점렌즈 안경만 쓰면 나타나는 것이었습니다. 안경점에서 오른쪽 렌즈를 잘못 끼웠다고 판단한 저는 다시 새 렌즈로 교체했지만 같은 현상이 계속되었습니다. 그 뒤로는 스위스 안경사를 믿을 수가 없었습니다. 마침 스위스에서 미국에 다녀올 일이 있어 미국에서 새 안경을 구입했지만 마찬가지였습니다. 역시 안경사는 한국 안경사가 세계 제일이라는 생각에 스위스에서 귀국하자마자 새 안경을 맞췄지만 마찬가지였습니다. 그 이후 일본에 갔을 때 그곳에서도 안경을 구입해 보았지만 결과는 동일했습니다. 결국 세상에서 믿을 안경사가 없게 되고 말았습니다. 초점이 맞지 않는 안경을 쓰고 살려니 얼마나 답답하겠습니까? 그때마다 저 스스로 초점을 맞추기 위해 안경 코받침대를 올렸다 내렸다 하거나, 안경다리를 굽혔다 폈다 하느라 망가뜨린 안경이 열 개나 됩니다.

최근에는 오른쪽 눈의 시야가 좁아지면서 갑자기 실핏줄이 터지는 현상이 나타나기도 했습니다. 그러나 저는 그 모든 원인이 안경에 있지, 제 눈에 이상이 있다는 생각은 한 번도 해보지 않았습니다. 어쩌다가 건강검진을 할 경우, 안과 담당자는 안압 등 모든 것이 정상이라고 했기 때문입니다. 그런데 얼마 전 제 오른쪽 눈의 증상을 알게 된 교우님의 권유로 열흘 전 정밀 검사를 받은 결과 '정상안압녹내장'으로, 약 10년 정도 경과한 증세라는 판정이 나왔습니다. 일반적으로 녹내장은 안압 이상과 함께 발생하는데, 제 경우에는 안압은 정상이면서 녹내장이 발생한 탓에 일반 건강검진으로는 확인할 수 없었던 것입니다. 녹내장의 발생 시점을 약 10년 전으로 판정하였으니, 제네바에서 제가 오른쪽 눈에 이상을 느낀 시점과 일치하였습니다.

그날 녹내장 판정을 받고 병원에서 귀가하면서, 제가 얼마나 미련한지 새삼스럽게 확인하였습니다. 평소에도 저 자신의 미련함을 익히 알고 있었지만, 그날 확인한 것은 제가 스스로 생각하던 것보다 훨씬 더 미련한 인간이라는 사실이었습니다. 근 10년 동안 동일한 증상으로 오른쪽 눈이 시달렸다면, 일반 건강검진으로는 확인할 수 없는 본질적인 문제가 제 눈에 발생한 것은 아닌가 하는 질문을 한 번쯤은 제기해 보아야 하지 않았겠습니까? 그리고 이미 8~9년 전에 자진해서 정밀 검사를 받았어야 하지 않았겠습니까? 그런데도 지난 10년 동안 단 한 번도 제 눈에 대해서는 질문을 제기하지 않고, 안경을 열 개나 망가뜨릴 정도로 렌즈 탓만 하고 있었으니 얼마나 미련한 인간입니까? 그 미련함 때문에 지난 10년간 지불해야 했던 경제적, 시간적, 육체적, 심적 허비가 얼마나 컸겠습니까? 그 큰 허비를 누가 보상해 주겠습니까?

사람이 육체의 노예가 되어서는 안 되겠지만, 자기 육체에 대해 아예 질문조차 제기하지 않는 사람은 자기 육체를 제대로 지킬 수 없습니다. 그렇게 해서는 저처럼 자기 육체를 허비할 수밖에 없습니다. 그러나 이것은 육체에만 국한된 이야기가 아닙니다. 인생에 대하여 질문하지 않는 사람은 한 번뿐인 인생을 허비하기 마련입니다. 인생이 무엇인지, 무엇이 참된 인생인지, 어떻게 살아야 코끝에서 호흡이 멈추는 순간에 후회가 없을 것인지 질문하는 사람만 진지하게 인생을 살 수 있습니다.

신앙생활이라고 해서 예외인 것은 아닙니다. 처음에는 하나님을 믿지 못해 불신으로 인한 질문을 제기할 수 있습니다. 그러나 그 사람에게는 소망이 있습니다. 믿을 수 없기 때문에 질문을 제기하는 사람은 언젠가는 믿을 수밖에 없는 답을 얻게 됩니다. 그 사람의 질문의 대상인 하나님께서 살아 계시기 때문입니다. 그러나 하나님을 불신하기에 질문조차 제기하지 않는 사람은 영영 답을 얻을 수 없습니다.

하나님을 믿지 않던 사람이 하나님을 믿게 되면 모든 질문이 일거에 사라집니다. 그러나 그것은 단지 믿음의 시작이요, 일시적인 현상일 뿐입니다. 그 이후에 참된 신앙생활을 위해서는 새로운 질문이 제기됩니다. 믿지 못해서가 아니라 믿기 때문에 더 잘 믿기 위해, 더 성숙한 믿음을 위해서입니다. 그리스도인에게 질문이 없어졌다는 것은 믿음이 정체되었다는 말입니다. 새로운 질문이 있는 사람만 새로운 답을 얻게 되고, 질문이 진지한 만큼만 진지한 답을 얻을 수 있습니다. 질문이 얕다는 것은 진지한 답변을 필요로 하지 않음을 의미하기에 설령 진지한 답이 주어져도 듣지 않거나, 듣지 못합니다.

두 경상도 할머니가 구원에 대하여 대화를 나누면서 한 할머니가 물었습니다.

"보소, 하나님이 이왕 주실라카몬 10원을 주시지, 와 9원밖에 안 주시능교?"

이 질문을 받은 할머니가 대답했습니다.

"아이고, 아직도 모르시능교? 하나님께서 주시기는 10원을 주셨는데, 십일조로 1원을 도로 받아가셨다 아잉교."

'구원'을 '9원'으로 질문한 이 할머니에게 이 이상의 답변이 주어질 수 있겠습니까? 그 할머니에게 구원받은 그리스도인으로 살기 위해서는, 먼저 자기를 부인하고 자기 십자가를 지고 예수님을 좇아야 한다고 진지하게 대답해 드린들, 그 할머니가 제대로 이해하고 실천할 수 있겠습니까? 질문의 수준이 답변의 수준을 결정하기에, 결국 질문의 수준이 신앙의 수준을 결정합니다.

우리는 지난 시간에 아무것도 없는 광야 길에서 이루어진 빌립과 에티오피아 내시의 감격적이고도 신비로운 만남에 대해 깊이 생각해 보았습니다. 죽음과 절망의 광야 길에서 홀로 마차에 앉아 이사야서를 읽던 내시는, 갑자기 자신을 향해 달려온 빌립으로부터 예수 그리스도의 복음을 전해 듣고 예수님을 영접하였습니다. 마침 그 순간 마차가 물이 있는 곳을 지나가게 되었습니다. 내시는 물을 보자마자 '이두', '보라'고 감탄을 터뜨렸습니다. 광야 길에서 물을 만났다는 것이야말로 자신이 세례를 받을 수 있게끔 주님께서 예비해 두신 은총임을 알았기 때문입니다. 그가 외쳤습니다. "보라, 물이 있으니 내가 세례를 받음에 무슨 거리낌이 있느냐?" 내시는 즉각 마차를 멈추고 빌립과 함께 물 있는 곳으로 내려가서 빌립에게 세례를 받았습니다. 2천 년 교회 역사상 이방인이 최초로 예수 그리스도의 이름으로 세례를 받는 역사적인 순간이었습니다. 그로 인해 죽음과 절망의 광야 길은 생명과 소망의 길로 승화되었습니다. 여기에서 간과해서는 안 될 사실은, 광야 길에서 그 감격적인 구원의 역사가 있기 이전에 내시의 질문이 있었다는 것입니다.

빌립이 달려가서 선지자 이사야의 글 읽는 것을 듣고 말하되 읽는 것을 깨닫느냐 대답하되 지도해 주는 사람이 없으니 어찌 깨달을 수 있느냐 하고 빌립을 청하여 수레에 올라 같이 앉으라 하니라(30-31절).

광야 길에서 만난 내시가 이사야서를 읽고 있음을 확인한 빌립이 내시에게 그 내용을 깨닫는지 물었습니다. 이에 내시가 곧 대답했습니다.

지도해 주는 사람이 없으니 어찌 깨달을 수 있느냐.

이 짧은 답변 속에 내시에게 질문은 있지만, 그 답을 알지 못해 답답해하는 내시의 심정이 고스란히 배어 있습니다. 내시는 즉각 빌립을 자기 마차에 오르게 했습니다. 빌립이 자기에게 내용을 깨닫느냐고 물었다는 것은, 그에게는 답변이 있음을 의미했기 때문입니다. 지난 시간에 말씀드린 것처럼 당시 내시가 읽고 있던 성경 구절은 이사야 53장 7-8절 말씀이었습니다. 하나님께서 인간을 구원하시기 위해 이 땅에 보내실 예수 그리스도께서 인간의 죄를 사해 주시기 위해 고난당하실 것을 예고하시는 내용이었습니다. 그러나 그 본문을 처음 대하는 내시는 그 의미를 이해할 수 없었습니다.

그 내시가 빌립에게 말하되 청컨대 내가 묻노니 선지자가 이 말한 것이 누구를 가리킴이냐 자기를 가리킴이냐 타인을 가리킴이냐(34절).

이사야가 고난을 당하리라고 예언한 사람이 누구를 가리키느냐, 이사야 선지자 자신을 가리키느냐 아니면 다른 사람을 가리키느냐고 물은 것입니다. 그것은 복음의 핵심을 찌르는 진지한 질문이었습니다.

빌립이 입을 열어 이 글에서 시작하여 예수를 가르쳐 복음을 전하니 (35절).

내시의 질문이 진지했던 만큼 빌립 역시 예수 그리스도의 복음으로 진지하게 답했고, 복음의 핵심을 찌르는 진지한 질문을 제기한 내시였던 만큼 내시는 빌립이 전하는 복음을 모두 이해하고 예수 그리스도를 구주로 영접함으로 전혀 새로운 인생을 사는 기쁨을 누리게 되었습니다. 만약 내시가 광야 길에서 처음 만난 빌립이 읽는 내용을 깨닫느냐고 물었을 때 아무 질문도 제기하지 않았더라면, 에티오피아 고위 관리인 자기 자존심상 마치 모든 것을 이해하는 듯이 거드름을 피웠더라면 결코 누릴 수 없는 구원의 기쁨이었습니다.

그렇다고 하나님에 대한 내시의 질문이 그날 그 광야에서 그 순간 즉흥적으로 제기된 것은 아니었습니다. 이미 우리가 알고 있는 바와 같이 그는 에티오피아에서 하나님을 예배하기 위해 하나님의 성전이 있는 예루살렘까지 찾아갈 정도로 하나님에 대한 관심과, 하나님에 대해 알고 싶은 것이 많은 사람이었습니다. 그렇지 않고서야 단지 예배하기 위해 에티오피아에서 예루살렘까지 찾아갔을 리가 만무합니다. 그러나 예루살렘성전까지 찾아간 그는 아무런 해답도 얻을 수 없었습니다. 이방인이었던 그는 이방인의 뜰을 넘어설 수 없었기 때문입니다. 다시 말해 이방인이라는 이유만으로 성전 안으로 들어갈 수조차 없었습니다. 그가 예루살렘성전에서 확인한 것이라고는, 유대교를 통해서는 이방인인 자신은 결코 유대인이 주장하는 것과 동일한 구원을 얻을 수 없다는 것이었습니다. 결국 그는 하나님에 대한 더 큰 질문을 안고 돌아서야만 했습니다.

그러나 하나님께서는 살아 계신 하나님이시기에, 하나님에 대한 내시의 질문을 다 알고 계셨습니다. 그래서 하나님 보시기에 내시에게 가장 적정한 때, 사마리아에서부터 빌립을 광야 길의 내시에게 보내시매, 내시는 오래선부터 지니고 있던 근원적인 질문에 대한 해답을 얻었습니다. 예수 그리스도 안에서 자기 같은 이방인도, 아프리카 흑인도, 저주받은 함의 후 손인 구스인도, 거세당한 내시도, 하나님의 존귀한 자녀라는 해답이었습니다. 본문 39절은 세례 받은 내시가 기쁘게 길을 갔음을 전해 주고 있습니다. 해답을 얻은 내시가 얼마나 기뻐하며 돌아갔을는지는 충분히 짐작할 수 있습니다. 그렇다고 그 이후에는 내시에게 질문이 다시는 없었겠습니까? 그는 자신의 질문에 반드시 답해 주시는 하나님이심을 알았기에 그 이후에도 하나님을 더 잘 믿기 위해 질문했을 것이고, 질문한 만큼 그의 믿음은 성숙해졌을 것입니다.

오늘의 본문 앞에서 혹 이렇게 질문하는 분이 계실지도 모르겠습니다. 본문의 이야기는 어디까지나 2천 년 전 성경 속의 이야기일 뿐, 오늘날 우리가 하나님께 질문한다고 해서, 사마리아에 있던 빌립을 광야 길의 내시에게 보내서서 내시의 질문에 답해 주셨다는 본문 내용처럼 과연 하나님께서 우리의 질문에 현실적으로 대답해 주시느냐는 질문입니다. 질문하는 사람만 해답을 얻을 수 있다고 했습니다. 그래서 그런 질문을 품고 계시는 분들께 이 시간 해답을 드리겠습니다.

지난 7월 25일 세례 입교식이 있었습니다. 오래전 천주교에서 영세를 받았다가 그날, 우리 교회 입교인이 된 김기원 성도님의 신앙고백문을 본인의 허락하에 읽어 드리겠습니다.

저는 1972년 15세에 아버지를 여의었습니다. 그 당시 제게 아버지는 세상의 전부였습니다. 철저한 유교 집안의 장손이셨던 아버지는 열 분의 조상 제사를 모셨고, 법대를 나오셨지만 6·25동란으로 법조인의 꿈을 이루지 못하셔서, 늘 저를 '김 변호사, 김 판사'로 부르시면서 기대와 사랑을 아끼지 않으셨습니다. 그런 아버지께서 갑자기 간암으로 돌아가시자, 그 큰 상실감과 외로움은 이루 말로 다 표현할 수 없었고, 죄 없는 아버지가 왜 갑자기 돌아가셔야 하며, 왜 이런 일이 제게 일어나야 하는지 이해할 수 없었습니다. 당시 42세였던 어머니는 2남 3녀를 데리고 어찌할 바를 모르시다가, 이듬해 동네 분의 권유로 성당에 다니시게 되었고, 우리 형제는 모두 어머니를 따라 성당에서 영세를 받았습니다.

그러나 그뿐, 성당에 나가지도 않았고, 따라서 삼위일체 하나님에 대해서는 아무것도 몰랐습니다. 기독교 계통의 대학에 진학해서는, 매주 참석하는 채플 시간에 교목의 설교에 귀가 솔깃하여 듣는 정도였고, 가장 친한 친구로 농활(농촌활동)에서 독실한 크리스천을 만나기도 했지만, 그때는 그런 것이 하나님께서 예비해 주신 은총임을 몰랐습니다. 이상하게도 아버지를 여읜 상실감은 날로 커져서, 마음은 늘 한구석이 뻥 뚫린 듯했고, 어머니, 형제, 친구로도 메워지지 않는 진한 외로움과 허전함으로 마음이 황폐해져 가고 있었습니다. 꼭 다시 한 번 아버지를 만나 아버지라고 부르고 싶었고, 꿈속에서 아버지를 만날 때면 안타까워 발을 동동 구르기도 했습니다.

또한 그 당시 저는 '생각만으로 짓는 죄', '행동으로 짓는 죄', '나의 의지와 상관없이 타인이 내게 가한 일로 인한 수치감과 열등감과 죄책감', 소설

《빙점》에서 읽었던 '원죄' 등, '죄'에 대해 매우 심각하게 고민하고 있었습니다. 저는 철학을 부전공하면서 고민을 해결해 보려 했지만 허사였습니다. 더구나 성경에 기록되어 있는, "[예수께서] 친히 나무에 달려 그 몸으로 우리 죄를 담당하셨으니 이는 우리로 죄에 대하여 죽고 의에 대하여 살게 하려 하심이라"(벧전 2:24)는 말씀과, "죄에 대하여라 함은 그들이 나를 믿지 아니함이요"(요 16:9)라는 말씀은 정말 이해되지 않는, 그래서 기독교를 더욱 믿기 힘들게 하는 요인이었습니다. 내면으로 더욱 고민이 깊어지던 어느 날 도서관에서 김동리의 소설 《사반의 십자가》를 읽게 되었고, 소설 마지막 부분에 예수님께서 십자가를 지시고 골고다 언덕을 향해 가시는 장면이, 갑자기 그분이 '나의 모든 죄'를 지고 십자가에 못박히시는 장면과 겹치면서, 이해할 수 없었던 성경 말씀이 확연하게 이해되었습니다. 떨림과 감동으로 머리를 들었을 때, 도서관 정면에 걸려 있던 예수님의 대형 초상화가 제 눈으로, 마음속으로 깊숙이 들어왔습니다. 매일 보던 초상화였는데……지금도 그때의 떨림과 감동이 전해 오는 듯합니다.

돌이켜 보면 그때 도서관에서 저를 찾아오신 예수님은 저의 오랜 고민과 외로움을 이미 알고 계셨고, 일시에 환한 진리의 빛으로 저를 찾아오셔서 제 고민에 응답해 주셨습니다. 하나님께서는 제게 큰 상실감과 외로움을 안겨 주었던 육신의 아버지의 죽음을 통해 저를 믿음 가운데로 인도하시고, 오랜 고민을 통해 원죄와 불신앙의 죄를 포함한 죄로 인한 죽음과 예수 그리스도의 구원을 깨닫게 하시고, 제가 다시는 외롭지 않도록 하나님을 "아버지"라 부를 수 있는 은혜를 베풀어 주셨습니다.

김기원 성도님이 죄와 예수님의 구원에 대하여 오랫동안 깊은 고민에 빠져 있었던 것은, 그에 대한 질문은 있었지만 답이 없었기 때문입니다. 그러나 하나님께서는 김기원 성도님의 질문을 알고 계셨습니다. 그리고 주님께서 보시기에 김기원 성도님에게 가장 적정한 때, 도서관에서 소설《사반의 십자가》를 통해 답해 주셨습니다. 김동리 선생의 장편소설《사반의 십자가》는, 예수님과 함께 십자가에 못박힌 두 강도 중의 한 명을 강도가 아닌, '사반'이란 이름의 독립운동가로 설정한 소설입니다. 그 소설이 성경을 소재로 하고 있음에도 기독교 소설로 분류되지 않는 것은, 예수님의 신성을 부정하고 있기 때문입니다. 그러나 하나님께서는 그 소설을 통해 김기원 성도님의 질문에 답해 주셨습니다. 이를테면 김기원 성도님에게는 그 소설이 빌립이었습니다. 이것이 하나님의 방법입니다. 인간의 질문에 대한 하나님의 답변은 인간의 상상을 초월합니다.

사랑하는 교우 여러분!

참되고 성숙한 그리스도인으로 살고 싶으십니까? 하나님께 질문하십시오. 하나님 앞에서 내가 지금 바른 삶을 살고 있는지, 하나님께서 내게 맡기신 일에 나의 생을 걸고 있는지, 내 한 몸이 어떻게 이 어두운 세상을 밝히는 진리의 빛이 될 수 있는지, 이다음에 하나님의 부르심을 받았을 때 하나님께서 내 삶에 대해 어떤 평가를 내리실 것인지 질문하십시오. 기도를 내 욕구의 성취를 위해 하나님을 내 수준으로 끌어내리는 무의미한 시간으로 허비하지 말고, 보다 성숙한 믿음을 위해 질문을 통해 나의 수준을 하나님을 향해 끌어올리는 성숙과 성장의 시간이 되게 하십시오. 살아 계신 하나님께서는 우리의 모든 질문에 대해 하나님께서 작정하신 때에 우리의 상상을 초월하는 방법으로 대답해 주십니다.

질문하는 사람만 해답을 얻을 수 있고, 질문이 진지한 만큼 진지한 답을 얻습니다.

예레미야는 이 세상에서 악한 사람이 오히려 형통하고, 불의한 사람이 편안하게 사는 이유가 무엇인지 하나님께 물었습니다. 하나님께서는 예레미야에게, 그것은 하나님께서 그들을 버리셨기 때문이요, 그들은 심판의 날에 결코 하나님의 심판을 면치 못할 것이라고 답변해 주셨습니다. 동일한 질문을 드렸던 하박국 선지자 역시, 의인은 오직 믿음으로 살리라는 해답을 얻었습니다. 세례 요한에게 어떻게 살아야 할지를 물었던 사람들은, 회개에 합당한 열매를 맺는 것이 참된 믿음의 삶이라는 답을 얻었습니다. 사람이 어떻게 해야 거듭날 수 있는지 예수님께 물었던 니고데모는, 세례와 성령님의 은총으로 거듭날 수 있음을 알았습니다. 다마스쿠스 도상에서 고꾸라진 바울이 당신이 누구시냐고 물음으로, 예수 그리스도께서 자기 생의 주인이 되셨음을 알았습니다. 베드로의 설교를 듣고 양심에 찔림을 받은 사람들은 '우리가 어찌할꼬'라는 질문을 통해, 회개하여 죄사함을 얻으면 성령을 선물로 받게 된다는 해답을 얻었습니다. 본문의 내시는 이방인으로서 품고 있던 본질적 질문에 대한 답변을, 하나님께서 사마리아에서부터 보내 주신 빌립을 통해 죽음과 절망의 광야 길에서 얻었습니다. 김기원 성도님은 죄와 구원에 대한 질문의 답변을, 도서관에서 비기독교 소설인 《사반의 십자가》를 읽다가 얻었습니다.

주님! 믿음은 질문과 더불어 성숙해짐을 일깨워 주셔서 감사합니다. 하나님께서는 살아 계시기에 우리가 더 잘 믿기 위해 질문할 때, 하나님께서 작정하신 때에 하나님의 방법으로 반드시 대답해 주심을 이 시간에 확인시켜 주심도 감사합니다. 우리에게 질문이 없다는 것은, 우리의 믿음이 정체 상태에 빠졌음을 의미함을 언제나 기억하게 하옵소서. 우리의 기도를, 하나님을 나의 수준으로 끌어내리는 무의미한 시간으로 허비하지 말고, 마땅히 질문할 것을 질문함으로, 우리의 수준을 하나님을 향해 끌어올리는 성장과 성숙의 시간이 되게 하여 주옵소서. 질문하는 사람만 답을 얻고, 질문이 진지한 만큼 진지한 답을 얻을 수 있음을 잊지 말게 하옵소서.

아프가니스탄에 인질로 억류되어 있는 젊은이들(2007년 7월 아프가니스탄에서 발생한 한국인 피랍 사건의 23명—편집자 주)을 주님의 은총으로 부디 속히 풀어 주시고, 이 사건을 통해 하나님께서 주시려는 교훈이 무엇인지, 한국 교회와 그리스도인들이 정직하게 질문힘으로 바른 해답을 얻게 하옵소서. 앞으로도 이 양화진 동산에서 계속 더불어 살아야 할 유니온교회에도 동일한 은총을 내려 주옵소서. 아멘.

11. 가이사랴에 이르니라

사도행전 8장 34-40절
그 내시가 빌립에게 말하되 청컨대 내가 묻노니 선지자가 이 말한 것이 누구를 가리킴이냐 자기를 가리킴이냐 타인을 가리킴이냐 빌립이 입을 열어 이 글에서 시작하여 예수를 가르쳐 복음을 전하니 길 가다가 물 있는 곳에 이르러 그 내시가 말하되 보라 물이 있으니 내가 세례를 받음에 무슨 거리낌이 있느냐 이에 명하여 수레를 멈추고 빌립과 내시가 둘 다 물에 내려가 빌립이 세례를 베풀고 둘이 물에서 올라올새 주의 영이 빌립을 이끌어 간지라 내시는 기쁘게 길을 가므로 그를 다시 보지 못하니라 빌립은 아소도에 나타나 여러 성을 지나다니며 복음을 전하고 **가이사랴에 이르니라**

2005년 7월 10일 우리 교회가 창립된 이후 이듬해가 되어서야, 우리 교회가 예배 처소로 사용하던 선교기념관이 종교 시설이 아니라 관리사무실로 허가된 건물임을 알게 되었습니다. 묘역으로 등기되어 있는 양화진은 묘역 관리를 위한 관리사무실 용도 이외의 건물은 법으로 건축이 금지되어 있는 곳이었습니다. 그럼에도 20여 년 전 황폐했던 양화진을 묘지 공원으로 조성한 100주년기념사업협의회가 관리사무실로 허가를 받으면서까지 선교기념관을 건립하고, 그때까지 마땅한 고정 예배 처소가 없던 유니온교회로 하여금 선교기념관에서 예배드리며 묘역을 관리하게 한 것은, 당시로서는 양화진을 지키기 위한 최선의 선택이었다고 저는 믿고 있습니다. 그리고 행정기관에서는 지난 20여 년 동안 유니온교회가 선교기념관을 교회 사무실과 정기 예배 처소로 사용하는 것을, 그리고 2005년 7월 10일 이후 우리 교회가 사용하는 것을 사실상 묵인해 왔습니다.

그러나 우리가 선교기념관이 관리사무실로 허가된 건물임을 몰랐다면 모르지만, 그 사실을 안 이상 교회가 허가 사항을 벗어나 언제까지나 교회 용도로 사용할 수는 없는 일이었습니다. 그래서 그동안 저는 선교기념관을 명실공히 양화진 묘역을 위한 관리사무실의 취지에 맞게, 다시 말해 한국 개신교 최고 성지 양화진의 상징인 선교기념관을 더 이상 교회 용도로 사용하지 않고, 양화진을 찾는 참배객과 한국 교회를 위한 봉사의 공간으로 활용할 수 있는 방안을 여러 집사님들과 강구해 오고 있었습니다. 하지만 그것이 언제 현실적으로 실현 가능할지 미지수였던 것은, 유니온교회와의 관계 때문이었습니다. 유니온교회가 선교기념관을 교회 용도로 사용하기 원하는 한, 우리가 그것을 금할 수는 없었기 때문입니다.

그러던 차에 유니온교회의 주일예배 시간 조정과 관련하여 유니온교회가, 마치 100주년기념교회가 자신들을 '강제 퇴거'시키려 한다는 식으로 언론기관과 회견하는 가운데 유니온교회의 한 교인이, 의도적이었는지 혹은 실수였는지는 알 수 없지만, 관리사무실인 선교기념관에서 주일예배를 드리는 것이 불법임을 밝혔습니다. 이에 외신 기자가 주무관청인 마포구청에 사실 여부를 확인하였고, 마포구청은 법에 따라 8월 20일부터 선교기념관을 허가 용도 이외의 목적으로 사용하지 말라는, 다시 말해 교회 용도로 사용하는 것을 금하는 공문을 협의회와 유니온교회에 보내왔습니다. 그래서 우리는 뒤늦게나마 법을 준수하기 위해 오늘부터, 양화진 경외境外의 합법적인 시설인 교육관에서 주일예배를 드리게 되었습니다. 역시 선교기념관에서 예배드릴 수 없게 된 유니온교회는 현재, 연희동에 있는 외국인학교 강당에서 주일예배를 드리는 것으로 알고 있습니다. 그러나 유니온교회가 계속 양화진에서 예배드리기 원할 경우, 우리는 주일 오후 4시 30분 이후에 기꺼이 교육관을 제공해야 할 것입니다. 모든 사람과 더불어 함께 사는 것이 우리의 본래 취지이기 때문입니다.

앞으로 선교기념관은 충분한 논의 과정을 거쳐, 2~3층 예배실은 참배객과 한국 교회를 위한 봉사의 공간으로 활용토록 하겠습니다. 1층은 20여 년 전 선교기념관을 건립할 때의 계획대로 협의회 사무실로 전환하고, 양화진 연구원도 1층에 두기로 하겠습니다. 우리 교회 사무실은 10월에 완공될 홍보관으로 이전하겠습니다. 선교기념관 지하실은 한국 기독교 100주년을 기념하기 위한 전시실과 자료실로 활용토록 하겠습니다. 그것이 선교기념관을 양화진 묘역의 관리사무실로 허가한 법 취지에도 맞을 뿐 아니라, 20여 년 전 한경직 목사님을 비롯한 협의회의 어른들이 이곳에 선교기념관을 건립한 뜻에도 부합할 것입니다.

10월 중으로 홍보관이 건립되기까지 약 두 달 동안 교육관에서 주일예배를 드리기 위해서는, 교회학교 학생들과 교사들을 포함하여 전 교우님들이 많은 불편을 겪게 될 것입니다. 교회를 책임지고 있는 사람으로서, 교우님들께 예기치 않은 혼란과 불편을 드리게 된 것을 깊이 사과드립니다. 아울러 이것이 우리 교회에 주어진 역사적 소명, 즉 양화진의 주권과 질서를 회복하기 위해 한 번은 거쳐야 할 과정으로 이해해 주시고 두 달 동안의 불편을 믿음으로 감수해 주시기를 당부드립니다.

　아무것도 없는 절망과 죽음의 광야 길에서 빌립을 만난 에티오피아의 내시는, 자신이 읽고 있던 이사야서 53장이 예언하고 있는 '고난당하는 메시아'가 구체적으로 누구인지 빌립에게 물었습니다. 그의 질문에 빌립은 예수 그리스도의 복음으로 답하였습니다. 내시가 예수 그리스도 안에서는 자신 같은 이방인도, 아프리카 흑인도, 저주받은 함의 후예인 구스인도, 거세당한 내시도 하나님의 자녀가 될 수 있다는 위대한 복음의 대답을 얻은 것입니다. 만약 그가 질문하지 않았다면 얻을 수 없는 대답이었습니다. 그래서 질문이 중요하다고 했습니다. 질문한 사람만 해답을 얻을 수 있고, 질문이 진지한 만큼만 진지한 해답을 얻을 수 있습니다.
　질문을 통해 위대한 복음의 해답을 얻은 내시는 자신의 마차가 마침 물이 있는 곳을 지나가자 즉석에서 감탄을 터뜨렸음을 본문 36절이 증언해 주고 있습니다. '보라, 물이 있으니 내가 세례를 받음에 무슨 거리낌이 있느냐!' 내시는 아무것도 없는 광야 길에 물이 있다는 것 자체를, 자신에게 세례를 베풀어 주시려는 주님의 은총으로 받아들였던 것입니다. 그런데 본문을 보면, 그다음 구절인 37절은 괄호 속에 '없음'이란 두 글자 외에 아무 내용이 없습니다. 그 대신 아라비아숫자로 각주 번호가 붙어 있습니다. 그래서 아래쪽 주란의 해당 내용을 보면, "어떤 사본에, '빌립이 이르되 네가 마음을 온전히 하여 믿으면 가하니라. 대답하여 이르되 내가 예수 그리스도께서 하나님의 아들인 줄 믿노라'가 있음"이라고 기록되어 있습니다. 한마디로 말해 내시가 세례를 받기 전에 빌립과 내시 사이에 간단한 신앙고백 문답이 있었다는 의미입니다. 그러나 우리가 지닌 성경은 그 구절을 제외하고 있습니다.
　아시다시피 성경은 원본이 없습니다. 만약 성경 원본이 있다면 사람들은 그 원본을 하나님과 동일시하고 우상시하느라, 성경이 전하는 하나님을 보지 못하게 되고 말 것입니다. 그래서 하나님께서는 모세나 바울 사도가 직접 기록한 성경 원본을 다 없애시고, 그 원본을 사람들이 필사한 사본만 남게 하셨습니다. 그러나 사람에 의한 성경 필사가 거듭되면서 사람들이 자신들의 의도에 따라 원본에는 없던 내용을 사본에 덧붙이는 일이 일어나게 되었습니다. 그래서 성경학자들이 수많은 사본들 가운데 가장 원본에 가까운 내용으로 판정되는 사본을 선택한 것이 오늘날 우리가 가지고 있는 성경이고, 그 사본에는 37절 내용이 없음을 밝혀 주고 있습니다. 그러나 초대교회에서 세례식을 거행할 때 간단한 신앙고백 문답이 있었음을 우리에게 일러 주기 위해 다른 사본의 내용을 주란에 표기해 둔 것입니다.

중요한 사실은 내시가 세례를 받기 전에, 빌립과 내시 간에 신앙고백 문답이 있었느냐 혹은 없었느냐가 아닙니다. 질문을 통해 위내한 복음의 해답을 얻은 내시가 스스로 세례 받기를 결단하고 자원했다는 사실입니다. 본문 38절에 의하면, 두 사람은 수레를 멈추고 물로 내려갔습니다. 그리고 빌립은 2천 년 교회 역사상 이방인에게 세례를 베푼 첫 번째 전도자가 되었고, 내시는 세례 받은 첫 번째 이방인 그리스도인이 되었습니다. 그것은 빌립이 철저하게 주님의 말씀에 순종하고, 성령님의 인도하심에 자신을 내맡긴 결과였습니다. 만약 빌립이 주님의 말씀과 성령님의 인도하심 앞에서 자기주장을 더 강하게 하는 사람이었다면, 결코 있을 수 없었을 생명의 대역사였습니다.

그 이후의 일을 본문 39절이 전해 주고 있습니다.

둘이 물에서 올라올새 주의 영이 빌립을 이끌어 간지라 내시는 기쁘게 길을 가므로 그를 다시 보지 못하니라.

세례식이 끝난 뒤에 빌립과 내시는 작별을 고했습니다. 성령님께서 빌립을 다른 곳으로 이끌어 가셨기 때문입니다. 내시는 두말할 것도 없이 자신의 고국인 에티오피아로 돌아갔습니다. 성령님께서 빌립을 다른 곳으로 이끌어 가셨다는 것은, 빌립이 성령님의 인도하심에 계속 자신을 맡겼음을 의미합니다. 그렇다면 빌립의 전도 활동을 증언하는 사도행전 8장은 39절에서 끝이 나도 무방할 것 같습니다. 빌립에 의해 사마리아 성이 복음화되고, 이방인인 에티오피아 내시가 세례교인이 되었을 뿐 아니라, 그가 계속 성령님의 인도하심에 자신의 삶을 내맡겼다는 것만으로도 그가 얼마나 위대한 복음 전도자였는지 충분히 알 수 있기 때문입니다. 그러나 사도행전 8장은 그 이후에 한 구절이 더 붙어 있습니다.

> 빌립은 아소도에 나타나 여러 성을 지나다니며 복음을 전하고 가이사랴에 이르니라(40절).

빌립이 성령님의 인도하심 속에서, 광야 길이 끝나는 가사 위쪽 아소도에서부터 시작하여 지중해 해안을 따라 북상하여 가이사랴에 이르렀음을 밝히는 것으로 사도행전 8장은 끝나고 있습니다. 이것은 그 이후에 가이사랴에서 빌립과 관련하여 중요한 일이 있었음을 예시하고 있습니다. 그 이후에 가이사랴에서 과연 무슨 일이 일어났습니까?

그 해답은 사도행전 8장의 시점으로부터 약 30년이 경과했을 때의 이야기를 전해 주는 사도행전 21장 속에 들어 있습니다. 10여 년 동안 세 번에 걸친 선교 여행을 마친 바울 일행이 예루살렘을 거쳐 로마로 향하기 위해 가이사랴에 도착했을 때, 바울 일행은 빌립의 집에서 묵었습니다. 사도행전 8장에서 가이사랴에 이르렀던 빌립은 그곳에 정착하여 약 30년 동안 살고 있었고, 사도 바울과는 평소 친밀한 관계를 맺고 있었습니다. 사도행전 21장 9절은 빌립에게 장성한 딸이 네 명이나 있었음을 밝혀 주고 있습니다. 사도행전 8장의 빌립이 20대 청년이었다면, 사도행전 21장의 빌립은 가이사랴에 정착하여 장성한 자식을 네 명이나 둔 유복한 50대 가장이었습니다.

마침 바울 일행이 빌립의 집에 머무는 동안 유명한 선지자 아가보가 그 집을 방문하였습니다. 아가보는 바울을 보는 즉시 성령님의 감농에 의해, 바울이 예루살렘에서 유대인들에게 결박당하여 투옥될 것임을 예언하였습니다. 이에 빌립을 비롯한 빌립 가족과 바울 일행은 울면서 바울에게 예루살렘으로 가지 말 것을 권했습니다. 그러나 바울의 반응은 다음과 같았습니다.

> 바울이 대답하되 여러분이 어찌하여 울어 내 마음을 상하게 하느냐 나는 주 예수의 이름을 위하여 결박당할 뿐 아니라 예루살렘에서 죽을 것도 각오하였노라 하니(행 21:13).

바울은 주님을 위해 죽음마저 불사하는 신앙고백으로 자신의 앞길을 눈물로 만류하는 그들의 잘못을 일깨워 주었습니다.

성령님의 감동에 의한 아가보의 동일한 예언 내용을 놓고 바울과, 바울을 제외한 나머지 사람들의 반응은 이렇게 달랐습니다. 빌립을 포함한 나머지 사람들은 아가보의 예언을, 바울 개인의 안일을 지켜 주기 위한 성령님의 은혜로 받아들였습니다. — '바울이 가려는 길은 이처럼 위험한 길이란다. 그러므로 너희들이 바울의 길을 막아 주어라.' 그들은 아가보의 예언을 이런 의미로 이해했습니다. 그러나 바울은 아가보의 예언을, 자신을 향한 성령님의 절대적인 명령으로 받아들였습니다. — '바울아, 네가 가야 할 길은 영광과 명예의 길이 아니란다. 그 길은 결박과 투옥의 길이요, 혹독한 핍박과 고난이 기다리는 길이란다. 그래도 너는 나를 위해 그 길을 갈 수 있겠지!' 성령님의 감동에 의한 아가보의 동일한 예언 내용을 놓고 바울과, 빌립을 포함한 나머지 사람들의 반응이 왜 이렇듯 달랐겠습니까? 왜 이 일이 하필이면 가이사랴에 정착한 빌립의 집에서 일어났으며, 사도행전이 굳이 그 사실을 공개하고 있는 이유가 무엇이겠습니까?

그 해답을 알기 위해 다시 사도행전 8장으로 되돌아가 보십시다. 빌립은 오직 주님의 말씀에 순종하여, 유대인들이 사람으로 취급조차 않는 사마리아 사람을 찾아가 최초로 복음을 전하였습니다. 사마리아 성이 복음화되고 그곳에서 영적 지도자로 안정적인 삶이 보장되었을 때, 성령님께서는 그를 사마리아에서 70여 킬로미터나 떨어져 있는 광야 길로 부르셨습니다. 그 광야 길에서 만난 에티오피아 내시에게 나아가라고 성령님께서 명령하시자, 먼 길을 걸어오느라 심신이 지쳤을 것이 분명함에도 빌립은 내시를 향해 달려갔습니다. 그 내시에게 복음을 전하고 세례를 베푼 다음에는, 또다시 아소도에서부터 여러 성을 거쳐 가이사랴에 이르기까지 빌립은 철저하게 성령님의 인도하심을 좇았습니다.

이처럼 젊은 시절의 빌립은 단 한 번도 자기 안일을 꾀하려 하지 않았습니다. 그는 성령님의 명령 앞에서 자기주장을 한 적이 한 번도 없었습니다. 성령님의 이끄심에 철저하게 자신을 맡기는 믿음의 사람이었습니다. 그것이 자기 자신을 바르게 지키는 유일한 길임을 아는 지혜로운 사람이었습니다. 그러나 가이사랴에 정착한 50대의 빌립은 더 이상 예전의 빌립이 아니었습니다. 그는 더 이상 성령님의 인도하심에 자신을 온전히 의탁하는 사람이 아니었습니다. 그는 성령님보다 개인적인 안일을 더 중요시하는 사람이었습니다. 그에게 있어 성령님의 말씀은 더 이상 삶의 목적이 아니라, 자기 안일을 지키기 위한 수단에 지나지 않았습니다. 한마디로 그의 삶에서 예수님의 십자가가 없어지고 말았습니다. 그래서 예전 같으면 아가보의 예언을 듣고, 그런 핍박과 고난의 길이라면 나도 동행하겠다고 바울을 따라나섰을 빌립이, 도리어 눈물로 바울을 만류하는 어리석음을 범하고 말았습니다. 이것이 빌립의 한계였습니다.

그에 비하면 바울은 역시 위대한 사도였습니다. 다음 시간부터 살펴볼 사도행전 9장에서 주님의 부르심을 받은 바울은, 그 이후 가이사랴의 빌립 집에 이르기까지 약 30년 동안 초지일관 성령님의 인도하심에 자신의 삶을 맡긴 사람이었습니다. '나는 주 예수의 이름을 위하여 결박당할 뿐 아니라 죽을 것도 각오하였다'는 자신의 고백을 삶으로 실천한 사람이었습니다. 다시 말해 죽는 순간까지 십자가의 증인으로 살기를 포기치 않았습니다. 십자가의 삶만이 영원한 생명으로 부활하게 됨을 정확하게 알았기 때문입니다. 그래서 십자가의 증인으로 2천 년 전 참수형을 당한 그는 오늘날까지 우리 가운데 영원한 믿음의 표상으로 살아 있습니다.

이상과 같이 가이사랴에서 일어났던 빌립과 바울의 이야기는 우리에게 두 가지 중요한 교훈을 던져 주고 있습니다. 첫째, 신앙의 정체停滯는 정체가 아니라 곧 신앙의 퇴보를 의미한다는 것입니다. 우리가 진리 안에서 날마다 자기를 부인하고 자기 십자가를 지려 하지 않으면, 주님의 말씀 안에서 깨어 있지 않으면, 세월이 흘러 세상에서 지켜야 할 것이 많아질수록 우리는 가이사랴에 정착한 말년의 빌립처럼 되기 쉽습니다. 젊은 시절의 신앙은 중요합니다. 그러나 말년의 신앙은 더욱 중요합니다. 한 인간의 일평생에 걸친 신앙생활은 말년의 신앙 속에서 총결산이 이루어지기 때문입니다.

둘째, 참된 그리스도인은 신앙이 정체되어 있는 사람들의 잘못을 일깨워 주어야 한다는 것입니다. 바울은 아가보의 예언을 듣고 눈물로 자기 앞길을 가로막는 사람들을, 고작 믿음의 수준이 그 정도냐며 무시하거나 외면하지 않았습니다. 주님을 위해 죽음마저 불사하는 자신의 결단을 밝히는 것으로 그들의 그릇된 생각을 일깨워 주었습니다. 바울이 그들을 진정으로 사랑한 까닭이요, 사랑은 방치나 방관이 아니라 상대에 대한 자기 책임의 완수이기 때문입니다. '나는 주 예수의 이름을 위하여 결박당할 뿐 아니라 죽을 것도 각오하였다'는 바울의 결단 앞에서, 자기 잘못을 깨달은 그들이 자기 신앙을 새롭게 추슬렀을 것임은 재론의 여지도 없습니다. 가이사랴의 이 중요한 교훈을 우리에게 각인시켜 주기 위해 사도행전 8장은, 빌립이 가이사랴에 이르렀음을 강조하는 것으로 끝을 맺고 있습니다.

지난 주일에는 일본 도쿄에 있는 '도쿄유니온교회'에서 주일예배를 드리고 많은 감동을 받았습니다. 2부 예배에 참석하였는데 300여 명에 달하는 참석자 가운데 일본 현지인은 10퍼센트 미만이었고, 절대다수는 외국인들이었습니다. 그날 처음 출석하였다고 자신을 소개한 사람만도 스웨덴인, 프랑스인, 필리핀인, 미국인일 정도로 명실상부한 유니온 교회였습니다.

더욱 감동적인 것은 도쿄 중심부인 시부야에 자리 잡고 있는 예배당이 도쿄유니온교회 자체 건물이라는 사실이었습니다. 일본 교회가 연합하여 지어 주거나, 어떤 기업인이 희사한 건물이 아니었습니다. 1870년 도쿄유니온교회가 시작된 이래 오랜 기간에 걸친 교인들의 헌금으로, 지금으로부터 77년 전인 1930년에 도쿄유니온교회가 직접 건립한 예배당이었습니다. 2차 세계대전 이후 세 번에 걸친 대대적인 보수도 모두 도쿄유니온교회 교인들의 헌금으로 이루어졌습니다. 외국에 거주하는 외국인 교회의 교인들이, 자신들이 거주하는 현지에 자신들의 헌금으로 자체 예배당을 건립한다는 것은 대단히 중요한 의미를 지닙니다. 그것은 그들이, 자신들이 거주하는 현지를 진정으로 사랑함을 의미하기 때문입니다. 비록 외국에 살망정 자신들이 거주하는 현지를 사랑하기보다는 단순히 거쳐 가는 곳으로만 여기는 사람들은, 자신들의 주머니를 털어 예배당을 건립할 생각일랑 아예 하지도 않습니다.

지난 화요일에는 요코하마에 있는 외국인묘지를 찾아가 보았습니다. 그곳은 묘지를 보호하기 위해 토요일과 주일 그리고 공휴일에만 개장하고, 나머지 주중에는 일반인의 출입을 금하고 있었습니다. 1854년 통상 교섭을 위해 함대를 이끌고 일본을 방문한 미국의 페리M. C. Perry 제녹은 사기 휘하의 수병이 죽자, 그를 육지에 매장할 수 있도록 허락해 줄 것을 일본 조정에 요청했고, 도성인 도쿄에서 50여 킬로미터 떨어진 요코하마에 미국 수병을 매장하도록 일본 조정이 허락한 것이 요코하마 외국인묘지의 효시였습니다. 일본 정부는 외국인 사망자에 대하여 매장지는 제공하면서도, 매장자의 국적에 따라 해당 영사관에 관리비를 청구하고 징수하였습니다. 1870년에는 각 나라의 영사들이 모여 관리위원회를 구성하였고, 1900년에 묘지 관리를 위한 재단법인이 설립된 이후 지금까지 일본 국토인 외국인묘지를 특정 개인이 좌지우지하지 못하도록 재단법인이 철저하게 관리하고 있습니다. 그래서 그곳에도 물론 일본을 위해 헌신한 선교사님들의 무덤이 있지만, 선교사 개인이 묘지에 영향력을 행사한다거나, 자기 조상이 그곳에 묻혀 있다고 그 땅을 자신의 권리로 생각하는 후손은 아예 존재할 수도 없는 시스템입니다. 우리나라의 경우와는 달라도 모든 것이 너무나 달랐습니다.

우리나라의 경우에는, 조선 땅에서 죽은 외국인을 위하여 조선 조정의 경비로 매장지를 제공해야 한다는 불평등조약에 의해 외국인묘지가 시작되었습니다. 1890년 미국인 의료 선교사 헤론이 이질에 걸려 죽게 되었을 때, 그의 죽음이 임박하였음을 안 동료 선교사들이 당시 미국 공사 허드 A. Heard를 찾아가 헤론을 위한 매장지를 미리 마련해 줄 것을 부탁하였습니다. 그때 도성에서 멀리 떨어져 있는 제물포에 이미 외국인묘지가 있었지만, 허드와 헤론의 동료들은 거리가 멀다는 이유로 제물포를 염두에 두지 않았습니다. 허드는 조선 조정에 남산을 매장지로 요구하였습니다. 그러나 조선 조정은 그 요구를 거절하였습니다. 그 대신 한강 너머 현재의 흑석동 부근의 땅을 제시했습니다. 현지를 답사한 미국 영사관의 알렌H. N. Allen 서기관은 그곳 역시 멀고 땅이 쓸모없다는 이유로 거절하였고, 헤론의 동료들은 이미 운명한 헤론의 시신을 헤론의 집 마당에 매장하겠다고 조선 정부를 압박했습니다. 당시 도성 안에는 매장이 금지되어 있었으므로, 조선 정부가 어쩔 수 없이 내어놓은 땅이 왕궁에서 불과 약 7킬로미터밖에 떨어지지 않은 이곳 양화진이었습니다. 왕릉마저 도성에서 멀리 떨어진 곳에 쓰는 것이 당시의 관습이었습니다. 그러나 도성의 턱밑에 매장지를, 그것도 외국인을 위한 묘지를 허락한 것은 5천 년 역사상 처음 있는 일이었습니다. 양화진은 절대로 고종 황제가 외국인에게 하사한 땅이 아니었습니다. 약소국이었던 조선 조정이 강대국의 압력에 굴복하여 어쩔 수 없이 내어놓았던 슬픈 역사의 땅이요, 굴욕의 현장이었습니다. 1985년 재단법인 100주년기념사업협의회가 양화진의 법적 소유주가 됨으로써, 양화진은 비로소 역사의 굴욕에서 벗어나게 되었습니다.

이처럼 일본 현지에서 도쿄유니온교회와 서울유니온교회, 요코하마 외국인묘지와 양화진의 차이를 직접 확인한 저는, 하나님께서 우리에게 맡겨 주신 양화진에 대한 책임감을 더욱 통감하지 않을 수 없습니다.

지난 8월 3일, 양화진에 묻혀 있는 미국인 헐버트H. B. Hulbert 선교사님의 58주기 추모식이 선교기념관에서 열렸습니다. 그 추모식에 참석하기 위해 방한한 헐버트 선교사님의 외손녀 주디 애덤스Judie Adams 여사는, 자신의 할아버지 묘소를 잘 관리해 준 데 대해 우리 교회에 깊은 감사를 표했습니다. 정말 이 땅을 사랑한 사람들의 후손이라면, 자기 조상의 헌신에 보은하기 위해 자기 조상의 묘를 정성을 다해 보존하고 가꾸는 한국 교회에 대해 감사한 마음을 지니지 않겠습니까? 그러나 극소수의 유족들은 아직까지도 대한민국 국토인 양화진을 자기 가문의 사유지인 양 좌지우지하려 함으로써, 우리로 하여금 그들 조상의 진의마저 의심하게 만들고 있습니다.

소수의 외국인이 모이고 있는 현재의 서울유니온교회는, 협의회가 신의로 사용하게 한 선교기념관을 마치 자신들의 당연한 권리인 양 주장하였습니다. 그것도 자신의 이해관계를 위해 한국에 체류하는 소수의 외국인들이, 자기 권리를 포기하면서까지 이 땅을 위해 헌신하다가 양화진에 묻힌 분들의 이름으로 자신들의 권리를 주장하는 모순을 범하고 있습니다. 그래서 지난 8월 5일, 우리 교회가 자신들에게 강제 퇴거를 강요한다며 자신들이 부른 언론인들에게 주장하기도 했습니다. 그와 같은 그들의 언행은 우리로 하여금, 1885년에 창립된 이래 서울유니온교회 교인들이 120년의 교회 역사를 자랑은 하면서도, 단 한 번도 자신들의 주머니를 털어 이 땅에 자체 예배당을 건립한 적이 없었다는 사실에 미루어, 지난 120년 동안 유니온교회를 거쳐 간 교인들이 진정으로 한국 땅과 한국인을 사랑한 적이 있었을까하는 의구심을 품게 만들고 있습니다.

우리가 양화진의 질서와 주권을 회복하는 것은 비단 양화진에 묻혀 있는 분들을 사랑하기 때문만이 아니라, 양화진을 자기 권리로 그릇 생각하고 있는 극소수의 외국인들과 유니온교회를 위함이기도 합니다. 그분들이 그런 모습을 보이는 것은 가이사랴의 빌립처럼 십자가의 정신을 상실했기 때문입니다. 십자가의 정신을 상실하면, 인간이 탐하는 자기 안일과 자기 권리의 주장만 남게 됩니다. 우리는 양화진의 질서와 주권을 회복하면서, 그분들의 삶 속에 십자가의 정신이 회복되기를 바랍니다. 바로 그것이 양화진 묘지기로서 우리가 이 땅에 묻힌 그분들 조상들의 명예를 지켜 드리는 길이요, 그때에만 유니온교회가 한국 교회와 선교 200년을 향해 함께 나아갈 수 있기 때문입니다.

아울러 우리 역시 진리 안에서 부단히 자기를 부인하는 깨어 있는 그리스도인이 되지 않으면 안 됩니다. 그렇지 않을 경우 우리가 지금은 사도행전 8장의 빌립처럼 성령님과 동행하고 있다 할지라도, 언젠가는 가이사랴에 정착한 말년의 빌립처럼, 주님보다 자기 안일과 자기 권리를 더 중요시하는 어리석음을 범하고 말 것입니다.

사랑하는 교우 여러분!

'나는 주 예수의 이름을 위하여 결박당할 뿐 아니라 죽을 것도 각오하였다'는 사도 바울처럼, 일사각오―死覺悟의 믿음으로 초지일관 십자가의 증인으로 살아가십시다. 그것만이 나를 살리고 내 이웃을 살리는 길이요, 그때에만 우리는 양화진의 진정한 묘지기가 될 것입니다.

젊은 시절의 빌립은 성령님의 온전한 도구였습니다. 그래서 그가 가는 곳마다 생명의 역사가 일어났습니다. 그러나 가이사랴에 정착한 말년의 빌립은, 성령님을 자기 안일의 수단으로 여기는 어리석은 사람이었습니다. 하지만 주님께서는 사도 바울을 통해 그의 잘못을 일깨워 주셨습니다. 주님! 우리의 신앙이 우리가 지닌 것으로 인해, 한순간이라도 정체되고 퇴보하지 않도록 우리를 도와주옵소서. 우리의 신앙을 자랑하는 어리석음을 범치 말게 하옵소서. 우리가 자랑할 것은, 오직 예수 그리스도의 십자가뿐임을 잊지 말게 하옵소서. 십자가 앞에서 부단히 우리 자신을 부인하는, 깨어 있는 그리스도인으로 살아가게 하옵소서. 그리하여 우리로 인해, 우리가 두 발 딛고 서 있는 곳에 언제나 주님의 생명이 충만하게 하옵소서. 주님 오시는 날까지 양화진 묘지기의 역할을 겸손하게 감당하는 100주년기념교회가 되게 하옵소서.

이 시간 연희동 외국인학교 강당에서 예배드리는 유니온교회 위에 주님의 은혜가 충만케 하시고, 우리 모두 그분들을 따뜻하게 품어, 선교 200년을 향한 십자가의 대열에 함께 나서게 하옵소서. 아멘.

사도행전 9장

'나는 네가 박해하는 예수라'는 주님의 말씀을 듣는 순간,
갑자기 사울의 시간이 멈추고 말았을 것입니다.
자신에게 빛으로, 말씀으로 임한 분이 예수님이시라는 사실은
사울이 추호도 상상치 못한,
그의 일생에서 가장 충격적인 사건이었기 때문입니다.

12. 그 도를 따르는 사람

사도행전 9장 1-9절

사울이 주의 제자들에 대하여 여전히 위협과 살기가 등등하여 대제사장에게 가서 다메섹 여러 회당에 가져갈 공문을 청하니 이는 만일 **그 도를 따르는 사람**을 만나면 남녀를 막론하고 결박하여 예루살렘으로 잡아 오려 함이라 사울이 길을 가다가 다메섹에 가까이 이르더니 홀연히 하늘로부터 빛이 그를 둘러 비추는지라 땅에 엎드러져 들으매 소리가 있어 이르시되 사울아 사울아 네가 어찌하여 나를 박해하느냐 하시거늘 대답하되 주여 누구시니이까 이르시되 나는 네가 박해하는 예수라 너는 일어나 시내로 들어가라 네가 행할 것을 네게 이를 자가 있느니라 하시니 같이 가던 사람들은 소리만 듣고 아무도 보지 못하여 말을 못 하고 서 있더라 사울이 땅에서 일어나 눈은 떴으나 아무것도 보지 못하고 사람의 손에 끌려 다메섹으로 들어가서 사흘 동안 보지 못하고 먹지도 마시지도 아니하니라

작년 12월 29일, '예술의 전당'에서 '솔리스트 앙상블'의 송년 음악회가 있었습니다. 과거에 솔리스트로 활동했거나, 우리 교회 1부 성가대 지휘자인

김종호 집사님처럼 현재 활동하고 있는 남성 성악인 60여 명으로 구성된 솔리스트 앙상블의 무대인 만큼, 공연 내내 특별한 감동이 있었습니다. 더욱 감명적이었던 것은 공연 중, 한양대학교 음악대학 명예교수이신 오현명 선생님(2009년 6월 24일 소천—편집자 주)께서 솔로를 하신 것입니다. 당시 82세의 고령이셨던 오현명 선생님은 6년 전부터 간암으로 투병해 오고 계셨고, 특히 공연 일주일 전에 긴암 치료를 위한 특별 시술을 받은 탓에 육체적으로는 무대에 서실 수 없는 형편이었습니다. 그럼에도 그분은 전혀 흐트러짐 없는 자세와 빼어난 기량으로 관중을 압도했습니다. 82세의 백발노인이, 긴 인생의 경륜과 여운이 배어나는 목소리로 열창하는 모습은 눈물겹도록 감동적이었습니다. 올해로 83세가 되신 오 선생님께서는, 지금도 당신을 찾으시는 교회에서 찬양으로 봉사하신다고 합니다.

  확인한 바에 의하면, 일반적으로 성악가들은 60세가 넘으면 무대에 서기를 꺼린다고 합니다. 육체적인 한계로 인해 기량이 급격하게 떨어지기 때문입니다. 그러므로 성악가가 70세가 넘어 무대에 선다는 것은 사실상 불가능한 일과도 같고, 더욱이 80세가 넘은 성악가가 성악 기량을 간직한 채 무대에 선다는 것은 전 세계적으로도 없는 일이라고 합니다. 그런데도 올해 83세의 오현명 선생님께서 성악가로서 아직까지 노래하실 수 있다는 것은, 그분이 일평생 동안 성악가의 길을 얼마나 겸손하게, 그리고 진실하게 걸어 왔는지를 증명해 주고 있습니다. 만약 그분이 성악가의 길에서 외도를 하거나 한눈을 팔았다면, 오늘날과 같은 모습으로 존재하지는 못할 것입니다.

  2004년에 85세를 일기로 소천하신 시인 구상 선생님의 트레이드마크는 수염이었습니다. 백발의 머리와 조화를 이룬 하얀 수염은 그분의 인품과 삶의 깊이를 두드러지게 보여 주었습니다. 그러나 선생님께서 젊은 시절부터 수염을 기르셨던 것은 아닙니다. 박정희 대통령이 김재규 중앙정보부장에 의해 피살된 10·26사건 이후, 권력을 장악한 신군부가 그들의 강성 이미지를 중화시키기 위해 구상 선생님을 정치판으로 불러내려 했습니다. 물론 선생님께서는 일언지하에 거절하셨습니다. 그래도 신군부는 포기하지 않고 나중에는 회유를 넘어 협박하기에 이르자, 그때부터 선생님께서는 수염을 기르기 시작하셨습니다. 나는 이미 현실 정치와는 거리가 먼 노인이므로 더 이상 미련을 갖지 말라는 의미였습니다. 바꾸어 말하면, 어떤 상황 속에서도 나는 죽기까지 시인의 길을 걷겠다는 결단의 표시였습니다. 그래서 그분은 눈을 감기까지 평생토록 시인의 길을 벗어난 적이 없었고, 마지막 순간까지 수정처럼 맑은 신앙 시를 쓸 수 있었습니다.

나이가 들어서도 훌륭한 성악가로 살기 위해서는 일평생 성악가의 길을 벗어나서는 안 되고, 죽은 뒤에도 시인으로 살아남기 위해서는 시인의 길만 걸어야 합니다. 평생 학문의 길을 걷는 사람이 존경받는 학자로 자기 생을 마감할 수 있고, 일생토록 바른 상도商道를 추구한 사람만 죽은 뒤에도 진정한 상인의 표상으로 추앙받게 됩니다. 그리스도인 역시 마찬가지입니다. 그리스도인은 일평생 그리스도의 길을 걷는 사람입니다. 한순간 혹은 자기 좋을 때만 그리스도의 길을 좇으려 해서는 참된 그리스도인이 될 수 없습니다. 언제 어디서나 초지일관 그리스도의 길을 걷는 사람만 나이가 들어서도, 어떤 상황 속에서도 진정한 그리스도인으로 살 수 있습니다.

오늘 본문은 한동안 중단되었던 사울에 관한 이야기가 다시 이어지고 있습니다. 유대교인에 의한 스데반의 순교 사건과 관련하여 사도행전 7장 57-58절은 다음과 같이 증언했습니다.

그들이 큰 소리를 지르며 귀를 막고 일제히 그에게 달려들어 성 밖으로 내치고 돌로 칠새 증인들이 옷을 벗어 사울이라 하는 청년의 발 앞에 두니라.

돌과 나무로 지어진 예루살렘성전을 하나님과 동일시하는 유대인들의 그릇된 신앙을 지적한 스데반을 유대인들이 신성모독죄로 돌로 쳐 죽일 때, 가상 먼저 스데반을 돌로 친 증인들은 자신들의 겉옷을 벗어 사울의 발 앞에 내려 두었습니다. 이를테면 사울은 스데반이 돌에 맞아 죽는 전 과정을 가장 가까이에서 직접 목격한 증인이었고, 그의 반응은 사도행전 8장 1절이 전해 주고 있습니다.

사울은 그가 죽임 당함을 마땅히 여기더라.

열혈 유대교 신자였던 청년 사울은, 예루살렘성전과 유대교를 모독하는 스데반 같은 인간은 죽어 마땅하다고 확신하고 있었습니다. 스데반의 순교를 기점으로 그리스도인들에 대한 유대교의 대대적인 박해가 시작되었습니다. 그 박해가 얼마나 혹독했던지, 예루살렘의 그리스도인들은 삶의 터전인 예루살렘을 떠나 사방으로 흩어지기 시작했습니다. 그 박해의 선두 대열에 사울이 서 있었습니다.

사울이 교회를 잔멸할새 각 집에 들어가 남녀를 끌어다가 옥에 넘기니라 (행 8:3).

우리말 '잔멸하다'로 번역된 헬라어 '뤼마이노마이'는, 포도원에 뛰어든 멧돼지가 포도원을 마구 짓밟아 온통 쑥대밭을 만드는 형국을 묘사하는 단어라고 했습니다. 한마디로 사울은 남녀노소, 그리고 수단과 방법을 가리지 않고 교회를 아예 말살하려고 했습니다. 바로 그 사울의 이야기가 다시 거론되는 본문 9장 1절은 이렇게 시작되고 있습니다.

사울이 주의 제자들에 대하여 여전히 위협과 살기가 등등하여.

한글 성경에는 번역이 빠져 있지만, 헬라어 원문에는 본 절의 서두에 '그러나'를 의미하는 역접 접속사 '데δέ'가 붙어 있습니다. 다시 말해 본문 1절은 '그러나'로 시작하고 있습니다. '그러나'는 앞뒤의 내용이 서로 상반될 경우 그 사이에 붙이는 접속사입니다. 우리가 지난 4주 동안 살펴보았던 본문 이전의 내용은 2천 년 교회 역사상 최초로 사마리아 성을 복음화시키고, 이방인인 에티오피아 내시에게 세례를 베푼 빌립의 활약상에 대한 증언이었습니다. 빌립이 그처럼 위대한 전도자의 길을 걷던 바로 그 순간에도 사울은 여전히 박해자의 길을 걷고 있었음을 대조하여 강조하기 위해 본문은 '그러나'로 시작되고 있습니다.

사울은 그리스도인들에 대하여 "여전히 위협과 살기가 등등"했습니다. 사울이 그리스도인들에 대하여 여전히 살기가 등등했다는 것은, 스데반이 돌에 맞아 죽을 때에는 지켜보기만 했던 그가, 그 이후 교회를 잔멸하는 과정에서 자기 손으로 그리스도인을 돌로 쳐 죽이기도 했음을 의미합니다. 이미 사람을 죽인 사람이 여전히 살기가 등등하여 죽일 사람을 찾고 있는 그의 얼굴을 상상해 보십시오. 마치 야수와 같지 않습니까? 그의 살기가 얼마나 등등했는지 본문을 다시 보시겠습니다.

사울이 주의 제자들에 대하여 여전히 위협과 살기가 등등하여 대제사장에게 가서 다메섹 여러 회당에 가져갈 공문을 청하니 이는 만일 그 도를 따르는 사람을 만나면 남녀를 막론하고 결박하여 예루살렘으로 잡아 오려 함이라(1-2절).

예루살렘에서 약 213킬로미터 떨어져 있는 다메섹, 즉 다마스쿠스는 현재 시리아의 수도입니다. 2천 년 전 로마제국에 속해 있던 다마스쿠스에는 약 4만 명의 유대인과 30여 개의 회당이 있었던 것으로 알려지고 있습니다. 유대교의 박해를 피해 예루살렘을 떠난 유대인들 가운데 상당수가 다마스쿠스로 피신하였고, 그들에 의해 다마스쿠스의 유대인 중에 주님을 영접하는 유대인이 많아지게 되었습니다. 그 사실을 알게 된 사울은 대제사장의 위임장을 받아 다마스쿠스에 있는 그리스도인들마저 예루살렘으로 잡아 오기 위해 길을 나섰습니다. 두말할 것도 없이 그들을 예루살렘으로 끌어와 종교재판을 거쳐 죽여 버리기 위함이었습니다. 이처럼 그리스도인들을 죽이기 위해 예루살렘에서 약 213킬로미터나 떨어진 다마스쿠스로 원정 갈 정도로 사울은 살기등등한 청년이었습니다.

단지 예수님을 믿는다는 이유만으로 박해당하고, 돌에 맞아 죽고, 삶의 터전에서 쫓겨나고, 멀리 피신한 곳에서마저 원정대의 추격을 받아야 하는 상황이었다면, 당시 그리스도인들이 주님을 믿는다는 것은 자기 목숨을 내어놓는 것과 같은 일이었습니다. 중요한 사실은, 초대교회 교인들은 그 상황 속에서도 믿음을 지켰다는 것입니다.

본문 1절은 당시의 그리스도인들을 "주의 제자들"이라고 부르고 있습니다. '제자'를 가리키는 헬라어 '마데테스$\mu\alpha\theta\eta\tau\eta\varsigma$'는 '배우다'라는 의미의 헬라어 동사 '만다노$\mu\alpha\nu\theta\alpha\nu\omega$'에서 파생된 단어로, 가르침을 받는 사람입니다. 가령 학생이 선생님과 자신의 관계를 설명할 때, '나는 아무개 선생님의 제자입니다'라고 말합니다. 그러나 그런 식으로 세상이 말하는 제자와 성경이 말하는 제자는, 글자는 동일하지만 의미는 근본적으로 다릅니다. 학생이 특정 선생님의 제자라고 해서 자기 스승의 삶까지 본받는 것은 아닙니다. 세상의 제자는 스승으로부터 자신이 필요로 하는 지식만을 전수받을 뿐입니다. 그래서 스승 중에는 지식은 많을지언정, 도덕적으로나 윤리적으로는 제자보다 더 못한 스승도 부지기수입니다. 그러나 주님의 제자는 그런 제자와는 본질적으로 다릅니다.

본문 2절은 '주의 제자'를 "그 도를 따르는 사람"이라고 정의하고 있습니다. '도道'란 '호도스ὁδός', 즉 '길'을 의미합니다. 따라서 '그 도를 좇는 사람'은 '그 길을 좇는 사람'입니다. '그 길'이란 두말할 것도 없이 '예수 그리스도의 길'입니다. 주님의 제자인 그리스도인들은 단순히 성경을 배우거나 성경 지식을 학습하는 사람이 아닙니다. 그리스도인은 언제 어디서나 예수 그리스도의 길을 걷는 사람입니다. 본문 속의 그리스도인들은 예수 그리스도의 길을 걷느라 유대교의 혹독한 박해를 당해야만 했습니다. 그 길을 걷느라 삶의 터전인 예루살렘마저 포기해야만 했습니다. 그 길을 걷다가 돌에 맞아 죽은 사람도 있었습니다. 그 길을 고수하느라 예루살렘에서 약 213킬로미터나 떨어진 다마스쿠스까지 피신했지만, 여전히 살기등등한 원정대의 추격으로부터 자유로울 수 없었습니다.

그렇다면 그 모든 위협과 박해로부터 벗어나는 간단한 방법이 있었습니다. 그 길을 포기하는 것이었습니다. 그 길을 버리기만 하면 구태여 가슴 졸이며 살 필요도 없고, 삶의 터전을 옮겨 다닐 이유도 없었습니다. 그렇지만 그들이 그 길을 포기하지 않았기에, 그들의 삶은 늘 죽음의 위협으로부터 벗어날 수 없었습니다. 그와 같은 그들을 세상 사람들이 얼마나 어리석고 한심한 사람들로 여겼겠습니까? 그들을 사랑하는 주위 사람들이 제발 그 길을 포기하라고, 왜 바보같이 그런 길을 가느냐고 얼마나 만류했겠습니까? 하지만 그들은, 그럼에도 불구하고 그 길을 결코 포기하지 않았습니다. 그 이유가 무엇이었겠습니까? 죽음의 위협과 위험 속에서 어떻게 그것이 가능할 수 있었겠습니까?

모든 길에는 반드시 출발 지점과 과정과 도착 지점이 있기 마련입니다. 예수 그리스도의 길을 걷는 그들의 출발 지점은 다 동일하지 않았습니다. 그 길을 빨리 시작한 사람도 있었고, 다른 사람에 비해 늦게 그 길에 합류한 사람도 있었습니다. 이처럼 사람마다 출발 지점은 다 달랐지만, 일단 그 길에 들어선 사람들은, 그들이 모두 동일한 도착 지점에 이르게 될 것임을 확신하고 있었습니다. 예루살렘성전에서 짐승을 잡아 제사드리는 종교 행위나 율법에 의한 인간의 선행을 통해 하나님께 이르게 되는 것이 아니라, 오직 예수 그리스도의 길을 통해서만 영원하신 하나님께, 영원한 하나님의 나라에 이르게 됨을 확신했던 것입니다. 이와 같이 도착 지점에 대한 확신을 갖고 있었기에, 그들은 예수 그리스도의 길을 걷는 과정에서 온갖 박해와 죽음의 위협이 몰아닥쳐도 그 길을 포기하지 않을 수 있었습니다.

그 확신은 또 어떻게 가능할 수 있었겠습니까? 물론 예수 그리스도에 대한 믿음으로 인함이었습니다.

> 내가 곧 길이요 진리요 생명이니 나로 말미암지 않고는 아버지께로 올 자가 없느니라(요 14:6).

그들은 예수 그리스도의 길이 곧 진리의 길이요 생명의 길임을 믿었습니다. 말씀이 육신을 입고 이 땅에 오신 분이 예수 그리스도이시기에, 예수 그리스도의 길은 진리의 길임을 믿었습니다. 인간의 죗값을 대신 치르시기 위해 십자가의 제물로 돌아가신 예수 그리스도께서 사흘째 되는 날 죽음을 깨뜨리고 부활하셨기에, 예수 그리스도의 길은 생명의 길임도 믿었습니다. 그러므로 진리의 길이요 생명의 길인 예수 그리스도의 길을 통해서만 하나님 아버지께 이르게 됨을 그들은 확신하였습니다. 바로 이것이, 그들이 모진 박해와 죽음의 위협 속에서도 그 길을 포기하지 않았던 이유입니다. 살기 위해 그 길을 버리는 것은 사는 것 같으나 실은 영원히 죽는 것이요, 설령 죽는다 해도 그 길을 고수하는 것은 영원히 사는 것임을 그들은 정확하게 알고 있었습니다.

하나님께서 잠언서 14장 12절을 통해 다음과 같이 말씀하셨습니다.

어떤 길은 사람이 보기에 바르나 필경은 사망의 길이니라.

이 말씀을 뒤집으면, 어떤 길은 사람이 보기에 어리석고 그릇되어 보이지만 필경은 생명의 길이라는 의미입니다. 유대인의 최고 지도자인 대제사장의 위임장을 지참한 사울은 보무도 당당하게 다마스쿠스를 향해 나아갔습니다. 그것은 청년 사울에게는 자기 신념의 길이요, 자기 정의의 길이요, 유대교 내에서 출세가 보장된 길처럼 보였지만, 필경은 사망의 길이었습니다. 그러나 그 죽음의 길에서 주님의 부르심을 받은 이후, 그는 죽을 때까지 초지일관하게 예수 그리스도의 길을 걸었습니다. 비록 다른 그리스도인에 비해 예수 그리스도의 길에 합류하는 지점은 늦었지만, 그 길을 걷는 과정에서 세상으로부터 미련하다 조롱받고, 비판받고, 온갖 박해를 당하다가 끝내 참수형을 당하면서도 그 길을 포기하지 않았습니다. 예수 그리스도의 길은 진리의 길이요 생명의 길이기에, 오직 그 길을 통해서만 영원하신 하나님, 영원한 하나님의 나라에 이르게 됨을 그 또한 확신했기 때문입니다. 그래서 그는 고린도전서 1장 18절을 통해, "십자가의 도가", 곧 십자가의 길이 "멸망하는 자들에게는 미련한 것이요, 구원을 받는 우리에게는 하나님의 능력이라"고 고백하였습니다. 그리고 그가 믿었던 대로 그는 예수 그리스도의 길 위에서 하나님의 능력에 의해 영원한 사도 바울이 되었고, 그의 말과 글은 영원한 성경이 되었습니다. 만약 그가 계속 자기 길을 걸었다면, 유대교 내에서 잠시 출세했을 수는 있겠으나 이미 2천 년 전에 한줌의 흙으로 사라지고 말았을 것입니다. 그러나 그가 참수형을 당하기까지 예수 그리스도의 길을 걸었기에, 그는 세상과 영원한 생명을 동시에 얻었습니다. 잊지 마십시오. 세상은 세상을 떠난 뒤에 얻는 것입니다. 그런데도 많은 사람들이 살아생전에 세상을 얻으려다 세상과 자기 생명을 동시에 잃어버리는 어리석음을 범하고 있습니다. 이런 관점에서 바울은 위대한 승리자였습니다. 하나님께서 그를 2천 년이 지난 지금까지도 세상을 살리시기 위한 당신의 도구로 쓰고 계시기 때문입니다.

두 손으로 공이나 곤봉과 같은 물체 여러 개를 동시에 돌리는 것을 저글링juggling이라 하고, 그와 같은 재주를 부리는 사람을 저글러juggler라 부릅니다. 저는 최근에 한 젊은 저글러의 저글링을 1미터도 되지 않는 거리에서 직접 본 적이 있습니다. 그리고 대단히 중요한 사실을 발견했습니다. 저글러의 시선이 돌아가는 물체를 따라 움직이지 않고, 정면에 고정되어 있다는 사실이었습니다. 만약 저글러의 시선이 돌아가는 물체를 따라 움직인다면, 그는 반드시 돌아가는 물체를 놓쳐 버리고 말 것입니다. 그의 시선이 정면에 고정되어 있기에, 그의 시야가 어지럽게 돌아가는 물체를 모두 커버하였습니다. 저글러가 저글링하는 물체를 떨어뜨린다는 것은, 저글러로서는 모든 것을 잃는 것입니다. 그와 같은 어리석음을 범하지 않기 위해서는 그의 시선이 흔들려서는 안 됩니다.

사랑하는 교우 여러분!

하나님을 사랑하심으로, 성경을 읽고 성경공부를 통해 하나님의 말씀을 많이 알고 계십니까? 그러나 그것만으로는 참된 그리스도인이 될 수 없습니다. 그것만으로는 바른길을 걷는 것 같으나 필경은 사망에 이를 수도 있고, 그것은 모든 것을 잃는 첩경입니다. 이제부터 예수 그리스도의 길을 걸으십시오. 예수 그리스도의 길 위에서 그분께 시선을 고정시키십시오. 그분의 진리 속에서 '예'와 '아니오'를 정확하게 구별하고, 그분의 생명을 힘입어 옳은 일을 위해서는 자신의 모든 것을 바치고 불의에는 일사각오로 맞서십시오. 그때 83세의 고령에도 성악가로 노래하시는 오현명 선생님처럼, 85세를 일기로 소천하실 때까지 주옥같은 시를 쓰신 구상 선생님처럼, 우리 역시 나이가 들어갈수록 더욱 향기로운 그리스도인—주님의 참된 제자가 될 수 있습니다. 그리고 그때에만 우리는 영원한 생명과 세상을 동시에 얻을 수 있습니다. 예수 그리스도의 길은 하나님 아버지께 이르는 진리의 길이요 생명의 길이기에, 오직 그 길 위에서만 하나님께서 우리에게 능력으로 역사하시기 때문입니다.

3년 동안 예수 그리스도를 따라 예수 그리스도의 길을 좇던 가룟 유다는, 그 길을 버리고 자기의 길을 갔습니다. 그것은 당장 은 30냥이 보장된 성공의 길처럼 보였지만, 필경은 사망의 길이었습니다. 사울은 교회를 잔멸하고, 그리스도인을 색출하기 위해 다마스쿠스 원정에 나서기까지 열심을 다해 사망의 길을 달려갔습니다. 그러나 그 사망의 길에서 주님의 부르심을 받은 이후, 그는 사도 바울이 되어 초지일관 예수 그리스도의 길을 걸었습니다. 그 길은 그에게는 조롱과 비판과 모함과 박해와 고난과 죽음의 길이었지만, 필경은 생명의 길이었습니다. 그 결과 예수 그리스도를 좇으면서도 세상에 시선을 고정시켰던 가룟 유다는 세상과 자기 생명을 모두 잃었고, 죽기까지 예수 그리스도의 길을 걸으며 예수 그리스도에게서 시선을 떼지 않았던 바울은 참수형을 당하고도 영원한 생명과 세상을 동시에 얻었습니다.

주님! 세상의 제자는 스승으로부터 지식을 전수받는 것으로 끝나지만, 주님의 제자는 언제 어디서나 주님의 길을 걷는 사람임을 일깨워 주셔서 감사합니다. 주님의 길만 진리와 생명의 길이기에, 오직 그 길을 통해서만 영원하신 하나님과 영원한 하나님의 나라에 이르게 되고, 그 길 위에서만 하나님의 능력이 우리에게 역사하심을 잊지 말게 하옵소서. 오직 말씀 안에서 예수 그리스도를 좇아, 예수 그리스도의 길을 걸으며, 예수 그리스도에게만 우리의 시선을 고정시키게 하옵소서. 그리하여 날이 갈수록 우리의 삶이 원로 시인의 시와 원로 성악가의 찬양처럼 진리로 농익게 하시고, 세상을 떠난 뒤에도 사도 바울처럼 영원한 생명과 세상을 함께 얻게 하옵소서. 아멘.

13. 하늘로부터 빛이

사도행전 9장 1-9절

사울이 주의 제자들에 대하여 여전히 위협과 살기가 등등하여 대제사장에게 가서 다메섹 여러 회당에 가져갈 공문을 청하니 이는 만일 그 도를 따르는 사람을 만나면 남녀를 막론하고 결박하여 예루살렘으로 잡아 오려 함이라 사울이 길을 가다가 다메섹에 가까이 이르더니 홀연히 **하늘로부터 빛이** 그를 둘러 비추는지라 땅에 엎드러져 들으매 소리가 있어 이르시되 사울아 사울아 네가 어찌하여 나를 박해하느냐 하시거늘 대답하되 주여 누구시니이까 이르시되 나는 네가 박해하는 예수라 너는 일어나 시내로 들어가라 네가 행할 것을 네게 이를 자가 있느니라 하시니 같이 가던 사람들은 소리만 듣고 아무도 보지 못하여 말을 못 하고 서 있더라 사울이 땅에서 일어나 눈은 떴으나 아무것도 보지 못하고 사람의 손에 끌려 다메섹으로 들어가서 사흘 동안 보지 못하고 먹지도 마시지도 아니하니라

오늘 본문은 일반적으로 '사울의 회심 장'으로 불리고 있습니다. 그러나 이것은 실은 적절한 표현이 아닙니다. 회심이란 인간이 능동적으로 행하는 방

향 전환인 데 반해, 본문의 사울은 그와는 달리 주님에 의해 일방적으로 사로잡혔기 때문입니다. 이런 의미에서 본문은, 주님의 부르심을 받은 '사울의 소명 장'이라 함이 마땅할 것입니다.

사울이 주의 제자들에 대하여 여전히 위협과 살기가 등등하여 대제사장에게 가서 다메섹 여러 회당에 가져갈 공문을 청하니 이는 만일 그 도를 따르는 사람을 만나면 남녀를 막론하고 결박하여 예루살렘으로 잡아 오려 함이라(1-2절).

다메섹은 현재 시리아의 수도인 다마스쿠스의 히브리식 발음으로, 예루살렘에서 약 213킬로미터 떨어진 도시라고 했습니다. 사울이 그 먼 도시에 관심을 가진 이유는 지난 시간에 말씀드린 것처럼, 스데반의 순교로 촉발된 유대교의 대박해를 피해 예루살렘을 떠난 그리스도인 가운데 상당수가 예루살렘에서 멀리 떨어진 다메섹으로 피신했고, 그들에 의해 다메섹의 유대인들 중에 주님을 영접하는 사람들이 있음을 사울이 알았기 때문입니다. 사울은 그들마저 색출, 예루살렘으로 연행하여 종교재판을 거쳐 죽여 버리고자 했습니다. 그래서 대제사장의 위임장을 받아 일행을 거느리고 다메섹 원정길에 나섰습니다. 드디어 다메섹이 가까워지고, 사울이 다메섹의 그리스도인들을 일망타진할 각오를 새롭게 다질 즈음이었습니다.

사울이 길을 가다가 다메섹에 가까이 이르더니 홀연히 하늘로부터 빛이 그를 둘러 비추는지라 땅에 엎드러져 들으매 소리가 있어 이르시되 사울아 사울아 네가 어찌하여 나를 박해하느냐 하시거늘(3-4절).

'홀연히'는 '갑자기'란 의미입니다. 갑자기 하늘로부터 빛이 쏟아지더니, 그 빛이 사울을 휘감았습니다. 그 빛의 기운이 얼마나 강했던지 땅바닥에 엎드릴 수밖에 없었던 사울은 자신의 이름을 부르시는 음성을 듣고, 당신이 누구시냐고 물었습니다.

대답하되 주여 누구시니이까 이르시되 나는 네가 박해하는 예수라(5절).

이 땅에 구원자로 오시어, 인간의 죗값을 대신 치르시기 위해 십자가의 제물로 돌아가셨다가 사흘째 되는 날 죽음을 깨뜨리고 부활하신 주님께서 사울에게 빛으로 나타나신 것이었습니다. 그렇다면 여기에서 우리가 반드시 짚고 넘어가야 할 대목이 있습니다. 이때의 정확한 시간이 몇 시였느냐는 것입니다. 이때로부터 약 30년이 경과했을 때, 사도 바울이 된 사울은 예루살렘에서 오늘 본문의 시간을 다음과 같이 밝혔습니다.

가는 중 다메섹에 가까이 갔을 때에 오정쯤 되어 홀연히 하늘로부터 큰 빛이 나를 둘러 비치매(행 22:6).

그때의 시간은 오정, 즉 낮 12시였습니다. 낮 12시라면 태양이 하늘 한가운데 있을 때입니다. 다시 말해 태양 빛이 가장 강렬할 때입니다. 다메섹은 태양이 유난히 작열하는 중동이고 보면, 그곳 정오의 태양 빛은 그 눈부심이 더더욱 심할 것입니다. 바로 그 눈부신 중동의 한낮 정오에 사울은 빛이신 예수 그리스도를 만났습니다. 그 빛은 태양 빛이 아니었습니다. 대체 그 빛이 얼마나 밝았으면 한낮 정오의 태양 빛 속에서 사울이 그 빛을 볼 수 있었겠습니까? 그래서 그는 이와 관련하여 사도행전 26장 13절을 통해, 아그

립바 왕에게 이렇게 진술하였습니다.

왕이여 정오가 되어 길에서 보니 하늘로부터 해보다 더 밝은 빛이 나와 내 동행들을 둘러 비추는지라.

그 빛은 태양의 빛과는 비교할 수 없을 정도로 밝은 빛이었습니다. 그렇지 않고서야 정오의 태양 속에서 그 빛을 볼 수 있었을 리 만무합니다. 이처럼 사울은 대낮 정오에 빛이신 예수 그리스도를 만났습니다. 그리고 그의 인생은 일대 전환점을 맞았습니다.

그러나 사울과는 정반대의 경우도 있었습니다. 대제사장을 비롯한 유대 종교 지도자들은, 자신들의 기득권을 위협하는 불순분자라고 간주한 예수님을 국사범으로 죽이기 위해 로마 총독 빌라도에게 끌고 갔습니다. 이에 빌라도는 예수님을 심문하면서 진리가 무엇이냐고 물었습니다. 진리이신 주님을 향해 진리가 무엇인지 물은 것입니다. 그 순간 빌라도는 진리 앞에 있으면서도 진리의 생명에, 진리의 인격에, 진리의 향기에 전혀 무감각한 어리석기 짝이 없는 인간이었습니다. 그는 예수님께로부터 아무런 죄목도 찾지 못했지만, 예수님을 무죄 석방시킬 경우 민란이 일어날 것을 두려워한 나머지 예수님께 사형을 선고한 비겁한 지도자였습니다. 그런데 이와 관련하여 요한복음 19장은 대단히 중요한 사실을 전해 주고 있습니다.

빌라도가 이 말을 듣고 예수를 끌고 나가서 돌을 깐 뜰(히브리 말로 가바다)에 있는 재판석에 앉아 있더라 이날은 유월절의 준비일이요 때는 제육시라(요 19:13-14상).

빌라도가 그처럼 어처구니없는 짓을 행한 시각은 제6시였습니다. 유대인의 시간으로 제6시란 정오, 곧 낮 12시를 가리킵니다. 중동의 대낮인 정오, 작열하는 태양, 그 눈부신 태양 속에서 빌라도는 진리를 향해 진리가 무엇인지 묻고, 인간의 힘이나 능력으로는 결코 말살할 수 없는 진리에 대해 사형선고를 내렸습니다. 반면에 똑같은 중동, 똑같은 정오, 똑같이 작열하는, 똑같이 눈부신 태양 빛 속에서 사울은 새롭게 거듭나는 인생의 코페르니쿠스적 대전환점을 맞았습니다. 두 사건 모두 똑같이 대낮 12시에 일어났습니다. 그렇다면 빌라도와 사울 간의 이 근본적인 차이는 대체 어디에서부터 유래합니까? 그것은 빛이신 예수 그리스도, 예수 그리스도의 빛에 대한 인식 여부입니다.

바울은 빛이신 예수 그리스도를 만났습니다. 그 빛 속에서 세상의 빛이 참빛이 아님을 비로소 깨달았습니다. 예수 그리스도의 빛 속에서, 이제껏 세상의 빛 속에서만 살아온 자신의 모든 삶이 허구요 거짓임을 처절하게 확인하였습니다. 그래서 본문 8-9절이 이렇게 증언하고 있습니다.

> 사울이 땅에서 일어나 눈은 떴으나 아무것도 보지 못하고 사람의 손에 끌려 다메섹으로 들어가서 사흘 동안 보지 못하고 먹지도 마시지도 아니하니라.

빛이신 예수 그리스도를 만난 사울은 사흘 동안이나 세상을 보지 못했고, 아무것도 먹지도, 심지어는 마시지도 않았습니다. 예수 그리스도의 빛 속에서 보았을 때, 세상의 빛만을 빛이라 생각하며 살아온 자신의 삶은 더 이상 쳐다볼 가치도 없었고, 그런 삶을 위해서라면 먹고 마실 이유도 없었던 것입니다. 그렇기에 그 사흘이야말로 사울에게는 앞으로, 그가 만난 예수 그리스도의 빛 속에서만 살아가려는 전혀 새로운 출발을 위한 진통의 기간이었습니다. 그리고 그 이후 그는 예수 그리스도의 빛 속에서 위대한 사도의 삶을 살았습니다.

반면에 빌라도 총독은 진리이신 예수 그리스도와 마주 대하고 있었음에도 빛이신 예수 그리스도를, 예수 그리스도의 참빛을 알려 하지 않았습니다. 그는 오직 세상의 빛만 빛이라 속단하고 있었습니다. 세상의 빛 속에서 행하는 자신의 판결은 언제나 옳고, 아무리 세월이 흘러도 변함없이 정당성을 지니리라 확신했습니다. 그래서 그는 한낮인 정오에 로마 총독의 위엄을 갖추어 예수님에게 사형을 선고했습니다. 그러나 그것은 명백한 오판이었고, 그로 인해 그는 2천 년이 지난 지금까지도 전 세계 모든 그리스도인에 의해 고발당하고 있습니다.

본디오 빌라도에게 고난을 받으사 십자가에 못박혀 죽으시고.

이것은 오늘도 우리가 우리의 신앙으로 고백한 사도신경의 내용입니다. 우리는 주님께서 로마 군병에 의해 십자가의 고난을 당하셨다고 고백하지 않습니다. 우리는 예배 때마다 사도신경을 통해, 본디오 빌라도가 예수님을 십자가에 못박아 죽였다고 고백합니다. 이것은 두말할 것도 없이, 이 세상의 빛만을 빛이라 착각했던 빌라도의 그릇된 오판에 대한 고발입니다. 문제는 만약 우리가 예수 그리스도의 빛 속에 거하지 않으면 우리가 백주에 행하는 모든 일은, 실은 빌라도가 대낮 정오에 진리를 짓밟았던 그 어리석은 행위와 전혀 다를 바가 없다는 것입니다.

창세기 1장 2-3절에 의하면, 태초에 세상은 혼돈하고 공허하며 흑암으로 뒤덮여 있었습니다. 한마디로 온 세상이 카오스chaos, 곧 무질서의 상태였습니다. 하나님께서 그 카오스의 세상에서 제일 먼저 "빛이 있으라" 명령하셨고, 그 빛에 의해 카오스는 코스모스cosmos가 되었습니다. 코스모스란 하나님께서 창조하신 온 우주를 가리키는 말인 동시에 질서를 의미합니다. 혼돈과 공허 그리고 흑암이던 무질서의 카오스가 하나님께서 창조하신 빛에 의해 질서의 코스모스로 바뀐 것입니다.

카오스를 코스모스 되게 한 빛이 태양 빛을 의미하지 않음은, 하나님께서 그 이후 나흘째가 되어서야 태양을 창조하셨기 때문입니다. 그러므로 태양 빛이 동녘에서 수억 번 밝아 온다 해도 인간의 카오스가 코스모스로 바뀔 수는 없습니다. 그것은 이 세상 그 어떤 피조물의 빛으로도 안 됩니다. 인간의 카오스는 오직 창조자이신 하나님의 빛에 의해서만 코스모스로 승화될 수 있습니다.

다음은 이사야 선지자의 증언입니다.

> 다시는 낮에 해가 네 빛이 되지 아니하며 달도 네게 빛을 비추지 않을 것이요 오직 여호와가 네게 영원한 빛이 되며 네 하나님이 네 영광이 되리니 다시는 네 해가 지지 아니하며 네 달이 물러가지 아니할 것은 여호와가 네 영원한 빛이 되고 네 슬픔의 날이 끝날 것임이라(사 60:19-20).

이사야 선지자 역시 하나님의 빛이 임할 때, 그 빛 앞에서 태양은 더 이상 빛일 수 없음을 확인시켜 주고 있습니다. 태양 앞에서 촛불이나 전등이 빛의 구실을 할 수 없는 것과 같은 이치입니다. 뿐만 아니라 이사야는 하나님의 빛에 의해 인간의 모든 슬픔이 종식될 것을 확언하였습니다. 인간의 모든 슬픔은 인간의 카오스 즉 인간의 혼돈과 공허와 흑암으로부터 비롯되는

데 반해, 하나님의 빛은 그 모든 카오스의 고리를 끊고 인간에게 코스모스를 안겨 주시기 때문입니다.

그런가 하면 요한 사도는 다음과 같이 증언하였습니다.

> 태초에 말씀이 계시니라 이 말씀이 하나님과 함께 계셨으니 이 말씀은 곧 하나님이시니라 그가 태초에 하나님과 함께 계셨고 만물이 그로 말미암아 지은 바 되었으니 지은 것이 하나도 그가 없이는 된 것이 없느니라 그 안에 생명이 있었으니 이 생명은 사람들의 빛이라 빛이 어둠에 비치되 어둠이 깨닫지 못하더라 (요 1:1-5).

요한 사도는 이 땅에 오신 예수 그리스도께서 생명의 빛, 곧 생명의 구원이신 하나님의 빛이셨음을 증언하고 있습니다. 그러나 빛이 어둠에 비치되 어둠인 인간은 그 빛을 깨닫지 못했습니다. 인간은 육안으로 볼 수 있는 자연계의 빛만 빛으로 여겼기 때문입니다. 그 빛은 하나님의 빛, 예수 그리스도의 빛 앞에서는 어둠에 지나지 않는데도 말입니다. 그래서 하나님의 빛, 예수 그리스도의 빛을 외면한 인간은 아무리 그럴듯해 보여도 실제로는 어둠의 자식, 카오스의 노예일 수밖에 없었습니다. 마치 백주에 로마 총독의 의관을 갖추고 위엄을 다해 진리를 향해 사형을 선고하는 빌라도처럼 말입니다. 그의 몸은 한낮 정오의 햇빛 속에 앉아 있었지만, 그의 심령은 칠흑 같은 암흑 속을 헤매고 있었습니다.

이것은 오늘날이라고 해서, 우리라고 해서 예외인 것은 아닙니다. 사람들은 범죄가 주로 밤에 일어난다고 생각합니다. 그러나 사실은 그 반대입니다. 밤에 범죄를 저지르는 사람은 고작 잡범에 지나지 않습니다. 크고 중한 범죄는 모두 백주에 사무실이나 삶의 현장에서 계획되고 실행됩니다. 따라서 만약 내가 주님을 믿는다면서도 예수 그리스도의 빛 속에 거하지는 않는다면, 나의 한낮이 한밤중과 어찌 구별될 수 있겠습니까? 내 사무실과 내 집은, 나의 것을 지키고 내가 욕망하는 바를 얻기 위해 대낮에 진리를 짓밟는 빌라도의 법정과 무슨 차이가 있겠습니까? 그러고서야 어떻게 '본디오 빌라도에게 고난을 받으사 십자가에 못박혀 죽으시고'라는 사도신경으로 우리의 신앙을 고백할 수 있겠습니까? 그 고백의 참의미는, 나는 결코 빌라도와 같은 카오스의 노예로 살지 않겠다는 결단을 뜻하기 때문입니다.

그렇다면 우리가 대체 어디에서 예수 그리스도의 빛을 찾으며, 어떻게 그 빛을 만날 수 있습니까? 예수님께서 이 질문에 대하여 친히 답변해 주셨습니다.

> 나는 빛으로 세상에 왔나니 무릇 나를 믿는 자로 어둠에 거하지 않게 하려 함이로라(요 12:46).

어둠의 카오스를 헤매고 있는 우리의 삶을 당신의 빛으로 코스모스 되게 해주시기 위해, 이미 주님께서 빛으로 우리에게 임해 계시기에 우리는 그 빛을 만날 수 있습니다. 주님께서 다메섹 도상의 사울을 빛으로 찾아가셨기에 사울이 주님의 빛을 만날 수 있었던 것과 같습니다.

오래전 영국 런던의 기념품 가게에서 감동적인 내용의 액자를 본 적이 있습니다. 한 사람이 인생의 길목에서 만난 주님과 나눈 대화의 내용으로, 그 전문은 다음과 같습니다.

나는 내 인생의 길목에 서 계신 주님께 말씀드렸습니다.

"제게 촛불을 주셔서 미지의 길을 안전하게 나아가게 해주십시오."
주님께서 대답하셨습니다.
"네 손을 내밀어 나의 손을 잡고 그냥 앞으로 나아가거라. 그것이 촛불보다 나을 것이요, 네가 아는 길보다 더 안전하리라."
I said to the Lord who stood at the corner of my life.
"Give me a candle that I may tread safely into the unknown."
And He replied.
"Put your hand into mine and just go forward. That shall be to you better than a candle and safer than a known way."

주님의 손을 붙잡고 걷는 것이 어떻게 최선의 길일 수 있습니까? 주님께서 우리 인생의 앞길을 밝히시는 참빛이시요, 우리 심령의 어둠을 물리치는 생명의 빛이시요, 생명의 근원이신 하나님을 보게 하는 진리의 빛이시기에 가능합니다.

사랑하는 교우 여러분!
2007년 9월 9일 오늘, 우리 각자의 인생 길목에 빛이신 예수 그리스도께서 임해 계십니다. 우리 각자의 인생길을, 2천 년 전 사울의 다메섹 도상과 같게 해주시기 위함입니다. 다메섹 도상에서 홀연히 하늘로부터 사울을 휘감았던 예수 그리스도의 빛—그 진리의 빛, 그 생명의 빛, 그 사랑의 빛이 지금 우리를 감싸고 계십니다. 그 빛이 사울을 부르셨듯이, 지금 우리를 인격적으로 부르고 계십니다. 그렇다면 남은 것은 우리의 응답입니다. 내가 나중에 사도 바울이 된 사울이 될 것이냐, 혹은 2천 년이 지난 지금까지 사도신경을 통해 그리스도인에게 고발당하고 있는 빌라도가 될 것이냐는, 전적으로 지금 내가 어떻게 응답하느냐에 달려 있습니다.

우리 모두 말씀 안에서 예수 그리스도의 빛을 좇으십시다. 오직 그 빛 속에 거하십시다. 그때 우리는 이 세상이 온통 칠흑 같은 어둠과 카오스 천지라 해도, 그 어둠과 카오스의 고리를 끊는 한낮의 사람, 진리의 사람, 생명의 사람, 코스모스의 사람, 빛의 사람이 될 것입니다. 지금 당신의 빛으로 우리를 감싸고 계시는 주님께서 이렇게 약속하고 계십니다.

"아직 잠시 동안 빛이 너희 중에 있으니 빛이 있을 동안에 다녀 어둠에 붙잡히지 않게 하라. 어둠에 다니는 자는 그 가는 곳을 알지 못하느니라. 너희에게 아직 빛이 있을 동안에 빛을 믿으라. 그리하면 빛의 아들이 되리라" (요 12:35-36상).

주님!
그동안 참으로 어둡게 살아왔습니다. 한낮 정오에도 어둠과 카오스의 굴레를 벗어나지 못했습니다. 매일의 삶이 그저 혼돈과 공허의 연속일 뿐이었습니다. 그럼에도 가치 없는 인간이라 나를 버리시지 않고, 이 시간에 내 인생의 길목에서 주님의 빛으로 맞아 주시고, 그 빛으로 나를 감싸 주심을 감사드립니다.
이제부터 우리 모두 주님의 말씀 안에서, 주님의 빛을 좇는 사람들이 되게 하옵소서. 빛의 자녀로 살아가게 하옵소서. 주님의 빛 속에서 우리의 심령이 대낮처럼 밝아져, 우리 삶 속의 모든 어둠과 혼돈 그리고 공허가 종식되게 하옵소서. 우리의 삶이 지금까지는 비록 빌라도와 같은 카오스였다 할지라도, 이 이후로는 주님의 빛 속에서 사도 바울처럼 코스모스가 되게 하옵소서. 우리의 삶이 주님의 빛으로 인해 하나님을 향하여, 사람을 향하여, 무엇보다 우리 자신을 향하여, 한 점 부끄러움이 없게 하옵소서. 그와 같은 우리의 삶으로 인해, 칠흑같이 어둔 이 세상이 날로 밝아지게 하옵소서. 우리에게 이런 삶이 가능하도록, 지금 당신의 빛으로 우리를 감싸고 계시는 예수 그리스도의 이름으로 기도드립니다. 아멘.

14. 사울아 사울아

사도행전 9장 1-9절

사울이 주의 제자들에 대하여 여전히 위협과 살기가 등등하여 대제사장에게 가서 다메섹 여러 회당에 가져갈 공문을 청하니 이는 만일 그 도를 따르는 사람을 만나면 남녀를 막론하고 결박하여 예루살렘으로 잡아 오려 함이라 사울이 길을 가다가 다메섹에 가까이 이르더니 홀연히 하늘로부터 빛이 그를 둘러 비추는지라 땅에 엎드려 들으매 소리가 있어 이르시되 **사울아 사울아** 네가 어찌하여 나를 박해하느냐 하시거늘 대답하되 주여 누구시니이까 이르시되 나는 네가 박해하는 예수라 너는 일어나 시내로 들어가라 네가 행할 것을 네게 이를 자가 있느니라 하시니 같이 가던 사람들은 소리만 듣고 아무도 보지 못하여 말을 못 하고 서 있더라 사울이 땅에서 일어나 눈은 떴으나 아무것도 보지 못하고 사람의 손에 끌려 다메섹으로 들어가서 사흘 동안 보지 못하고 먹지도 마시지도 아니하니라

사진작가인 우리 교회 정창기 집사님의 사진 작품전이 지난 3월, 양평에 있는 '와瓦' 갤러리에서 있었습니다. 빛을 주제로 한 그 사진 작품전의 타이

틀은 〈그 진홍빛 끌림〉이었습니다. 빛은 사진작가들이 즐겨 다루는 소재로서, 우리는 책이나 인터넷을 통해 빛을 소재로 한 사진 작품을 어렵지 않게 접할 수 있습니다. 그럼에도 정창기 집사님의 작품들이 특별한 감동으로 제 마음에 와 닿은 것은, 대자연 속의 빛을 담은 다른 사진들과는 달리, 정 집사님의 사진들 속에서 빛을 드러내기 위해 사용된 소도구가 양귀비 한 떨기뿐이있기 때문입니다.

칠흑 같은 어둠 속에 한 떨기 양귀비가 서 있습니다. 그 양귀비를 향해 한 줄기 빛이 비치고, 그 빛이 양귀비를 감쌉니다. 그 빛 속에서 양귀비는 비로소 양귀비답게, 그 황홀한 진홍빛을 발합니다. 온 사방의 어둠과 그 어둠을 밝히는 빛 그리고 그 빛 속의 진홍색 양귀비가 황금 구도를 이루고 있는 그 사진들은, 보는 이로 하여금 쉽게 발걸음을 떼지 못하게 하는 강력한 흡인력을 지니고 있었습니다. 뿐만 아니라 작가가 그 사진들을 통해 드러내고자 한 빛이 자연계의 빛이 아니라 구원의 빛임을, 그리고 한 떨기의 양귀비는 인간을 의미함을 그 사진들이 직접 이야기해 주고 있었습니다. 만약 그 모든 사진들 속에 여러 송이의 양귀비들이 등장했다면 사진 속의 빛이 구원의 빛으로 여겨지지도 않았을 것이요, 또 그토록 감동적이지도 않았을 것입니다. 그러나 사진 속의 양귀비가 단 한 떨기임으로 인해, 모든 사진들은 작가의 의도를 완벽하게 전해 주고 있었습니다.

사진 속의 한 떨기 양귀비꽃은, 이 어둔 세상을 홀로 살아가는 우리 각자입니다. 우리 각자에게, 우리 한 사람 한 사람에게 주님의 구원의 빛이 개별적으로 임합니다. 주님께서는 결코 우리를 모두 한데 묶어 집단적으로 대하시지 않습니다. 주님께서는 언제나 우리 각자를 개별적인 인격체로, 개인적으로 대해 주십니다. 어둠 속의 양귀비에 한 줄기 빛이 임함으로 양귀비가 그 진홍빛을 발할 수 있듯이, 어둠에 묻혀 있던 우리 각자에게 개별적으로 임하신 주님의 구원의 빛 속에서 우리는 비로소 이 어둔 세상을 향해 진리의 빛을 발하는 진리의 사람으로 살아갈 수 있습니다.

정 집사님의 사진 작품들은 이런 메시지를 생생하게 전해 주고 있었습니다. 제가 정창기 집사님에게 어떻게 그토록 영감 있는 작품을 구상할 수 있었는지 물었습니다. 정 집사님은 기도하는 중에 주님께서 1년 전부터 그와 같은 영감을 주셨고, 사진작가로서 앞으로 자신이 추구해야 할 길이 무엇인지 확연히 알게 해주셨다고 했습니다. 정 집사님이 하나님께로부터 받은 영감은 얼마나 귀한 영감입니까? 성경 66권의 내용을 단 한 컷의 영상으로 표현한다면, 바로 정 집사님의 작품과 같은 영상이 되지 않겠습니까?

오늘 본문 역시 마찬가지입니다.

> 사울이 주의 제자들에 대하여 여전히 위협과 살기가 등등하여 대제사장에게 가서 다메섹 여러 회당에 가져갈 공문을 청하니, 이는 만일 그 도를 따르는 사람을 만나면 남녀를 막론하고 결박하여 예루살렘으로 잡아 오려 함이라(1-2절).

예루살렘에서 교회를 잔멸한 사울은 그것도 모자라, 대제사장의 위임장을 받아 예루살렘에서 213킬로미터나 떨어진 다메섹 원정에 나서기까지 했습니다. 그곳에 있는 그리스도인들마저 잡아 예루살렘으로 연행하기 위함이었습니다. 두말할 것도 없이 예루살렘에서 종교재판을 거쳐 죽여 버리기 위함이었습니다. 이를테면 사울은 그리스도인 소탕을 천직으로 여긴 젊은이였습니다. 이윽고 다메섹이 가까워지고, 사울이 다메섹의 그리스도인들을 일망타진하기 위한 결심을 새롭게 다질 즈음이었습니다.

사울이 길을 가다가 다메섹에 가까이 이르더니 홀연히 하늘로부터 빛이 그를 둘러 비추는지라 땅에 엎드러져 들으매 소리가 있어 이르시되, 사울아 사울아 네가 어찌하여 나를 박해하느냐 하시거늘(3-4절).

갑자기 하늘로부터 한 줄기 빛이 쏟아지더니, 그 빛이 사울을 휘감았습니다. 그 빛의 기운이 얼마나 강했던지 사울은 땅바닥에 엎드릴 수밖에 없었습니다. 그리고 누군가가 자신에게 말씀하시는 소리를 들은 사울은, 말씀하시는 분을 향해 당신이 누구시냐고 여쭈었습니다.

대답하되 주여 누구시니이까 이르시되 나는 네가 박해하는 예수라(5절).

이 땅에 구원자로 오시어, 인간의 죗값을 대신 치르시기 위해 십자가의 제물로 돌아가셨다가 사흘째 되는 날 죽음을 깨뜨리고 부활하신 주님께서 그 날, 그 시각, 그곳에서, 사울에게 빛으로 임하신 것이었습니다. 주님의 구원의 빛이었습니다. 그 구원의 빛 속에서, 그 구원의 빛으로 인해, 그 구원의 빛을 힘입어 사울은 전혀 새로운 삶을 살게 되었습니다. 중요한 사실은 그 빛과 관련하여 본문 7절이 다음과 같이 증거하고 있다는 것입니다.

같이 가던 사람들은 소리만 듣고 아무도 보지 못하여 말을 못 하고 서 있더라.

그날 그곳에 사울 혼자만 있었던 것이 아니었습니다. 사울에게는 분명히 일행이 함께 있었습니다. 다메섹의 그리스도인들을 잡아 예루살렘으로 연행하기 위한, 소위 체포조였습니다. 그러나 그 일행 가운데 사울을 제외한 나머지 사람은 누구도 그 빛을 보지 못했습니다. 주님의 구원의 빛이 사울에게만 개별적으로 임한 것이었습니다. 그렇다고 그 빛이 사울에게 무작위로 임한 것도 아니었습니다.

비행기로 해외 여행을 하기 위해서는, 이민국을 통과하기 전에 먼저 소지품에 대한 보안 검색을 받아야 합니다. 대개의 경우 보안 검색은 그 한 번으로 끝나지만, 미국처럼 당사국의 요청이 있는 나라에 가기 위해서는 비행기 탑승 전에 다시 한 번 더 보안 검색을 받아야 합니다. 그러나 그때의 보안 검색은 모든 승객에게 해당되는 것이 아니라, 보안 요원이 랜덤random 즉 무작위로 지정하는 승객에 한하여 이루어집니다.

이와 같이 주님께서 그날 다메섹으로 향하던 사울 일행 가운데 한 사람을 무작위로 구원하기로 하셨고, 그에 따라 주님의 구원의 빛이 우연히 혹은 요행히 사울에게 임한 것이 아니었습니다. 주님께서 사울을, "사울아" 하시며 정확하게 그의 이름으로 부르셨습니다. 그것도 사울의 이름을 한 번 부르신 것이 아니라, "사울아 사울아" 하시며 연거푸 그의 이름을 부르셨습니다. 히브리인이 사람의 이름을 반복하여 부르는 것은 지극한 친밀감의 표시였습니다. 사울은 그때까지 주님을 모르고 있었지만, 주님께서는 이미 사울을 아시고 친밀하게 그의 이름을 반복하여 부르시며 지극히 개인적으로, 개별적으로 그에게 구원의 빛으로 임하신 것입니다. 그리고 그 빛 속에서 사울의 인생이 새로워졌습니다.

그렇다면 본문의 내용을 머릿속에서 한 컷의 영상으로 그려 보십시다. 먼저 칠흑 같은 어둠이 있고, 그 어둠 속을 청년 사울이 헤매고 있습니다. 그는 성자 하나님이신 예수 그리스도를 부정하고, 예수 그리스도를 주님으로 믿는 그리스도인들을 박해하면서도 자신의 잘못을 조금도 깨닫지 못했습니다. 오히려 자신의 행위가 옳다는 굳은 신념 속에서 살았습니다. 어둠에 갇혀, 무엇이 옳고 그른지를 전혀 분별할 수 없었기 때문입니다. 그 사울에게 주님께서 임하셨습니다. 그의 이름을 두 번씩이나 다정하게 부르시며 지극히 개인적으로, 구원의 빛으로 임하신 것이었습니다. 그 구원의 빛 속에서 참생명을 접한 그는, 그동안 자신이 얼마나 어둠의 미로를 방황하고 있었는지 확연히 깨달을 수 있었습니다. 그래서 그는 다음과 같이 고백할 수밖에 없었습니다.

> 나는 난 지 여드레 만에 할례를 받았고, 이스라엘 민족 가운데서도 베냐민 지파요, 히브리 사람 가운데서도 히브리 사람이요, 율법으로는 바리새파 사람이요, 열성으로는 교회를 박해한 사람이요, 율법의 의로는 흠 잡힐 데가 없는 사람이었습니다. [그러나] 나는 내게 이로웠던 것은 무엇이든지 그리스도 때문에 해로운 것으로 여기게 되었습니다. 그뿐만 아니라, 내 주 예수 그리스도를 아는 지식이 가장 고귀하므로, 나는 그 밖의 모든 것을 해로 여깁니다. 나는 그리스도 때문에 모든 것을 잃었고, 그 모든 것을 오물로 여깁니다. 나는 그리스도를 얻고, 그리스도 안에 있는 사람으로 인정받으려고 합니다(빌 3:5-9상, 새번역).

그동안 사울이 자랑하던 것과 추구했던 삶은 주님의 빛 앞에서 오물, 즉 더러운 배설물이나 쓰레기에 지나지 않았습니다. 사울은 그 모든 것을 미련 없이 버리고, 구원받은 그리스도인답게 주님의 빛을 좇으며 주님의 증인으로 살기 시작했습니다. 그로 인해 그는 숱한 도전에 직면해야만 했습니다.

유대 사람들에게서 마흔에서 하나를 뺀 매를 맞은 것이 다섯 번이요,

채찍으로 맞은 것이 세 번이요, 돌로 맞은 것이 한 번이요, 파선을 당한 것이 세 번이요, 밤낮 꼬박 하루를 망망한 바다를 떠다녔습니다. 자주 여행하는 동안에는, 강물의 위험과 강도의 위험과 동족의 위험과 이방 사람의 위험과 도시의 위험과 광야의 위험과 바다의 위험과 거짓 형제의 위험을 당하였습니다. 수고와 고역에 시달리고, 여러 번 밤을 지새우고, 주리고, 목마르고, 여러 번 굶고, 추위에 떨고, 헐벗었습니다(고후 11:24-27, 새번역).

사울이 주님을 좇아 살아가기 위해 당해야 했던 고난은 상상을 초월하는 것이었습니다. 그러나 그는 참수형을 당하기까지 그 삶을 포기하지 않았습니다. 그와 같은 사울의 삶을 한 컷의 영상으로 다시 정리해 보십시다.

어둠 속을 헤매던 사울에게 한 줄기 구원의 빛이 임하고, 그 구원의 빛이 사울을 감쌌습니다. 그 구원의 빛 속에서, 그 구원의 빛을 힘입어, 사울은 어둠을 향해 진리의 빛을 발하고 있습니다. 얼마나 감동적인 빛의 영상입니까? 사울이 숱한 도전과 위험과 박해와 고난 속에서도 그와 같은 삶으로 일관할 수 있었던 것은, 그날 주님께서 자신의 이름을 부르시며 자기에게만 구원의 빛으로 임하신 것은 그 빛을 자기 혼자만 누리라 하심이 아니라, 어둔 세상을 향해 그 빛을 발하는 주님의 증인으로 살게 하시기 위함임을 알았기 때문입니다. 그리고 그것만이, 유한한 자신의 삶을 예수 그리스도 안에서 영원히 건져 올리는 유일한 길임을 터득하고 있었기 때문입니다. 그래서 그는 오늘도 성경 속에서, 우리 가운데서, 여전히 영원한 빛의 영상으로 살아 있습니다.

우리는 여기에서 신앙이란 우리 한 사람 한 사람의 이름을 개인적으로 불러 주시고, 우리 각자에게 개별적으로 구원의 빛으로 임해 주신 주님께, 사울처럼 빛의 삶으로 응답하는 것임을 알게 됩니다. 하나님께서 아브라함을 "아브라함아 아브라함아" 하고 개별적으로 부르셨습니다(창 22:11). 시내산에서 "모세야 모세야" 하고 모세를 개별적으로 부르셨습니다(출 3:4). 사무엘도 마찬가지였습니다. 아니, 성경 속에 등장하는 믿음의 사람들은 모두 개별적으로 하나님의 구원의 빛을 경험했습니다. 그리고 그들은 모두 사울처럼, 빛의 영상의 삶으로 하나님께 응답하였습니다. 바로 그것이 믿음이요, 믿음의 삶이기 때문이었습니다.

한국 천주교 역사상, 최초로 조선 땅을 밟은 신부는 청나라 사람인 주문모周文謨 신부였습니다. 조선 땅에서 자생적으로 생겨난 가톨릭 신자들이 청나라 베이징 주교에게 신부를 파송해 줄 것을 청원하였습니다. 베이징 주교는 교황청의 허가를 받아, 조선인과 외모가 같은 청나라의 주문모 신부를 파송하였습니다. 1794년 12월 23일 얼어붙은 압록강을 건넌 주문모 신부는 그다음 달인 1795년 정월, 비밀리에 서울에 잠입하였습니다. 당시 외국 신부가 포교하는 것은 법으로 금지되어 있었으므로, 주문모 신부는 사람들의 눈을 피해 사목 활동을 했습니다. 그가 얼마나 헌신적으로 활동했던지, 그가 입국할 때 4천 명에 불과했던 가톨릭 신자가 6년 뒤에는 만 명으로 늘어났습니다. 그러나 마침내 그의 정체가 드러나게 되었고, 조선 조정은 그에 대한 체포령을 내렸습니다. 주문모 신부는 잠적하였고, 조선 조정은 그의 소재를 알기 위해 가톨릭 신자들을 붙잡아 고문하였습니다. 그로 인해 목숨을 잃는 신자들이 속출했습니다. 잠적한 주문모 신부는 가까스로 의주에 도착하였습니다. 눈앞에 있는 압록강만 건너면 청나라였고, 그와 동시에 그의 목숨은 안전할 수 있었습니다. 하지만 그는 차마 압록강을 건널 수 없었습니다. 자기로 인해 애꿎은 조선 신도들이 고문당하고 죽는 것을 알면서도, 자신의 안일만을 위해 강을 건널 수는 없었습니다. 오랜 번민 끝에 그는 다시 서울로 되돌아와 의금부에 자수하였고, 1801년 49세의 나이로 참수형을 당했습니다. 자신이 사랑하는 신도들을 살리기 위해 스스로 순교의 길을 택한 것이었습니다. 그것이 주님의 뜻이라 믿었기 때문입니다. 그러나 이와는 정반대의 이야기도 있습니다.

일본 작가 엔도 슈사쿠[遠藤周作]의 《침묵》은, 17세기 일본 가톨릭에 대한 박해와 관련하여 역사적 토대 위에서 엮어진 소설입니다. 포르투갈 신부 로드리꼬Rodrico는 일본에서 포교 활동을 하던 중 배교한 신자의 밀고로 체포당합니다. 일본 관원들에게 온갖 고문을 당했지만, 그보다 더 고통스러운 것은 관원들이 그에게 배교를 강요하는 것이었습니다. 예수님의 성화를 가져다 놓고, 배교의 증거로 그 성화를 발로 밟으라고 강요하며 고문하는 것이었습니다. 그것만이었다면 실은 어려울 것도 없었습니다. 끝까지 신앙을 지키다가 장렬하게 순교하면 될 일이었습니다. 그러나 로드리꼬 신부를 고통스럽게 만드는 것은, 그가 배교할 때까지 관원들이 가톨릭 신자들을 차례로 고문하여 죽이는 것이었습니다. 신도들 가운데에는 모진 고문 속에서도 신앙을 지키며 순교하는 신도들도 있었지만, 고문을 견디지 못해 로드리꼬 신부에게 제발 배교하라고, 예수님의 초상화를 밟으라고 원망하고 애원하는 신도들도 있었습니다. 그런 상황에서 로드리꼬 신부는 과연 어떻게 해야 하겠습니까? 자신의 신앙을 지키려면 죄 없는 신도들이 죽어나가고, 그들을 살리기 위해서는 자신이 배교자가 되어야 합니다. 주님, 어떻게 해야 하겠습니까? 아무리 기도해도 주님께서는, 이제까지 그러셨던 것처럼, 아무 응답도 없이 단지 침묵하실 뿐이었습니다. 마침내 로드리꼬 신부는 신도들을 살리기 위해 배교하기로, 다시 말해 예수님의 성화를 밟기로 결심했습니다. 그것은 순교보다 더 어려운 일이었습니다. 순교는 죽음의 고통은 있지만, 그러나 동료들로부터는 위대한 영웅이라 찬사받는 일이었습니다. 하지만 배교는 동료들로부터 죽을 때까지, 아니 죽은 뒤에도 영원히 배신자로 낙인찍히는 일이었습니다. 그럼에도 그는 그 길을 택하였습니다. 그렇게 해서라도 신도들을 살리는 것이 주님의 뜻이라 믿었던 것입니다. 그는 예수님의 초상화를 밟기 위해 발을 들었습니다. 발에 심한 통증이 엄습했습니다. 바로 그 순간, 그동안 침묵하기만 하셨던 주님의 음성이 로드리꼬 신부의 귀에 울렸습니다.

밟아도 좋다. 네 발의 아픔을 내가 제일 잘 알고 있다. 밟아도 좋다. 나는 너희에게 밟히기 위해 이 세상에 태어났고, 너희의 아픔을 나누기 위해 십자가를 짊어지신 것이다.

그렇습니다. 주님께서는 십자가에서 밟히심으로 우리를 살리셨습니다. 그리고 로드리꼬 신부는 배교자로 사람들에게 밟힘으로 사랑하는 신도들을 살렸습니다. 주문모 신부는 사랑하는 신도들을 위해 순교의 길을 선택했고, 로드리꼬 신부는 신도들을 위해 순교보다 더 어려운 주님의 성화를 밟는 길을 택했습니다. 이처럼 전혀 상반된 길을 간 것 같은 주문모 신부와 로드리꼬 신부의 공통점은, 그들은 모두 예수 그리스도의 진정한 증인이었다는 것입니다. 그들의 삶을 한 컷의 영상으로 표현한다면, 그 또한 사울과 동일한 빛의 영상입니다. 그들에게 그런 삶이 가능할 수 있었던 것은, 그들 역시 주님께서 자신들을 개별적으로 부르신 이유가 거기에 있음을 알고 있었기 때문입니다.

오늘 본문의 사울이 곧 우리 자신임을 아십니까? 주님께서 우리 각자의 이름을 개별적으로 부르시고, 우리 각자에게 구원의 빛으로 임하셨습니다.

이것을 머릿속에서 영상으로 그려 보십시오. 어둠 속을 헤매던 나에게, 주님께서 나의 이름을 개별적으로 부르시며 구원의 빛으로 임하셨습니다. 그렇다면 남은 것은, 내가 그 빛에 빛의 삶으로 응답함으로 나의 삶이 빛의 영상을 완성하는 것입니다.

사랑하는 교우 여러분!

어둠 속에서 빛을 받은 양귀비가 그 황홀한 진홍빛을 발하듯, 우리 모두 우리에게 임한 주님의 빛 속에서, 이 어둔 세상을 향해 그 빛을 발하는 빛의 증인들이 되십시다. 그때 우리의 삶은 매일, 주님의 빛의 전시회가 될 것입니다.

내가 주님을 알기도 전에 어둠 속을 헤매던 나의 이름을 아시고, 나를 개별적으로 불러 주시고, 나에게 구원의 빛으로 임해 주신 주님! 이제부터 나의 삶이, 주님의 그 사랑에 대한 응답이 되게 하옵소서. 주님을 위해 나아갈 때 용기 있게 나아가게 하시고, 주님을 위해 멈추어야 할 때 주저 없이 멈추게 하옵소서. 인생의 날씨가 맑을 때나 궂을 때나, 낮이나 밤이나, 사람들로부터 칭찬받을 때나 짓밟힐 때나, 오직 나의 삶이 이 세상의 어둠을 밝히는 진리의 빛이 되게 하옵소서. 그리하여 나의 일평생이 주님의 구원의 빛을 세상에 보여 주는, 주님의 빛의 전시장이 되게 하옵소서. 아멘.

15. 네가 박해하는 예수라

사도행전 9장 1-9절
사울이 주의 제자들에 대하여 여전히 위협과 살기가 등등하여 대제사장에게 가서 다메섹 여러 회당에 가져갈 공문을 청하니 이는 만일 그 도를 따르는 사람을 만나면 남녀를 막론하고 결박하여 예루살렘으로 잡아 오려 함이라 사울이 길을 가다가 다메섹에 가까이 이르더니 홀연히 하늘로부터 빛이 그를 둘러 비추는지라 땅에 엎드러져 들으매 소리가 있어 이르시되 사울아 사울아 네가 어찌하여 나를 박해하느냐 하시거늘 대답하되 주여 누구시니이까 이르시되 나는 **네가 박해하는 예수라** 너는 일어나 시내로 들어가라 네가 행할 것을 네게 이를 자가 있느니라 하시니 같이 가던 사람들은 소리만 듣고 아무도 보지 못하여 말을 못 하고 서 있더라 사울이 땅에서 일어나 눈은 떴으나 아무것도 보지 못하고 사람의 손에 끌려 다메섹으로 들어가서 사흘 동안 보지 못하고 먹지도 마시지도 아니하니라

예루살렘 교회를 잔멸한 사울은 대제사장의 위임장을 받아 예루살렘에서 약 200킬로미터 이상 떨어진 다메섹 원정에 나섰습니다. 그곳에 있는 그

리스도인들마저 예루살렘으로 연행하여, 종교재판을 거쳐 죽여 버리기 위함이었습니다. 이윽고 다메섹이 가까워지고, 사울이 다메섹의 그리스도인들을 일망타진하기 위한 각오를 새롭게 다질 즈음이었습니다.

> 사울이 길을 가다가 다메섹에 가까이 이르더니 홀연히 하늘로부터 빛이 그를 둘러 비추는지라 땅에 엎드러져 들으매 소리가 있어 이르시되 사울아 사울아 네가 어찌하여 나를 박해하느냐 하시거늘(3-4절).

갑자기 하늘로부터 빛이 쏟아지더니, 그 빛이 사울을 휘감았습니다. 그 빛의 기운이 얼마나 강했던지 사울은 땅에 엎드릴 수밖에 없었습니다. 그리고 그는, "사울아 사울아" 하고 자신의 이름을 부르는 누군가의 음성을 들었습니다. 그 음성은 계속 이어졌습니다. "어찌하여 나를 박해하느냐?" 사울은 그 음성의 주인공이 정확하게 누구인지, 그리고 자신이 대체 누구를 박해했다는 말인지 전혀 알 수 없었습니다.

> 대답하되 주여 누구시니이까 이르시되 나는 네가 박해하는 예수라(5절).

사울은 그 음성의 주인공을 향하여 "당신이 누구십니까?" 하고 묻지 않았습니다. 사울은 그 음성을 "주"라 부르며, "주여, 누구시니이까?" 하고 여쭈었습니다. 그가 '퀴리에κύριε', 즉 '주여'라고 부른 것은 단순히 상대에 대한 존칭이 아니었습니다. 그는 자신에게 임한 신비스런 빛과 음성으로 인해 신적 권위에 압도당한 채, 자신도 모르게 하나님께 말씀드리듯 '주여, 누구시니이까?' 하고 여쭈었던 것입니다. 그리고 그는, "나는 네가 박해하는 예수라"는 전혀 뜻밖의 대답을 들어야만 했습니다. 헬라어는 동사가 인칭대명사를 포함하고 있으므로 일반적으로 주어는 생략됩니다. 동사 자체가 동작의 주체가 1인칭인지 2인칭인지, 그리고 단수인지 혹은 복수인지 구별해 주기 때문입니다. 그러므로 사용하지 않아도 되는 주어를 굳이 사용한다면, 그것은 주어를 특별히 강조하기 위함입니다. 우리말로 '나는 네가 박해하는 예수라'고 번역된 원문은 1인칭 주어와 2인칭 주어가 모두 표기되어 있습니다. '나'와 '너'를 강조하기 위함입니다. 따라서 원문을 보다 원문의 의도에 가깝게 번역하면 이런 말이 됩니다. '진실로 나는 예수다. 지금 너 자신이 박해하는 바로 그 예수다.'

뜻하지 않은 충격적인 사건이나 사고를 당해 본 사람은, 그 사건 혹은 사고의 순간에 갑자기 시간이 멈추거나 시간의 속도가 현저하게 느려지는 것을 경험했을 것입니다. 1980년대 초, 제가 선데이 크리스천 때였습니다. 어느 추운 겨울날 밤, 당시 저와 같은 업계에 종사하던 분과 함께 광화문에서 밤늦게까지 술을 마셨습니다. 그리고 술이 취한 채로 차를 몰고 귀가하다가, 제가 그만 교통사고를 내고 말았습니다. 눈이 얼어붙어 빙판이 된 길에서 제가 몰던 자동차가 미끄러지며 근처 아파트 담벼락을 들이받은 것입니다. 얼마나 세게 부딪쳤던지 아파트 담벼락 일부가 무너졌고, 제 차는 그 충격으로 180도 선회한 다음에야 멈추어 섰습니다. 빙판길에서 미끄러진 차가 제 통제를 벗어나 아파트 담벼락에 부딪칠 때까지 걸린 시간은 길어야 2초 남짓이었습니다. 평상시 같으면 그야말로 눈 깜짝할 사이밖에 안 됩니다. 그러나 그날 그 사고의 현장에서 그 2초가 얼마나 긴 시간이었는지 모릅니다. 자동차가 미끄러져 아파트 담벼락에 부딪칠 때까지, 그 담벼락이 세상에서 가장 느린 슬로비디오처럼 아주 천천히 제 눈앞으로 다가왔습니다. 그 담벼락을 쳐다보며 '저기에 부딪치면 죽을 수도 있겠구나' 하는 생각과 더불어, 지난 세월의 온갖 영상과 상념이 마치 주마등처럼 제 머릿속을 스쳐 지나갔습니다. 25년의 세월이 흐른 지금 생각해 보아도, 그때 불과 2초 남짓의 순간동안 어떻게 그렇게 많은 영상과 생각이 떠올랐는지 신기하기만 합니다.

　본문 속의 사울 역시 마찬가지였을 것입니다. '나는 네가 박해하는 예수라'는 주님의 말씀을 듣는 순간, 갑자기 사울의 시간이 멈추고 말았을 것입니다. 자신에게 빛으로, 말씀으로 임한 분이 예수님이시라는 사실은 사울이 추호도 상상치 못한, 그의 일생에서 가장 충격적인 사건이었기 때문입니다. 그리고 갑자기 멈춘 사울의 시간 속에서 온갖 영상과 생각이 떠올랐을 것입니다. 그중에서도 그를 가장 사로잡은 것은 스데반의 죽음이었을 것입니다. 스데반은 유대인들이 못박아 죽인 예수님의 부활을 외치면서, 예루살렘 성전을 하나님과 동일시하는 유대인들의 잘못을 지적하였습니다. 예수님을 못박아 죽인 유대인들이 스데반을 가만히 둘 리가 없었습니다. 유대인들은 신성모독죄로 스데반을 돌로 쳐 죽였습니다. 사도행전 22장 20절에 의하면, 그때 사울은 스데반을 돌로 쳐 죽이는 데 찬성한 사람이었습니다. 그것도 모자라 그는 스데반을 돌로 쳐 죽이는 사람들의 옷을 맡기까지 했습니다. 이를테면 사울은 스데반의 죽음을 가장 가까이에서 목격한 증인이었습니다.

　부활 승천하신 예수님께서 하나님 우편에 서 계신다고 하늘을 우러러 외치는 스데반을 성 밖으로 끌고 간 유대인들은 그를 돌로 쳐 죽이기 시작했습니다. 무자비한 돌 세례 속에서 숨을 거둔 스데반이 죽기 직전에 남긴 말은 두 문장이었습니다. "주 예수여 내 영혼을 받으시옵소서." "주여 이 죄를 그들에게 돌리지 마옵소서." 살아 있는 사람이 돌에 맞아 피투성이가 되어 죽는, 가장 비참한 죽음을 당하면서도 숨이 넘어가는 마지막 순간까지 스데반의 관심은 오직 예수님뿐이었습니다. 그는 예수님만 바라보고, 예수님께 기도하고, 예수님께 자신의 영혼을 맡겼습니다. 그것은 사울에게는 이해하기 힘든 일이었을 것입니다. 예수를 위하여 한 인간이 죽음마저 무릅쓰고, 숨이 끊어지는 마지막 순간까지 예수만 좇는다는 것은, 예수를 부정하던 사울로서는 생각하기도 어려운 일이었을 것입니다. 사도행전 8장 1절의 증언처럼, 사울이 관성의 법칙에 따라 스데반의 죽음을 당연한 것으로 여기고 계속하여 그리스도인들을 박해하였지만, 스데반의 마지막 영상만은 사울의 뇌리에 깊이 새겨졌을 것입니다.

그런데 스데반이 죽기까지 증언하던 그 예수님께서 사울에게 직접 나타나신 것입니다. 스데반의 증언처럼 십자가에 못박혀 돌아가신 예수님께서 정말 부활하셨고, 달동네 나사렛의 빈민 출신 예수님이 정말 이 땅에 오신 그리스도 즉 성자 하나님이심을 사울이 직접 확인한 것입니다. 더욱이 그 예수님께서 사울을 향해 '나는 네가 박해하는 예수라'고 말씀하셨습니다. 사울은 예수님께서 이 땅에 계시는 동안 예수님을 직접 뵌 적이 한 번도 없었습니다. 예수님을 만난 적이 없으니, 사울이 예수님을 박해했을 리도 없었습니다. 그런데도 예수님께서는 사울에게 '네가 어찌하여 나를 박해하느냐?' '나는 네가 박해하는 예수라'고 분명히 말씀하셨습니다. '박해하다'를 뜻하는 헬라어 동사 '디오코διώκω'는 일회적인 행동이 아니라, 사람을 따라다니며 끈질기게 괴롭히는 것을 의미합니다. 예수님 생전에 예수님을 만난 적도 없는 사울 자신이 끈질기게 예수님을 박해했다는 것입니다. 십자가에 못박혀 돌아가신 예수님께서 부활하신 그리스도라는 사실도 충격적이었지만, 만난 적도 없는 예수님을 자신이 계속 박해해 왔다는 예수님의 말씀은 더 큰 충격이었습니다. 그것은 마치 청천벽력과도 같았습니다. 그 순간 사울의 충격이 얼마나 컸던지 사울은 즉각 시력을 상실하였을 뿐 아니라, 그 이후 사흘 동안 식음을 전폐할 정도였습니다.

그렇다면 왜 예수님께서 당신을 직접 만난 적도 없는 사울이 당신을 박해한다고 말씀하셨겠습니까? 사울의 어떤 행동이 사울 자신도 모르게 주님을 박해한 것이었겠습니까? 먼저, 사울이 예수 그리스도를 부정한 것입니다. 사울은 예수님의 그리스도 되심을, 예수님의 구원자 되심을, 예수님의 성자 하나님 되심을 철저하게 부정하였습니다. 그것이 예수님에 대한 사울의 첫 번째 박해였습니다.

천주교 신자인 소설가 박완서 선생이 이런 말을 했습니다. "그리스도인은 더 이상 하느님을 살해해서는 안 된다." 곱씹어 볼수록 의미심장한 말입니다. 하나님을 믿는 그리스도인이 아무도 보지 않는 곳에서, 아무도 모르게 하나님의 말씀을 어기고 죄를 범했다고 하십시다. 그것은 그가, 사람이 보지 않는다고 해서 그곳에 하나님도 계시지 않는다고 생각했기 때문입니다. 바꾸어 말하면, 하나님을 믿는다면서도 그곳에 계신 하나님을 자기 마음속에서 죽여 버렸기 때문입니다. 그렇지 않고서야 하나님을 믿는 그리스도인이, 사람이 보지 않는다고 죄를 범할 수는 없습니다. 따라서 박완서 선생의 말은, 그리스도인이 자기 멋대로 하나님을 살해하는 짓을 멈추어야만 어디서든 그리스도인으로 살 수 있다는 의미입니다. 사울이 삼위일체 하나님 되시는 예수님을 철저하게 부정하였다는 것은, 자기 삶의 자리에서 예수 그리스도를 아예 죽여 버린 것을 의미합니다. 그래서 그는 예수님과의 만남 여부와 상관없이 예수님을 박해한 사람이었습니다.

잊지 마십시다. 우리가 주일에 교회를 찾아 아무리 정성을 다해 예배드린다 해도 우리 삶의 현장에 계신 주님을 망각한다면, 우리는 우리 삶의 현장에서 주님을 박해하는 사람일 수밖에 없습니다. 우리 삶의 현장에 계신 주님을 망각한다는 것은 그곳에 계신 주님을 우리 스스로 죽여 버렸음을 의미하고, 주님을 죽인 우리의 삶이 주님을 좇을 리가 만무한 까닭입니다. 여기에서 우리는 거꾸로, 우리가 주님을 영화롭게 해드린다는 것이 무엇을 의미하는지를 정확하게 알게 됩니다. 그것은 우리가 언제 어디에 있든, 바로 그곳에 임해 계시는 주님에 대하여 깨어 사는 것입니다. 그 사람은 어떤 상황 속에서든 주님을 좇을 수밖에 없고, 주님을 좇는 그의 삶을 통해 주님께서 친히 역사하실 것이기 때문입니다.

두 번째로, 사울이 불의한 사람과 함께한 것이 주님에 대한 박해였습니다. 대제사장을 비롯한 유대교 지도자들은 무지한 민중을 선동하여 예수님을 죽여 버렸습니다. 그들이 예수님의 말씀에 조금만 귀를 기울였더라도, 그들이 예수님의 말씀 앞에서 조금만 겸손했더라도, 그들은 구약의 선지자들이 예언한 메시아가 예수님이심을 어렵지 않게 알았을 것입니다. 그들은 모두 구약성경에 통달한 사람들이었기 때문입니다. 그러나 그들은 자신들의 귀를 막고 예수님을 죽여 버렸습니다. 그들에게 빈민 출신의 예수님은, 자신들의 기득권과 그 기득권을 보장해 주는 사회체제를 근본적으로 뒤흔드는 불순분자에 지나지 않았습니다. 한마디로 그들은 진리보다 자신들의 그릇된 기득권과 욕망을 더 중요시하는 불의한 사람들이었습니다. 사울은 그들과 한편이었습니다. 불의한 대제사장이 사울에게 자신의 위임장을 써줄 정도로 사울은 불의한 지도자들로부터 신임받는 청년이었습니다. 그는 불의한 지도자들에게 충성을 다했습니다. 그것이야말로 자신이 그 불의한 집단 속에서 가장 확실하게 출세하고 성공하는 길이었기 때문입니다. 그러나 불의한 사람들과 야합하는 것이 곧 진리이신 예수님을 박해하는 행위임을, 불행히도 그는 알지 못했습니다.

우리가 아무리 주님을 위해 열심을 다해 봉사해도, 우리의 기득권과 그릇된 욕망을 위해 불의와 타협하고 불의한 사람들과 야합한다면 우리는 주님을 박해하는 사람에 지나지 않습니다. 불의 혹은 불의한 사람과 야합한다는 것 자체가 진리의 유린을 뜻하고, 주님께서 곧 진리이시기 때문입니다. 반대로, 현실적으로 아무리 큰 이득이 보장된다 할지라도 끝내 불의와 타협하지 않고 불의한 사람과 야합하지 않는다면, 그는 주님을 영화롭게 하는 사람입니다. 불의와 맞서는 그를 통해 주님의 진리가 흥왕할 것이기 때문입니다.

마지막으로, 사울이 주님을 좇는 의로운 그리스도인들을 박해한 것이 주님을 박해한 것이었습니다. 세상에는 자신의 목적을 위해 불의와 타협은 하면서도, 의로운 사람을 고의로는 해치지 않는 사람도 있습니다. 그러나 사울은 불의와 한편이었을 뿐만 아니라 누구보다도 적극적으로, 구체적으로 말해 다메섹 원정에 나설 정도로 의로운 그리스도인들을 박해하였습니다. 그가 박해한 의로운 그리스도인들은 주님을 주인으로 모신 사람들이었기에, 그의 박해는 곧 주님에 대한 박해였습니다. 사람들은 의로운 그리스도인이 되기를 원하면서도, 자기보다 더 의로운 사람이나 정말 의로운 사람이 자기 삶 속에 들어오는 것은 꺼리는 경향이 있습니다. 그로 인해 자기 삶이 불편해질 수 있기 때문입니다. 우리가 단지 우리 자신이 불편하다는 이유만으로 의롭게 살아가는 사람의 앞길을 가로막거나 뒷덜미를 잡아당긴다면, 우리는 주님에 대한 박해자에 불과함을 잊어서는 안 됩니다. 반대로 우리가 그 어떤 도전과 모험과 고난 속에서도 주님으로 인해 의로운 길을 고수한다면, 그리고 의롭게 살아가는 사람들을 사랑하며 그들의 동행자가 된다면, 우리는 의로우신 주님을 영화롭게 하는 사람들임에 틀림없습니다. 우리가 가는 곳마다 주님의 의가, 하나님의 공의가 드러날 것이기 때문입니다.

자신이 한 번도 만난 적이 없었음에도, '나는 네가 박해하는 예수라'는 주님의 말씀을 통해 이 귀중한 사실을 깨달은 사울의 삶은 그 이후 확연하게 달라졌습니다. 그는 그 이후 언제 어디서나 자신이 두 발 딛고 서 있는 곳에 계시는 주님에 대하여 깨어 있는 삶을 살았습니다. "내가 그리스도와 함께 십자가에 못박혔나니 그런즉 이제는 내가 사는 것이 아니요, 오직 내 안에 그리스도께서 사시는 것이라"(갈 2:20)는 그의 고백처럼, 그가 어디를 가든 주님을 모시고 다녔기 때문입니다.

그는 주님을 만남과 동시에 불의한 유대교 집단과 결별하였습니다. 사울을 배신자로 간주한 유대교인들이 온갖 방법을 동원하여 사울을 죽이려 하였지만, 그는 조금도 굴하지 않았습니다. 주님께서 부활하셨고 부활하신 주님께서 진리이신 것을 안 이상, 세상에서 아무리 큰 것이 주어진다 해도 불의와 야합함으로 진리이신 주님을 더 이상 짓밟을 수는 없었기 때문입니다. 뿐만 아니라 그는 그리스도의 의를 좇아 일평생 의로운 그리스도인으로 살며, 주님 안에서 의롭게 살아가려는 사람들의 동행자가 되었습니다. 그 길을 걷기 위해 시시각각 숱한 도전과 모험과 위험과 박해와 고난에 직면해야 했지만 그는 자신의 호흡이 멎는 순간까지 그 길을 달렸고, 그 길을 완주하기 위한 선한 싸움을 피하지 않았습니다. 그는 자신을 구원해 주신 주님을 일평생 자신의 삶으로 영화롭게 해드린 참된 제자요, 주님을 진정으로 사랑한 그리스도인이었습니다. 주님께서 그를, 인류 역사상 가장 위대한 사도로 세워 주신 것은 결코 우연한 결과가 아니었습니다.

이와 같은 사울의 삶 속에서, 오늘의 본문 앞에서, 우리는 우리 자신의 삶을 되돌아보지 않을 수 없습니다. 우리 각자의 삶은 어떻습니까? 우리의 일터는 어떻습니까? 우리 일터에 계시는 주님을 날마다 우리 손으로 죽이고 있는 것은 아닙니까? 나의 욕망이 요구하는 더 큰 몫을 차지하기 위해 불의마저 서슴지 않고, 불의한 사람과 거리낌 없이 야합하고 있는 것은 아닙니까? 의롭게 살아가는 사람을 사랑하기는커녕, 오히려 그들이 불편해서 그들의 뒷덜미를 끌어당기고 있는 것은 아닙니까? 만약 그렇다면 우리 자신은 주님을 믿는 사람이 아니라 주님을 박해하는 사람들이요. 2천 년 전 다메섹 도상에서 사울에게 던진 주님의 질문과 답변은 우리 자신을 향한 주님의 말씀임을 잊어서는 안 됩니다. '네가 어찌하여 나를 박해하느냐?' '나는 네가 박해하는 예수라.' 주님의 이 말씀 앞에서 우리는, 주님을 박해하던 그릇된 삶을 벗어던지고 주님을 영화롭게 하는 삶을 시작해야 합니다. 주님께서 오늘 이 시간에 본문 말씀을 우리에게 주신 까닭이 거기에 있기 때문입니다.

내일부터는 추석 연휴가 시작됩니다. 추석은 흩어졌던 가족이 한데 모이는 민족의 명절입니다. 이 뜻깊은 명절을 맞아 우리의 가정도 되돌아보게 됩니다. 우리의 가족은 정말 그리스도 안에서 서로 사랑하고 있습니까? 가족 각자가 그리스도인으로서 진리의 의무와 책임을 다하고 있습니까? 만약 아니라면 우리가 주님을 믿는다면서도 우리 가정에서 주님을 살해하는 사람이요, 결과적으로 우리의 가정은 주님을 박해하는 박해의 소굴이 아니겠습니까? 우리 모두 '네가 어찌하여 나를 박해하느냐?' '나는 네가 박해하는 예수라'는 주님의 말씀 앞에 회개하면서, 믿음으로 우리의 가정을 바르게 추스르십시다. 우리 모두 우리 가정의 주인 자리를 주님께 내어 드리고, 언제나 그분 앞에서 깨어 있으십시오. 온 가족이 한마음 되어 먼저 우리 가정에서부터 거짓과 불의의 고리를 끊고, 함께 손을 잡고 진리의 의로운 길을 걸어가십시다. 혼자라면 어려울지 모르지만, 가족이 함께 있기에 우리는 능히 그 길을 걸을 수 있습니다. 그 길을 함께 걷도록 하나님께서 우리 곁에 사랑하는 가족을 붙여 주셨기 때문입니다.

며칠 전 아내의 생일날, 현재 고등학교 1학년인 막내아이는 엄마의 생일 선물로 정육면체 퍼즐 놀이 기구인 루빅큐브를 준비했습니다. 그리고 그 선물을 다음과 같은 내용의 생일 축하 카드와 함께 엄마에게 건넸습니다. 막내아이의 양해하에 그 내용을 읽어 드리겠습니다.

어머니께.

여기 조그만 퍼즐이 하나 있어요.

쉬워 보이는데 되게 어렵더라고요.

어머니께서 더 잘 아시겠지만, 살면서 힘들 때가 있잖아요.

풀릴 듯 말 듯하면서 사람을 괴롭히는…….

아인슈타인이 말했던가? "모든 것은 시간이 해결해 준다"는 말이 있대요. 퍼즐이 어렵지만, 조금씩 조금씩 하다 보면, 어느샌가 퍼즐이 풀릴 거예요.

혹시라도 힘드시거나, 시간이 해결해 주지 못할 때,

아니, 아무 때라도 불러 주세요.

죽으라면 죽는 시늉이라도 할게요~^^

어머니의 생신, 진심으로 축하드려요!

이 카드를 읽고 우리 가족 모두 크게 감동하였습니다. 가족의 소중함을 새삼스럽게 일깨워 주는 내용이었기 때문입니다.

사랑하는 교우 여러분!

때로 우리의 가정이 수수께끼와 같은 미로를 거칠 때가 있지 않습니까? 그때 그곳에도 주님께서 우리와 함께하심을 잊지 마십시다. 그곳에서도 그리스도의 의로운 길을 좇으십시다. 만약 가족 중 누군가가 지쳐 비틀거린다면 남은 가족들이 죽는 시늉이라도 하며, 아니 죽기까지 서로 격려하면서 함께 그 의로운 길을 완주하십시다. 우리의 가정은 이 시대를 위한 신新사도행전이 시작되는 성지가 될 것이요, 이번 추석은 단순한 민족 명절이 아니라 위대한 신앙의 명절이 될 것입니다.

주님을 믿는 우리가 부지중에 주님을 박해해 왔습니다. 우리 삶의 현장에 계신 주님을 우리 스스로 부정함으로, 주님을 박해했습니다. 세상의 것을 위해 불의와 타협하고 불의한 사람들과 야합함으로, 주님을 박해했습니다. 주님의 의를 좇아 의롭게 살아가는 사람을, 단지 그로 인해 나의 삶이 불편하다는 이유만으로 그의 뒷덜미를 잡아당김으로, 주님을 박해했습니다. 내 가정의 주인이 주님이심을 인정하지 않음으로, 주님을 박해했습니다. 그리스도인으로서 가족 간에 진리의 의무와 책임을 다하지 않음으로, 주님을 박해했습니다. 주님께서 한 가족으로 엮어 주신 가족들이 서로 사랑하지 않음으로, 주님을 박해했습니다.

그럼에도 그 사실을 깨닫지 못한 채, 스스로 성숙한 그리스도인이라 착각하고 있는 우리를 주님께서 가증타 버리시지 않았습니다. 오히려 이 시간 우리에게 '네가 어찌하여 나를 박해하느냐?' '나는 네가 박해하는 예수라'고 말씀해 주심으로, 우리의 실상과 허물을 바르게 깨닫게 해주셔서 진심으로 감사합니다.

그동안 주님을 박해해 온 우리의 죄를 회개하오니 용서하여 주옵소서. 이 시간 이후로 사울처럼, 우리의 삶으로 주님을 영화롭게 해드리며, 진정으로 주님을 사랑하는 의로운 그리스도인이 되게 하여 주옵소서. 특히 이번 추석이 단순히 가족이 모였다 흩어지는 일회성의 명절이 아니라, 모든 가족들이 자신들의 신앙을 바르게 추스르는 믿음의 명절이 되게 하여 주옵소서. 그리하여 우리의 각 가정이, 이 시대를 위한 신사도행전이 시작되는 성지가 되게 하여 주옵소서. 아멘.

16. 시내로 들어가라

사도행전 9장 1-9절
사울이 주의 제자들에 대하여 여전히 위협과 살기가 등등하여 대제사장에게 가서 다메섹 여러 회당에 가져갈 공문을 청하니 이는 만일 그 도를 따르는 사람을 만나면 남녀를 막론하고 결박하여 예루살렘으로 잡아 오려 함이라 사울이 길을 가다가 다메섹에 가까이 이르더니 홀연히 하늘로부터 빛이 그를 둘러 비추는지라 땅에 엎드러져 들으매 소리가 있어 이르시되 사울아 사울아 네가 어찌하여 나를 박해하느냐 하시거늘 대답하되 주여 누구시니이까 이르시되 나는 네가 박해하는 예수라 너는 일어나 **시내로 들어가라** 네가 행할 것을 네게 이를 자가 있느니라 하시니 같이 가던 사람들은 소리만 듣고 아무도 보지 못하여 말을 못 하고 서 있더라 사울이 땅에서 일어나 눈은 떴으나 아무것도 보지 못하고 사람의 손에 끌려 다메섹으로 들어가서 사흘 동안 보지 못하고 먹지도 마시지도 아니하니라

국토가 반도와 섬으로 이루어져 있는 우리나라는, 매해 태풍으로 인한 피해를 입곤 합니다. 불과 2주 전인 9월 16일에는 태풍 '나리'로 인해 제주 지

역이 사상 유례 없는 피해를 입었습니다. 건물, 교량, 도로, 항만 등 시설물 피해액만도 1,200억 원이고, 동산과 농작물 피해액 집계가 끝날 경우, 총 피해액은 최소 2,000억 원에서 최대 3,000억 원에 이를 것으로 추산되고 있습니다. 단 몇 시간의 태풍으로 인한 피해액이 그 정도이고 보면, 태풍의 위력과 무서움을 새삼스럽게 느끼게 됩니다. 그러나 태풍의 피해가 반도나 섬에만 국한된 것은 아닙니다. 대륙은 대륙대로 대륙성기후로 인한 태풍 피해에 시달리곤 합니다.

제가 3년 동안 스위스 제네바에 체류하는 동안, 서부 유럽 대륙도 매해 태풍으로 몸살을 앓았습니다. 특히 1999년 연말에 몰아닥쳤던 살인적인 태풍은 서부 유럽 대륙을 온통 쑥대밭으로 만들었습니다. 최고 시속 250킬로미터의 태풍 속에서 무려 100여 명이 목숨을 잃었고, 재산 피해액은 정확하게 집계하는 것 자체가 불가능하다고 했습니다. 당시 프랑스 정부가 전국 96개 주 가운데 무려 60개 주를 자연재해 지역으로 선포할 정도로 살인 태풍이었습니다.

이처럼 태풍의 위력과 무서움과 결과는 반도 국가인 우리나라와 서부 유럽 대륙이 대동소이하지만, 그러나 그곳에서는 우리나라에서 볼 수 없는 광경을 접하게 됩니다. 우리나라에서는 태풍의 위력을 이기지 못한 나무가 꺾이는 경우는 있지만, 아예 뿌리째 뽑혀 버리는 경우는 거의 없습니다. 그러나 서부 유럽에서는 우리나라와는 반대로 태풍에 꺾이는 나무는 거의 없고, 뿌리째 뽑혀 쓰러지는 나무들이 허다합니다. 그렇다고 그곳 태풍 위력이 우리나라보다 더 강한 것은 아닙니다. 그곳에는 태풍에 미치지 못하는 강풍에도 뿌리째 뽑혀 넘어지는 나무들이 있습니다. 작고 연약한 나무가 아니라, 20미터가 넘는 거목들이 맥없이 나자빠지는 것입니다.

그것은 우리나라와는 다른 그곳 기후로 인함입니다. 우리나라는 1년 열두 달 가운데 비가 오는 우기가 세 달이 채 되지 않습니다. 비가 오지 않는 건기가 우기보다 세 배 이상 긴 셈입니다. 그러므로 우리나라의 나무들은 그 길고 긴 건기 동안 살아남기 위해, 나무뿌리가 수맥을 찾아 땅속 깊이 파고들지 않을 수 없습니다. 결과적으로 뿌리 깊은 우리나라의 나무는 태풍에 꺾일지언정 뿌리째 뽑혀 넘어지지는 않습니다. 그러나 우리나라처럼 혹한이 없는 시부 유럽에는 1년 내내 많은 비가 내립니다. 그래서 한국과는 달리 겨울에도 새파란 잔디가 살아 있곤 합니다. 그처럼 사시사철 땅이 습하기에, 그곳 나무들은 뿌리가 구태여 애써 땅속 깊이 파고들어 갈 필요가 없습니다. 쉽게 옆으로 퍼지기만 해도 어디든 물이 있기 때문입니다. 그래서 얕은 뿌리로 안일하게 살다가 어느 날 강풍이 몰아치면, 속수무책으로 뿌리가 송두리째 뽑혀 치참한 몰골로 나자빠져 버리는 것입니다.

제네바에 사는 동안 태풍이 지나간 다음 산책을 나가면, 제가 늘 산책하는 강변 길을 따라 뿌리째 뽑혀 나자빠진 나무들을 여기저기서 보게 됩니다. 그런 나무들의 공통점은 뿌리의 길이가 고작 50센티미터 정도에 불과하다는 것입니다. 그 정도의 얕은 뿌리로는, 높이 20미터가 넘는 거목이 태풍 앞에서 자신을 지킬 수 있을 리 만무합니다. 그때마다 저는 중요한 사실을 재확인하곤 했습니다. 아무리 태풍이 불어도 여전히 자기 자리에서 버티고 있는 나무들이 훨씬 많다는 것입니다. 그 나무들은 똑같은 날, 똑같은 시간, 똑같은 장소에서, 똑같은 태풍을 만났지만, 그 태풍을 이기고 살아남은 나무들이었습니다. 그 나무들이 태풍을 이길 수 있었던 이유는 하나였습니다. 뿌리째 뽑혀 쓰러진 나무들보다 깊은 뿌리를 지니고 있었기 때문입니다. 그렇다면 뿌리째 뽑힌 나무들은 남 탓을 할 수 없습니다. 태풍을 원망할 수도 없습니다. 그런 결과를 초래한 것은 전적으로 자기 자신의 책임입니다. 수고하며 땅속 깊이 뿌리내리지 않고, 그저 안이하고 편하게 옆으로만 퍼진 자기 자신의 책임일 뿐입니다. 나무가 나무로서 자신에 대한 책임을 다하지 않을 때, 어느 순간 불현듯 불어닥친 태풍에 나무 자체가 뿌리째 뽑혀 나자빠지고 맙니다. 그렇게 뿌리째 뽑혀 나자빠진 나무에게는 또 다른 생명의 기회가 있을 수 없습니다.

예루살렘 교회를 잔멸한 사울은, 그 여세를 몰아 예루살렘에서 200킬로미터 이상 떨어진 다메섹 원정에까지 나섰습니다. 그곳에 있는 그리스도인들마저 예루살렘으로 연행하여 종교재판을 거쳐 죽여 버리기 위함이었습니다. 이윽고 다메섹이 가까워지고, 사울이 다메섹의 그리스도인들을 일망타진하기 위한 각오를 새롭게 다질 즈음이었습니다.

사울이 길을 가다가 다메섹에 가까이 이르더니 홀연히 하늘로부터 빛이 그를 둘러 비추는지라 땅에 엎드러져 들으매 소리가 있어 이르시되 사울아 사울아 네가 어찌하여 나를 박해하느냐 하시거늘 대답하되 주여 누구시니이까 이르시되 나는 네가 박해하는 예수라(3-5절).

다메섹을 지척에 두고, 사울은 그만 태풍을 만나고 말았습니다. 빛이요 진리이신 예수 그리스도의 태풍이었습니다. 그 순간 그는 땅바닥에 고꾸라지고 말았습니다. 게다가 그로 인해 시력을 상실하고 식음마저 전폐할 수밖에 없었습니다. 그의 인생은 더 이상 쳐다볼 가치도, 더 이상 먹고 마실 의미도 없는 인생이었습니다. 한마디로 예수 그리스도의 태풍 앞에서 그의 인생이 뿌리째 뽑혀 나자빠지고 만 것입니다. 그것은 다른 사람의 탓이 아니었습니다. 전적으로 사울 자신의 책임이었습니다. 길이요 진리요 생명이신 예수 그리스도에게 뿌리박지 않았던 사울 자신, 그릇되이 자기 신념과 자기 판단에만 안이하게 뿌리내렸던 사울 자신, 예수 그리스도를 부정하고 불의와 한편이 되어 의로운 그리스도인들을 핍박함으로 예수 그리스도를 박해해 왔던 사울 자신, 바로 그 자신의 책임이었습니다. 그러므로 사울이 예수 그리스도의 태풍 앞에서 뿌리째 뽑혀 나자빠진 그 순간이야말로, 뿌리 뽑힌 나무들처럼, 사울의 인생이 종말을 맞는 순간이어야만 했습니다.

하지만 놀라운 사실이 있습니다. 한글 성경에는 번역이 빠져 있지만, 헬라어 원문에는 6절이 '그러나'를 의미하는 '알라$\dot{\alpha}\lambda\lambda\acute{\alpha}$'로 시작되고 있습니다. '그러나'는 이전의 내용과 상반되는 내용이 나올 때 사용되는 접속부사입니다. 6절 이전의 내용은, 사울이 다메섹을 지척에 두고 예수 그리스도의 폭풍 속에서 뿌리째 뽑혀 나자빠진 것은 예수 그리스도를 박해했기 때문이라는 것입니다. 다시 말해 그동안 예수 그리스도의 진리와 생명에 뿌리내리지 않았던 그의 인생은, 이제 예수 그리스도의 태풍 앞에서 종말을 맞았다는 의미였습니다. 그런데 그 모든 내용이 '그러나'란 단어 속에서 대역전을 이루고 있습니다. 그것은, 예수 그리스도를 박해하다 뿌리째 뽑힌 사울의 인생이 끝장을 맞은 것은 틀림없지만, 그러나 그의 인생이 그렇게 무의미하게 끝나도록 내버려 두시지는 않겠다는 주님의 선언이었습니다. 오히려 그 끝장이 그의 종말이 아니라 새로운 시작이 되게 해주시겠다는 주님의 약속이었습니다. 끝장인 것은 그동안 자기 자신에게 뿌리내렸던 그의 그릇된 삶이요, 시작이라 함은 진리에 뿌리내리는 새 생명의 삶이란 의미였습니다.

그러므로 죽음의 삶을 치닫던 사울을 주님께서 다메섹 도상에서 한 손으로 뿌리 뽑으셨던 것은, 결코 그 자체가 목적이어서가 아니었습니다. 도리어 나머지 한 손으로 그를 참생명 속에 심어 주시기 위함이었습니다. 그래서 본문 6절을 통해 주님께서 이렇게 말씀하셨습니다.

너는 일어나 시내로 들어가라 네가 행할 것을 네게 이를 자가 있느니라.

주님께서는 사울에게 "일어나 시내로 들어가라"고 명령하셨습니다. '시내'란 두말할 것도 없이 다메섹이었습니다. 다메섹의 그리스도인마저 일망타진하려 했던 사울을 다메섹으로 불러들이시어, 그곳의 그리스도인들 앞에서 보라는 듯이 그를 혼내시려 함이 아니었습니다. 주님께서 이미 다메섹에, 사울이 앞으로 무엇을 행하여야 할 것을 일러 줄 사람을 예비해 두셨기 때문이었습니다. 주님께서 다메섹 도상에서 사울의 인생을 먼저 뿌리 뽑으신 뒤에야 사방을 두리번거리시며 그에게 필요한 사람을 찾으신 것이 아니라, 그의 그릇된 삶의 뿌리를 뽑으시기 전에 사울에게 필요한 사람을 미리 예비해 두신 것이었습니다. 마치 의사가 환자의 환부를 무조건 도려내고 보는 것이 아니라, 수술을 시작하기 전에 먼저 수술에 필요한 도구와 약과 모든 조치를 완벽하게 준비한 뒤에 집도하는 것과 같았습니다.

만약 주님께서 죄인을 뿌리째 뽑으시는 공의의 손만 가지신 분이라면, 다메섹 도상에서 인생의 뿌리가 뽑힌 사울은 그것으로 파국을 맞고 말았을 것입니다. 만약 주님께서 죄인의 허물을 덮어 주시는 사랑의 손만 지니셨다면, 죽음의 길로 치닫던 사울을 그냥 내버려 두셨을 것입니다. 어느 쪽이든 사울은 영원히 파멸하고 말았을 것입니다. 그러나 주님께서는 공의의 손과 사랑의 손을 동시에 지니셨기에 공의의 손으로는 그릇된 사울의 인생을 뿌리째 뽑으시고, 사랑의 손으로는 그로 하여금 당신의 진리와 생명에 뿌리내리게 하심으로, 사울은 전혀 새로운 삶을 살 수 있었습니다.

다음은 본문 8-9절의 증언입니다.

사울이 땅에서 일어나 눈은 떴으나 아무것도 보지 못하고 사람의 손에 끌려 다메섹으로 들어가서 사흘 동안 보지 못하고 먹지도 마시지도 아니하니라(8-9절).

그는 다메섹으로 들어가라는 주님의 명령을 좇아 일어났습니다. 그러나 시력을 상실한 그는 다른 사람의 손에 이끌려서야 다메섹에 이를 수 있었습니다.

다메섹으로 들어가라는 주님의 명령이 있기 이전부터 다메섹은 사울의 행선지였습니다. 다시 말해 예수 그리스도의 태풍 속에서 사울의 인생이 뿌리째 뽑히기 이전이나 이후나, 그의 행선지가 다메섹인 것에는 변함이 없었습니다. 그러니 행선지가 동일하다고 해서, 행선지를 향하는 그의 행보의 의미마저 동일한 것은 아니었습니다. 오히려 그 두 행보의 의미는 정반대였습니다.

그의 인생이 뿌리 뽑히기 전, 본문 3절의 사울은 스스로 다메섹을 향해 나아갔습니다. 그러나 그의 인생이 뿌리째 뽑힌 뒤 본문 8절의 사울은 사람의 손에 끌려, 아니 그 배후에 계시는 주님의 손에 이끌려 갔습니다. 예전의 사울은 자신의 신념을 위해, 진리를 짓밟기 위해 그곳을 향했습니다. 지금은 진리이신 주님에게 자신을 맡기기 위해 다메섹을 향합니다. 3절의 사울은 자기 인생의 뿌리를 자기에게 내리고, 자기도 모르게 죽음의 씨와 열매를 뿌리고 거두기 위해 다메섹을 향했습니다. 그러나 8절의 사울은 예수 그리스도의 생명과 진리에 뿌리내리기 위해 나아가고 있습니다.

더욱이 본문 7절이 다음과 같은 사실을 전해 주고 있습니다.

같이 가던 사람들은 소리만 듣고 아무도 보지 못하여 말을 못 하고 서 있더라.

　이미 아시는 바와 같이, 예수 그리스도의 태풍 속에서 사울의 그릇된 삶의 뿌리가 송두리째 뽑히던 순간, 그 역사적인 현장에 사울 홀로 있었던 것은 아닙니다. 그곳에는 분명히 사울의 일행이 사울과 함께 있었습니다. 다메섹의 그리스도인들을 일망타진하려는 그 일행의 괴수는 사울이었습니다. 그날 그곳에 있던 사람들 가운데 사울이 가장 악한 사람이었던 것입니다. 그런데도 그날 사울 자신만 새 생명에 접붙임을 받았습니다. 그것은 논리적으로는 도저히 설명할 수 없는, 오직 불가사의한 주님의 섭리였습니다. 그 신비한 주님의 섭리 앞에서 사울이 과연 무엇을 본다 할 수 있으며, 무엇을 안다 말할 수 있겠습니까? 그래서 예전엔 자신을 맹신하며 교만의 눈을 치켜세우고 다메섹을 향했지만, 지금은 두 눈을 감고 입을 다문 채, 낮고 낮은 겸손한 마음으로 다메섹으로 나아갑니다. 예전엔 자신의 뜻을 위해서였지만, 지금은 오직 주님의 뜻을 이루는 주님의 도구가 되기 위해서입니다.
　본문 3절에서도 사울은 다메섹을 향했고 8절에서도 다메섹이 사울의 행선지였지만, 그러나 그곳을 향하는 사울의 행보의 동기와 의미 그리고 목적은 이렇게 달랐습니다.

　우리 역시 모두 다메섹을 향해 나아가는 사람들입니다. 아침에 일어나 밥을 먹고, 일을 하다가, 해가 지면 잠자리에 드는, 겉으로 보면 매일 같은 삶이 반복되고 있다는 의미에서입니다. 그렇기에 우리는 본문 8절의 사울이 되지 않으면 안 됩니다. 그렇지 않을 경우, 우리는 본문 3절의 사울이 될 수밖에 없습니다. 당당하고 자신만만해 보이지만 무의미하고 무가치한 삶을 반복하다가, 예수 그리스도의 태풍 앞에서 순식간에 그 인생이 뿌리째 뽑혀 나자빠진 사울 말입니다. 일평생 수고하고 산 결과가, 어느 날 불어닥친 태풍 앞에서 그렇게 끝나 버린다면 그보다 더 허망한 일이 어디에 있겠습니까? 따라서 우리는 반드시 8절의 사울이 되어야만 합니다. 예전과 똑같이 다메섹을 향하고 있긴 하지만, 실은 예수 그리스도의 생명과 진리에 새로이 뿌리 내리기 시작한 사울 말입니다. 사울의 삶이 이처럼 새로워진 그 변화의 한 가운데에는 주님께서 자리 잡고 계셨습니다. 한 손으로는 사울의 그릇된 삶의 뿌리를 송두리째 뽑으시되, 또 한 손으로는 그로 하여금 새 생명에 뿌리 내리게 하시는 예수 그리스도 말입니다. 어제와 똑같은 다메섹을 향하고 있는 우리가 오늘 새로운 사울이 될 수 있는 것은, 아니 반드시 되어야 함은, 본문의 예수 그리스도께서 지금 우리와 함께하고 계시기 때문입니다.

주님께서는 무지비한 인간처럼, 어떤 경우에도 두 손으로 인간을 지시지 않습니다. 공의의 손으로는 진리의 태풍으로 우리의 그릇된 삶을 뿌리째 뽑으시지만, 사랑의 손으로는 반드시 우리를 새롭게 세워 주십니다. 그래서 주님의 공의는 사랑과 구별되지 않습니다. 주님의 공의는 곧 사랑하게 하는 힘입니다. 주님께서는 무절제한 인간처럼, 두 손으로 우리를 쓰다듬으시지도 않습니다. 사랑의 손으로 우리를 쓰다듬으시되, 공의의 손으로는 자기 교만과 자기 욕망 속으로 빠져드는 우리를 언제나 흔들어 깨우십니다. 그래서 주님의 사랑은 공의와 분리되지 않습니다. 주님의 사랑은 공의를 가능케 하는 능력입니다.

사랑을 결여한 공의―정의는 무자비한 폭력에 지나지 않고, 정의를 상실한 사랑은 무책임한 방치에 불과합니다. 그래서 주님께서는 정의를 가능케 하는 힘인 사랑의 손과, 사랑하게 하는 능력인 정의의 손을 함께 지니고 계십니다. 그분에겐 정의의 다른 모습이 사랑이요, 사랑의 다른 이름이 정의인 것입니다. 바로 주님의 그 정의와 사랑의 두 손에 의해, 본문 3절의 사울과 같던 우리의 옛 삶은 뿌리째 뽑혀 나가고 8절의 사울로 거듭날 수 있습니다. 그분의 그 두 손에 의해, 우리가 걷는 다메섹 도상의 의미와 가치 역시 새로워질 수 있습니다.

이 사실을 깨닫는다면, 주님을 믿는 우리 역시 정의와 사랑의 두 손을 지녀야만 합니다. 정의의 손으로 세상의 불의와 맞서 싸우되, 반드시 사랑의 손이 함께 수반되어야 합니다. 그때에만 우리의 정의가 산 사람을 죽이는 폭력이 아니라, 죽은 사람마저 살리는 생명의 능력이 될 수 있습니다. 사랑의 손으로 품어야 할 사람을 품되, 그 손은 언제나 정의의 손과 함께여야 합니다. 그래야 사랑의 미명으로 불의한 사람과 타협하지 않을 수 있고, 우리의 사랑이 사람을 타락시키는 마약이 아니라 참생명의 묘약이 될 수 있습니다. 이처럼 우리가 정의와 사랑의 두 손으로 세상을 살아가는 것이야말로, 주님의 진리와 생명에 새로이 자기 삶의 뿌리를 내린 그리스도인의 의무요 책임임을 잊어서는 안 됩니다.

사울은 여전히 다메섹을 향하고 있지만, 그러나 그리스도인들을 잡으러 가던 예전과는 달리 지금의 다메섹은 그 자신이 사도행전으로 들어가는 관문이었습니다. 주님의 사랑과 공의의 두 손에 이끌려 다메섹에 들어간 사울은, 그 자신이 공의와 사랑의 두 손을 지니고 다메섹을 나왔습니다. 그리고 그 이후로부터 그의 삶 자체가 사도행전이 되었고, 그 순간부터 세계의 역사가 새로워지기 시작했습니다. 바르게 뿌리내리지 않다가 어느 날 불어닥친 태풍 앞에서 뿌리째 뽑혀 나자빠진 나무에게 더 이상 생명의 기회가 주어지지 않는다는 것은 자연의 법칙이지만, 설령 그런 인간이라 할지라도 예수 그리스도 안에서 새 역사의 주역이 될 수 있다는 것은 위대한 복음의 법칙입니다.

사랑하는 교우 여러분!

혹 여러분의 인생이 태풍을 만나 뿌리째 뽑혔습니까? 그렇다면 다른 사람을 탓하거나 원망하지 마십시오. 그것은 전적으로 여러분 자신의 책임입니다. 그렇다고 해서 절망하지는 마십시오. 주님의 공의와 사랑의 두 손이 지금 여러분과 함께 있음으로 인해 도리어 기뻐하십시오. 예수 그리스도의 생명과 진리 안에 깊이 뿌리를 내리십시오. 주님의 공의와 사랑의 두 손에 여러분의 삶을 맡기십시오. 주님 안에서, 주님의 공의와 사랑의 두 손이 여러분의 것이 되게 하십시오. 그 두 손으로 여러분의 다메섹으로, 삶의 현장으로 들어가십시오. 여러분의 삶 자체가 사도행전이 될 것이요, 여러분으로 인해 인류 역사의 한 부분이 반드시 새로워질 것입니다.

우리를 죄 가운데 방치해 두시지 않고, 우리 각자로 하여금 적절한 인생 태풍을 맞게 하시고, 그 인생 태풍 속에서 우리의 그릇된 삶의 뿌리를 송두리째 뽑아 주신 주님! 우리를 위한 주님의 그 공의에 감사를 드립니다. 그릇된 삶을 뿌리째 뽑아 버리는 것으로 그치시지 않고, 우리로 하여금 주님의 진리와 생명에 새로이 뿌리내리게 하신 주님! 우리를 향한 주님의 그 사랑을 찬양합니다. 주님께서 우리를 치시되 두 손으로 치시지 않고, 우리를 쓰다듬으시되 두 손으로 쓰다듬으시지 않고, 언제나 공의와 사랑의 두 손으로 우리를 이끌어 주셨기에, 이 시간 우리가 이렇게 주님 앞에 머리 숙이게 하심을 감사드립니다.

그리스도인의 신앙은 현실의 삶을 회피하거나, 산속으로 도피하는 것이 아님을 잊지 말게 하옵소서. 이제 우리 모두, 주님께서 오늘 우리에게 주신 본문 8절의 사울이 되게 하옵소서. 주님의 진리와 생명에 깊이, 깊이,

날이 갈수록 더욱 깊이, 뿌리내리게 하여 주옵소서. 주님 안에 뿌리내린 우리가, 주님의 공의와 사랑의 두 손을 얻게 하옵소서. 그 두 손을 지니고 우리 각자의 다메섹, 삶의 현장으로 들어가게 하옵소서. 그 두 손으로 우리 삶의 현장에서 불의와 맞서게 하시고, 살려야 할 사람을 살리게 하옵소서. 그리하여 우리가 나아가는 다메섹이 사도행전으로 들어가는 관문이 되게 하옵소서. 우리 모두 우리의 코끝에 호흡이 남아 있는 동안, 세상의 어떤 바람에도 요동치지 않는, 뿌리 깊은 진리의 나무로 살아가게 하옵소서. 아멘.

17. 사흘 동안

사도행전 9장 1-9절

사울이 주의 제자들에 대하여 여전히 위협과 살기가 등등하여 대제사장에게 가서 다메섹 여러 회당에 가져갈 공문을 청하니 이는 만일 그 도를 따르는 사람을 만나면 남녀를 막론하고 결박하여 예루살렘으로 잡아 오려 함이라 사울이 길을 가다가 다메섹에 가까이 이르더니 홀연히 하늘로부터 빛이 그를 둘러 비추는지라 땅에 엎드러져 들으매 소리가 있어 이르시되 사울아 사울아 네가 어찌하여 나를 박해하느냐 하시거늘 대답하되 주여 누구시니이까 이르시되 나는 네가 박해하는 예수라 너는 일어나 시내로 들어가라 네가 행할 것을 네게 이를 자가 있느니라 하시니 같이 가던 사람들은 소리만 듣고 아무도 보지 못하여 말을 못 하고 서 있더라 사울이 땅에서 일어나 눈은 떴으나 아무것도 보지 못하고 사람의 손에 끌려 다메섹으로 들어가서 **사흘 동안** 보지 못하고 먹지도 마시지도 아니하니라

한국인의 식탁에서 절대적인 비중을 차지하고 있는 김치는 독특한 냄새를 지니고 있습니다. 행여 실수로 김치가 옷 위에 떨어지게 되면, 옷에 밴 김

치 냄새는 쉬 가셔지지 않습니다. 그 독특한 냄새를 지닌 김치를 오래도록 보관하던 김칫독을 쌀독으로 사용하기 위해서는 어떻게 해야 되겠습니까? 두말할 것도 없이 독 안에 든 김치를 모두 비워 낸 뒤, 독 안을 깨끗하게 씻어야만 합니다. 그러나 그것만으로는 부족합니다. 김치를 비워 내고 독 안을 물로 씻는다고 해서 김치 냄새까지 제거되는 것은 아닙니다. 만약 그 상태에서 쌀을 넣을 경우, 독 안에 배어 있는 김치 냄새가 쌀 속에 스며들어 쌀을 망치게 됩니다. 그러므로 김칫독을 쌀독으로 사용하기 위해서는 김치를 비워 내고 물로 씻은 뒤에도, 상당 기간에 걸쳐 독 안에 배어 있는 김치 냄새를 제거하지 않으면 안 됩니다. 김칫독이 마지막 김치 냄새까지 다 토해 내지 않고서는 쌀독이 될 수 없는 것입니다. 한마디로 말해 김칫독이 완전히 죽어야 쌀독으로 거듭날 수 있습니다.

사도 바울은 인간의 성장을 다음과 같이 설명하고 있습니다.

> 내가 어렸을 때에는 말하는 것이 어린아이와 같고 깨닫는 것이 어린아이와 같고 생각하는 것이 어린아이와 같다가 장성한 사람이 되어서는 어린아이의 일을 버렸노라(고전 13:11).

성인이 된다는 것은 어린아이의 것을 버리는 것입니다. 어린아이의 습성과 사고방식과 마음가짐을 버리지 않고서는 성인이 될 수 없습니다. 나이가 들어서도 어린아이의 것을 버리지 못할 때, 사람들은 그를 가리켜 유치한 사람이라 부릅니다. 한마디로 어린아이가 죽어야 성인으로 거듭날 수 있습니다.

결혼은 혼자 살던 총각과 처녀가, 남편과 아내가 되어 둘이서 한 인생을 살기 위한 예식입니다. 그러나 결혼 예식을 치렀다고 절로 이상적인 남편과 아내가 되는 것은 아닙니다. 총각이 죽지 않으면 바람직한 남편과 아버지로 거듭날 수 없고, 처녀가 죽어야만 이상적인 아내와 어머니로 거듭날 수 있습니다. 요즈음 젊은이들의 결혼 예식이 외형적으로는 예전에 비하여 엄청나게 화려해진 것과 반비례하여 결혼 이후의 삶이 순탄치 않은 커플이 적지 않은 것은, 결혼 이후에도 당사자들이 여전히 자기 위주의 총각과 처녀의 마음으로 살려는 것이 아마도 가장 큰 이유일 것입니다.

주님께서는 주님을 따르는 그리스도인이 되기 위한 소선을 다음과 같이 밝히셨습니다.

> 이에 예수께서 제자들에게 이르시되 누구든지 나를 따라오려거든 자기를 부인하고 자기 십자가를 지고 나를 따를 것이니라(마 16:24).

참된 그리스도인이 되기 위해서는 자기를 부인하고, 자기 십자가를 져야 합니다. 자기 부인이란 현재의 자기를 버리는 것, 곧 자기 죽음을 의미합니다. 2천 년 로마제국 지배하에서 십자가에 처형되는 사형수는, 자신이 못박혀 죽어야 할 십자가를 스스로 메고 사형장으로 향하여야만 했습니다. 이를테면 사형수가 자기 죽음의 형틀을 메는 것으로부터 그의 죽음은 시작되는 것이었습니다. 따라서 '자기 십자가를 지라'는 주님의 말씀 역시 '자기 부인'처럼 '자기 죽음'을 의미함을 알게 됩니다. 그러므로 자기 자신을 주인으로 모시던 인간이 죽지 않고서는, 주님을 주인으로 모시는 참된 그리스도인으로 거듭날 수는 없는 것입니다.

김칫독이 죽어야만 쌀독으로 거듭날 수 있습니다. 어린아이가 죽지 않으면 성인이 될 수 없습니다. 처녀 총각이 죽을 때에만 이상적인 남편과 아내로 거듭날 수 있습니다. 자기 부인, 즉 자기 죽음을 거치지 않고 진정한 그리스도인으로 거듭나는 길도 없습니다. 이처럼 죽지 않고서는 어떤 형태의 새로운 삶도 불가능하기에, 모든 새로운 삶은 실은 죽음으로부터 시작됩니다. 중요한 것은, 죽음은 100퍼센트의 죽음만을 죽음이라 한다는 것입니다. 1퍼센트만 살아 있어도 죽은 것이 아니기에, 99퍼센트 죽은 것으로는 새로운 삶이 불가능합니다. 그러므로 온전히 새로워지기 위해서는 먼저 온전히, 100퍼센트 죽는 것이 중요합니다. 죽어야 살기 때문입니다.

예루살렘 교회를 잔멸한 사울은 그 여세를 몰아 예루살렘에서 200킬로미터 이상 떨어져 있는 다메섹 원정에까지 나섰습니다. 그곳에 있는 그리스도인들마저 예루살렘으로 연행, 종교재판을 거쳐 죽여 버리기 위함이었습니다. 그러나 사울은 다메섹을 지척에 두고 그만 태풍을 만나고 말았습니다. 빛이요 진리이신 예수 그리스도의 태풍이었습니다. 태풍을 이기지 못한 나무가 뿌리째 뽑혀 나자빠지듯, 사울 역시 예수 그리스도의 태풍 속에서 그의 인생이 뿌리째 뽑혀 땅바닥에 고꾸라지고 말았습니다. 진리를 짓밟는 사람의 그릇된 삶을 주님께서 당신의 태풍으로 뿌리째 뽑으시는 것은 주님의 공의입니다. 그러나 주님의 공의는 그릇된 인간의 인생을 꺾고 뿌리째 뽑으시는 것 자체를 목적으로 삼지 않는다고 했습니다. 주님께서 사울의 인생을 뿌리째 뽑으신 것은 그로 하여금 당신의 생명 속에 새로이 뿌리내리게 해주시기 위함이요, 그것은 바로 주님의 사랑이었습니다.

만약 주님께서 공의의 손만 지니신 분이라면, 다메섹 도상에서 사울의 그릇된 인생을 뿌리째 뽑으신 뒤 더 이상 사울을 보시지 않았을 것입니다. 만약 주님께서 죄인의 허물을 덮어 주시는 사랑의 손만 지니셨다면, 욕망과 죽음의 길을 치닫는 사울을 그대로 방치해 두셨을 것입니다. 그 어느 쪽이든, 사울의 인생은 영원히 파멸하고 말았을 것입니다. 사랑을 결여한 공의―정의는 무자비한 폭력에 지나지 않고, 정의를 상실한 사랑은 무책임한 방치에 지나지 않는다고 했습니다. 그래서 주님께서는 정의를 가능케 하는 힘인 사랑의 손과, 사랑하게 하는 능력인 공의의 두 손을 지니고 계십니다. 그 주님께서 사울에게 이렇게 말씀하셨습니다.

> 너는 일어나 시내로 들어가라 네가 행할 것을 네게 이를 자가 있느니라 (6절).

주님께서 인생이 뿌리째 뽑혀 땅바닥에 고꾸라져 있는 사울에게 '일어나 시내로 들어가라'고 명령하셨습니다. '시내'란 사울이 본래 목적지로 삼았던 다메섹입니다. 주님께서는 그릇된 삶의 뿌리가 뽑힌 사울을 위해, 앞으로 그가 행하여야 할 것을 그에게 일러 줄 사람을 이미 다메섹에 예비해 두고 계셨습니다. 다음 시간에 상세하게 살펴보겠지만 주님께서 예비하신 그 사람의 이름은 '아나니아'인데, 그 이름은 '여호와는 은혜로우시다'라는 의미입니다. 하나님의 은혜가 지금 사울에게 임한 것이었습니다.

> 사울이 땅에서 일어나 눈은 떴으나 아무것도 보지 못하고 사람의 손에 끌려 다메섹으로 들어가서(8절).

다메섹으로 들어가라는 주님의 명령을 좇기 위해 사울이 일어났지만, 그는 아무것도 볼 수 없었습니다. 주님의 태풍 속에서 갑자기 시력을 상실한 탓이었습니다. 어쩔 수 없이 사울은 다른 사람의 손에 이끌려서야 다메섹으로 들어갔습니다. 조금 전까지 건장하기만 하던 청년이 순식간에 시력을 잃고 다른 사람을 의지하고서야 걸을 수 있다면, 그것은 당사자에게는 엄청난 충격일 수밖에 없습니다. 하지만 사울로서는 크게 놀라거나 걱정할 일이 아니었습니다. 사울이 비록 다른 사람의 손에 이끌려 다메섹으로 들어갔지만, 사울은 그 사람을 도구 삼아 주님께서 친히 자신을 인도해 주심을 알았기 때문입니다. 주님께서 사울 자신을 도와줄 사람을 이미 다메섹에 예비해 두셨기 때문입니다. 일단 다메섹에 들어간 이상, 사울은 주님께서 자신을 위해 예비해 두신 사람을 만나 그의 도움을 받으면 될 일이었기 때문입니다.

그러나 본문 9절은 뜻밖의 사실을 전해 주고 있습니다.

사흘 동안 보지 못하고 먹지도 마시지도 아니하니라.

사울이 예전처럼, 자기 멋대로 자기 가고 싶은 곳에 지금 가 있는 것이 아닙니다. 그는 주님께서 '들어가라' 명령하셨던 다메섹에 지금 들어가 있습니다. 그렇다면 주님께서 사울을 위해 이미 예비해 두신 아나니아가 즉각 나타나 사울을 영접해야 합니다. 상실한 사울의 시력이 회복될 수 있도록 도와주어야 하고, 그의 거처도 마련해 주어야 합니다. 그러나 주님께서 말씀하신 아나니아는 그림자도 보이지 않았습니다. 사울은 여전히 앞을 볼 수 없었고, 주님으로부터는 그 어떤 새로운 음성도 들리지 않았습니다. 비록 시력을 상실했을망정 주님의 말씀을 듣고 희망에 차서 다메섹으로 들어간 사울에게는 모든 것이 참담하기만 했을 것입니다. 그렇듯 참담한 날이 무려 사흘 동안이나 지속되었습니다. 1년에 한 번 맞는 휴가를 즐기는 사람에게는 사흘이 마치 쏜살처럼 눈 깜짝할 사이에 지나가 버리지만, 만기 출소를 앞둔 복역수에게 사흘은 3년만큼이나 깁니다. 순식간에 시력을 상실한 채 객지인 다메섹에 들어간 사울에게도 그 사흘은 참으로 길고도 긴긴 시간이었을 것입니다.

그렇다면 여기에서 우리는 질문을 제기하지 않을 수 없습니다. 주님께서는 다메섹 도상에서 고꾸라진 사울에게 분명히 '다메섹으로 들어가라. 네가 행할 것을 네게 이를 자가 있느니라'고 말씀하셨습니다. 사울은 그 말씀에 순종하여 다른 사람의 손에 이끌려서까지 다메섹으로 들어갔습니다. 그런데 주님께서 말씀하신 아나니아는 왜 사울 앞에 즉각 나타나지 않았습니까? 다메섹 도상에서 그토록 확연하게 말씀하시던 주님께서는 왜 사흘 동안이나 침묵하셨습니까? 인생이 뿌리 뽑힌 사울을 왜 사흘 동안 그냥 그대로 내버려 두셨습니까?

김칫독의 김치를 비우고 물로 씻어 내었다고 해서 당장 쌀독으로 쓸 수 있는 것은 아닙니다. 김칫독 안에 배어 있는 냄새까지 제거하기 위해서는 시간이 필요합니다. 김칫독이 쌀독으로 거듭나기 위해서는 먼저 김칫독이 죽어야 하는데, 김칫독이 죽으려 한다고 해서 한순간에 완전히 죽어지는 것은 아니라는 말입니다. 10대의 청소년이 20대의 청년으로 살기 위해서는 먼저 10대의 청소년이 죽어야 합니다. 그러나 어느 날 만 20세가 되었다고 해서 바로 그날부터 10대의 청소년이 죽어지는 것은 아닙니다. 만 20세가 되어도 10대 청소년의 사고방식과 습성을 완전히 버리기 위해서는 시간이 필요합니다. 처녀 총각이 죽어야 이상적인 남편과 아내로 거듭날 수 있습니다. 하지만 처녀 총각이 결혼식장에서 서로 부부가 될 것을 서약했다고 당장 처녀 총각이 죽어지는 것은 아닙니다. 처녀 총각의 삶이 완전히 죽어지기 위해서는 결혼 서약 이후에도 시간이 필요합니다. 그 필요한 시간이 경과해야만 김칫독이 온전한 쌀독이 될 수 있고, 어린아이가 온전한 성인으로 살 수 있고, 처녀 총각이 이상적인 남편과 아내로 서로 사랑하며 행복한 가정을 일굴 수 있습니다. 사울 역시 마찬가지였습니다.

주님의 공의의 태풍 속에서 사울의 그릇된 삶의 뿌리가 순식간에 뽑히긴 했지만, 그렇다고 사울의 옛사람이 그 순간에 완전히 죽은 것은 아니었습니다. 김치를 비워 낸 김칫독에 여전히 김치 냄새가 배어 있는 것처럼, 인생이 뿌리 뽑힌 사울에게도 자기중심으로 살던 옛 습성과 사고방식은 그대로 남아 있었습니다. 옛 삶의 그 잔재까지 모두 떨쳐 내기 위해서는, 사울의 옛 삶이 완전히 죽기 위해서는, 그의 인생이 뿌리 뽑힌 이후에도 시간이 필요했습니다. 다메섹 도상에서 주님의 태풍을 만나 인생이 뿌리 뽑히고 시력마저 상실한 사울이, 만약 다메섹에 들어가자마자 주님께서 예비해 두신 아나니아의 환대를 받고 시력을 회복하였다면 어떻게 되었겠습니까? 물론 사울은 주님의 은혜에 감읍하며 주님의 사랑을 소리 높여 찬양했을 것입니다. 그러나 그 감동의 순간이 끝난 뒤에는 어떻게 되었겠습니까? 적어도 외형적으로는 사울은 더 이상 유대교인이 아니라, 주님을 믿는 그리스도인으로 살았을 것입니다. 그러나 결정적인 순간에는, 그는 옛 삶으로 회귀하곤 했을 것입니다. 완전히 죽지 않은 그에게는 여전히 옛 삶의 잔재가 남아 있고, 결정적일 때마다 그 잔재가 그의 발목을 잡았을 것이기 때문입니다. 이것이 주님께서 사흘 동안 그를 내버려 두신 이유였습니다.

다메섹에 들어간 사울 역시 이 사실을 깨달았기에, 주님께서 말씀하신 사람이 즉각 나타나지 않아도 주님을 원망하거나 불평하지 않았습니다. 오히려 본문의 증언처럼, 그는 사흘 동안 보지 못하고 먹지도 마시지도 않았습니다. 그가 볼 수 없었던 것은 그에게 몰아닥친 주님의 태풍 속에서 시력을 상실했기 때문입니다. 그것은 그의 의지와 상관없는 일이었습니다. 그러나 그가 먹지도 마시지도 아니한 것은 수동적으로 되어진 일이 아니라, 그가 능동적으로 행한 일이었습니다. 주님께서 그의 식욕을 앗아 가신 것이 아니라, 그가 자발적으로 금식한 것이었습니다. 지금까지 살아온 것과 같은 삶을 위해서라면 더 이상 먹을 가치도, 마실 의미도 없었던 것입니다. 시력을 상실한 사울은 사흘 동안의 그 어둠 속에서, 고독 속에서, 금식 속에서, 자신의 그릇된 삶을 속속들이 깨달으며 주님 앞에서 옛 삶의 잔재까지 청산할 수 있었고, 온전히 죽어지는 그 사흘로 인해 그는 그리스도 안에서 온전히 거듭난 사울이 될 수 있었습니다.

그러므로 주님께서 그 사흘 동안 사울을 외면하신 것이 아니었습니다. 주님께서 사흘 동안 사울에게 침묵하신 것도 아니었습니다. 주님께서는 당신의 사랑의 손으로 사울을 확실하게 돕고 계셨고, 주님의 침묵은 사울의 옛 사람을 온전히 죽게 하심으로 온전한 새사람으로 거듭나게 해주시려는 가장 확실한 응답이었습니다.

요나는 '니느웨로 가라'는 하나님의 명령을 무시하고, 니느웨의 반대 방향인 '다시스'로 향하는 배를 탔습니다. 얼마 가지 않아 요나가 탄 배는 폭풍에 휩싸였고, 요나는 폭풍이 몰아치는 바닷속에 내던져지고 말았습니다. 그러나 하나님께서는 이미 요나를 위해 큰 물고기를 예비해 두고 계셨습니다. 그 큰 물고기는 바다에 내던져진 요나를 즉시 삼켰습니다. 이를테면 그 큰 물고기가 요나의 목숨을 건져 준 것입니다. 문제는 그다음이었습니다. 하나님께서 요나를 살리시기 위해 예비해 두신 물고기라면, 그 물고기는 지체 없이 요나를 가장 가까운 육지에 토해 내어야만 했습니다. 그러나 물고기는 그렇게 하지 않았습니다. 요나는 온갖 악취와 역겨움으로 가득한 물고기 배 속에 사흘이나 갇혀 있어야만 했습니다. 그 사흘 역시 요나에게는 3년보다 더 길었을 것입니다. 하나님의 말씀을 짓밟은 요나가 폭풍의 바닷속에 내던져진 것은 하나님의 공의였지만, 그 요나를 사흘 동안 물고기 배 속에 갇혀 있게 하신 것은 하나님의 사랑이었습니다. 사흘 동안 절망의 심연 속에 갇혀서야 요나는 비로소 자신의 실체를 보았습니다. 무엇을 버리고 어디로 돌아서야 하는지를 확연하게 깨달으며, 그릇된 삶의 잔재까지 다 털어 낼 수 있었습니다. 한마디로 말해 그 사흘 동안 요나의 옛사람이 온전히 죽었기에, 그 죽음의 사흘로 인해 그는 새사람으로 온전히 거듭날 수 있었습니다. 그 사흘 동안 하나님의 침묵은 침묵이 아니라, 요나의 일생 가운데 가장 큰 응답이었습니다.

예수님께서 인간의 죗값을 치르시기 위해 아무 근심도 없이 희희낙락 십자가를 지신 것은 결코 아닙니다. 예수님께서는 당신의 죽음을 목전에 두고 심히 놀라시고, 심히 슬퍼하시고, 심히 고민하셨습니다. 그 사실을 하나님 아버지께서 모르셨을 리가 없습니다. 예수님께서는 겟세마네 동산에서 십자가의 죽음을 피하게 해달라고, 땀방울에 피가 배기까지 세 번씩이나 간구하셨습니다. 하나님 아버지께서 그 기도를 못 들으셨을 리가 없습니다. 그럼에도 하나님께서는 무응답으로 일관하셨습니다. 죄의 삯은 사망이기에 인간의 죄짐을 지고 주님께서 대신 돌아가시지 않으면 인간의 죄가 사해질 수 없고, 돌아가신 예수님께서 죽음을 깨뜨리고 부활하시지 않으면 인간에게 영원한 생명의 길을 주실 수 없기 때문이었습니다. 그 구원 사역을 위하여 주님께서는 반드시 죽으셔야만 했습니다. 그렇다면 하나님께서 왜 십자가에 못박혀 돌아가신 예수님을 돌아가신 즉시 다시 살려 주시지 않았습니까? 왜 죽으신 뒤 사흘째 되어서야 부활케 하셨습니까? 왜 금요일 오후 3시에 돌아가신 예수님을 주일 새벽이 되기까지 죽음 속에 내버려 두셨습니까?

금요일 오후에 죽은 사람이 금요일 밤이나 토요일에 살아나는 경우가 간혹 있습니다. 그런 사람은 실제로 죽은 것이 아니라 가사 상태에 빠졌다 깨어나는 것입니다. 그래서 언젠가는 결국 죽고 맙니다. 그러나 금요일 오후에 죽은 사람이 주일 새벽까지 죽은 상태로 있다면 그는 정말 죽은 것입니다. 만약 금요일 오후 3시에 돌아가신 예수님께서 금요일 밤이나 토요일에 살아나셨다면, 주님께서 가사 상태에 빠졌다 깨어나신 것일 수도 있습니다. 그것은 죽음의 권세를 깨뜨리신 진정한 부활이 아닙니다. 99퍼센트만 죽어도 죽은 것이 아니요, 그 경우에는 깨어나도 부활이 아닙니다. 죽음을 이기기 위해서는 먼저 온전히 죽어야 합니다. 그래서 하나님께서는 금요일 오후에 돌아가신 예수님을 주일 새벽까지 죽음 속에 내버려 두셨습니다. 그리고 예수님으로 하여금 그 온전한 죽음의 상태에서, 온전히 죽음을 깨뜨리고, 온전히 부활케 하심으로, 우리에게 영원한 생명의 길을 열어 주셨습니다. 그러므로 그 사흘 동안 하나님께서 예수님을 외면하신 것이 아니었습니다. 하나님께서 무응답하신 것도 아니었습니다. 예수님에 대한 하나님의 무응답이야말로, 예수님을 영원한 부활주로 세우시고 우리를 영원히 살리시기 위한 하나님이 가장 위대한 응답이요 섭리였습니다.

사랑하는 교우 여러분!

주님께서 우리의 인생을 송두리째 뿌리 뽑으셨습니까? 그것도 모자라 주님께서 도움의 손길마저 거두셨습니까? 아무리 기도해도 그 어떤 응답도 없이, 단지 침묵으로 일관하고 계십니까? 사흘 동안 다메섹에서 보지도 못하고 먹지도 마시지도 않던 사울처럼, 사흘 동안 물고기 배 속에 갇혀 있던 요나처럼, 사흘 동안 무덤 속에 시신으로 누워 계시던 예수님처럼, 절망과 고통의 감옥 속에 내팽개쳐져 있습니까? 그렇다면 절망하지 마십시다. 오히려 주님께서 우리에게, 그릇된 삶의 잔재까지 털어 낼 수 있도록 사흘 동안의 은혜를 주셨음으로 인해 주님을 찬양하십시다. 보십시오. 주님께서 우리를 버리신 것이 아니라 당신의 사랑의 손으로, 지금 우리를 돕고 계십니다. 그 어느 때보다도 지금, 구체적으로 응답하고 계십니다. 주님 안에서 옛사람을 버리십시다. 옛 삶의 잔재를 털어 내십시다. 그분 안에서 온전히 죽으십시다. 건성으로 죽으면 정말 죽을 뿐이지만, 온전히 죽으면 온전히 살 수 있습니다. 온전히 죽으심으로, 온전히 죽음을 깨뜨리시고, 온전히 부활하신 주님께서, 당신 안에서 온전히 죽은 우리를 온전한 새사람으로 세워 주실 것이기 때문입니다.

우리가 하나님을 의식하지 못할 때, 실은 가장 가까이에서 우리와 동행해 주시는 하나님! 때로 우리에게서 도움의 손길을 거두심으로, 우리를 더 크게 도우시는 하나님! 때로는 침묵하심으로, 우리에게 가장 확실하게 응답해 주시는 하나님 아버지!
우리의 그릇된 삶을 뿌리째 뽑아 주시는 것으로 그치시지 않고, 다메섹의 사울을 사흘 동안 죽게 하신 것처럼, 요나를 큰 물고기의 배 속에서 사흘 동안 죽게 하신 것처럼, 예수님을 무덤 속 죽음 가운데 사흘 동안 두신 것처럼, 우리 각자에게도 사랑의 사흘을 베풀어 주심을 감사드립니다. 우리 각자에게 주어진 사흘 동안의 길이는 다 동일하지 않다 해도, 우리 각자의 사흘 동안, 우리 모두 옛사람을 온전히 버리게 하여 주옵소서. 옛사람의 잔재마저 털어 내게 하옵소서. 우리 모두 예수 그리스도 안에서 온전히 죽어지게 하옵소서. 온전히 죽으심으로, 온전히 죽음을 깨뜨리시고, 온전히 부활하신 주님 안에서, 우리 모두 온전히 거듭난 사울, 온전히 거듭난 요나가 되게 하옵소서. 그리하여 언제나 우리와 동행하시는 주님을 온전히 좇게 하시고, 우리의 삶 속에서 하나님의 무응답의 위대한 응답이 날마다 결실되게 하여 주옵소서.
"한 알의 밀이 땅에 떨어져 죽지 아니하면 한 알 그대로 있고, 죽으면 많은 열매를 맺느니라"(요 12:24). 아멘.

18. 직가라 하는 거리

사도행전 9장 10-19절 상

그때에 다메섹에 아나니아라 하는 제자가 있더니 주께서 환상 중에 불러 이르시되 아나니아야 하시거늘 대답하되 주여 내가 여기 있나이다 하니 주께서 이르시되 일어나 **직가라 하는 거리**로 가서 유다의 집에서 다소 사람 사울이라 하는 사람을 찾으라 그가 기도하는 중이니라 그가 아나니아라 하는 사람이 들어와서 자기에게 안수하여 다시 보게 하는 것을 보았느니라 하시거늘 아나니아가 대답하되 주여 이 사람에 대하여 내가 여러 사람에게 듣사온즉 그가 예루살렘에서 주의 성도에게 적지 않은 해를 끼쳤다 하더니 여기서도 주의 이름을 부르는 모든 사람을 결박할 권한을 대제사장들에게서 받았나이다 하거늘 주께서 이르시되 가라 이 사람은 내 이름을 이방인과 임금들과 이스라엘 자손들에게 전하기 위하여 택한 나의 그릇이라 그가 내 이름을 위하여 얼마나 고난을 받아야 할 것을 내가 그에게 보이리라 하시니 아나니아가 떠나 그 집에 들어가서 그에게 안수하여 이르되 형제 사울아 주 곧 네가 오는 길에서 나타나셨던 예수께서 나를 보내어 너로 다시 보게 하시고 성령으로 충만하게 하신다 하니 즉시 사울의 눈에서 비늘 같은 것이 벗어져 다시 보게 된지라 일어나 세례를 받고 음식을 먹으매 강건하여지니라

이 세상은 참으로 넓습니다. 우리나라에서 비행기를 타고 태평양을 건너 미국으로 가기 위해서는 근 열두 시간이 소요되고, 그곳에서 아르헨티나로 가려면 또다시 열두 시간을 날아가야 합니다. 서울에서 유럽으로 비행하는 데에도 약 열두 시간이 걸리고, 유럽에서 남아프리카공화국에 이르기 위해서도 역시 열두 시간을 필요로 합니다. 시속 900킬로미터로 날아가는 비행기를 타고 우리나라에서 남아메리카 대륙이나 아프리카 대륙의 남단에 가기 위해 만 24시간, 다시 말해 만 하루 동안 밤낮을 날아가야 한다는 것은 세상이 얼마나 넓은지를 여실히 증명해 주고 있습니다. 이처럼 넓고 넓은 세상에는, 〈세계지도정보〉에 의하면 2007년 현재 237개의 나라가 있다고 합니다. 237개 나라라면, 세계지리에 관심이 없는 사람에게는 이름을 아는 나라보다도 모르는 나라가 더 많을 정도로 많은 나라입니다. 그 많은 나라 속에는 무려 약 60억 명의 사람이 퍼져 살고 있습니다. 60억 인구라면, 앞뒤 50센티미터의 간격을 두고 일렬로 설 경우 그 길이가 300만 킬로미터에 이를 만큼 많은 사람입니다. 우리 각자는 이렇듯 넓은 세상 속에서 이렇듯 많은 사람 가운데 한 명일 뿐입니다. 따라서 지구 반대편에 있는 누군가가 이 넓은 세상, 이 많은 나라, 이 많은 사람 가운데 '나'라는 특정 개인과 연결되는 것은 불가능하게 여겨집니다.

그러나 그것은 사실이 아닙니다. 이 세상이 아무리 넓고 아무리 나라와 사람이 많아도, 그리고 지구 반대편에 있는 사람이라 해도, 누구든지 편지 봉투에 몇 가지 조건만 기록하면 그 편지는 정확하게 내게 이르게 됩니다. 어느 나라에 사는 사람이든지 편지 봉투에 '대한민국'이라고 기록하는 순간 세계 237개 나라 가운데 236개 나라가, 그리고 세계 60억 인구 가운데 59억 5,000만 명이 제외됩니다. 그 사람이 다시 '서울'이라고 기록함과 동시에 대한민국에서 서울 이외의 모든 지역과, 대한민국 인구 약 5,000만 명 가운데

3,900만 명이 제외됩니다. 그 사람이 편지 봉투에 계속하여 '마포구'라 기록하면 서울시내 25개 구 가운데 24개 구가, 그리고 서울시민 1,100만 명 가운데 1,060만 명이 제외됩니다. 그 사람이 또 '합정동'이라 기록하면 마포구의 다른 동들과 마포 구민 40만 명 중에 37만 명이 제외됩니다. 마지막으로 그 사람이 우리 집 주소와 내 이름을 명기함으로 합정동민 2만 3,000명 중에 2만 2,999명을 제외하고, 그 편지는 정확하게 저를 찾아오게 됩니다. 지구 반대편에 있는 사람이 편지 봉투에 '대한민국'이라고 기록한다는 것은, 세계 237개 나라 가운데 236개 나라를 버리고 대한민국을 선택한 것을 의미합니다. 이처럼 이 세상이 아무리 넓고, 아무리 나라가 많고, 아무리 사람이 많아도, 버림과 선택을 통하여 이 세상 누구든지 나와 연결될 수 있고, 나 역시 이 세상 누구와도 개인석으로 이어질 수 있습니다.

하나님과의 관계도 이와 같습니다. 우주 만물을 창조하신 하나님은 온 우주 만물의 주인이십니다. 오대양 육대주의 주관자시요, 세계 237개 나라의 역사의 섭리자시요, 세계 60억 인구의 하나님이십니다. 그 크신 하나님, 그 무한하신 하나님 앞에서 티끌보다 더 작은 내가 온 우주 만물의 주관자이신 하나님과 개인적인 관계를 맺는다는 것은 불가능하지 않겠습니까? 그러나 그것 역시 사실이 아닙니다. 우리가 아무리 보잘것없는 미물이라 해도, 우리는 얼마든지 하나님과 연결되어 하나님과 개인적인 관계를 맺을 수 있습니다. 바로 '버림'과 '선택'을 통해서입니다.

예루살렘 교회를 잔멸한 사울은, 그 여세를 몰아 예루살렘에서 200킬로미터 이상 떨어진 다메섹 원정에까지 나섰습니다. 그곳에 있는 그리스도인들마저 예루살렘으로 연행, 종교재판을 거쳐 죽여 버리기 위함이었습니다. 그러나 사울은 다메섹을 지척에 두고 그만 태풍을 만나고 말았습니다. 빛이요 진리이신 예수 그리스도의 태풍이었습니다. 태풍의 위력을 견디지 못한 나무가 뿌리째 뽑혀 나자빠지듯, 예수 그리스도의 태풍 속에서 사울의 인생 역시 뿌리 뽑혀 땅바닥에 고꾸라지고 말았습니다. 주님께서 진리를 짓밟는 사람의 그릇된 삶을 당신의 태풍으로 뿌리째 뽑으시는 것은 주님의 공의라 했습니다. 그러나 주님의 공의는 그릇된 인간의 인생을 꺾고 뿌리째 뽑으시는 것 자체를 목적으로 삼지 않습니다. 주님께서 사울의 인생을 뿌리째 뽑으신 것은 그로 하여금 당신의 생명 속에 새로이 뿌리내리게 해주시기 위함이요, 그것은 주님의 사랑이었습니다. 그래서 주님께서는 당신의 태풍 속에서 인생의 뿌리가 뽑히고 시력마저 상실한 채 땅바닥에 고꾸라져 있는 사울에게, 일어나 다메섹으로 들어갈 것을 명령하셨습니다. 주님께서 사울의 인생을 꺾으시기 전에 이미 그를 도와줄 사람을 다메섹에 미리 준비해 두고 계셨기 때문입니다.

사울은 주님의 말씀에 순종하여 일어났습니다. 조금 전까지만 해도 보무도 당당하게 자기 발로 다메섹을 향하던 사울이었지만, 시력을 상실한 사울은 남의 손에 이끌려서야 다메섹에 들어갈 수 있었습니다. 그러나 그것은 그리 큰 문제가 아니었습니다. 주님께서 자신을 도울 사람을 다메섹에 이미 예비해 두신 이상, 다메섹에 들어가 그 사람의 도움을 받으면 될 일이었습니다. 하지만 다메섹에 들어간 사울을 영접해 주는 사람은 아무도 없었습니다. 주님께서 자신을 위해 예비해 두셨다는 사람은 그림자도 보이지 않았습니다. 다메섹 도상에서 그렇듯 확연하게 말씀하시던 주님의 음성도 더 이상 들을 수 없었습니다. 그와 같은 무응답의 시간이 사흘이나 계속되었습니다.

그때에 다메섹에 아나니아라 하는 제자가 있더니 주께서 환상 중에 불러 이르시되 아나니아야 하시거늘 대답하되 주여 내가 여기 있나이다

하니(10절).

주님께서는 사울이 다메섹에 이른 지 사흘이 지나서야 당신께서 사울을 위해 친히 예비해 두신 사람을 움직이게 하셨습니다. 그 사람의 이름은 아나니아였는데, 지난 시간에 말씀드린 것처럼, 그 이름은 '여호와는 은혜로우시다'라는 의미였습니다.

주님께서 사울을 위해 '여호와는 은혜로우시다'라는 의미의 이름을 지닌 아나니아를 예비해 두셨다는 것은, 하나님의 은혜가 이미 사울과 함께하고 계심을 뜻합니다. 그러나 하나님의 은혜의 실체는 사흘이 지나서야 사울 앞에 구체적으로 드러났습니다. 사람들은 자신에게 임한 하나님의 은혜의 실체를 지금 당장, 자신이 원하는 모습으로 보기를 원합니다. 그러나 하나님의 은혜의 실체는 하나님께서 작정하신 때가 되어야 우리 앞에 드러납니다. 우리가 하나님의 은혜의 실체를 누리기에 합당한 때가 언제인지 정확하게 판정하시는 분은 오직 하나님이시기 때문입니다. 이 사실을 깨닫지 못할 경우 우리는 우리가 원하는 시기와 모양에 집착함으로, 막상 하나님의 때에 하나님께서 주시는 은혜의 실체를 놓쳐 버리는 어리석음을 범하게 됩니다.

본문 10절에 의하면 주님께서 아나니아를 부르시자 아나니아는 그 즉시, "주여 내가 여기 있나이다" 하고 응답드렸습니다. 아나니아는 주님의 음성을 직접 듣고 응답드릴 정도로 영성 깊은 신앙인이었습니다. 사도행전 22장 12절은, 아나니아는 경건하여 다메섹에 사는 모든 유대인들이 칭찬하는 사람이라고 소개하고 있습니다. 주님께서 사울이 당신을 박해하던 사람이라고 해서 아무렇게나 성의 없이 그를 도우신 것이 아니었습니다. 분명히 사울은 주님의 대적자로 살았지만, 주님께서는 그 사울을 위하여 다메섹에서 가장 훌륭한 당신의 제자를 예비해 두고 계셨습니다. 알고 계십니까? 주님께서는 우리를 위하여 차선의 것이나 남은 찌꺼기가 아니라, 언제나 우리를 위해 최선의 것을 예비해 주시는 분이십니다. 주님의 이 사랑을 진정으로 깨닫고 믿는다면, 우리 앞에 어떤 상황이 전개되든 앞으로 나아가지 못할 이유가 없습니다. 비록 지금 당장은 아무것도 보이지 않는다 해도 주님께서 작정하신 때가 이르면, 주님께서 우리를 위해 최선의 것으로 예비하신 주님의 은혜의 실체가 드러날 것이기 때문입니다.

> 주께서 이르시되 일어나 직가라 하는 거리로 가서 유다의 집에서 다소 사람 사울이라 하는 사람을 찾으라 그가 기도하는 중이니라(11절).

사울이 다메섹에 들어가고 사흘이 지난 뒤, 주님께서 사울을 위해 예비하신 아나니아를 부르실 때 사울은 기도하는 중이었습니다. 사울이 시력을 상실한 사흘 동안 식음마저 전폐하였음을 우리는 알고 있습니다. 그리고 이제 그가 식음마저 전폐했던 정확한 이유 또한 알게 됩니다. 그는 시력을 상실한 사흘 동안 식음을 전폐하며 금식기도를 드렸고, 그의 금식기도는 사흘이 지나 주님께서 아나니아를 부르실 때까지 계속되었습니다. 다음 시간에 상세하게 살펴보겠지만 사울이 다메섹 도상에서 주님을 만나기 이전에 그의 기도와, 주님을 만난 이후의 기도 내용이 동일했을 리가 없습니다. 주님을 만나기 이전의 기도가 자기중심적인 기도였다면, 주님을 만난 이후의 기도는, 자기를 버리고 주님께 의탁하기 위한 기도였을 것임은 재론의 여지도 없습니다. 김칫독에 들어 있는 김치를 비워 내고 물로 깨끗하게 씻은 뒤에도 상당 기간 동안 독 속에 배어 있는 김치 냄새를 제거해야 쌀독으로 사용할 수 있는 것처럼, 사울에게 그 사흘간의 금식기도는, 비록 주님의 태풍 속에서 그릇된 삶의 뿌리가 뽑히기는 했지만 여전히 그에게 배어 있는 그릇된 옛 삶의 습성과 잔재 그리고 악취를 털어 버리는 시간이었습니다.

그때 사울은 80대 노인이 아니었습니다. 실천력을 결여한 우유부단한 인간도 아니었습니다. 그는 누구보다도 행동력이 뛰어나고 자기중심적인 혈기 왕성한 청년이었습니다. 따라서 다메섹 도상에서 갑자기 시력을 상실했을 때, 자기 성질을 이기지 못해 더욱 난폭해지거나 정신이상자가 될 수도 있었습니다. 갑자기 시력을 상실한 즉시 예루살렘으로 되돌아가 버릴 수도 있었습니다. 자기 나름대로 시력을 되찾기 위해 매일 동분서주할 수도 있었습니다. 그러나 그는 갑자기 시력을 상실하고서도 주님의 명령에 온전히 순종하여 다메섹으로 들어갔고, 주님께서 약속하신 아나니아가 그를 영접하지도 않는 다메섹에서 사흘 동안 금식하며 기도했습니다. 그 사흘 동안의 금식기도는 명실상부하게 자기를 버리는 시간이었습니다. 자신의 그릇된 생각도, 판단도, 욕망도 다 버렸습니다. 동시에 그것은 철저하게 주님을 선택하는 시간이었습니다. 그 버림과 선택을 통해 불한당 같았던 사울은 예수 그리스도 안에서, 온 우주를 주관하시는 무한하신 하나님과 비로소 개인적인 관계를 온전히 맺을 수 있었습니다.

중요한 사실은 사울이 사흘 동안 버림과 선택의 금식기도를 드렸던 장소가 어디였느냐는 것입니다. 본문 11절에 의하면 다메섹에 들어간 사울이 사흘간 머물렀던 곳은 유다라는 사람의 집이었는데, 그 집은 "직가라 하는 거리"에 있었습니다. '직가'는 '곧을 직直'에 '거리 가街', 문자 그대로 직선으로 쭉 뻗어 있는 길을 의미합니다. 2천 년이 지난 오늘날에도 '다르발 무스타킴 Darbal Mustaqim'이란 이름으로 시리아의 수도 다마스쿠스의 주된 통행로로 이용되고 있는 직가는, 다메섹 성의 동문에서 서쪽으로 약 1.6킬로미터나 직선으로 뻗어 있는 대로입니다. 고대 중동 지방은 어느 도시든 길이 구불구불하게 나 있어 곧게 뻗은 길을 보기가 쉽지 않았습니다. 그러므로 1.6킬로미터나 직선으로 뻗어 있는 다메섹의 직가는 그 자체로 명물이었습니다. 그렇다고 다메섹에 직가만 있는 것은 아니었습니다. 2천 년 전 중동 최대 도시 중의 하나였던 다메섹에는 직가 외에도 구불구불한 길들이 수없이 많았습니다. 그런데 그 많고 많은 길들 가운데 주님께서 시력을 상실한 사울을 인도해 가신 길은, 구불구불한 길들 중의 하나가 아니라 직가였습니다. 이 얼마나 신비스러운 섭리입니까?

다메섹 도상에서 시력을 상실한 사울은 다른 사람의 손에 이끌려, 아니 그 배후에서 역사하시는 주님에게 이끌려 다메섹으로 들어갔습니다. 그리고 직가를 거쳐 유다의 집으로 들어갔습니다. 갑자기 시력을 상실한 사울이었기에 그는, 직가를 걸으면서도 자신이 걷는 길이 직가인지 혹은 예루살렘의 길들처럼 구불구불한 길인지, 느끼거나 생각할 겨를이 전혀 없었을 것입니다. 그러나 자신을 찾아온 아나니아의 안수로 시력을 되찾은 사울이 자신의 눈으로 그 직가를 보았을 때, 난생처음으로 1.6킬로미터나 뻗어 있는 직가를 직접 목격했을 때, 사흘 전에 남의 손에 이끌려, 아니 주님께 이끌려 자신이 걸어온 길이 직가였음을 확인했을 때, 그리고 주님께서 자신을 위해 예비하신 '여호와는 은혜로우시다'라는 의미의 아나니아 역시 그 직가를 통해 자기에게 왔음을 깨달았을 때, 자신의 눈앞에 펼쳐져 있는 그 직가가 사울에게 무슨 의미로 다가왔겠습니까? 그 직가야말로 사울에게는 불한당 같은 자신에게 하나님의 은혜가 임한 은혜의 직가였습니다. 그와 동시에 그 직가는, 버림과 선택을 통해 자신이 거룩하신 하나님께 나아가는 믿음의 직가였습니다. 티끌보다 못한 자신이, 온 우주 만물의 주관자이신 무한하신 하나님과 개인적인 관계를 맺는 기적의 직가였습니다. 한마디로 그 직가는 예수 그리스도의 상징이었습니다. 사울에게 예수 그리스도는, 그분을 통해 하나님의 은혜가 자신에게 임하고, 그분을 힘입어 자신이 하나님께 나아가고, 그분 안에서 자신이 하나님과 개인적인 관계를 맺는 영원한 생명의 직가였기 때문입니다.

그래서 본문 18절에 의하면, 아나니아의 안수로 시력을 회복한 사울은 그 즉시 세례를 받았습니다. 그가 사흘 동안이나 금식하던 유다의 집, 다시 말해 지가에서 세례를 받은 것입니다. 그리고 그 이후에 그는 루마서 6장을 통해 세례를 '그리스도와의 연합'이라고 설명했습니다. 사울에게 세례는 자기를 버리고 예수 그리스도를 선택하는 것이었습니다. 예수 그리스도의 은혜의 직가, 기적의 직가, 영원한 생명의 직가 위에서 살기 위함이었습니다. 그 직가 위에서만 하나님의 은혜를 누리고, 버림과 선택을 통하여 하나님과의 개인적인 관계를 유지하고 또 심화시킬 수 있기 때문이었습니다. 이것이 그가 고린도전서 9장 27절을 통하여 다음과 같이 고백한 이유입니다.

내가 내 몸을 쳐 복종하게 함은 내가 남에게 전파한 후에 자신이 도리어 버림을 당할까 두려워함이로다.

행여 하나님과의 개인적인 관계가 끊어질까 두려워 날마다 자신을 버렸다는 말입니다. 그는 또 이렇게 고백하기도 했습니다.

형제들아 내가 그리스도 예수 우리 주 안에서 가진 바 너희에 대한 나의 자랑을 두고 단언하노니 나는 날마다 죽노라(고전 15:31).

예수 그리스도 안에서 날마다 자신을 버림으로써만 하나님을 확실하게 선택할 수 있었기 때문입니다.

사울이 이런 삶으로 일관할 수 있었던 것은 그가 다메섹의 직가에서 시력을 되찾고 세례 받은 이후, 예수 그리스도의 직가—그 영원한 생명의 직가 위에서 살았기 때문입니다. 그래서 한때 불한당과 같았던 사울의 삶은 숱한 모함과 박해와 핍박 속에서도, 이 세상 그 어떤 꽃보다도 더 아름답고 향기로운 진리의 꽃, 생명의 꽃으로 승화될 수 있었습니다. 그가 예수 그리스도의 직가 위에서 살았기에, 그 직가 위에서 그가 개인적인 관계를 맺고 있던 하나님께서 친히 그의 인생을 주관해 주셨기 때문입니다.

시인 정현종 선생의 시 가운데 〈모든 순간이 꽃봉오리인 것을〉이란 제목의 시가 있습니다.

> 나는 가끔 후회한다.
> 그때 그 일이
> 노다지였을지도 모르는데……
> 그때 그 사람이
> 그때 그 물건이
> 노다지였을지도 모르는데……
> 더 열심히 파고들고
> 더 열심히 말을 걸고
> 더 열심히 귀 기울이고
> 더 열심히 사랑할걸……
>
> 반벙어리처럼
> 귀머거리처럼

보내지는 않았는가,

우두커니처럼……

더 열심히 그 순간을

사랑할 것을……

모든 순간이 다시

꽃봉오리인 것을,

내 열심에 따라 피어날

꽃봉오리인 것을!

 자신의 인생을 되돌아보며, 지난 모든 순간이 아름다운 꽃봉오리였는데도 그 꽃봉오리를 터뜨리지 못한 아쉬움을 한탄하는 내용입니다. 그렇습니다. 우리의 매 순간치고 아름다운 꽃봉오리가 아닌 순간이 없습니다. 그러나 우리가 노력한다고 그 꽃봉오리들이 모두 꽃이 되는 것은 결코 아닙니다. 비바람에 꺾어지거나, 가뭄에 시들거나, 한파에 얼어 죽는 꽃봉오리도 부지기수입니다. 이것이 인간의 한계입니다. 그러나 예수 그리스도의 직가 위에서는 다릅니다.

 사랑하는 교우 여러분!

 지금 여러분 앞에 펼쳐진 예수 그리스도의 직가가 보이십니까? 이제부터 우리 모두 자신의 그릇된 길을 버리고, 예수 그리스도의 직가를 선택하십시다. 그 직가 위에서 버림과 선택을 통해 우주 만물의 주관자이신 하나님과 개인적인 관계를 더욱 깊이 맺으십시다. 이 세상의 그 어떤 인생 폭풍이나 가뭄 혹은 한파에도 꺾어지거나 시들거나 얼어 죽음이 없이, 보잘것없는 우리의 삶은 아름답고 향기로운 진리의 꽃, 생명의 꽃으로 승화될 것입니다.

예수 그리스도의 직가 위에서 살아가는 우리의 인생을, 하나님께서 친히 주관해 주실 것이기 때문입니다.

이 세상은 한없이 넓고, 237개의 나라가 있으며, 60억이나 되는 사람들이 살고 있습니다. 그러나 이 세상이 아무리 넓고 아무리 사람이 많다 해도, 지구 반대편에 있는 사람도 버림과 선택을 통해 나와 개인적인 관계를 맺을 수 있습니다. 그러나 나를 아무리 잘 아는 사람이라 해도 버림과 선택을 통하지 않고서는, 그가 우리 집 앞 우체통에 넣은 편지도 내게 이를 수는 없습니다.

하나님께서 한없이 크신 분이신 데 반해, 하나님 앞에서 우리는 티끌보다 못한 미물에 지나지 않습니다. 그러나 우리는 예수 그리스도 안에서 하나님과 개인적인 관계를 맺을 수 있습니다. 예수 그리스도께서는 하나님의 은혜가 우리에게 이르는 은혜의 직가요, 우리가 하나님께 나아가 하나님과 개인적인 관계를 맺는 기적의 직가요, 우리의 보잘것없는 삶이 아름다운 진리와 생명의 꽃으로 승화되는 영원한 생명의 직가이기 때문입니다. 이 시간 그 직가, 예수 그리스도의 직가를 우리 앞에 열어 주심을 감사드립니다. 우리 모두 본문의 사울처럼 이제부터 우리 자신의 그릇된 길을 버리고, 오직 예수 그리스도의 직가를 선택하게 하옵소서. 그 직가와 연합하게 하옵소서. 예수 그리스도의 직가 위에서, 버림과 선택을 통하여 하나님과 개인적인 관계를 날로 더욱 깊이 맺어 가게 하옵소서. 우리의 삶이 그 직가 위에서 아름다운 진리와 생명의 꽃으로 승화되게 하옵소서.

그와 같은 우리의 삶을 통해, 이 땅 위에 하나님의 나라가 날로 확장되게 하옵소서. 아멘.

19. 기도하는 중

사도행전 9장 10-19절 상

그때에 다메섹에 아나니아라 하는 제자가 있더니 주께서 환상 중에 불러 이르시되 아나니아야 하시거늘 대답하되 주여 내가 여기 있나이다 하니 주께서 이르시되 일어나 직가라 하는 거리로 가서 유다의 집에서 다소 사람 사울이라 하는 사람을 찾으라 그가 **기도하는 중**이니라 그가 아나니아라 하는 사람이 들어와서 자기에게 안수하여 다시 보게 하는 것을 보았느니라 하시거늘 아나니아가 대답하되 주여 이 사람에 대하여 내가 여러 사람에게 들사온즉 그가 예루살렘에서 주의 성도에게 적지 않은 해를 끼쳤다 하더니 여기서도 주의 이름을 부르는 모든 사람을 결박할 권한을 대제사장들에게서 받았나이다 하거늘 주께서 이르시되 가라 이 사람은 내 이름을 이방인과 임금들과 이스라엘 자손들에게 전하기 위하여 택한 나의 그릇이라 그가 내 이름을 위하여 얼마나 고난을 받아야 할 것을 내가 그에게 보이리라 하시니 아나니아가 떠나 그 집에 들어가서 그에게 안수하여 이르되 형제 사울아 주 곧 네가 오는 길에서 나타나셨던 예수께서 나를 보내어 너로 다시 보게 하시고 성령으로 충만하게 하신다 하니 즉시 사울의 눈에서 비늘 같은 것이 벗어져 다시 보게 된지라 일어나 세례를 받고 음식을 먹으매 강건하여지니라 사람의 눈에 드러나지 않게 보이지 않는 곳에서 교회를 위해 지성으로 봉사하는, 그래서 제가 존경할 수밖에 없는 한 교우님이 있습니다. 그 교우님 부부가 경영하는 작은 가게를 찾아갔을 때, 그분이 제게 이런 말을 했습니다.

"예전에는 하나님을 믿기가 아주 쉬웠는데, 믿음이 하나님의 말씀을 따라 바르게 사는 것임을 알고 나니 하나님을 믿는다는 것이 어려워졌습니다. 그러나 지금의 삶이 예전에 비해 훨씬 평안하고 보람됩니다."

그분은 자신의 근황을 밝히는 가운데 그냥 지나치듯 한 말이었지만, 믿음의 역설을 그보다 더 잘 나타내는 표현은 없을 것입니다. 역설이란 '어떤 주의나 주장 혹은 논리에 반대되는 이론이나 말'을 의미합니다. 믿음이 무엇인지 알고 나서 예전에 비하여 하나님 믿기가 어려워졌다면, 그분의 신앙생활 자체가 고달프고 평안과는 거리가 멀어야 논리적으로 맞지 않겠습니까? 그런데도 믿기는 어려워졌지만 오히려 삶이 훨씬 평안하고 보람되다면 그것은 비논리적인 역설이 아니겠습니까? 그러나 역설이란 말은 또 다른 의미를 지니고 있습니다. 즉 '모순을 일으키기는 하지만 잘 음미해 보면 그 속에 중요한 진리가 함축되어 있는 말이나 의견'이 역설의 두 번째 의미입니다. 그 교우님의 말은 역설의 두 번째 의미의 관점에서 볼 때 더더욱 역설이라 할 수 있습니다. 모순되어 보이는 것과 같은 그분의 말 속에 중요한 진리가 함축되어 있기 때문입니다.

이제 그분의 말을 한번 음미해 보십시다. 하나님을 믿는 사람에게 믿기가 쉬울 때는 언제입니까? 하나님을 믿기는 믿되 자기중심적으로 믿을 때입니다. 주일이면 예배에 참석하고 필요한 곳에서 봉사하는 것으로 그리스도인의 의무는 끝납니다. 그 이외에는 일주일 내내 자기 편한 대로, 자신이 원하는 대로만 삽니다. 그에게 기도는 자신에게 아쉬운 것, 필요한 것, 원하는 것을 하나님께 요구하는 시간일 뿐입니다. 이처럼 하나님을 자기중심적으로 믿을 때에는 신앙생활이 아주 쉽습니다. 예배에 참석하고 봉사한다는 것만 제외하면 옛 삶과 현재의 삶이 구별되지 않는 까닭입니다.

　이처럼 쉬운 신앙생활이, 믿음이 무엇인지 바르게 깨닫고 나면 왜 어렵게 느껴집니까? 믿음이란 자기중심에서 하나님 중심으로 자기 삶의 축을 옮기는 것이기 때문입니다. 믿음은 자기 편한 대로, 자기가 원하는 대로 사는 것이 아닙니다. 믿음은 자기를 버리고 하나님의 말씀을 좇아 하나님 중심으로 사는 것입니다. 그러므로 믿음에는 필히 자기와의 싸움이 수반되기 마련입니다. 자기 속에서 매사에 자기중심으로 살려는 자신의 옛사람과, 하나님 중심으로 살려는 새사람 간의 싸움입니다. 믿음은 그 싸움에서 이기는 것입니다. 그 싸움에서 이기는 사람만 자기 삶의 전반에 걸쳐 하나님 중심으로 살 수 있습니다. 그래서 신앙생활이 어렵게 여겨질 수 있습니다. 신앙생활을 시작하고서도 하나님을 믿는 것이 단 한 번도 어렵게 느껴지지 않았다면, 그것은 그 사람이 아직까지 자신과의 싸움에서 이기려고 해본 적 없음을 의미합니다.

　그런데 그렇듯 어렵게 여겨지는 바른 믿음의 삶이 고달프기는커녕, 오히려 예전에 비하여 훨씬 평안하고 보람되게 느껴지는 것은 또 무슨 영문입니까? 그리스도인이 자기와의 싸움에서 이기고 하나님의 말씀을 좇아 하나님 중심으로 산다는 것은 하나님과 바른 관계를 맺고 있음을 의미하기에, 하나님의 평강과 하나님의 생명과 하나님의 권능과 하나님의 은총이 그와 함께하기 때문입니다. 다시 말해 그 사람의 삶이 하나님에 의해 영원한 가치와 의미를 지니게 되기 때문입니다. 그래서 그의 삶은 세상이 줄 수 없는 평강과, 세상의 그 무엇과도 바꿀 수 없는 보람으로 충만하게 됩니다.

　이처럼 대수롭지 않게, 아주 쉽게 시작한 신앙생활이, 하나님을 인격적으로 만나고 믿음의 참뜻을 앎과 동시에 어렵게 여겨지면서도 오히려 말할 수 없는 평안과 보람을 느끼게 되는 것은 신앙의 자연스러운 발전 과정입니다. 그런데 이 과정을 역순으로 생각하면 더 귀한 깨달음을 얻게 됩니다. 하나님의 말씀을 좇아 하나님 중심으로 사는 삶만 참된 평안과 보람의 삶임을 깨달은 사람에게는, 자기와의 싸움에서 이기고 하나님의 말씀을 좇아 사는 삶이 더 이상 어렵지 않게 됩니다. 그는 이미 그 삶의 영원한 가치와 의미를 맛본 사람이기 때문입니다. 그 맛을 모르는 사람에게는 그것이 어렵겠지만, 그 맛을 아는 사람에게는 전혀 어렵지 않습니다. 그리고 그 사람에게 자기중심적으로 살던 옛 삶으로 돌아갈 것을 아무리 권해도, 그는 결코 되돌아가지 않습니다. 고작 몇십 년 살다가 공동묘지에서 썩어 문드러질 자기중심의 옛 삶으로 되돌아간다는 것은 단 한 번뿐인 자기 인생을 송두리째 망치는 어리석은 짓이요, 개가 토한 것을 되삼키는 것처럼 역겹고 백해무익한 짓임을 알기 때문입니다. 믿음의 참된 묘미와 극치가 바로 여기에 있습니다.

중요한 사실은, 믿음의 이 묘미와 극치를 일상생활 속에서 누리기 위해서는 기도의 수준이 달라지지 않으면 안 된다는 것입니다. 주님께서 기도와 관련하여 무엇이라 말씀하셨습니까?

> 또 기도할 때에 이방인과 같이 중언부언하지 말라 그들은 말을 많이 하여야 들으실 줄 생각하느니라 그러므로 그들을 본받지 말라 구하기 전에 너희에게 있어야 할 것을 하나님 너희 아버지께서 아시느니라(마 6:7-8).

하나님께서 정녕 무소부재하셔서 나와 함께하고 계시고 또 전지전능하시다면, 내게 필요한 것이 무엇인지 내가 모르는 것까지 다 아시지 않겠습니까? 그리고 때가 되면 당신의 방법으로 우리에게 주시지 않겠습니까? 그런 하나님이 아니라면 우리가 하나님을 믿을 까닭이 어디에 있으며, 또 그 하나님이 나를 죄와 사망에서 구원인들 할 수 있겠습니까? 그러므로 기도는 내게 필요한 것을 하나님께 통보하는 시간이 아닙니다. 기도는 하나님의 말씀을 좇아 하나님 중심으로 사는 삶의 참된 평강과 보람 그리고 그 영원한 가치와 절대적인 의미를 확인하는 시간이요, 기도는 주님 안에서 나와 싸워 이기는 극기의 시간이요, 기도는 자기중심적으로 살던 옛 삶의 무가치함과 무익함을 재확인하면서 새로운 존재를 지향하는 시간입니다. 이와 같은 존재적 기도를 통하여 우리는, 이 어둔 세상을 밝히는 진리의 빛으로 살아가는 새 생명의 기쁨을 누리게 됩니다.

우리는 사도행전 8장에서 마술사 시몬을 만난 적이 있습니다. 예루살렘 교회 집사였던 빌립이 사마리아 성을 찾아가 복음을 전했을 때, 복음을 영접하고 그리스도인이 된 사람 가운데 마술사 시몬이 있었습니다. 본래 그는 마술 행각으로 사람들을 놀라게 하면서, 스스로 '큰 자'를 자처하던 사람이었지만 복음을 접하고 기꺼이 그리스도인이 되었습니다. 그 이후 사마리아 성을 방문한 사도 베드로와 요한이 사람들의 머리 위에 손을 얹고 기도함과 동시에 성령님께서 임하시는 것을 본 시몬은, 그 즉석에서 사도들에게 돈을 주며 그 희한한 능력을 자신에게 팔 것을 요청했습니다. 마술은 교묘하게 사람을 속이는 기술입니다. 마술사였던 시몬은 그와 관련된 기술이나 기구라면 수단과 방법을 가리지 않고 지체 없이 사들이던 사람이었습니다. 그래서 성령님의 임재를 자기 눈으로 확인하는 즉각, 그는 앞뒤 가리지 않고 성령님의 역사마저 돈으로 사려고 했습니다. 가장 결정적인 순간에 그릇된 옛 성품, 옛 습관, 옛 사고방식, 옛 삶의 태도가 지극히 자연스럽게 드러난 것이었습니다. 그가 외적으로는 그리스도인이었지만, 내적으로는 여전히 마술사의 심성으로 살아가는 옛사람 그대로였습니다. 서두에 언급한 교우님의 말을 빌린다면, 시몬에게 신앙생활은 아주 쉬운 것이었습니다. 여전히 자기중심적으로 살아가는 시몬에게 주님은 자기 목적을 성취하기 위한 수단에 지나지 않았기 때문입니다.

그래서 베드로가 시몬을 이렇게 질책했습니다.

> 베드로가 이르되 네가 하나님의 선물을 돈 주고 살 줄로 생각하였으니 네 은과 네가 함께 망할지어다 하나님 앞에서 네 마음이 바르지 못하니 이 도에는 네가 관계도 없고 분깃 될 것도 없느니라(행 8:20-21).

너무나도 당연한 말 아니겠습니까? 하나님을 믿는다면서도 하나님보다 돈의 힘을 더 신뢰하여 성령님의 역사마저 돈으로 사려고 했으니, 만사를 돈으로 해결하려는 그가 어떻게 하나님과 바른 관계를 맺을 수 있으며, 또 자기와의 싸움에서 이기고 하나님 나라의 분깃을 얻을 수 있겠습니까? 그처럼 자기중심적으로 계속 살아서야 공동묘지에서 망하기밖에 더 하겠습니까? 그러나 베드로가 시몬을 질책하기만 한 것은 아니었습니다. 베드로는 시몬에게 해결책도 제시해 주었습니다.

> 그러므로 너의 이 악함을 회개하고 주께 기도하라 혹 마음에 품은 것을 사하여 주시리라(행 8:22).

베드로는 시몬에게 회개하고 주님께 기도할 것을 명령했습니다. 우리말 '혹'으로 번역된 원문 '에이 아라'는 그 앞에 선행된 조건절을 강조하는 표현입니다. 따라서 베드로의 말은 회개하고 기도하면 혹 용서받을 수 있을지도 모른다는 모호한 의미가 아니라, 회개하고 주님께 기도하면 주님께서 반드시 사해 주실 것이라는 의미였습니다. 그런데 베드로가 '기도하라'고 말할 때 사용된 헬라어 동사 '데오마이'는 '묶다', '붙들어 매다'라는 의미라고 했습니다. 즉 베드로가 시몬에게 '주께 기도하라'고 말한 것은, '너 자신을 주님께 묶어 두라', '네 마음을 주님께 동여매라'는 의미였습니다. 베드로가 그 말을 입의로 시용하거나 시어낸 말이 아니었습니다. 그 말은 주님께서 친히 가르쳐 주신 것이었습니다. 주님께서 누가복음 21장을 통해, 장차 임할 대환난에 대해 제자들에게 말씀하시면서 그 결론을 이렇게 맺으셨습니다.

이러므로 너희는 장차 올 이 모든 일을 능히 피하고 인자 앞에 서도록 항상 기도하며 깨어 있으라(눅 21:36).

주님께서 제자들에게, 어떤 환난 속에서도 주님 앞에 떳떳하게 설 수 있는 길이 항상 기도하는 것임을 밝혀 주신 것입니다. 그런데 주님께서 '기도하라'고 말씀하실 때 사용된 동사 역시 '데오마이'라고 했습니다. 어떤 결정적인 순간에도 그리스도인답게 자신을 지키는 길은 기도를 통해 자신을 주님께 묶어 두는 것이요, 자신의 마음을 주님께 동여매는 것임을 주님께서 제자들에게 친히 가르쳐 주신 것입니다. 제자들이 자신을 주님께 동여맨다는 것은, 곧 주님께서 제자들을 붙들고 계심을 의미하기 때문입니다. 베드로는 주님께 배운 대로 마술사 시몬에게 '데오마이' 할 것을 주문했습니다. 기도를 통해 자신을 주님께 동여매는 사람만 하나님의 말씀을 좇아 하나님 중심으로 사는 삶의 영원한 가치와 의미를 확인할 수 있고, 그 사람만 말씀대로 사는 것이 어렵지 않고, 그 사람만 개가 토한 것을 되삼키는 것처럼 백해무익한 옛 삶을 되풀이하지 않는 까닭입니다.

다메섹 도상에서 진리요 빛이신 예수 그리스도의 태풍을 만나 시력을 상실한 사울은 다른 사람의 손에 이끌려, 다메섹의 직가에 있는 유다의 집으로 들어갔습니다. 그리고 그곳에서 그가 식음을 전폐한 지 사흘이 지났을 때였습니다.

그때에 다메섹에 아나니아라 하는 제자가 있더니 주께서 환상 중에 불러 이르시되 아나니아야 하시거늘 대답하되 주여 내가 여기 있나이다 하니 주께서 이르시되 일어나 직가라 하는 거리로 가서 유다의 집에서 다소 사람 사울이라 하는 사람을 찾으라 그가 기도하는 중이니라(10-11절).

주님께서 사울을 위하여 이미 다메섹에 예비해 두신 아나니아를 부르셨습니다. 사울을 위하여 드디어 그를 움직이게 하시기 위함이었습니다. 여기에서 우리가 주목하고자 하는 것은 주님께서 아나니아에게 사울에 관하여 언급하시면서, "다소 사람 사울이라 하는 사람을 찾으라. 그가 기도하는 중이니라"고 말씀하셨다는 것입니다. 즉 사울이 기도하고 있음을 주님께서 강조하신 것입니다. 이로써 사울이 사흘 동안 식음을 전폐하였다는 것은 그가 금식기도한 것이었음을 알게 됩니다. 여기에서 사용된 '기도하다'라는 동사는 일반적으로 기도한다는 의미의 '프로슈코마이'입니다. 그런데 한글 성경에는 번역이 빠져 있지만 헬라어 원문에는 주님의 말씀에 두 단어가 더 들어 있습니다. '보라'는 의미의 감탄사 '이두'와 이유를 나타내는 접속사 '가르γάρ'입니다. 따라서 주님께서 하신 말씀을 원문 그대로 번역하면 이런 내용이 됩니다.

직가라 하는 거리로 가서 유다의 집에서 다소 사람 사울이라 하는 사람을 찾으라. 왜냐하면, 보라, 그가 기도하기 때문이다.

　사울의 기도가 얼마나 주님을 흡족하게 했으면, 주님께서 이렇듯 감탄하시며 자랑하듯 사울이 기도하고 있음을 강조하셨겠습니까? 사울이 기도드린 것이 이번이 처음이었던 것은 아닙니다. 그는 본래 바리새인이었습니다. 바리새인은 유대인의 보는 종교의식에 가장 철저하였습니다. 경건한 유대인은 하루 세 번씩 예루살렘성전을 찾아 기도드리는 것을 주요 일과로 삼았습니다. 유대인 중에서 가장 경건하다 자처하던 바리새인이 이 기도의 일과에 누구보다 철저하였음은 두말할 나위가 없습니다. 바리새인 중의 바리새인이었던 사울 역시 예외일 수 없었습니다. 그에게 기도는 일상사였습니다. 그럼에도 그는 이 땅에 오신 성자 하나님을 부정하고 박해하는 어리석음을 범했습니다. 그가 매일 기도드려도 그 기도는 자기중심적 기도에 불과했기 때문입니다. 바꾸어 말해 그의 기도는, 그릇된 자기 신념과 관습 그리고 이기심과 욕망을 강화하기 위해 하나님을 수단으로 삼는 기도였습니다. 그러나 주님을 만난 이후 다메섹의 직가에서 드린 그의 기도는 달랐습니다. 그가 시력을 상실한 채 사흘 동안이나 금식기도를 드렸다는 것 자체가 주님께 '데오마이', 즉 자신을 버리고 주님께 자신을 동여매는 기도였음을 의미합니다. 다시 말해 자기중심으로부터 하나님 중심으로 자기 삶의 축을 옮기는 존재적 기도였습니다. 그 기도가 얼마나 주님 보시기에 아름다웠으면 주님께서 아나니아에게 사울을 찾아갈 것을 명령하시며, "보라, 그가 기도하기 때문이다"라고 감탄하며 말씀하셨겠습니까? 그뿐이 아닙니다.

　그가 아나니아라 하는 사람이 들어와서 자기에게 안수하여 다시 보게 하는 것을 보았느니라(12절).

사울을 위해 아나니아를 부르신 주님께서는 동시에, 기도하는 사울로 하여금 아나니아의 안수로 자신이 시력을 회복하게 될 것을 기도 속에서 미리 보게 하셨습니다. 시력을 상실했던 그가 시력을 회복한다는 것은 이제부터 새로운 삶을 살게 됨을 의미했고, 사울은 기도를 통해 새로운 존재로 살아가게 될 자기 자신을 미리 보았습니다. 그의 기도가 자신을 온전히 주님께 동여맴으로 주님 안에서 새로운 피조물로 거듭나는 존재적 기도였기에 가능한 일이었습니다. 그래서 그는 그 이후, 죽든지 살든지 오직 자신을 통해 주님만 존귀하게 드러나는 삶으로 일관하였습니다. 기도를 통해 매일 자신을 주님께 동여맴으로, 그는 그 삶의 참된 평안과 보람 그리고 영원한 가치와 의미를 분명하게 알았고, 매일 자기와의 싸움에서 이길 수 있었으며, 옛 삶의 무익함을 누구보다도 뼈저리게 느꼈기 때문입니다.

《청년아, 울더라도 뿌려야 한다》라는 책의 서문에서 밝힌 것처럼 1994년 초, 아이들과 함께 조상의 묘를 찾아가는 길에 부산 해운대에서 하루를 묵을 때였습니다. 한겨울이었음에도 아이들은 도착하기 무섭게 해변에서 파도와 술래잡기를 하느라 여념이 없었습니다. 그곳은 제가 대학생 시절 여름방학 때마다 친구들과 어울려 놀던 곳이었습니다. 때론 파도 속에서 소리 지르고, 때론 캄캄한 밤 모래사장에 앉아 시를 읊었습니다. 이를테면 그곳은 제 젊음을 뽐내고 또 자랑하던 곳이었습니다. 그로부터 20년이 넘게 흘러 이제 제 아이들이 똑같은 해변에서 똑같이 소리 지르며 놀고 있습니다. 모래사장도 있고, 바다도 있고, 파도도 있고, 하늘도 있고, 아이들도 있는데 그러나 없는 것이 있었습니다. 제가 보이지 않는 것이었습니다. 분명 그곳에 있었던 20대의 저 자신이 보이지 않았습니다. 그날 밤 저는 숙소의 유리창을 통해 밤하늘을 올려다보며 몇 번이나 저 자신에게 반문했는지 모릅니다.—'그때

의 나는 대체 어디로 갔는가?'

1972년, 제가 난생처음으로 유럽에 발을 디딘 곳은 암스테르담의 스히폴 공항이었습니다. 그리고 27년이 지난 1999년 다시 암스테르담의 스히폴 공항을 찾았습니다. 예전에 비해 공항은 엄청나게 확장되어 있었습니다. 저는 사람들에게 물어, 그 옛날 제가 처음 발을 디뎠던 청사를 찾아가 복도 의자에 앉았습니다. 그닐도 수없이 많은 승객들이 분주하게 오가고 있었습니다. 저는 그 많은 사람들 속에서 저를 찾기 시작했습니다.—'27년 전, 스물네 살의 나이에 설레는 마음으로 저 복도를 걸어 나오던 그때의 나는 지금 어디에 있는가?' '그때의 나는 영영 사라져 버리고 말았는가?'

아니었습니다. 그때의 저는 지금의 제 속에 고스란히 남아 있었습니다. 35년 전 해운대에서 젊음을 노래하던 그때의 저 역시, 지금의 제 속에 어김없이 살아 있습니다. 1986년 합정동으로 이사 와 시간이 날 때마다 양화진 묘역을 거닐던 지난 20여 년 동안의 저 또한, 양화진 묘지기로 살아가는 현재의 제 속에 그대로 농축되어 있습니다.

사랑하는 교우 여러분!

우리를 스쳐 지나가는 시간은 형체도 없이 사라져 버리지만, 그와 동시에 마치 모래시계의 아랫부분처럼, 우리의 삶 속에 반드시 축적되어 남는다는 사실을 알고 계십니까? 현재 우리의 모습이 지난 시간의 총체적 실체임을 알고 계십니까? 이제부터 우리의 시간이 무의미한 옛 삶의 답습이 아니라, 참된 보람과 평안 그리고 영원한 가치와 의미로 축적되기를 원하십니까? 그렇다면 사울처럼 기도의 사람이 되십시다. 기도를 통해 우리 자신을, 우리의 심령을 주님께 동여매십시다. 그때부터 우리는 믿음의 묘미를 누리게 될 것이요, 우리의 삶은 믿음의 극치를 이루게 될 것입니다. 우리가 기도로 우리의 심령을 동여맨 주님께서 우리를 친히 안수해 주심으로, 이 어둔 세상에서 우리가 걸어야 할 길을 밝히 볼 수 있도록 우리의 눈을 열어 주실 것이기 때문입니다.

이 시간 우리 모두 주님의 말씀 앞에서, 지나간 시간의 축적판인 우리의 삶을 들여다봅니다. 그리고 우리가 이미 버렸던, 반드시 버려야만 하는 옛 삶이 뜻도 없이 반복되고 있음을 발견합니다. 그래서 우리의 삶은 물거품처럼 공허하기만 합니다. 우리의 기도를 또 들여다봅니다. 우리에게 있어야 할 것을 다 알고 계시는 하나님 아버지를 믿지 못해 매일 우리에게 필요한 것을 통보하는 것으로 그치기에, 우리의 기도는 무의미한 공기의 진동으로 끝나고 있습니다. 이처럼 자기중심적으로 살아서야, 백 년을 산다한들 우리의 삶이 후회와 한탄으로 끝날 수밖에 없지 않겠습니까? 주님!
우리 모두 기도하되 기도를 통해, 우리 자신을 주님께 동여매게 하옵소서. 기도를 통해, 길이요 진리요 생명이신 주님께 우리의 심령이 늘 매여 있게 하옵소서. 기도를 통해, 옛 삶을 반복하는 것은 개가 토한 것을 되삼키는 것처럼 백해무익한 짓임을 깨닫게 하옵소서. 기도를 통해, 주님의 권능을 힘입어 날마다 자기와의 싸움에서 승리하는 새로운 존재로 살아가게 하옵소서. 기도를 통해, 날마다 주님을 뵙는 새로운 영안靈眼을 얻게 하옵소서. 기도를 통해, 우리의 삶이 참된 평강과 보람, 그리고 영원한 가치와 의미로 충만케 하옵소서. 그리하여 기도를 통해 날마다 믿음의 묘미를 누리게 하시고, 기도를 통해 우리의 삶이 믿음의 극치를 이루어 가게 하옵소서. 아멘.

20. 택한 나의 그릇 I 종교개혁 주일

사도행전 9장 10-19절 상

그때에 다메섹에 아나니아라 하는 제자가 있더니 주께서 환상 중에 불러 이르시되 아나니아야 하시거늘 대답하되 주여 내가 여기 있나이다 하니 주께서 이르시되 일어나 직가라 하는 거리로 가서 유다의 집에서 다소 사람 사울이라 하는 사람을 찾으라 그가 기도하는 중이니라 그가 아나니아라 하는 사람이 들어와서 자기에게 안수하여 다시 보게 하는 것을 보았느니라 하시거늘 아나니아가 대답하되 주여 이 사람에 대하여 내가 여러 사람에게 듣사온즉 그가 예루살렘에서 주의 성도에게 적지 않은 해를 끼쳤다 하더니 여기서도 주의 이름을 부르는 모든 사람을 결박할 권한을 대제사장들에게서 받았나이다 하거늘 주께서 이르시되 가라 이 사람은 내 이름을 이방인과 임금들과 이스라엘 자손들에게 전하기 위하여 **택한 나의 그릇**이라 그가 내 이름을 위하여 얼마나 고난을 받아야 할 것을 내가 그에게 보이리라 하시니 아나니아가 떠나 그 집에 들어가서 그에게 안수하여 이르되 형제 사울아 주 곧 네가 오는 길에서 나타나셨던 예수께서 나를 보내어 너로 다시 보게 하시고 성령으로 충만하게 하신다 하니 즉시 사울의 눈에서 비늘 같은 것이 벗어져 다시 보게 된지라 일어나 세례를 받고 음식을 먹으매 강건하여지니라

요한복음 2장에 의하면 예수님께서 그리스도로서 공생애를 시작하신 직후, 이른바 '예루살렘성전 정화 사건'이 있었습니다. 예수님께서 시장 바닥으로 전락한 예루살렘성전을 정화하신 것입니다.

> 유대인의 유월절이 가까운지라 예수께서 예루살렘으로 올라가셨더니 성전 안에서 소와 양과 비둘기 파는 사람들과 돈 바꾸는 사람들이 앉아 있는 것을 보시고 노끈으로 채찍을 만드사 양이나 소를 다 성전에서 내쫓으시고 돈 바꾸는 사람들의 돈을 쏟으시며 상을 엎으시고 비둘기 파는 사람들에게 이르시되 이것을 여기서 가져가라 내 아버지의 집으로 장사하는 집을 만들지 말라 하시니 (요 2:13-16).

거룩해야 할 하나님의 성전에 어떻게 짐승을 파는 상인들이 진을 치고 있을 수 있으며, 또 돈 바꾸어 주는 환전상은 왜 성전 안에 있어야 하는지 의아하게 여기는 사람들이 있을 것입니다. 옛날 유대인들은 짐승을 제물로 하여 예루살렘성전에서 하나님께 제사를 드렸습니다. 하나님께 드리는 제사인 만큼 제물로 드리는 짐승은 그 어떤 흠도 없어야만 했습니다. 그런데 제물에 흠이 있는지 없는지를 판정하는 사람은 제사를 드리는 당사자가 아니라 예루살렘성전의 제사장들이었습니다. 제사장들은 제사드리는 당사자가 자기 집에서 가져오는 제물은 무슨 트집을 잡아서든 불합격 판정을 내리는 반면, 성전에서 구입하는 제물은 흠의 유무를 따지지 않고 무조건 합격 판정을 내렸습니다. 따라서 제사드리기 원하는 사람은 어쩔 수 없이 성전에서 판매하는 제물을 구입해야만 했습니다. 그것은 요즈음 용어로 표현하면 독점 체제였으므로 제물의 값이 턱없이 비쌌지만, 제사를 드리기 원하는 사람에게는 다른 도리가 없었습니다.

또 당시 유대인들 가운데 만 20세 이상의 남자들은 매해 반 세겔의 성전세를 성전에 바쳐야만 했습니다. 그러나 시중에서 유통되는 일반 화폐가 아니라, 예루살렘성전 안에서만 통용되는 성전 화폐로 성전세를 바쳐야만 했습니다. 결국 사람들은 성전 안에 있는 환전상에게 수수료를 지불하고서야 일반 화폐와 성전 화폐를 교환할 수 있었습니다. 이처럼 성전 안에서 제물을 팔고 환전해 주는 상인들이 거두어들이는 막대한 이익금 가운데 상당 부분이, 그들의 배후에 있는 대제사장을 비롯한 유대교 지도자들에게 돌아갔습니다.

그러므로 공생애를 시작하신 예수님께서 예루살렘성전에서 환전상들의 좌판을 둘러엎으시고 온갖 짐승과 상인들을 쫓아내신 것은, 예루살렘성전을 장악하고 있던 유대교 지도자들에 대한 도전이었습니다. 자신들의 사익을 위하여 하나님을 이용하는 그들이야말로 사람들과 하나님 사이를 가로막는 가장 큰 장애물이었기 때문입니다.

그런데 마태복음 21장은 예수님에 의한 '예루살렘성전 정화 사건'을 한 번 더 증언하고 있습니다. 그때는 요한복음 2장의 성전 정화 사건으로부터 3년이 경과한, 예수님의 공생애 마지막 시기였습니다. 예수님께서 분명히 3년 전에 성전을 정화하셨건만, 성전은 또다시 유대교 지도자들에 의해 조종되는 장사꾼들이 장악하고 있었습니다. 주님께서 그들을 이렇게 질타하셨습니다.

> 그들에게 이르시되 기록된바 내 집은 기도하는 집이라 일컬음을 받으리라 하였거늘 너희는 강도의 소굴을 만드는도다(마 21:13).

주님 보시기에 그 장사꾼들과 그들의 배후 세력인 유대교 지도자들은 강도에 지나지 않았고, 그들이 장악하고 있는 예루살렘성전은 강도의 소굴에 불과하였습니다. 주님께서는 이번에도 그들을 성전에서 모두 몰아내셨습니다.

이처럼 예수님의 공생애는 예루살렘성전을 정화하시는 것으로부터 시작하여 예루살렘성전을 정화하시는 것으로 끝났습니다. 예수님의 생애에서 성전 정화는 그만큼 중요한 일이었습니다. 이것은 우리로 하여금 두 가지 큰 교훈을 깨닫게 해줍니다. 첫째, 종교는 그만큼 부패하기 쉽고 인간의 믿음 역시 그만큼 타락하기 쉽다는 것입니다. 그러므로 둘째, 우리가 참된 그리스도인으로 살아가기 위해서는 성전 된 우리 자신을 날마다 정화하지 않으면 안 된다는 것입니다.

예수님의 두 번째 성전 정화와 관련하여 마태복음 21장 15절의 증언을 주시할 필요가 있습니다.

> 대제사장들과 서기관들이 예수께서 하시는 이상한 일과 또 성전에서 소리 질러 호산나 다윗의 자손이여 하는 어린이들을 보고 노하여.

먼저 마태복음 21장 15절은 예수님께서 성전을 정화하신 일을 가리켜 "이상한" 일이라 증언하고 있습니다. 우리말 '이상한'으로 번역된 헬라어 형용사 '다우마시오스θαυμάσιος'는 '경이적인', '놀랄 만한', '굉장한'의 의미로서 영어로 'wonderful'에 해당합니다. 생각해 보십시오. 거대한 이익집단인 유대교에 맞서 예수님께서 혈혈단신 강도의 소굴로 전락한 예루살렘성전을 하나님의 집으로 정화한다는 것은 얼마나 경이적이고, 얼마나 놀랍고, 얼마나 굉장한 일입니까? 그 예수님을 보면서 어린이들마저 "호산나, 다윗의 자손이여" 하고 외친 것은 당연한 일 아니겠습니까?

그러나 마태복음 21장 15절은, 대제사장을 비롯한 유대교 지도자들은 예수님께서 행하신 경이로운 일을 경이롭게 여기기는커녕 오히려 분노하였음을 밝혀 주고 있습니다. 대체 그들은 무슨 이유로 예수님을 향해 분노하였습니까? 그들이 보기에는, 예수님께서 절대로 행해서는 안 될 짓을 서슴없이 행하셨기 때문입니다. 왜 예수님께서 장사꾼들을 성전에서 쫓아내며 질타하셨습니까? 예수님께서 보시기에, 예루살렘성전을 강도의 소굴로 전락시킨 장사꾼들과 그 배후의 유대교 지도자들은 하나님을 믿는 사람들로서 절대로 해서는 안 될 짓을 자행하고 있었기 때문입니다. 예수님과 유대교 지도자들의 관점은 이처럼 180도 달라 정면으로 충돌할 수밖에 없었습니다. 그렇다면 과연 누가 옳고 누가 그릅니까? 우리는 2천 년이 지난 지금 그 정확한 해답을 이미 알고 있습니다. 옳은 쪽은 거대한 이익집단을 이루고 있던 유대교 지도자들이 아니라, 그들에게 혈혈단신 맞섰던 예수님이었습니다.

예수님께서 인간에 의해 강도의 소굴로 전락한 예루살렘성전을 정화하신 것은, 종교개혁 주일을 맞는 오늘의 관점에서 보면 '종교개혁'이었습니다. 따라서 성전 정화로 공생애를 시작하신 예수님께서 성전 정화로 당신의 공생애를 마치셨다는 것은, 종교개혁으로 시작된 예수님의 공생애가 종교개혁으로 끝났다는 뜻이기도 합니다. 그렇다면 우리는 여기에서 개혁을 아주 쉽게 정의할 수 있습니다. 개혁이란 그릇된 것을 그릇된 것으로 인식하고, 그릇된 것을 자기 몸을 던져 바로잡는 것입니다. 바꾸어 말하면 그릇된 것을 그릇된 것으로 인식하지도 못할 뿐 아니라, 그릇된 것을 바로잡는 경이로운 일을 행하는 사람에 대하여 분노하는 사람이 바로 개혁의 대상입니다. 그릇된 것을 바로잡는 경이로운 사람에 대해 분노한다는 것 자체가, 바로 그 그릇된 일에 그의 이권이 걸려 있음을 뜻하기 때문입니다. 만약 대제사장들을 비롯한 유대교 지도자들이 성전을 장악하고 있던 장사꾼들과 이해관계로 얽혀 있지 않았던들, 예수님께서 성전에서 장사꾼들을 몰아내실 때 그들 역시 그 경이로운 일을 보며 '호산나, 지금 구원하소서' 하고 예수님을 찬양했을 것입니다. 그러나 그 장사꾼들이 자신들의 이권과 직결되어 있었기에 그들은 그 장사꾼들을 몰아낸 예수님을 향해 분노할 수밖에 없었습니다.

유대교 지도자들은 무신론자들이 아니었습니다. 돌이나 쇠붙이로 만들어진 우상을 섬기는 사람들도 아니었습니다. 그들은 모두 유일하신 하나님을 믿는 사람들이었습니다. 누구보다도 종교적 열심을 다해 하나님을 믿었습니다. 그런데도 그들이 왜 그렇듯 어처구니없는 짓을 했겠습니까? 보이지 않는 하나님을 믿는 그들의 삶의 궁극적인 가치관이 보이는 것에 국한되어 있었기 때문입니다. 하나님을 믿음으로 더 많은 것을 소유하고, 더 높은 직책과 더 큰 명예를 얻는 것이 그들의 믿음과 삶의 궁극적 목적이었습니다. 그 반면에 예수님께서는 이 땅에 계시는 동안 이 땅의 보이는 것이 아니라, 오직 보이지 않는 하나님의 말씀, 영원한 진리와 영원한 하나님의 나라를 위해 사셨습니다. 그래서 그 영원한 가치를 위해 당신의 명예와 육신의 생명마저 내어놓으셨습니다. 보이지 않는 영원한 것 앞에서 세상의 보이는 것은 그 무엇도 참된 가치를 지닐 수 없기 때문입니다.

그렇다면 우리는 여기에서 또 하나의 귀중한 교훈을 얻게 됩니다. 보이지 않는 영원한 가치를 상실한 사람은 당장은 화려해 보여도, 머지않아 바로 주위 사람에 의해 개혁의 대상으로 전락한다는 것입니다. 보이는 것만을 추구하는 사람은 옳고 그른 것을 바르게 분별할 수 없는 까닭입니다. 오직 보이지 않는 영원한 가치를 추구하는 사람만 세상을 정화시키는 경이로운 일을 행할 수 있습니다. 영원의 거울 앞에서만 옳고 그른 것, 버릴 것과 취할 것을 바르게 분별할 수 있습니다.

다메섹 도상에서 빛이요 진리이신 예수 그리스도의 태풍을 만나 시력을 상실한 사울은 다른 사람의 손에 이끌려 다메섹으로 들어갔습니다. 그리고 직가에 있는 유다의 집에서 사흘간이나 금식하며 기도드렸습니다. 그의 기도가 얼마나 주님을 흡족하게 했으면, 주님께서 사울을 위해 이미 예비해 두셨던 아나니아에게 사울을 찾아갈 것을 명령하시면서 그 이유를, '보라, 그가 기도하기 때문이다'라고 밝히실 정도였습니다. 지난 시간에 살펴본 것처럼 사울의 기도가 자기를 버리고 주님께 자신을 동여매는 기도, 다시 말해 자기중심으로부터 하나님 중심으로 자기 삶의 축을 옮기는 존재적 기도였기 때문입니다. 그러나 아나니아는 사울을 찾아가 그에게 안수하여 시력을 회복시켜 주라는 주님의 명령에 선뜻 동의할 수 없었습니다. 그는 주님께 다음과 같이 이의를 제기했습니다.

아나니아가 대답하되 주여 이 사람에 대하여 내가 여러 사람에게 듣사온 즉 그가 예루살렘에서 주의 성도에게 적지 않은 해를 끼쳤다 하더니 여기서도 주의 이름을 부르는 모든 사람을 결박할 권한을 대제사장들에게서 받았나이다 하거늘(13-14절).

예루살렘 교회를 잔멸한 사울의 악명은 예루살렘에서 200킬로미터 이상 떨어진 다메섹에까지 널리 퍼져 있었고, 그의 다메섹 방문 목적까지 다메섹의 그리스도인들은 익히 알고 있었습니다. 그래서 아나니아는 자신이 사울에 대해 알고 있는 바를 주님께 소상히 아뢰었습니다. 주님께서 아나니아에게 다시 말씀하셨습니다.

주께서 이르시되 가라 이 사람은 내 이름을 이방인과 임금들과 이스라엘 자손들에게 전하기 위하여 택한 나의 그릇이라(15절).

"이방인과 임금들과 이스라엘 자손들"이라면 빈부귀천을 막론하고 이 세상의 모든 사람을 일컫습니다. 주님께서는 이의를 제기한 아나니아에게 재차 사울을 찾아갈 것을 명령하셨습니다. 이유인즉 사울은 주님께서 당신의 이름을 세상 모든 사람에게 전하기 위해 친히 택하신 "나의 그릇", 바로 주님의 그릇이었기 때문입니다.

우리는 주님의 이 말씀을 통해, 사울이 다메섹 도상에서 예수님을 인격적으로 만나기 이전에는 그가 자기 자신을 위한 자신의 그릇으로 살았음을 알게 됩니다. 자기 자신을 위한 그릇 속에 담긴 것이라고는 사울의 자기 욕망뿐이었습니다. 대제사장들을 비롯한 유대교 지도자들의 신임을 얻어 유대교 내에서 자신의 지위를 더욱 공고히 하고, 더 큰 지위와 명예를 얻으려는 욕망이었습니다. 그와 같은 욕망을 담고 다니는 그릇에 불과한 사울의 궁극적 목적과 가치관은 눈에 보이는 것에만 국한되어 있었습니다. 그래서 그에게는 유대교 지도자들과 그들의 하수인인 장사꾼들이 예루살렘성전을 강도의 소굴로 전락시킨 것이 조금도 그릇되어 보이지 않았습니다. 오히려 유대교 지도자들과 한통속이 되어, 예루살렘성전을 정화하신 예수 그리스도를 부정하고 교회를 잔멸하는 어처구니없는 짓을 자행하였습니다. 만약 사울이 그처럼 자신을 위한 그릇으로 계속 살았더라면 그 역시 머지않아 주님에 의한 청산의 대상, 개혁의 대상으로 몰락하고 말았을 것입니다.

그러나 사울이 다메섹의 직가에서 자신이 주님에 의해 선택된 '주님의 그릇'임을 깨달은 이후, 그의 삶은 일평생 주님의 그릇으로 일관하였습니다. 주님의 그릇이란 문자 그대로 주님을 담는 그릇입니다. 다시 말해 주님의 영원한 생명, 주님의 영원한 진리를 담는 것입니다. 그것은 눈에 보이지 않는 것입니다. 사울의 삶이 본문 이후 일평생 주님의 그릇으로 일관했다는 것은, 그가 보이지 않는 영원한 것을 삶의 목적으로 삼았음을 의미합니다. 그래서 사울 스스로 이렇게 고백하였습니다.

> 우리가 주목하는 것은 보이는 것이 아니요 보이지 않는 것이니 보이는 것은 잠깐이요 보이지 않는 것은 영원함이라 (고후 4:18).

눈에 보이는 것은 영원하지 않은 것입니다. 영원한 것은 보이지 않습니다. 사울은 보이지 않는 영원한 것을 추구함으로써 이 어둔 세상을 밝히고 바로 세우는 진정한 개혁가, 영적 개혁가, 진리의 개혁가가 될 수 있었습니다. 보이지 않는 영원 속에서 옳고 그른 것을 바르게 분별할 수 있었기 때문입니다.

오늘은 1517년 10월 31일, 독일의 마르틴 루터가 종교개혁의 기치를 내건 지 490주년을 맞는 종교개혁 기념 주일입니다. 당시 로마 가톨릭교회가 성직 매매와 면죄부 판매 등 극도로 부패하여 개혁의 대상이 되었던 것은, 지도자를 비롯하여 하나님을 믿는다는 사람들의 궁극적 목적이 눈에 보이는 것에만 국한되어 있었기 때문입니다. 반면에 마르틴 루터가 거대한 이익집단인 로마 가톨릭에 맞서 종교개혁의 깃발을 들 수 있었던 것은 그의 삶의 목적이 영원한 것, 보이지 않는 것에 초점이 맞추어져 있음으로 인함이었습니다. 이것은 언제 어디서든, 누구에게든 마찬가지입니다.

2주 전 MBC-TV의 'PD수첩'은 〈위기의 조계종, 그 청정淸淨의 길은?〉이란 제목으로, 한국 불교를 대표하는 조계종에 대한 내용을 다루었습니다. 현재 불교계 안팎의 비판을 받고 있는 조계종 지도부의 상당수는 1994년 소위 '개혁 불사佛事'를 이끈 당사자들이었습니다. 당시 젊은 승려들이 총무원장 3선 연임 반대와 종단 개혁을 요구하며 궐기하였습니다. '정치승을 몰아내고 청정한 종단으로 회복하자'는 취지에서였습니다. 그 궐기는 권력화된 종단의 폐단을 막고 종단 개혁을 이끌어 내는 데 성공하였습니다. 그리고 궐기를 이끌었던 젊은 승려 상당수가 조계종 지도부에 흡수되었습니다. 그로부터 만 13년이 지난 오늘날 조계종 지도부는 94년 이전보다 더 부패했다는 비판에 직면해 있습니다. 한마디로 개혁의 주체가 10여 년 만에 개혁과 청산의 대상으로 전락한 것입니다. 1994년 당시 개혁의 불사를 이끈 지도자였다가 그 직후, 조계종 지도부에 합류하지 않고 표표히 산으로 되돌아간 도법 스님은 그와 관련하여 이렇게 말했습니다.

개혁은 이해관계를 넘어서는 것이고, 그것은 개혁의 철학과 안목의 힘에 의해서만 가능하다. 그런데 개혁 주체가 개혁의 철학과 안목이 빈곤하다 보니 종단 지도부에 합류한 뒤, 결국은 자신들이 이해관계에 휘말리고 말았다.

참으로 적절한 지적입니다. 불교 승려에게 필요한 개혁의 철학과 안목이 무엇이겠습니까? 두말할 것도 없이 부처님께서 가르쳐 주신 불법佛法의 보이지 않는 정신과 가치입니다. 그 보이지 않는 것을 상실하면 개혁의 주체였던 승려도 하루아침에 이해관계에 휘말려, 어처구니없이 개혁의 대상으로 전락하고 맙니다. 유대교 지도자들이 보이지 않는 것을 결여했을 때 그들은 이해득실에 눈이 어두워 예루살렘성전을 강도의 소굴로 전락시키는 어처구니없는 짓을 행하고 말았습니다. 중세기의 로마 가톨릭교회는 보이는 것만을 추구하다가 추악한 이익집단으로 몰락하고 말았습니다. 보이는 것만을 추구하던 사울은 보이지 않는 영원한 것을 추구하면서부터, 자신을 자기 욕망의 그릇으로 더럽히는 어처구니없는 삶에서 벗어나 주님의 택한 그릇으로 쓰임 받을 수 있었습니다. 마르틴 루터 역시 보이지 않는 것을 추구함으로, 거대한 로마 가톨릭교회에 맞서 종교개혁의 기치를 올릴 수 있었습니다.

곡식을 가는 맷돌은 둥글고 넓은 두 개의 돌이 포개어져 있습니다. 고정되어 있는 아래짝 숫맷돌과 수쇠로 연결되어 있는 위짝 암맷돌의 아가리에 곡식을 넣고 암맷돌을 돌려 곡식을 갈게 되는데, 이때 위짝 암맷돌을 돌리는 손잡이의 이름이 어처구니입니다. 어처구니는 엄청나게 큰 사람이나 물건을 의미하기도 하고, 옛날 우리나라 한옥 지붕 용마루에 올려놓는 십장생 동물 형상을 일컫기도 하며, 맷돌 손잡이의 이름이기도 합니다. 바로 이 맷돌의 어처구니에서 '어처구니없다'는 말이 유래된 것으로 알려지고 있습니다. 만약 어처구니도 없이 맷돌을 돌리겠다고 하면, 그것이야말로 어처구니없는 일입니다. 아무리 맷돌이 크고 웅장해도 어처구니 없이는 절대로 맷돌을 돌릴 수 없고, 돌아가지 않는 맷돌은 더 이상 맷돌이 아닙니다.

그리스도인에게 보이지 않는 영원한 것은 맷돌의 어처구니와 같습니다. 그러므로 그리스도인이 보이지 않는 것을 상실하는 것은 어처구니 없는 맷돌과 같아서, 그의 삶은 어처구니없는 짓을 반복하다가 어느 날 주님 앞에서 어처구니없이 청산과 개혁의 대상으로 몰락할 뿐입니다. 보이지 않는 것을 상실한 사람은 목전의 이권에 눈이 멀어, 옳고 그른 것을 바르게 분별할 도리가 없기 때문입니다.

사랑하는 교우 여러분!

우리는 더 이상 우리 자신을 위한 우리 자신의 그릇이 아닙니다. 우리는 모두 주님의 부르심을 받은 주님의 그릇입니다. 주님의 그릇인 우리 속에 주님을 담으십시다. 보이지 않는 것을 추구하고, 보이지 않는 주님의 영원한 생명과 진리로 우리 자신을 채우십시다. 그때에만 우리는 우리 자신을 진리로 갈아 내는 진리의 맷돌이 될 수 있고, 그때에만 성전 된 우리 자신을 정화하는 자기 개혁을 이룰 수 있습니다. 가정의 개혁도, 일터의 개혁도, 교회의 개혁도, 한 나라의 개혁도, 오직 자기 개혁으로부터 시작되고, 그것은 보이지 않는 영원한 것을 추구하는 것으로만 가능합니다.

하나님을 믿는다면서도 보이는 것만을 추구했기에, 우리는 그릇된 것을 그릇된 것으로 인식조차 할 수 없었습니다. 주님 안에서 영원한 생명을 얻었다면서도 보이지 않는 영원을 추구하지는 않았기에, 세상의 그릇된 것을 바로잡는 사람들을 경이롭게 여기기보다는, 오히려 그들이 내 곁에 있다는 것 자체를 불편해했습니다. 세상이 썩었다고 개혁을 외치면서도 보이지 않는 본질은 상실했기에, 우리는 늘 목전의 이해관계에 휘둘리며 진리와 무관한 삶을 살았습니다. 오직 세상에서 보이는 것만을 추구하느라, 주님을 믿는다는 우리 자신은 그토록 허망한 욕망의 그릇에 불과했습니다. 그럼에도 종교개혁 주일을 맞는 오늘 주님께서 우리를 다시 불러주시고, 어처구니 없이 맷돌을 돌리려는 것처럼, 보이지 않는 가치를 상실하고서도 그리스도인으로 살아가겠다는 어처구니없는 우리 자신의 실상을 보게 해주셔서 감사합니다.

우리 자신은 우리 자신을 위한 그릇이 아니라, 주님으로부터 부름 받은 주님의 그릇임을 잊지 말게 하옵소서. 주님의 그릇인 우리 속에 주님을 온전히 담게 하여 주옵소서. 보이지 않는 주님의 영원한 생명과 영원한 진리로, 우리를 충만하게 채우게 하옵소서. 보이지 않는 것이 우리 삶의 궁극적 목적이요, 절대 가치가 되게 하옵소서. 그리하여 보이는 이 세상에서 자기 자신을 진리로 갈아 내는 진리의 맷돌이 되게 하시고, 성전 된 자기 자신을 정화하는 자기 개혁을 날마다 이루어 가게 하옵소서. 보이지 않는 것을 날이 갈수록 더욱 추구함으로, 아무리 나이가 들어도 주위 사람으로부터 개혁이나 청산의 대상으로 취급되지 않고, 오히려 우리로 인해 우리의 가정과 일터, 교회와 사회가 날로 개혁되게 하옵소서. 이 시간 이후로 더 이상 주님 밖에서 어처구니없는 삶이 아니라, 주님 안에서 분명하게 어처구니 있는 삶을 살게 하옵소서. 아멘.

21. 택한 나의 그릇 II <small>양화진홍보관 입주</small>

사도행전 9장 10-19절 상

그때에 다메섹에 아나니아라 하는 제자가 있더니 주께서 환상 중에 불러 이르시되 아나니아야 하시거늘 대답하되 주여 내가 여기 있나이다 하니 주께서 이르시되 일어나 직가라 하는 거리로 가서 유다의 집에서 다소 사람 사울이라 하는 사람을 찾으라 그가 기도하는 중이니라 그가 아나니아라 하는 사람이 들어와서 자기에게 안수하여 다시 보게 하는 것을 보았느니라 하시거늘 아나니아가 대답하되 주여 이 사람에 대하여 내가 여러 사람에게 듣사온즉 그가 예루살렘에서 주의 성도에게 적지 않은 해를 끼쳤다 하더니 여기서도 주의 이름을 부르는 모든 사람을 결박할 권한을 대제사장들에게서 받았나이다 하거늘 주께서 이르시되 가라 이 사람은 내 이름을 이방인과 임금들과 이스라엘 자손들에게 전하기 위하여 **택한 나의 그릇**이라 그가 내 이름을 위하여 얼마나 고난을 받아야 할 것을 내가 그에게 보이리라 하시니 아나니아가 떠나 그 집에 들어가서 그에게 안수하여 이르되 형제 사울아 주 곧 네가 오는 길에서 나타나셨던 예수께서 나를 보내어 너로 다시 보게 하시고 성령으로 충만하게 하신다 하니 즉시 사울의 눈에서 비늘 같은 것이 벗어져 다시 보게 된지라 일어나 세례를 받고 음식을 먹으매 강건하여지니라

이곳 양화진은 한국 가톨릭의 성지인 절두산과 한국 개신교 성지인 양화진외국인선교사묘원이 마주 보고 있습니다. 유럽에 가면 동일한 지역이 신·구교 쌍방의 성지로 기려지는 곳들이 있습니다. 아시다시피 16세기 종교개혁 당시 신·구교는 서로 군대를 동원하여 전쟁까지 불사하였습니다. 따라서 전투가 치열했던 곳일수록 신·구교 모두에게 성지가 됩니다. 구교에게는 그곳이 구교도가 순교한 곳이고, 개신교에게는 개신교인의 순교지이기 때문입니다. 그러나 신·구교 간에 전쟁을 치르지 않고 신·구교의 성지가 한 지역에 마주 보고 있는 곳은, 이곳 양화진이 전 세계적으로 거의 유일한 곳으로 알려져 있습니다.

하지만 2004년 이전까지 절두산과 양화진묘역 사이에는 고철 폐기장들이 자리 잡고 있어, 양 성지의 분위기와 주위 환경을 심각하게 해치고 있었습니다. 이에 양화진묘역의 법적 소유주인 100주년기념사업협의회는 김영삼 정부 때부터 시작하여 김대중 정부에 이르기까지 절두산과 양화진묘역 사이의 중간 지대를 정화해 줄 것을 관계 부처는 물론이요, 대통령에게까지 직접 건의하였지만 예산 문제로 뜻을 이루지는 못하였습니다. 그러던 차에 2004년에 접어들어 100주년기념사업협의회의 제안을 받아들인 이명박 당시 서울시장이 소요 경비의 50퍼센트를 서울시가 부담하기로 함에 따라, 박홍섭 당시 마포구청장이 나머지 50퍼센트를 마포구가 부담하기로 하고 총예산 140억 원을 투입하여 절두산과 양화진묘역 사이의 중간 지대에 공영 주차장을 건립하고 그 위를 공원으로 조성하였습니다. 그 결과 오늘날과 같은, 신·구교의 두 성지를 연결하는 한국 기독교 최고의 성지 벨트가 구축되었습니다.

그 직후인 2005년 7월 10일 우리 교회가 창립되었고, 그로부터 19일이 지난 7월 29일, 우리 교회 창립 예배에 참석하여 축사를 해주었던 박홍섭 구청장에 대한 감사 인사차 그분과 함께 부부 동반으로 저녁 식사를 하였습니다. 이런저런 이야기를 나누던 중에 박홍섭 구청장은, 양화진묘역 앞 구청 부지에 양화진을 위한 홍보전시관마저 건립했으면 좋겠는데 예산이 없는 것을 안타까워했습니다. 그때 우리 교회는 창립한 지 3주밖에 되지 않았지만 예상 밖으로 많은 교인들이 출석함에 따라 부족한 공간을 어떻게 해결할 것인지가 가장 시급한 당면 과제였습니다. 당시 주일예배를 드리던 선교기념관만으로는, 교회학교는 엄두도 내지 못할 판이었습니다. 그래서 박 구청장과 저는 아주 자연스럽게 의견의 일치를 보았습니다. 즉 마포구청 부지에 우리 교회가 홍보관을 건립하여 마포구청에 기부채납하고, 양화진을 위한 홍보전시실 이외의 공간을 우리 교회가 사용하는 방안을 함께 연구해 보자는 것이었습니다. 그 이후 한 달 동안 두 차례에 걸친 추가 면담을 통해 그 계획을 실행에 옮기기로 하였습니다. 그래서 마포구청의 실무자들과 우리 교회의 홍보관 건축위원들이 6개월에 걸친 논의 끝에 2006년 3월 6일 마포구청과 우리 교회 간에 홍보관 건립을 위한 협약서가 체결되었고, 그 뒤 6개월간의 설계를 거쳐 2006년 9월 1일 착공식을 가졌습니다.

작년 3월 6일 협약서를 체결한 이후 마포구청의 구청장 이하 실무진 전원이 교체됨으로 인해 어려움이 없지 않았지만, 착공 1년 2개월 만에 홍보관이 무사히 준공되어 오늘, 이처럼 아름답고도 감동적인 공간에서 예배를 드릴 수 있게 되었습니다. 무엇보다도 먼저 이 귀한 은혜를 베풀어 주시고, 양화진묘역뿐 아니라 양화진을 전 세계에 홍보하는 귀한 사역까지 우리에게 맡겨 주신 주님께 두렵고도 떨리는 마음으로 큰 감사와 찬양을 올려 드립니다. 홍보관 건립에 협조해 준 마포구청의 신·구 구청장과 관계자들께 감사드립니다. 그리고 홍보관 건립을 위해 수고하고 애쓰고 헌신하고 봉사해 주신 모든 교우님들께 깊이, 깊이 감사드립니다.

이제 한 달 이내로 마포구청과 우리 교회 사이에 홍보관 기부채납과 관련된 계약서가 체결되면, 법이 정한 원칙에 의해 산정된 기간 동안 우리 교회는 홍보관을 무상으로 사용하게 될 것입니다. 대략 그 기간을 20년 정도로 추정하고 있습니다. 그 이후에는 역시 법에 따라 사용료를 마포구청에 지불하고 홍보관을 사용하게 될 것입니다. 현재 양화진연구원과 홍보전시자문위원회에서 준비 중인 2층 홍보전시실은 내년 1~2월경에 개관될 예정이므로, 홍보관 준공을 위한 기념행사는 그때 전시실 개관과 함께 갖도록 하겠습니다.

프랑스, 영국, 스페인과 같은 유럽의 왕궁을 찾아가면, 왕들이 사용하던 온갖 그릇들이 시대별로 전시되어 있는 것을 볼 수 있습니다. 화려한 무늬의 도자기에서부터 눈부신 은그릇과 금그릇에 이르기까지 아름답기 그지없는 그릇들입니다. 각 나라마다 그릇의 모양이나 문양에는 다소의 차이가 있지만, 그러나 한 가지 공통점이 있습니다. 어느 시대든 왕궁에서 사용되던 그릇들은 당대 최고의 걸작품이었다는 사실입니다.

그렇다면 그 그릇들을 만든 사람들의 입장에서 생각해 보십시다. 도자기를 만드는 도예공이든 혹은 은금 그릇을 제작하는 은금 장색匠色이든 간에, 자신이 만든 그릇이 왕의 그릇으로 선택될 때 그의 기쁨이 얼마나 컸겠습니까? 그의 그릇이 왕이 사용하는 그릇으로 선택되었다는 것은, 그 나라 모든 도예공과 은금 장색 가운데 그가 당대 최고의 장인으로 공인되었음을 의미합니다. 따라서 그는 자신에게 주어진 영광을 지키기 위해 더욱 노력하지 않겠습니까? 더 아름다운 작품을 만드는 데 장애가 되는 것이라면, 그것이 무엇이든 스스로 포기하고 버리지 않겠습니까? 적어도 그가 바보가 아니라면 말입니다.

다메섹 도상에서 빛이요 진리이신 예수 그리스도의 태풍을 만나 시력을 상실한 사울은 다른 사람의 손에 이끌려서야 다메섹으로 들어갔습니다. 그리고 직가에 있는 유다의 집에서 사흘 동안 식음을 전폐하고 금식기도를 드렸습니다. 그 기도는 주님을 흡족케 해드리는 기도였습니다. 삶의 축을 자기 중심으로부터 하나님 중심으로 옮기는 존재적 기도였기 때문입니다. 사흘이 지났을 때 주님께서 사울을 위해 이미 다메섹에 예비해 두셨던 아나니아에게, 사울을 찾아가 그가 시력을 회복할 수 있도록 안수해 줄 것을 명령하셨습니다. 하지만 아나니아는 주님께 이의를 제기하였습니다. 아나니아는 사울이 얼마나 반그리스도적인 인간인지 익히 알고 있었기 때문입니다. 그러나 주님께서는 아나니아의 이의 제기를 한마디로 일축하셨습니다.

가라 이 사람은 내 이름을 이방인과 임금들과 이스라엘 자손들에게 전하기 위하여 택한 나의 그릇이라(15절).

이방인과 임금들과 이스라엘 자손들이란, 남녀노소 빈부귀천을 막론하고 이 세상 모든 사람을 일컫는다고 했습니다. 주님께서는 사울을 가리켜, 당신의 이름을 이 세상 모든 사람에게 전하기 위해 "택한 나의 그릇"이라 말씀하셨습니다.

길 가다가 주운 그릇이 아니었습니다. 아무렇게나 우연히 손에 잡힌 그릇도 아니었습니다. 주님께서는 사울을, 당신이 친히 선택하신 그릇이라고 말씀하셨습니다. 단 하나밖에 없다면 선택은 불가능합니다. 선택은 많은 것 가운데 마음에 드는 것을 고르는 것입니다. 따라서 선택했다는 것은 그 이외의 것은 포기했음을 의미합니다. 주님께서는 2천 년 전, 이 땅에 살고 있던 수많은 사람들 가운데 나머지 모든 사람을 다 마다하시고 특별히 사울을 당신의 이름을 위한 당신의 그릇으로 선택하셨습니다.

아무나 돌아가며 공동으로 사용하기 위해 택하신 그릇이 아니었습니다. 왕궁의 그릇을 왕궁 밖 사람들도 함께 사용한다면, 왕궁의 그릇이라고 특별한 가치를 지닐 수는 없습니다. 왕궁의 그릇이 당대 최고의 작품들인 것은 왕만을 위해 특별히 제작된 그릇이요, 왕만 사용하는 왕의 그릇이기 때문입니다. 주님께서는 사울을 가리켜 '택한 나의 그릇'이라고 하셨습니다. 삼위일체 하나님이신 당신만을 위해, 당신만 사용하시는 당신의 그릇이었습니다.

한 번 쓰고 버리는 일회용 그릇은 더더욱 아니었습니다. 아무리 제왕의 손에 들려 있다 한들 한 번 사용으로 버려지는 일회용품이라면 무슨 참된 가치가 있을 수 있겠습니까? 사울은 일회용이 아닌, 사울의 일평생 동안 주님께서 사용하실, 아니 시간과 공간을 초월하여 영원히 사용하실 주님의 영원한 그릇이었습니다. 그래서 주님께서는 2천 년이 지난 오늘 우리 가운데서도 사울을 당신의 그릇으로 사용하고 계십니다.

그렇다면 사울의 입장에서 생각해 보십시다. 그는 본래 주님을 부정하고 대적하던 사람이었습니다. 그런데 주님의 빛 속에서 그의 영안이 열리고 보니, 자신이 부정하던 주님께서 삼위일체 하나님이셨습니다. 그 삼위일체 하나님께서 자신을 벌하시기는커녕 도리어 당신의 그릇으로 선택해 주셨습니다. 그것도 일회용이나 공동용이 아닌, 당신만을 위한 당신의 영원한 그릇이었습니다. 그 모든 사실을 깨달았을 때 사울의 감격과 감동과 기쁨이 얼마나 컸겠습니까?

주님의 일방적인 선택으로 삼위일체 하나님의 소중한 그릇이 된 사울은, 주님의 그릇으로서 주님의 기대에 조금도 어긋나지 않았습니다. 그는 고린도후서 4장 5-7절을 통해 이렇게 고백하였습니다.

> 우리는 우리를 전파하는 것이 아니라 오직 그리스도 예수의 주 되신 것과 또 예수를 위하여 우리가 너희의 종 된 것을 전파함이라 어두운 데에 빛이 비치라 말씀하셨던 그 하나님께서 예수 그리스도의 얼굴에 있는 하나님의 영광을 아는 빛을 우리 마음에 비추셨느니라 우리가 이 보배를 질그릇에 가졌으니 이는 심히 큰 능력은 하나님께 있고 우리에게 있지 아니함을 알게 하려 함이라.

사울은 삼위일체 하나님을 보배로, 자신을 질그릇으로 고백하였습니다. 질그릇은 잿물이나 유약을 쓰지 않고 진흙으로만 구워진 그릇으로, 그 투박하고 거친 모양은 그릇 중에 최하품입니다. 본래 주님을 부정하고 박해했던 사울은, 그릇으로 치자면 주님 앞에서 최하품 질그릇에 지나지 않았습니다. 그런데 그 질그릇을 주님께서 당신의 그릇으로 택해 주셨습니다. 그 이후 사울의 인생이 영원한 의미와 가치를 지니게 된 것은 질그릇에 불과한 사울 자신으로 인함이 아니라, 그 질그릇 속에 담긴 보배—즉 삼위일체 하나님의 영원한 생명과 진리로 인함이었습니다.

그 보배를 담는 그릇이 된 사울은, 그 자신은 여전히 질그릇이었지만, 그러나 삼위일체 하나님의 영원한 생명과 진리를 담고 있는 그릇답게 그 자신이 새롭게 변화되어 갔습니다. 그는 오직 예수 그리스도의 주 되신 것과, 주님을 위해 스스로 사람들의 종이 되었음을 자신의 삶으로 고백하였습니다. 자기 신념을 위해 주님을 부정하고 예루살렘 교회를 잔멸한 사울이었음을 감안하면, 그의 삶에 수반되었던 변화는 기적과도 같았습니다. 그것은 질그릇에 불과한 그를 주님께서 당신의 그릇으로 택해 주시고, 당신의 보배를 그 속에 담아 주셨기에 가능할 수 있었습니다. 마치 자신이 만든 그릇이 왕의 그릇으로 선택되는 영광을 입은 도예공이, 더 아름다운 그릇을 만들기 위해 장애가 되는 모든 것을 스스로 버리고 포기하는 것과 같은 이치였습니다.

그래서 그의 고백은 다음과 같이 계속됩니다.

> 우리가 이 보배를 질그릇에 가졌으니 이는 심히 큰 능력은 하나님께 있고 우리에게 있지 아니함을 알게 하려 함이라 우리가 사방으로 욱여쌈을 당하여도 싸이지 아니하며, 답답한 일을 당하여도 낙심하지 아니하며, 박해를 받아도 버린 바 되지 아니하며, 거꾸러뜨림을 당하여도 망하지 아니하고, 우리가 항상 예수의 죽음을 몸에 짊어짐은 예수의 생명이 또한 우리 몸에 나타나게 하려 함이라(고후 4:7-10).

사울은 사방으로 욱여쌈을 당해도, 세상 사람이 모두 답답해할 일을 당해도, 심지어는 거꾸러뜨림을 당하여도 전혀 두려워하지 않았습니다. 질그릇인 자기 속에 담긴 보배로 인함이었습니다. 삼위일체 하나님의 영원한 생명과 진리가 자기 속에 담겨 있는 한, 다시 말해 자신이 그리스도 안에서 영원한 생명과 진리의 그릇인 한, 이 세상에서 두려울 것이라고는 아무것도 없었습니다.

아무리 금은보석으로 만들어진 그릇이라도 그 속에 인간의 오물이 담겨 있으면, 그것은 변기에 지나지 않습니다. 반대로 볼품없는 질그릇일지언정 그 속이 보배로 채워져 있으면, 그것은 어김없는 보배 그릇입니다. 만약 그 속에 오물을 담고 있는 변기가 금으로 만들어졌다고 해서 식탁에서 식기 노릇을 하려 한다면, 그것은 주제넘은 일입니다. 반면에 보배를 담고 있는 질그릇이 단지 자기가 질그릇이라는 이유만으로 자신을 변기처럼 다루려 한다면, 그것은 자신의 참된 정체성을 파악하지 못한 것을 의미합니다. 그릇의 참된 가치는 그릇 그 자체에 있는 것이 아니라 그 그릇을 사용하는 사람이 누구냐에 의해, 그리고 그것이 무엇을 담는 그릇이냐로 결정됩니다.

제가 《인간의 일생》이란 책에 썼습니다만, 장례식에 갈 때마다 제게 으레 떠오르는 단상들이 있습니다. 죽은 사람의 시신에는 삼베로 만들어진 수의를 입힙니다. 우리나라처럼 무덥고 습한 여름 기후에는 삼베가 더없이 좋은 여름 옷감입니다. 그래서 백포白布, 하얀 삼베옷은 옛날부터 우리 조상들이 즐겨 입던 여름옷이었습니다. 그런데 그 많고 많은 삼베 가운데, 저 삼베는 어쩌다가 죽은 시신에게 입히는 수의가 되었을까? 수의를 입힌 시신은 나무로 짜인 관 속에 안치됩니다. 세상에 있는 거의 모든 나무는 살아 있는 사람을 위해 사용됩니다. 집의 기둥과 마루, 옷장과 책상 등의 가구는 모두 산 사람을 위한 것입니다. 그런데 저 나무는 무슨 까닭에 하필이면 시신을 위한 관이 되었을까? 수의와 관은 재질에 따라 가격이 천차만별입니다. 그러나 아무리 비싼 수의와 관이라 해도, 땅속에서 시체와 함께 썩거나 화장터에서 재가 되어야 한다는 의미에서는 아무 차이가 없습니다. 무덤에서 하관이 끝나고 묘지의 봉분까지 조성되고 나면 비석이 세워집니다. 이 세상에 돌을 필요로 하는 곳은 참으로 많습니다. 돌이 살아 있는 사람에게 주는 유익은 일일이 열거할 수조차 없을 정도로 많습니다. 그런데 저 돌은 왜 유독 묘지의 비석이 되었을까?

개인적인 사유로, 혹은 당국의 개발 정책에 의해 기존의 묘지를 이장하는 경우가 있습니다. 그 경우 무덤에서 수습한 시신을 위하여 반드시 새 수의와 새 관을 사용합니다. 그때 예전의 수의나 관이 아직 썩지 않았다고 해서 그것을 가져다가 집에서 재활용하는 사람은 없습니다. 예전의 비석을 자기 집에 들고 가는 사람도 없습니다. 이미 사용했던 수의나 관은 그 자리에서 불태워 버리고, 비석은 깨어 버리거나 아니면 땅속 깊이 묻어 버립니다.

비싼 돈을 들여 구입한 것을 재활용하지 않고, 그렇듯 완전히 폐기 처분해 버리는 이유가 무엇이겠습니까? 그것들은 모두 죽음을 담았던 죽음의 그 릇이기 때문입니다. 죽음을 담았던 죽음의 그릇은, 산 사람에게는 아무 소용이 없습니다.

만약 영원한 생명과 진리를 자기 속에 담지 않고 살아가는 사람이 있다면, 그가 누구든지 그는 고작 죽음의 그릇에 불과할 따름입니다. 아무리 귀한 옷을 입고 아무리 비싼 것을 소유하고 있어도, 그는 그 속에서 하루하루 죽어 가고 있기 때문입니다. 그러므로 그의 옷이 수의요, 그의 침대가 관이요, 그의 집이 무덤이요, 그의 문패나 명함이 비석과 다를 바가 전혀 없습니다. 이 세상에 태어나 불과 몇십 년 살다 떠나면서 기껏 죽음을 담은 죽음의 그 릇으로 살다가 죽음의 종착역인 공동묘지에서 인생이 끝나 버린다면, 세상에 그보다 더 허무하고 허망한 인생이 어디에 있겠습니까?

우리는 모두 그리스도인입니다. 그리스도인은 주님께서 친히 택하여 주신 주님의 그릇입니다. 우리 자신은 질그릇에 지나지 않지만, 아니 질그릇보다 못하지만, 주님께서 당신의 그릇으로 친히 택해 주시고 당신의 보배—당신의 영원한 생명과 보배를 담아 주셨습니다. 그래서 질그릇보다 못한 우리가 주님의 가치를 지니게 되었습니다. 우리 속에 계신 그분의 가치가 우리 자신의 가치가 된 것입니다. 반지의 가치가 반지의 테에 있는 것이 아니라, 테 한가운데 자리 잡고 있는 보석의 가치로 결정되는 것과 동일한 이치입니다. 그런데도 그 영원한 보배를 지닌 우리가 죽음을 담은 죽음의 그릇으로 살아간다면, 그것은 또 얼마나 미련한 짓이겠습니까?

> 거룩한 것을 개에게 주지 말며 너희 진주를 돼지 앞에 던지지 말라 그들이 그것을 발로 밟고 돌이켜 너희를 찢어 상하게 할까 염려하라(마 7:6).

보배를 담아 주셨는데도 보배를 보배로 깨닫지 못하는 사람이라면, 도대체 개나 돼지보다 나을 바가 무엇이겠습니까?

사랑하는 교우 여러분!

질그릇보다 못한 우리를 주님께서 영원한 생명과 진리의 그릇으로 선택해 주셨건만, 이제까지 죽음의 그릇으로 살아온 우리의 허물을 주님 앞에서 회개하십시다. 주님께서 우리 속에 영원한 보배를 담아 주셨음에도, 그 보배를 보배로 인식지 못한 우리의 어리석음을 회개하십시다. 질그릇보다 못한 내가 주님의 가치를 덧입는 보배 그릇이 되었음에도, 그 가치에 걸맞은 삶을 살지 못했던 우리의 나약함과 나태함을 회개하십시다. 자신이 만든 그릇이 왕의 그릇으로 선택되는 영광을 입은 도예공이 더욱 아름다운 그릇을 빚어내기 위하여 자신에게 장애가 되는 것을 스스로 버리고 포기하듯, 다메섹에서 주님의 그릇으로 선택받은 사울이 영원한 보배를 품은 보배 그릇답게 사도 바울로 변화되었듯, 우리 모두 주님의 택한 그릇답게 살아가십시다. 더 이상 죽음의 그릇이 아니라, 영원한 생명과 진리의 보배를 품은 보배 그릇답게 살아가십시다.

그때 우리는 사방으로 욱여쌈을 당하여도 싸이지 않을 것이며, 답답한 일을 당하여도 낙심하지 않을 것이요, 거꾸러뜨림을 당하여도 결코 넘어지지 않을 것입니다. 우리는 질그릇에 불과하지만, 우리 속에 계신 주님께서는, 죽음을 깨뜨리고 부활하신 삼위일체 하나님이시기 때문입니다.

내 주여 뜻대로 행하시옵소서. 온몸과 영혼을 다 주께 드리니
이 세상 고락 간 주 인도하시고, 날 주관하셔서 뜻대로 하소서.

내 주여 뜻대로 행하시옵소서. 큰 근심 중에도 낙심케 마소서.
주님도 때로는 울기도 하셨네. 날 주관하셔서 뜻대로 하소서.

내 주여 뜻대로 행하시옵소서. 내 모든 일들을 다 주께 맡기고
저 천성 향하여 고요히 가리니, 살든지 죽든지 뜻대로 하소서.
아멘.

—베냐민 슈몰크, 〈내 주여 뜻대로〉(찬송가 549장)

22. 택한 나의 그릇 III

사도행전 9장 10-19절 상
그때에 다메섹에 아나니아라 하는 제자가 있더니 주께서 환상 중에 불러 이르시되 아나니아야 하시거늘 대답하되 주여 내가 여기 있나이다 하니 주께서 이르시되 일어나 직가라 하는 거리로 가서 유다의 집에서 다소 사람 사울이라 하는 사람을 찾으라 그가 기도하는 중이니라 그가 아나니아라 하는 사람이 들어와서 자기에게 안수하여 다시 보게 하는 것을 보았느니라 하시거늘 아나니아가 대답하되 주여 이 사람에 대하여 내가 여러 사람에게 듣사온즉 그가 예루살렘에서 주의 성도에게 적지 않은 해를 끼쳤다 하더니 여기서도 주의 이름을 부르는 모든 사람을 결박할 권한을 대제사장들에게서 받았나이다 하거늘 주께서 이르시되 가라 이 사람은 내 이름을 이방인과 임금들과 이스라엘 자손들에게 전하기 위하여 **택한 나의 그릇**이라 그가 내 이름을 위하여 얼마나 고난을 받아야 할 것을 내가 그에게 보이리라 하시니 아나니아가 떠나 그 집에 들어가서 그에게 안수하여 이르되 형제 사울아 주 곧 네가 오는 길에서 나타나셨던 예수께서 나를 보내어 너로 다시 보게 하시고 성령으로 충만하게 하신다 하니 즉시 사울의 눈에서 비늘 같은 것이 벗어져 다시 보게 된지라 일어나 세례를 받고 음식을 먹으매 강건하여지니라

다메섹 도상에서 빛이요 진리이신 예수 그리스도의 태풍을 만나 시력을 상실한 사울은, 다른 사람의 손에 이끌려서야 다메섹으로 들어갔습니다. 그리고 직가에 있는 유다의 집에서 사흘 동안 식음을 전폐하며 금식기도를 드렸습니다. 그 기도는 주님을 흡족게 해드리는 기도였습니다. 삶의 축을 자기 중심으로부터 하나님 중심으로 옮기는 존재적 기도였기 때문입니다. 사흘이 지났을 때 주님께서는 사울을 위해 이미 다메섹에 예비해 두셨던 아나니아에게, 사울을 찾아가 그가 시력을 회복할 수 있게끔 그에게 안수해 줄 것을 명령하셨습니다. 하지만 아나니아는 주님께 이의를 제기했습니다. 사울이 얼마나 반그리스도적인 인간인지 익히 알고 있던 아나니아는, 사울이 다메섹에서도 반드시 그리스도인을 해치리라 확신하고 있었습니다. 그러나 주님께서는 아나니아의 이의와 기우를 한마디로 일축하셨습니다.

가라 이 사람은 내 이름을 이방인과 임금들과 이스라엘 자손들에게 전하기 위하여 택한 나의 그릇이라(15절).

세상 사람들의 소문이나 평판 그리고 아나니아의 이의 제기와는 상관없이, 주님께서는 사울을 가리켜 '택한 나의 그릇'이라 천명하셨습니다. 길 가다가 우연히 주운 그릇이나 아무렇게나 손에 잡힌 그릇이 아니었습니다. 많은 사람들 가운데 주님께서 친히 선택하신 그릇이었습니다. 누구나 돌아가며 공동으로 사용하기 위한 그릇도 아니었습니다. 주님께서 오직 당신만을 위해, 당신만 사용하실, 당신만의 그릇이었습니다. 한 번 쓰고 내다 버릴 일회용 그릇은 더더욱 아니었습니다. 사울은 주님께서 그의 일평생에 걸쳐 사용하실, 아니 시간과 공간을 초월하여 영원히 사용하실 영원한 그릇이었습니다.

아나니아는 주님의 이 말씀에 더 이상 토를 달 수 없었습니다. 주님께서 사울을 가리켜 당신을 위해 당신께서 택하신 당신의 그릇이라 하시는데, 주님의 그 절대주권 앞에서 아나니아가 무슨 이의를 또다시 제기할 수 있겠습니까?

주님께서 사울을 가리켜 하신 말씀의 내용을 자세히 살펴보면 표현만 다를 뿐, 그 내용과 의미는 우리가 이미 알고 있는 것임을 발견하게 됩니다. 15절 말씀을 다시 보시겠습니다.

> 가라 이 사람은 내 이름을 이방인과 임금들과 이스라엘 자손들에게 전하기 위하여 택한 나의 그릇이라.

주님의 그릇으로 택함 받은 사울에게 주님께서 부여하신 임무는 주님의 이름을 전하는 것, 다시 말해 주님의 증인이 되는 것이었습니다. 그 대상은 어떤 특정 개인이나 특정 그룹이 아니었습니다. 주님께서는 그 대상을 이방인, 임금들, 이스라엘 자손들이라고 규정해 주셨습니다. 이스라엘 자손은 두말할 것도 없이 유대인들이요, 이방인은 비유대인—즉 유대인을 제외한 지구상의 모든 인종을, 그리고 임금들이란 지체 높은 사람들을 의미합니다. 따라서 주님께서 말씀하신 이방인, 임금들, 이스라엘 자손들을 한마디로 표현하면, 남녀노소 빈부귀천을 막론하고 이 세상 모든 사람을 뜻한다고 했습니다. 즉 사울이 부여받은 임무는 유대인이든 이방인이든, 지체가 높든 낮든, 동쪽이든 서쪽이든, 세상 모든 사람을 위한 주님의 증인이 되라는 것이었습니다.

그렇다면 이제 우리는 이와 동일한 내용과 의미의 말씀을 기억해 낼 수 있습니다. 부활하신 주님께서 사도들과 40일을 지내신 뒤 승천하시기 직전, 사도들에게 다음과 같은 지상 최후의 명령을 남기셨습니다.

오직 성령이 너희에게 임하시면 너희가 권능을 받고 예루살렘과 온 유대와 사마리아와 땅끝까지 이르러 내 증인이 되리라 하시니라(행 1:8).

주님께서는 사도들에게 예루살렘과 유대와 사마리아는 말할 것도 없고, 땅끝에 이르기까지 이 세상 모든 사람을 위한 주님의 증인이 될 것을 명령하셨습니다. 주님의 이 명령은 사도행전 벽두인 사도행전 1장 8절에 기록되어 있습니다. 사도행전이, 이 세상 모든 사람을 위한 주님의 증인이 되라는 주님의 명령으로 시작되고 있는 셈입니다. 그러므로 이 명령을 떠나서는 사도행전이 존재할 수 없습니다. 사도행전은 주님의 이 지상 최후의 명령에 대하여 사도들이 어떻게 응답했는지를 밝혀 주는 책이기 때문입니다.

그런데 주님께서는 사도들에게 행하신 명령과 똑같은 의미의 명령을, 오늘의 본문을 통하여 사울에게 다시 주셨습니다. 따라서 주님께서 사울을 가리켜 당신의 택하신 그릇이라 부르신 것은, 주님께서 사울을 당신의 증인으로, 다시 말해 또 한 명의 사도로 선택하신 것임을 알게 됩니다. 오늘 본문의 시기는 사도행전 1장 8절의 시점으로부터 약 4년이 경과했을 때였습니다. 주님께서 4년 만에 사도행전 1장 8절과 같은 내용과 의미의 명령을 다시 한 번 반복하신 것은, 그리스도인이라면 누구나 알아야 할 일반론을 개진하시기 위함이 아니었습니다. 사울을 당신의 그릇, 또 한 명의 사도로 선택하시면서 그 이유를 밝히시기 위함이었습니다.

'사도', 즉 '아포스톨로스ἀπόστολος'는 '보내심을 받은 사람'이란 의미입니다. 우리 역시 이 세상 속에 주님의 증인으로 보내심을 받은 사람들이란 의미에서 이 시대의 사도들입니다. 그러나 2천 년 전 신약성경이 기록될 당시에는 아무나 사도로 불릴 수 없었습니다. 예수님께서 이 땅에 계시는 동안 주님의 부르심을 받은 열두 사도 가운데 예수님을 배신했던 가룟 유다는 자살로 자신의 생을 마감했습니다. 그래서 예수님의 승천 이후 초대교회는 가룟 유다를 대신할 사도 한 명을 보선해야 했는데, 그때 베드로가 사도로 보선될 사람의 자격을 다음과 같이 제한하였습니다.

> 주 예수께서 우리와 함께 지내시는 동안에, 곧 요한이 세례를 주던 때로부터 예수께서 우리를 떠나 하늘로 올라가신 날까지 늘 우리와 함께 다니던 사람 가운데서 한 사람을 뽑아서, 우리와 더불어 부활의 증인으로 삼아야 할 것입니다(행 1:21-22, 새번역).

예수님께서 세례 요한으로부터 세례를 받으실 때부터 시작해서 예수님께서 승천하실 때까지, 다시 말해 예수님의 공생애 처음부터 마지막까지 예수님과는 물론이요, 남아 있는 열한 사도와도 함께 동행한 사람만 사도로 보선될 수 있는 자격을 지닌 사람이었습니다. 베드로가 제시한 그 기준에 의해 선출된 사람이 맛디아였고, 초대교회는 맛디아를 포함한 예수님의 직계 제자 열두 명만 사도로 불렀습니다. 그리고 그 이후에는, 이론상으로는 더 이상 사도로 불리는 사람은 나올 수 없었습니다. 주님께서 이미 이 땅을 떠나 승천하셨기에, 주님께서 이 땅에 계시는 동안 반드시 주님과 동행했던 사람이라야만 한다는 사도의 조건을 더 이상 충족시킬 수 없었기 때문입니다.

그런데 주님께서는 그때로부터 4년이 지난 오늘의 본문에 이르러 또 하나의 당신의 그릇, 즉 당신을 위한 또 한 명의 사도를 다시 부르셨습니다. 사도 가운데 결원이 생겼기에 그 자리를 보충하기 위함이 아니었습니다. 열두 명의 사도가 아직 시퍼렇게 살아 있는데도 사울을 새로이 부르신 것입니다. 더욱이 사울은 주님께서 이 땅에 계실 동안 주님을 직접 만나거나 주님으로부터 직접 말씀을 배운 적이 없었습니다. 도리어 조금 전까지만 해도 그는 주님을 대적하던 폭도였습니다. 베드로가 제시한 조건을 놓고 보면, 사울은 사도와는 전혀 거리가 먼 무자격자에 지나지 않았습니다. 그렇지만 주님께서는 그와 같은 사울을 당신의 택한 그릇—당신을 위한 또 한 명의 사도로 부르셨습니다. 그리고 4년 전에 당신의 사도들에게 부여하신 것과 동일한 내용의 임무를 부여하셨습니다. 그 이유가 대체 무엇이겠습니까? 이미 존재하고 있는 열두 명의 사도를 마다하시고, 4년이란 세월이 흐른 뒤에 굳이 또 한 명의 사도를 필요로 하신 까닭이 무엇입니까?

우리는 사도행전 6장에서부터 그 해답을 이미 알고 있습니다. 열두 명의 사도들은 주님으로부터 이 세상 모든 사람을 위한 주님의 증인이 되라는 명령을 분명히 받았음에도, 그들은 여전히 예루살렘을 넘어서지 못하고 있었습니다. 사도들은 누구보다 열심이었지만, 그러나 그 열심은 예루살렘에 국한된 열심이었습니다. 그들이 지난 4년 동안 예루살렘을 벗어난 경우는 단 한 번밖에 없었습니다. 빌립 집사에 의해 사마리아 사람들이 복음을 받아들였다는 소식을 접하고, 사도들이 사실 여부를 확인하기 위해 사마리아를 찾아간 것이었습니다. 사도들이 능동적으로 사마리아를 찾아간 것이 아니라, 빌립 집사를 따라 수동적으로 끌려간 것이었습니다. 그것도 열두 사도가 모두 사마리아로 향한 것이 아니라 베드로와 요한 두 사도뿐이었고, 나머지 열 사도는 여전히 예루살렘에 눌러앉아 있었습니다. 그나마 베드로와 요한마저도 사마리아 방문 이후, 다시 예루살렘으로 되돌아가 버리고 말았습니다.

사마리아도 이스라엘 땅이요 그곳에 사는 사람들 역시 이스라엘에 속한 사람이고 보면, 사도들은 주님께로부터 땅끝까지 이르러 주님의 증인이 되라는 임무를 부여받은 지 4년이 경과하도록 이스라엘 너머는 아예 생각조차 않고 있었습니다. 앞으로도 계속 살펴보겠지만, 이 이후에도 마찬가지였습니다. 그들의 관심은 오직 이스라엘 경내에만 머물러 있었습니다. 그렇게 해서야 만인을 위한 주님의 복음이 이스라엘이란 좁디좁은 우물을 벗어날 길이 없었습니다. 그것은 결코 주님의 뜻일 수 없었습니다. 마침내 주님께서 4년 만에 당신의 뜻을 이룰 새로운 그릇을 선택하셨으니 그가 바로 사울, 후에 위대한 바울로 불리는 그 사울이었습니다.

사도로 부르심을 받은 사울은, 주님께로부터 부여받은 임무에 자신의 생을 걸었습니다. 그는 이스라엘을 넘어 소아시아 반도를 거쳐 유럽 대륙에 진출, 당시 지중해 세계를 누비고 다니며 복음을 증거했습니다. 세 차례의 선교 여행을 통해 그가 거쳐 간 도시의 수는 57개에 이르렀고, 그 거리를 모두 합치면 무려 1만 3,000여 킬로미터에 달했습니다. 그리고 종국에는 당시 로마제국의 심장이던 로마에까지 이르렀습니다. 그에게 이방과 땅끝은 당연히 가야 할 곳일 뿐, 결코 갈 수 없는 먼 곳이 아니었습니다.

사울은 유대 총독 벨릭스와 그의 후임자인 베스도 앞에 주님의 증인으로 섰습니다. 아그립바 왕 앞에서도 주님의 증인이 되었습니다. 그가 유대인들의 모함을 받아 재판을 받게 되었을 때 로마 황제에게 상소를 하면서까지 로마에 가기를 원했던 것은, 황제의 법정에도 주님의 증인으로 서기 위함이었습니다. 그는 지체 높은 사람이라고 꺼리거나 그 앞에서 주눅 들지 않았습니다. 지체가 낮은 사람이라고 업신여기거나 소홀히 대하지도 않았습니다. 그는 만나는 모든 사람을 위해 주님의 증인으로서의 임무를 지성으로 다하였습니다.

이처럼 사울이 이방을 향해 혼신의 힘을 기울였다고 해서 자기 민족인 이스라엘 백성을 등한시한 것은 아니었습니다. 이방 세계 어느 곳을 가든지 그가 제일 먼저 찾은 사람은 언제나 자신과 같은 이스라엘 사람이었습니다. 그가 자신의 혈육과 동족을 얼마나 사랑했는지는 사울 자신의 고백이 여실히 보여 주고 있습니다.

> 나에게는 큰 슬픔이 있고, 내 마음에는 끊임없는 고통이 있습니다. 나는, 육신으로 내 동족인 내 겨레를 위하는 일이면, 내가 저주를 받아서 그리스도에게서 끊어질지라도 달게 받겠습니다. 내 동족은 이스라엘 백성입니다(롬 9:2-4상, 새번역).

자신의 동족이 구원받는 대가로 자신이 주님의 저주를 받아야 한다면, 동족의 구원을 위하여 그 저주를 기꺼이 감수하겠노라 고백할 정도로 사울은 자신의 동족을 깊이 사랑하였습니다.

이처럼 사울은 주님께서 자신에게 부여하신 임무, 즉 "이 사람은 내 이름을 이방인과 임금들과 이스라엘 자손들에게 전하기 위하여 택한 나의 그릇"이라는 주님의 부르심에 자신의 온 삶으로 응답하였습니다. 그와 같은 사울의 삶에 의해, "예루살렘과 온 유대와 사마리아와 땅끝까지 이르러 내 증인이 되리라"는 주님의 말씀은 비로소 성취될 수 있었습니다.

사울이야말로 진정한 사도였습니다. 사도들의 행적을 기록한 사도행전의 초점이, 사도행전 중반부부터 열두 명의 사도에서 사울 한 사람에게로 옮겨진 것은 지극히 당연한 결과였습니다. 온 세상 사람을 위한 주님의 그릇, 주님의 증인이 되었던 사울이 아니고서는 사도행전이 계속될 수도, 완성될 수도 없었기 때문입니다. 사울이 없었더라면 기독교가 존재할 수 없었을 것이란 지적은 결코 과장된 말이 아닙니다. 사울에 의해 복음은 비로소 만방을 향해 퍼져 나갈 수 있었고, 신약성경에 등장하는 거의 모든 교회는 사울에 의해 세워졌으며, 신약성경의 약 4분의 1이 사울 한 사람에 의해 기록되었습니다. 이것은 뒤늦게 주님의 그릇, 주님의 사도로 부르심을 받은 사울에게는 더없이 큰 영광이었지만, 이미 사도라 칭함을 받고 있던 열두 사도의 입장에서 본다면 그것은 크나큰 부끄러움이었습니다. 그들이 주님의 택함 받은 사도로서 땅끝까지 주님의 증인이 되라는 주님의 명령에 충실했던들, 그 모든 일들은 자신들의 삶을 통해 이루어졌을 일들이기 때문입니다.

우리는 여기에서 귀중한 교훈을 깨닫게 됩니다. 주님의 그릇으로 선택받는 것은 주님의 일방적인 은총이지만, 그 은총에 대한 결과는 전적으로 인간의 응답에 달려 있다는 것입니다. 갈릴리의 부식한 어부들이 사도로 부르심을 입은 것이나, 혹은 주님을 대적하던 폭도 사울이 사도로 선택된 것이나, 그것은 모두 주님의 일방적인 은총이었습니다. 그렇지 않고서야 2천 년 전 수많은 사람들 가운데, 어찌 그 보잘것없는 열세 사람만 사도라 칭함을 받을 수 있었겠습니까? 그러나 그 은총에 대한 그들의 응답이 동일했던 것은 아니었습니다. 그 결과 사도행전 1장에서부터 화려하게 등장했던 열두 사도는 사도행전에 관한 한, 사도행전 중간에서 소리도 자취도 없이 사라져 버렸습니다. 그러나 사도행전 1장에서는 명함도 내밀지 못한 사울은 그때로부터 4년이 지나 사도행전 9장에 이르러서야 겨우 회심했지만, 그 이후 그는 사도행전의 주역이 되었습니다.

오늘 본문의 사울과 이름이 동일한 구약성경의 사울은 하나님께서 이스라엘의 초대 왕으로 선택하신 당신의 그릇이었습니다. 그러나 왕위에 오른 사울이 권력의 노예로 전락하자, 하나님께서는 이스라엘을 위한 당신의 새로운 그릇으로 다윗을 선택하셨습니다. 엘리는 하나님께서 사사시대 말기에 영적 지도자로 선택하신 당신의 그릇이었습니다. 그러나 그가 제사장의 직위를 이용하여 자신의 사익을 좇을 때, 하나님께서는 그를 대신하여 사무엘을 당신의 그릇으로 사용하셨습니다. 하나님의 그릇으로 택함 받는 은총을 입고서도 하나님의 그릇답게 살려 하지는 않았던 사울 왕은 자살로, 그리고 엘리 제사장은 충격으로 넘어져 목이 부러져 비참하게 죽었습니다. 그러나 하나님으로부터 택함 받은 하나님의 그릇으로서 부여받은 임무에 충실했던 다윗과 사무엘은, 사도행전의 주역이 된 오늘 본문의 사울처럼, 그들 역시 구약성경 사무엘서의 주역이 되었습니다.

우리는 모두 이 시대를 위한 주님의 그릇으로 선택된 그리스도인들로서, 주님께로부터 부여받은 임무는 땅끝까지 이르러 주님의 증인이 되라는 것입니다. 우리는 2년여 전 사도행전 1장 8절을 묵상하면서, 오늘을 사는 우리에게 땅끝이 어디인지 생각해 본 적이 있습니다. 땅끝은 반드시 지리적으로 먼 곳이거나 지구 반대편만을 의미하지 않는다고 했습니다. 누구든지 자신이 서 있는 곳에서 한 방향으로 계속 나아가면, 지구를 한 바퀴 돌아 다시 자기 자리로 되돌아오기 마련입니다. 그러므로 우리에게 1차적인 땅끝은 언제나 우리 각자가 처해 있는 자기 삶의 자리, 자기 삶의 현장입니다. 자기 삶의 자리에서 주님의 증인으로 사는 사람만, 지구 반대편에서도 주님의 증인으로 살 수 있습니다.

사랑하는 교우 여러분!

보잘것없는 우리가 주님의 그릇으로 선택된 것은 주님께서 일방적으로 베풀어 주신 은총이지만, 그 결과는 전적으로, 우리에게 주어진 임무와 역할에 우리가 얼마나 충실하느냐에 의해 결정될 것입니다. 그 결과에 따라 우리의 삶이 주님 안에서 새로운 사도행전으로 영원히 남을 수도 있고, 물거품처럼 흔적도 없이 사라져 버릴 수도 있습니다.

우리의 코끝에 아직 호흡이 붙어 있는 동안에, 우리의 뇌가 아직 정상적으로 작동하고 있는 동안에, 주님으로부터 택함 받은 주님의 그릇답게 우리의 땅끝인 우리 삶의 자리에서 주님의 증인으로 살아가십시다. 내가 행하지 않으면 안 될 자식으로서의 역할, 남편과 아내로서의 역할, 부모로서의 역할, 사회인으로서의 역할, 이 시대를 위한 사도로서의 역할에 충실하십시다. 주님께서 우리를 다른 그릇으로 대체하시기 전에, 우리에게 아직 기회가 남아 있을 동안, 우리에게 맡겨진 역할에 최선을 다하십시다.

기회가 지나간 다음에 후회하는 것보다 더 어리석은 짓은 없습니다. 보십시오. 지금도 시간은 어김없이 1초 1초 흘러가고 있습니다. 그것은 단순한 시간이 아닙니다. 그것은 우리 모두의 생명입니다. 우리의 코끝에서 호흡이 멈추고 우리의 뇌가 작동을 멈출, 바로 그 마지막 시각을 향해 달려가고 있는 우리의 생명입니다. 그렇다면 우리는 지금 무슨 그릇으로, 무엇을 위한 증인으로, 그 마지막 시각을 향해 질주하고 있는지 진지하게 생각해 보아야 하지 않겠습니까? 오직 자신의 땅끝인 자기 삶의 자리에서 주님의 증인으로 살아가는 사람만, 그 마지막 시각에, 주님 앞에서 후회하지 않을 것입니다.

갈릴리의 어부처럼 보잘것없고, 주님을 대적하던 사울처럼 완악하기만 하던 나를, 주님의 그릇으로 선택해 주시는 일방적인 은총을 베풀어 주셔서 감사드립니다. 그러나 주님의 택한 그릇답게, 삶의 전반에 걸쳐 주님의 증인으로 살지는 못했음을 고백하오니 용서하여 주옵소서. 전혀 주님의 그릇답게 살지 못한 나를 다른 그릇으로 대체하시지 않고, 오늘도 주님의 존전에 불러 주시고, 또다시 기회를 주심을 진심으로 감사드립니다.

이제부터 내 삶의 결과는, 주님께서 내게 베풀어 주신 은혜에 대한 나의 응답에 달려 있음을 잊지 말게 하옵소서. 주님의 생명과 진리를 담은 그릇답게, 나의 땅끝인 내 삶의 현장에서 주님의 증인으로 살아가게 하옵소서. 가정에서나 일터에서나, 교회에서나 세상에서나, 거듭난 사울처럼 그리스도인답게 생각하고, 판단하고, 말하고, 행동하게 하옵소서. 나를 스쳐 지나가는 1초 1초가 물거품처럼 흔적도 없이 사라지는 것이 아니라, 주님 안에서 이 시대를 위한 사도행전으로 남게 하옵소서.

그리하여 나의 코끝에서 호흡이 멎고 나의 뇌가 작동을 멈출 때, 바로 그 마지막 시각에, 내가 만나 뵙지 않을 수 없는 주님 앞에서, 결코 후회함이 없게 하옵소서. 아멘.

23. 택한 나의 그릇 IV 감사 주일

사도행전 9장 10-19절 상

그때에 다메섹에 아나니아라 하는 제자가 있더니 주께서 환상 중에 불러 이르시되 아나니아야 하시거늘 대답하되 주여 내가 여기 있나이다 하니 주께서 이르시되 일어나 직가라 하는 거리로 가서 유다의 집에서 다소 사람 사울이라 하는 사람을 찾으라 그가 기도하는 중이니라 그가 아나니아라 하는 사람이 들어와서 자기에게 안수하여 다시 보게 하는 것을 보았느니라 하시거늘 아나니아가 대답하되 주여 이 사람에 대하여 내가 여러 사람에게 듣사온즉 그가 예루살렘에서 주의 성도에게 적지 않은 해를 끼쳤다 하더니 여기서도 주의 이름을 부르는 모든 사람을 결박할 권한을 대제사장들에게서 받았나이다 하거늘 주께서 이르시되 가라 이 사람은 내 이름을 이방인과 임금들과 이스라엘 자손들에게 전하기 위하여 **택한 나의 그릇**이라 그가 내 이름을 위하여 얼마나 고난을 받아야 할 것을 내가 그에게 보이리라 하시니 아나니아가 떠나 그 집에 들어가서 그에게 안수하여 이르되 형제 사울아 주 곧 네가 오는 길에서 나타나셨던 예수께서 나를 보내어 너로 다시 보게 하시고 성령으로 충만하게 하신다 하니 즉시 사울의 눈에서 비늘 같은 것이 벗어져 다시 보게 된지라 일어나 세례를 받고 음식을 먹으매 강건하여지니라

집 안에 그릇이 아무리 많아도 주인이 그 많은 그릇을 매일 사용하는 것은 아닙니다. 모든 그릇을 다 귀하게 다루는 것도 아닙니다. 주인이 특별히 귀하게 취급하는 그릇이 따로 있기 마련입니다. 물론 비싼 그릇이 귀하게 다루어질 수도 있지만, 그러나 단순히 금전적으로 비싼 그릇보다 훨씬 더 귀하게 간주되는 그릇이 있을 수 있습니다. 특별한 의미를 지닌 그릇입니다.

저희 집 거실 탁자 위에는 진흙으로 만들어진 조그만 그릇이 놓여 있습니다. 유약도 칠해지지 않고 불에 구워지지도 않은, 문자 그대로 볼품없는 진흙 그릇입니다. 경제적 가치로 따진다면 단 몇십 원에도 미치지 못할 것입니다. 그런데도 그 그릇이 거실 탁자 위에 자리 잡고 있는 것은 그 그릇이 지니고 있는 의미 때문입니다. 그 그릇은, 제 막내아이가 어릴 때 자기 손으로 정성스럽게 빚어 저희 부부에게 선물로 준 것입니다. 앞으로 아이들이 독립하여 모두 저희 부부 곁을 떠나도, 아무리 세월이 흘러도, 저와 제 처가 살아 있는 한, 저희 부부에게는 그 진흙 그릇이 어떤 그릇보다 귀하게 간주될 것입니다. 그 그릇은, 아무리 보잘것없이 보이는 진흙 그릇일지라도, 저희 부부에게는 막내아이와 동일한 의미를 지니고 있기 때문입니다.

이처럼 그릇의 참된 가치는 그릇의 가격이나 재질이 아니라, 그릇이 지니고 있는 의미에 달려 있습니다. 인간 역시 마찬가지입니다. 인간의 참된 가치는 소유의 많고 적음이나, 직책의 높고 낮음에 의해 판가름 나지 않습니다. 한 인간의 참된 가치는 그의 삶이 어떤 의미를 지니고 있느냐에 의해 결정됩니다. 그 좋은 예가 본문의 사울입니다.

다메섹 도상에서 빛이요 진리이신 예수 그리스도의 태풍으로 시력을 상실한 사울은 다른 사람의 손에 이끌려서야 다메섹으로 들어갔습니다. 그리고 직가에 있는 유다의 집에서 사흘 동안 식음을 전폐하며 금식기도를 드렸습니다. 그 기도는 주님을 흡족게 해드리는 기도였습니다. 삶의 축을 자기중심으로부터 하나님 중심으로 옮기는 존재적 기도였기 때문입니다. 사흘이 지났을 때 주님께서는 사울을 위해 이미 다메섹에 예비해 두셨던 아나니아에게, 사울을 찾아가 그가 시력을 회복할 수 있게끔 그에게 안수해 줄 것을 명령하셨습니다. 하지만 아나니아는 주님께 이의를 제기했습니다. 사울이 얼마나 반그리스도적인 인간인지 익히 알고 있던 아나니아는, 사울이 다메섹에서도 반드시 그리스도인들을 해치리라 확신하고 있었던 것입니다. 그러나 주님께서는 아나니아의 이의 제기와 기우를 한마디로 일축하셨습니다.

가라 이 사람은 내 이름을 이방인과 임금들과 이스라엘 자손들에게 전하기 위하여 택한 나의 그릇이라(15절).

주님께서는 사울을 가리켜, 당신의 이름을 세상 모든 사람들에게 전하기 위하여 택하신 주님의 그릇, 당신의 증인임을 천명하셨습니다. 사도행전이 시작될 때부터 주님의 증인, 주님의 그릇으로 열두 사도가 있었음에도, 그때로부터 4년이 경과한 뒤 왜 주님께서 사울이라는 또 하나의 그릇—또 한 명의 사도를 필요로 하셨는지에 대하여는 지난 주일에 상세하게 살펴보았습니다. 이 시간에 함께 생각하고자 하는 것은 그 그릇의 의미입니다. 주님께서 새로이 택하신 사울이란 그릇의 참된 의미는 '또 한 명의 사도', '또 한 명의 증인'을 넘어서는 것이었습니다.

그가 내 이름을 위하여 얼마나 고난을 받아야 할 것을 내가 그에게 보이리라(16절).

주님께서 사울에게 부여하신 참된 의미는 '고난의 그릇'이라는 것이었습니다. 우리말 '고난받다'로 번역된 헬라어 '파스코πάσχω'가 원문에 수동태가 아닌 능동태로 기록되어 있습니다. 사울이 불가항력적인 상황 속에서 자신의 의지와 무관하게 피동적으로 고난을 겪게 되는 것이 아니라, 자발적으로 주님을 위하여 고난을 감수하는 삶을 살 것이라는 의미입니다.

여기에서 우리는 두 가지의 근본적인 질문을 제기하게 됩니다. 첫째, 주님께서 사울을 당신의 이름을 위한 '고난의 그릇'으로 선택하신 이유가 대체 무엇이냐는 것입니다. 주님께서 정녕 살아 계신다면, 그리고 사랑의 주님이시라면, 당신의 증인으로 사는 사람을 도리어 지켜 주시고 영화롭게 해주시는 것이 당연하지 않겠습니까? 그런데 왜 사울로 하여금은 당신을 위한 '고난의 그릇'이 되게 하십니까? 그것도 어쩔 수 없는 상황에서 어쩌다가 한두 번 당하는 고난이 아니라, 왜 일평생 주님을 위하여 자발적으로 고난의 삶을 살게 하신단 말입니까? 사울은 본래 예수님을 부정하고 그리스도인들을 박해하던 반그리스도적인 인간이 아니었습니까? 그래서 주님께서 그를 구원하신 뒤, 그의 전력에 대한 징벌적 의미로 고난의 삶을 살게 하신 것입니까?

이것을 사울의 입장에서 생각해 보십시다. 본문 이후 사울이 당한 고난은, 이미 말씀드린 것처럼, 불가항력적인 상황 속에서 어쩔 수 없이 피동적으로 당하는 고난이 아니라 자발적으로 감수하는 고난이었습니다. 누군가가 자발적으로 고난을 당한다는 것은, 바꾸어 말하면, 그가 자발적으로 그 고난을 피할 수도 있음을 의미합니다. 그런데도 스스로 고난을 피하지 않고 도리어 고난을 감수한다면, 그것은 그 당사자가 고난을 당하는 자신보다도 자신이 고난을 감수하면서까지 지켜야 할 그 무엇이 더 소중하기 때문입니다. 기차 선로 옆에서 일을 하던 아낙네가 철길 위에서 천진난만하게 놀고 있는 어린아이를 향해 기차가 달려오는 것을 보았습니다. 그때 그 여인은 자발적으로 철길로 뛰어들 수도 있고, 혹은 발을 동동 구르며 그 처참한 광경을 그냥 처다보기만 할 수도 있습니다. 어느 쪽이든 선택은 그 여인의 자유입니다. 그러나 만약 그 여인이 위기에 빠진 어린아이의 친엄마라면, 대개의 경우 엄마는 자신이 죽을지언정 앞뒤 가리지 않고 달려드는 기차를 향해 뛰어들어 자기 자식을 밀쳐 낼 것입니다. 엄마에게는 자기 생명보다 자기 자식의 생명이 더 소중하기 때문입니다.

사울 역시 마찬가지였습니다. 그가 주님을 위하여 자발적으로 고난을 감수한다는 것은, 그가 그 고난을 얼마든지 피할 수도 있음을 의미했습니다. 사울은 바보가 아니었습니다. 그는 유대교 최고의 율법학자 가말리엘의 제자로서, 당시 유대 청년 가운데 엘리트 중의 엘리트였습니다. 자신이 판단하기에 주님을 위하여 고난당하는 것이 무의미한 것이었다면, 똑똑한 사울은 결코 주님을 위한 '고난의 그릇'으로 살지 않았을 것입니다. 그러나 본문 이후에 사울은 주님을 위한 자발적인 '고난의 그릇'이 되었습니다. 주님을 위하여 스스로 고난의 길 걷기를 마다하지 않은 것입니다. 주님을 위해 고난당하는 자신보다도 고난을 감수하면서까지 지키고 전해야 할 그 무엇, 다시 말해 주님의 사랑과 생명이 더 소중했기 때문입니다. 자신을 죄와 사망으로부터 구원해 주신 주님의 사랑, 자신과 같은 흉측한 죄인에게 주님께서 부어 주신 영원한 생명을 생각하면, 그 영원한 사랑과 생명을 위해 자신이 당하는 고난은 아무것도 아니었습니다. 그래서 그는 말년에 예루살렘을 거쳐 로마제국의 심장인 로마로 가는 것이 이 땅에서 완수해야 할 자신의 마지막 사명임을 깨달은 뒤, 살아생전 이 세상에서는 다시 보지 못할 에베소의 장로들을 밀레도로 불러 모으고 생의 마지막 고별 설교를 하는 가운데 이렇게 말했습니다.

보십시오. 이제 나는 성령에 매여서, 예루살렘으로 가는 길입니다. 거기서 무슨 일이 내게 닥칠지, 나는 모릅니다. 다만 내가 아는 것은, 성령이 내게 일러 주시는 것뿐인데, 어느 도시에서든지, 투옥과 환난이 나를 기다리고 있다는 것입니다. 그러나 내가 나의 달려갈 길을 다 달리고, 주 예수께 받은 사명, 곧 하나님의 은혜의 복음을 증언하는 일을 다하기만 하면, 나는 내 목숨이 조금도 아깝지 않습니다(행 20:22-24, 새번역).

그가 주님을 위해 자발적으로 당하는 고난은 육체의 죽음마저 불사하는 것이었습니다. 자기 육체는 흙으로 돌아갈 유한한 생명인 데 반해 주님께서 주신 생명은 영원한 생명이었기 때문입니다. 그는 고린도후서에서 자신이 당한 고난을 더욱 구체적으로 밝혀 주고 있습니다.

유대 사람들에게서 마흔에서 하나를 뺀 매를 맞은 것이 다섯 번이요, 채찍으로 맞은 것이 세 번이요, 돌로 맞은 것이 한 번이요, 파선을 당한 것이 세 번이요, 밤낮 꼬박 하루를 망망한 바다를 떠다녔습니다. 자주 여행하는 동안에는, 강물의 위험과 강도의 위험과 동족의 위험과 이방 사람의 위험과 도시의 위험과 광야의 위험과 바다의 위험과 거짓 형제의 위험을 당하였습니다. 수고와 고역에 시달리고, 여러 번 밤을 지새우고, 주리고, 목마르고, 여러 번 굶고, 추위에 떨고, 헐벗었습니다(고후 11:24-27, 새번역).

그 모든 고난은, 사울이 자신의 안일을 꾀한다면 얼마든지 피할 수 있는 고난이었습니다. 그렇지만 영원한 사랑과 생명을 주신 주님이 더 귀했기에, 사울은 주님을 위해 그 모든 고난을 기꺼이 감내할 수 있었습니다.

그렇다면 그 사울을 만나는 사람들의 입장에서 생각해 보십시다. 사울이 편안하게 앉아 자기 안일만을 추구할 수 있음에도 주님을 위해 온갖 고난을 마다하지 않을 때, 사울이 온 마음을 다하여 전하는 주님의 사랑과 생명이 듣는 이들의 심령 속에 스며들지 않았겠습니까? 인간의 상상을 초월하는 고난에도 굴하지 않고 사울이 주님의 사랑과 생명을 증언할 때, 그의 말 한마디 한마디가 성령님의 역사 속에서, 듣는 이들의 심령 속에서 살아 움직이지 않았겠습니까? 이것이 사실이라면, 우리는 주님께서 사울을 당신을 위한 '고난의 그릇'으로 택하신 진정한 이유를 알게 됩니다. 주님께서 사울을 '고난의 그릇'으로 택하신 것은, 한때 주님을 대적했던 사울에 대한 징벌이 아니었습니다. 주님께서 심술궂어, 까닭 없이 사울을 '고난의 그릇'으로 삼으신 것도 아니었습니다. 그것은 사울에 대한 주님의 깊은 사랑과 신뢰로 인함이었습니다. 자신이 옳다고 여기는 것에 대하여 누구보다도 철저하고 헌신적이었던 사울을 주님께서 얼마나 사랑하고 신뢰하셨으면, 인간을 향한 주님의 사랑과 생명이 이 세상 그 무엇보다 소중한 것임을 세상에 보여 주기 위한 주님의 그릇으로 특별히 사울을 택하셨겠습니까? 사울 개인에게 그보다 더 큰 영광은 있을 수 없었습니다.

여기에서 두 번째 질문이 또다시 제기됩니다. 아무리 그렇다 하더라도, 주님께서 한 인간을 그의 일평생 '고난의 그릇'으로만 사용하신다는 것은, 그 당사자에게는 너무나도 가혹한 처사가 아니냐는 질문입니다. 사울을 계속 고난 속에 내버려 두시는 것은, 당신의 증인을 보호하고 영화롭게 해주어야 할 주님께서 당신의 직무를 유기하시는 것은 아닙니까?

헬라어 '파스코'는 '고난받다'란 의미와 함께 '영향 받다'라는 뜻도 동시에 지니고 있습니다. 따라서 주님께서 사울을 가리켜 "그가 내 이름을 위하여 얼마나 고난을 받아야 할 것을 내가 그에게 보이리라"고 하신 말씀은, '그가 내 이름을 위하여 얼마나 영향을 받아야 할 것을 내가 그에게 보이리라'는 의미이기도 합니다. 이것은 너무나도 당연한 일 아니겠습니까? 이 세상에서 주님의 사랑과 생명보다 더 귀한 것이 없음을 깨닫고 주님을 위하여 고난당하기를 마다하지 않는 사람이라면, 그 사람은 주님의 영향을 더 크게 받을 수밖에 없지 않겠습니까? 그가 고난을 받으면 받을수록 그에 대한 주님의 영향력은 더 커지지 않겠습니까? 그가 주님을 위한 고난마저도 꺼리지 않는다는 것 자체가 이미 주님의 영향력 속에 있기 때문 아니겠습니까? 그렇다면 날이면 날마다 주님의 더 큰 영향 속에서 살아가는 그 사람의 세상에 대한 영향력은 또 얼마나 크겠습니까? 그가 주님의 영향 속에 산다는 것은, 그 사람을 당신의 그릇으로 삼으신 주님의 영향력이 그를 통해 세상에 드러남을 의미하기 때문입니다.

사울을 보십시오. 그는 일평생 주님을 위한 '고난의 그릇'으로 살다가, 끝내는 주님을 위해 참수형을 당하는 것으로 생을 마감했습니다. 세상적인 관점으로 본다면 그가 가시적으로 이룬 업적은 아무것도 없습니다. 실패자라 해도 과언은 아닙니다. 그러나 그가 참수형을 당하기까지 주님을 위해 고난을 감내할 때, 그와 주님의 관계가 얼마나 깊어졌겠습니까? 그에 대한 주님의 영향력이 얼마나 컸으면, 그가 주님을 위해 참수형마저 기꺼이 감수했겠습니까? 그 결과 그는 이 세상에서 가장 영향력 있는 그리스도인이 되었습니다. 지난 시간에 말씀드린 것처럼 사울로 인해 복음이 비로소 세계 만방으로 퍼질 수 있었고, 신약성경에 등장하는 거의 모든 교회가 사울 한 사람에 의해 세워졌으며, 그가 쓴 글이 신약성경의 약 4분의 1을 점하고 있습니다. 그리고 2천 년이 지난 지금까지도 그의 영향력은 조금도 줄지 않았습니다. 오히려 2천 년 전에 비하여 전 세계적으로 기독교인이 월등하게 많아진

만큼 그의 영향력은 더욱 커졌습니다. 주님 오시기 전까지, 다시 말해 이 땅에 기독교가 존재하는 한, 사울만큼 이 세상에 지대한 영광을 미쳤고, 미치고 있으며, 또 미칠 사람이 사울 외에 누가 또 있을 수 있겠습니까?

그러므로 주님께서 사울을 일평생 주님을 위한 '고난의 그릇'으로 살게 하신 것은 사울에 대한 가혹한 처사도 아니요, 사울을 지켜 주어야 할 주님의 사울에 대한 직무 유기도 아니었습니다. 그것이야말로 사울을 이 세상에서 가장 영향력 있는 그리스도인으로 세워 주시려는 주님의 특별한 은총이요, 배려였습니다. 이 사실을 깨달았던 사울은 주님을 위해 참수형을 당하기 직전, 로마의 감옥에서 빌립보 교인들에게 편지를 쓰면서 이렇게 말했습니다.

> 이와 같이 너희도 기뻐하고 나와 함께 기뻐하라(빌 2:18).
> 나의 형제들아 주 안에서 기뻐하라(빌 3:1).
> 주 안에서 항상 기뻐하라 내가 다시 말하노니 기뻐하라(빌 4:4).

어떻게 죽음을 목전에, 그것도 끔찍한 참수형을 눈앞에 둔 사람이 이처럼 기뻐하며, 또 사람들에게 기뻐하라고 권면할 수 있겠습니까? 사울은 이 세상에 사는 사람이었지만, 그러나 이 세상에 속한 사람은 아니었습니다. 그는 주님께 속한 그리스도인으로서, 이 세상에서부터 이미 영원을 사는 사람이었습니다. 영원의 관점에서 볼 때 성자 하나님이신 주님을 위해 자신의 생을 던진다는 것은, 영원 속에서 자신을 영향력 있는 그리스도인으로 세워 주시려는 주님의 은총이었습니다. 그것은 말할 수 없이 큰 감사의 조건이었습니다. 그래서 그는 죽음을 앞두고 누구보다도 기뻐하면서, 그 기쁨을 사람들에게 나누어 줄 수 있었습니다. 그가 주님을 위한 '고난의 그릇'이 됨으로 그의 인생은 이처럼 영원한 의미를 지니게 되었고, 그로 인해 그는 우리가 아는 바대로의 사도 바울이 되었습니다.

다음 주일인 11월 25일은 주기철 목사님이 이 땅에 태어난 지 110주년이 되는 기념일입니다. 주기철 목사님은 일제강점기 때, 끝까지 신사참배를 거부하다가 감옥에서 순교하였습니다. 그 당시 각 교단마다 왜 총회장이 없었겠습니까? 조선 팔도에 쟁쟁한 명성을 날리는 목사님들이 얼마나 많았겠습니까? 그러나 해방 이후 60여 년이 지난 오늘날, 우리가 그들 가운데 누구를 알고 있습니까? 주기철 목사님과 동시대의 그리스도인 가운데, 우리에게 주 목사님만큼 영향력을 미치고 있는 사람은 아무도 없습니다. 세상적으로는 실패자에 지나지 않아 보이는 주기철 목사님에게 어떻게 그런 일이 가능할 수 있게 되었습니까? 주님을 위해 순교하기까지 주님을 위한 '고난의 그릇'이 되었던 그분을 통해 주님께서 우리에게 친히 영향을 미치고 계시기 때문입니다. 그래서 육체는 비록 순교했을망정, 주 목사님은 하나님의 나라에서 자신이 주님을 위한 '고난의 그릇'으로 살 수 있게끔 은혜를 베풀어 주신 주님께 지금도 감사드리며 기뻐하고 있을 것입니다.

오늘은 주님께서 지난 1년 동안 우리에게 베풀어 주신 주님의 은혜에 감사드리는 '감사 주일'입니다. 그리고 주님께서 오늘 본문을 통하여, 우리가 무엇까지 감사하는 성숙한 그리스도인이 되어야 할 것인지 친히 일깨워 주셨습니다.

사랑하는 교우 여러분!

혹 이 땅에서 그리스도인으로 살아간다는 이유만으로 불이익이나 고난을 당하셨습니까? 그렇다면 주님께 감사하십시오. 주님의 말씀대로 살기 때문에 고난을 당하고 계십니까? 주님께 감사하십시다. 주님께서 맡기신 일에 충성함으로 인해 까닭 없이 고난을 당하고 계십니까? 주님께 감사하십시오.

주님께서 부여하신 사명을 위해 자신의 삶을 던졌음에도 도리어 주위 사람들로부터 오해받고, 모함받고, 배척당하고 계십니까? 주님께 감사하십시오. 하나님의 나라와 그의 의를 먼저 구하였는데도 당장은 경제적으로, 육체적으로, 실패의 쓴잔을 마시는 고난을 당하고 계십니까? 주님께 감사하십시오. 우리 모두 그 고난을 피하기는커녕, 도리어 그 고난 속에서 더더욱 주님의 증인으로 살아가는 주님을 위한 '고난의 그릇'이 되십시다. 지금 우리가 당하는 그 고난으로 인해, 우리가 고난을 당하고 있는 그 현장에서, 우리는 주님에 의해 반드시 영향력 있는 그리스도인으로 세움 받게 될 것입니다. 주님께서 당신의 증인으로 살아가는 우리에게 고난을 주시는 이유가 바로 거기에 있습니다.

주님을 믿는 그리스도인에게, 주님 안에서 인생의 의미가 영원히 새로워지는 것보다 더 큰 상급은 없습니다.

"의를 위하여 박해를 받은 자는 복이 있나니 천국이 그들의 것임이라. 나로 말미암아 너희를 욕하고 박해하고 거짓으로 너희를 거슬러 모든 악한 말을 할 때에는 너희에게 복이 있나니 기뻐하고 즐거워하라. 하늘에서 너희의 상이 큼이라"(마 5:10-12상).

또다시 감사 주일을 맞았습니다. 지난 1년 동안 우리 인생에 따뜻한 봄날이 있었음을 감사합니다. 인생의 추운 겨울이 있었음도 감사합니다. 햇빛 비치는 날들이 있었음을 감사드리고, 폭풍우 몰아치는 시간들이 있었음도 감사합니다. 행복하게 웃을 때가 있었음을 감사드리고, 가슴 찢어지는 애통의 시간이 있었음도 감사합니다. 나의 뜻이 이루어진 것을 감사드리고, 나의 뜻이 무참하게 무산되었던 것도 감사합니다. 그 모든 날과 시간이 모두 주님 안에서 합력하여 오늘과 같은 나의 모습으로, 1년 전보다 주님과 더 가까이에 있게 하심을 감사합니다.

무엇보다도 주님을 위하여 고난을 감수할 수 있게 하심을 감사합니다. 당하지 않아도 될 고난을, 단지 그리스도인이기 때문에 당하게 하심을 감사합니다. 말씀대로 산다는 이유만으로 불이익을 당하거나 고난받게 하심을 감사합니다. 맡은 일에 충성을 다하고도 도리어 주위 사람들로부터 경원당하고, 모함받고, 오해받게 하심을 감사합니다. 주님 때문에 고난당하는 나 자신보다도, 내가 모시고 사는 주님께서 더 귀하시기에, 오히려 그 고난을 기꺼이 감수할 수 있게 하심을 감사합니다. 주님을 위한 '고난의 그릇'으로 나를 사용하시어, 내 인생의 의미를 새롭게 해주심을 감사합니다. 내가 고난당하는 만큼, 비록 내가 의식하지 않을지라도, 나의 삶이 이 세상에 선하고 아름다운 영향력을 미치게 해주실 것임으로 인해 감사합니다.

사울의 고백처럼, 살든지 죽든지 내 몸에서 오직 주님의 영광만 드러나게 하옵소서. 아멘.

24. 예수께서 보내어

사도행전 9장 17-19절 상
아나니아가 떠나 그 집에 들어가서 그에게 안수하여 이르되 형제 사울아 주 곧 네가 오는 길에서 나타나셨던 **예수께서** 나를 **보내어** 너로 다시 보게 하시고 성령으로 충만하게 하신다 하니 즉시 사울의 눈에서 비늘 같은 것이 벗어져 다시 보게 된지라 일어나 세례를 받고 음식을 먹으매 강건하여지니라

드디어 아나니아가 직가에 있는 유다의 집에서 사흘간 금식기도하던 사울을 찾아갔습니다. 아나니아가 사울 앞에 섰지만 사울은 아나니아를 볼 수 없었습니다. 다메섹 도상에서 빛이요 진리이신 예수 그리스도의 태풍을 만나 시력을 상실한 까닭이었습니다. 아나니아는 그 가련한 사울에게 다가가 안수, 즉 그의 머리 위에 손을 얹고 "형제, 사울아" 하고 사울을 불렀습니다. '형제, 사울아!'—이것은 사울에게는 참으로 감격적인 호칭이었습니다. 초대교회 교인들은 서로 형제자매라고 불렀습니다. 그것은 단순한 형식적인 호칭이 아니었습니다. 2천 년 전 사회적으로 엄연히 계급이 존재하던 그 당

시에 그리스도인들이 서로 형제자매라 부른 것은, 사회적 신분이나 계급을 초월하여 예수 그리스도 안에서 그들 간에 새로운 관계가 맺어졌음을 의미하였습니다. 그러므로 아나니아가 사울을 '형제, 사울아' 하고 부른 것은 그를 믿음의 형제로, 신앙 공동체의 일원으로, 다시 말해 동역자로 받아들인다는 뜻이었습니다.

본래 사울은 예수 그리스도를 부정하고, 교회를 잔멸하며 그리스도인들을 박해하던 사람이었습니다. 그럼에도 아나니아가 사울을 직접 찾아가 그를 '형제 사울'로 받아들인 이유를 아나니아 자신이 직접 밝혀 주고 있습니다.

> 아나니아가 떠나 그 집에 들어가서 그에게 안수하여 이르되, 형제 사울아 주 곧 네가 오는 길에서 나타나셨던 예수께서 나를 보내어 너로 다시 보게 하시고 성령으로 충만하게 하신다 하니(17절).

아나니아가 모든 그리스도인의 대적이었던 사울을 믿음의 형제로 받아들인 이유는 지극히 간단했습니다. 예수님께서 아나니아가 그렇게 하도록 아나니아를 사울에게 보내셨기 때문입니다. 사울이 얼마나 반그리스도적인 인간인지 익히 알고 있던 아나니아는, 애당초 사울을 찾아가 안수해 주라는 주님의 말씀에 이의를 제기했습니다. 사울이 다메섹에서도 그리스도인들에게 반드시 해를 끼치리라 여겼기 때문입니다. 그러나 주님께서는 아나니아의 이의 제기와 기우를 한마디로 일축하셨습니다. 주님께서는 아나니아에게, 사울은 세상의 모든 사람에게 당신의 이름을 전하기 위해 택한 당신의 그릇이므로 사울에게 '가라'고 명령하셨습니다. 주님의 이 명령 한마디에 아나니아는 자신의 생각과 판단을 거두고 사울을 찾아가, 그를 믿음의 형제로 받아들였습니다.

우리는 때때로 반문합니다. 내가 꺼리는 그 사람을 왜 만나야 하는가? 왜 그 사람과 함께 일해야 하는가? 왜 그 사람과 더불어 살아야 하는가? 이 세상에 하고많은 사람 가운데 하필이면 왜 그 사람이 내 곁에 있어야 하는가? 때로는 이와 같은 질문이 우리 자신을 곤혹스럽고, 또 고통스럽게 만듭니다. 우리 속에 질문은 있는데, 그 질문에 대한 해답은 없기 때문입니다. 그 질문에 대한 해답은 오직 위로부터, 주님께로부터만 주어집니다. 왜 내가 그 사람을 만나야 하며, 왜 그 사람과 함께 일해야 하며, 왜 그 사람 곁에서 더불어 살아야 합니까? 내가 그렇게 하도록 주님께서 그 사람을 내 곁에 두셨기 때문입니다. 그것이 주님의 절대적인, 그리고 선하신 뜻이기 때문입니다. 이 사실을 깨달았기에 아나니아는 자신이 꺼리던 사울을 찾아가 그를 믿음의 형제로, 동역자로 받아들였습니다.

아나니아가 사울을 '형제'라 부를 때 사용한 헬라어 '아델프호스 $\alpha\delta\epsilon\lambda\phi\acute{o}\varsigma$'는, 여인의 자궁을 가리키는 '델프휘스 $\delta\epsilon\lambda\phi\acute{u}\varsigma$'에서 유래되었습니다. 같은 자궁을 모태로 하여 태어난 사람들만 친형제자매가 될 수 있습니다. 아나니아는 사울을 그저 형제라 한번 불러 본 것이 아니었습니다. 아나니아는 사울을 자신의 친형제처럼 진심으로 받아들였습니다. 사울을 찾아가게 하신 주님께서 사울을 가리켜 '택한 나의 그릇'이라 부르신 까닭입니다. 알고 보니 아나니아 자신이나 사울이나, 모두 한 자궁에서 태어난 사이였습니다. 바로 예수 그리스도라는 긍휼의 자궁이었습니다.

신약성경을 기록한 헬라어로 자궁을 가리키는 '델프휘스'에서 형제를 뜻하는 '아델프호스'가 유래된 반면, 구약성경의 언어인 히브리어로 자궁을 뜻하는 '라함 רחם'은 '자궁'과 함께 '긍휼'이란 의미를 동시에 지니고 있습니다. 히브리어로 자궁과 긍휼은 구별되지 않는 것입니다. 긍휼은 상대를 불쌍히

여겨 자비를 베푸는 것입니다. 그런데 '라함'은 자궁 중에서도 반드시 임신한 여인의 자궁, 다시 말해 현재진행형으로 태아를 품고 있는 자궁을 가리킵니다. 그래서 히브리 사람들은 태아를 품고 있지 않은 자궁은 '레헴ロロロ'이라 하여, '라함'과 구별하여 불렀습니다.

태아를 품고 있는 '라함'이 자궁과 동시에 긍휼을 의미한다는 것은 참으로 의미심장합니다. 태아를 품고 있는 여인의 자궁을 생각해 보십시다. 비록 핏덩이에 지나지 않아도 태아의 생명을 자궁은 이미 자기 속으로 받아들였습니다. 그리고 자궁은 자신이 받아들인 태아와 더불어 살아갑니다. 자궁 자신과 태아를 분리하지 않고, 태아를 자신의 일부로 간주하며 살아갑니다. 자신이 받아들인 태아를 감싸고 지키고 보호하기 위해 자궁은 잠시도 쉬지 않습니다, 태아에게 필요한 모든 것을, 뱃줄을 통해 소금도 아까워하지 않고 공급합니다. 자궁이 태아를 위해 행하는 그 모든 동작 혹은 역할을 한마디로 표현하면, 그것이 바로 긍휼입니다. 이것이 히브리어로 자궁과 긍휼이 구별되지 않는 이유입니다.

그런데 하나님께서 우리를 향해 다음과 같이 고백하셨습니다.

> 여인이 어찌 그 젖 먹는 자식을 잊겠으며 자기 태에서 난 아들을 긍휼히 여기지 않겠느냐 그들은 혹시 잊을지라도 나는 너를 잊지 아니할 것이라 (사 49:15).

여인의 자궁은 열 달 동안 자기 속에 품긴 태아를 위하여 온갖 긍휼을 다 베풉니다. 그렇게 태어난 자식이기에, 어머니가 자기 자식에게 계속 긍휼을 베푸는 것은 어머니의 모성 본능입니다. 태어난 자식에게 설령 신체적 결함이 있어도, 지능이 모자랄지라도, 도둑질을 했다 해도, 그래서 세상 모든 사람들이 비웃고 경원한다 해도, 어머니만은 그 자식을 계속 긍휼히 여깁니다. 그 자식은 자기 자궁에서 태어난 자기 자식이기 때문입니다. 그러나 하나님께서는 여인이 자기 자식을 긍휼히 여기는 것과는 비교가 불가능할 정도로 우리를 더더욱 긍휼히 여기십니다. 하나님께서는 우리를 향한 당신의 긍휼이 얼마나 큰지를 십자가 위에서 친히 증명해 주셨습니다. 성자 하나님이신 예수 그리스도께서 우리의 모든 죗값을 대신 치러 주시기 위해, 친히 십자가의 제물이 되어 주신 것입니다. 죄의 삯은 사망이기에 죽을 수밖에 없는 죄인인 우리를 대신하여 당신이 죽으심으로, 우리를 하나님의 자녀로 삼아 주시는 긍휼을 베풀어 주신 것입니다.

이것을 좀더 곰곰이 생각해 보십시다. 삼위일체 하나님께서 죄인인 우리를 당신의 자녀로 삼아 주셨다는 것은 구체적으로 무엇을 의미합니까? 창조주이신 하나님께서, 거룩하신 하나님께서, 하찮은 피조물에 지나지 않는 우리, 추하기 짝이 없는 죄인에 불과한 우리를 있는 그대로 받아 주시고, 우리와 더불어 살아 주심을 의미합니다. 바로 이것이 기적입니다. 이 세상의 그 어떤 기적도, 거룩하신 하나님께서 죄로 얼룩진 죄인과 더불어 살아 주시는 이 기적과 견줄 수는 없습니다. 어떻게 이런 기적이 가능할 수 있겠습니까? 삼위일체 하나님께서 사랑과 생명의 '라함'—긍휼의 자궁이시기 때문입니다. 그렇기에 하나님께서는 우리에게 당신의 '라함'—긍휼을 끝도 없이 베풀어 주셨습니다. 성자 하나님께서 친히 우리를 위한 제물이 되어 돌아가시기까지 말입니다. 삼위일체 하나님께서 긍휼의 '라함'—자궁이 아니셨던들, 결코 있을 수 없는 '라함'—긍휼의 대역사였습니다.

이 긍휼의 대역사 속에서 아나니아 자신도 예수 그리스도 안에서 하나님의 자녀로, 하나님과 더불어 사는 하나님의 긍휼을 입었습니다. 이 사실을 누구보다도 잘 아는 아나니아였기에, 자신이 꺼리던 사울을 찾아가 그를 믿음의 형제로, 동역자로 받아들였습니다. 사울 역시 아나니아 자신처럼 삼위일체 하나님의 '라함'—긍휼의 자궁 속에 있음을 확인했기 때문입니다. 그리고 사울을 믿음의 형제로 받아들인 아나니아의 안수로 시력을 되찾은 사울에 의해 인류의 역사가 새로워졌습니다.

삼위일체 하나님의 긍휼의 자궁 속에서 한 인간이, 한 인간을 믿음의 형제로, 동역자로 받아들이는 것이 얼마나 위대한 결과를 초래하는지를 웅변해 주는 오늘의 본문은 우리에게 귀중한 깨달음들을 일깨워 주고 있습니다.

주님께서는 사울을 꺼리던 아나니아로 하여금 그를 믿음의 형제로, 동역자로 받아들이게 하시기 전에, 먼저 사울의 그릇된 인생행로를 뒤바꾸어 놓으셨습니다. 사울이 예수 그리스도를 부정하고 그리스도인들을 핍박하는 상태에서 아나니아로 하여금 사울을 믿음의 형제로, 동역자로 받아들이게 하신 것이 아니었다는 말입니다. 그 상태에서라면 아나니아가 어떻게 사울을 믿음의 동역자로 받아들일 수 있겠으며, 또 그 상태의 사울이 어떻게 주님의 그릇으로 사용될 수 있었겠습니까?

주님의 긍휼을 입는다는 것과, 주님의 긍휼 속에서 주님의 그릇—주님의 일꾼으로 쓰임 받는다는 것은 결코 동일한 말이 아닙니다. 복음서는 이 땅에서 공생애를 시작하신 주님에 대해 다음과 같이 증언하고 있습니다.

> 예수께서 온 갈릴리에 두루 다니사 그들의 회당에서 가르치시며 천국 복음을 전파하시며 백성 중의 모든 병과 모든 약한 것을 고치시니 그의 소문이 온 수리아에 퍼진지라 사람들이 모든 앓는 자 곧 각종 병에 걸려서 고통당하는 자, 귀신 들린 자, 간질하는 자, 중풍병자들을 데려오니 그들을 고치시더라(마 4:23-24).

주님께서는 이 땅에서 3년에 걸친 공생애 내내 수많은 병자들을 고쳐 주셨습니다. 당시의 의학 기술로는 어떻게 해볼 도리조차 없는 불치의 환자들이, 그들을 불쌍히 여기신 주님에 의해 치유된 것입니다. 주님께서는 그들의 학력이나 신분, 재산 정도를 묻지 않으셨습니다. 그들이 의인인지 아닌지도 따지지 않으시고, 당신을 찾아오는 사람은 남녀노소 빈부귀천을 막론하고 모두 다 고쳐 주셨습니다. 그들에 대한 주님의 긍휼로 인함이었습니다. 하루는 벳새다 벌판에서 주님께 몰려든 병자들을 주님께서 고쳐 주시다 보니 그만 해가 저물었습니다. 그런데도 주님의 치유의 손길을 열망하는 사람들은 전혀 흩어지지 않았습니다. 여자와 어린아이들을 제외하고도 남자 장정만 5천 명이나 되는 거대한 무리가, 그 황량한 벌판에서 배를 쫄쫄 곯으면서까지 주님의 손길을 기다리고 있었습니다. 이번에도 그들을 불쌍하게 여기신 주님께서는, 마침 어린아이가 지니고 있던 떡 다섯 조각과 물고기 두 토막으로 그 거대한 무리를 모두 배불리 먹여 주시는 오병이어의 대역사를 일으키셨습니다. 그것 또한 그들에 대한 주님의 긍휼이었습니다. 주님의 긍휼이 아니었던들 그 많은 불치의 병자들이 주님으로부터 치유받지는 못했을 것이요, 그 거대한 무리가 오병이어의 대역사 속에서 배불리 먹지도 못했을 것입니다. 그러나 그것으로 끝이었습니다. 주님께서 그들에게 긍휼을 베풀어 주신 것은 틀림없었지만, 그렇다고 그들이 모두 주님의 그릇—주님의 일꾼으로 쓰임 받은 것은 아니었습니다. 그래서 우리는 그 많은 사람들 가운데 그 이후, 몇 사람이나 주님을 향해 그들의 삶의 방향을 바꾸었는지 알지 못합니다.

그러나 주님의 제자들의 경우에는 달랐습니다. 이스라엘의 변방 갈릴리의 무식한 빈민들이 주님의 그릇—주님의 일꾼으로 쓰임 받은 것은 그들에 대한 주님의 긍휼이었습니다. 그러나 그들에 대한 주님의 긍휼은 그들의 육체를 고쳐 주시거나 배를 채워 주시는 것이 아니었습니다. 주님께서는 3년 동안 그들의 전 존재를 당신 안에서 새롭게 빚어 주셨습니다. 그리고 그 이후에야 그들을 당신의 그릇으로, 당신의 일꾼으로 사용하셨습니다. 그래서 그들은 주님의 참된 일꾼으로 살 수 있었고, 그들끼리 그리스도 안에서 진정한 동역자가 될 수 있었습니다.

사울 역시 마찬가지였습니다. 주님께서 사울에게 긍휼을 베푸시되, 그를 당신의 그릇으로 선택하시는 긍휼을 베푸셨습니다. 그래서 다메섹 도상에서 사울을 꺾으신 주님께서는 먼저 그의 그릇된 인생행로를 뒤바꾸어 놓으신 뒤에야, 이미 당신의 일꾼으로 사용하시던 아나니아로 하여금 사울을 믿음의 동역자로 받아들이게 하셨습니다. 그렇다고 해서 그 직후부터 주님께서 사울을 당신의 그릇—일꾼으로 사용하신 것은 아니었습니다. 물론 사울은 그렇게 하기를 원했고, 또 그렇게 하기를 시도했습니다. 그러나 주님께서는, 앞으로 계속 살펴보겠지만, 장기간에 걸쳐 그를 당신의 온전한 그릇으로 빚으신 후에야 그를 당신의 일꾼으로 사용하셨습니다. 그리고 주님의 이름을 온 세상 사람들에게 전하라는, 주님께서 부여하신 사명에 자신의 생을 내던진 사울에 의해 인류의 역사가 새로워졌습니다.

우리는 이상과 같은 깨달음을 일깨워 주는 오늘의 본문을 통해 세 가지의 교훈을 얻게 됩니다.

첫째, 우리는 주님께서 우리에게 죄와 사망으로부터 우리를 구원해 주시는 긍휼을 베푸신 것을 감사하는 것으로만 만족할 것이 아니라, 주님의 긍휼 속에서 주님의 그릇—주님의 일꾼으로 쓰임 받는 사람들이 되어야 한다는 것입니다. 주님의 구원을 받았다고, 교회에 다닌다고, 모두 그 시대를 위한 주님의 일꾼으로 쓰임 받는 것은 아닙니다. 구원받고 교회에 다니는 사람들 가운데 주님의 일꾼으로 쓰임 받는 사람은 언제나 따로 있음을 성경은 우리에게 분명히 전해 주고 있습니다. 주님 안에서 그의 전 존재가 새로워진 사람, 다시 말해 영적으로 명실상부하게 거듭난 사람입니다. 따라서 이미 주님의 구원을 받은 우리는 이 시대를 위한 주님의 일꾼으로 쓰임 받을 수 있도록, 우리 삶의 축을 온전히 주님께 옮기고 날마다 거듭난 삶을 살아야 합니다. 그것만이 우리의 코끝에서 호흡이 멎는 순간, 결코 후회하지 않을 유일한 길입니다.

둘째, 그리스도인이 모든 사람에게 그리스도의 자비를 베푸는 것은 그리스도인의 의무이지만, 그러나 주님의 일에 관한 한, 주님께서는 주님 안에서 거듭난 사람끼리만 동역하게 하신다는 것입니다. 내가 길 가다가 만난 불쌍한 걸인에게 주머니의 돈을 몽땅 건네줄 수는 있지만, 그가 가엾다고 해서 나의 일을 맡기지는 않는 것과 같은 이치입니다. 빛과 어둠은 절대로 함께 일할 수 없고, 의와 불의가 동역할 수 없으며, 거듭난 사람과 거듭나지 않은 사람이 주님의 일을 위한 동역자가 될 수도 없습니다. 주님께서 그리스도인들을 핍박하고 있는 사울을 아나니아의 동역자가 되게 하신 것이 아니었습니다. 주님께서 그 사울을 먼저 거듭나게 하신 뒤에야, 아나니아와 동역의 관계를 이루게 하셨습니다. 주님께서 거듭나지 않은 사람과 거듭난 사람을 주님의 일을 위한 동역자가 되게 하신 경우는 한 번도 없었습니다. 우리는 주님의 긍휼을 입은 사람으로서 모든 사람을 사랑해야 하지만, 그러나 주님의 일에 관한 한 거듭난 사람끼리만 동역할 수 있음을 잊어서는 안 됩니다. 그것이 가능하기 위해서는 내가 먼저 거듭난 사람이 되어야 함은 두말할 나위도 없습니다. 내가 거듭나지 않으면 주님께서 내 곁에 당신의 신실한 종들을 아무리 많이 두신다 해도, 내가 그들과 웃으며 환담하고 교제할 수는 있겠지만, 그러나 주님의 일을 위한 그들의 동역자가 될 수는 없습니다.

셋째, 우리는 모두 주님의 일꾼으로서 주님께서 우리 각자에게 맡기신 사명이 무엇인지 분별하고, 그 사명을 다하기 위해 우리의 생을 던져야 한다는 것입니다. 우리는 요즈음 수요 성경공부 시간에 창세기를 공부하고 있습니다. 노아는 새 시대를 위한 하나님의 일꾼으로 부름 받은 사람으로서, 그에게 부여된 사명은 축구장보다 더 큰 방주를 짓는 것이었습니다. 그 큰 방주를 짓기 위해서는, 노아는 자신의 넓은 생애를 다 바쳐야 하지 않았겠습니까? 그것은 또 얼마나 큰 고역이었겠습니까? 그런데 하나님께서 그 큰 방주를 노아에게 짓게 하신 것이 대체 누구를 위함이었습니까? 하나님께서는 창세기 6장 14절을 통해 노아에게 '너를 위하여 방주를 만들라'고 명령하셨습니다. 하나님께서 노아에게 그 사명을 주셨던 것은 하나님의 섭리를 위함이기도 했지만, 궁극적으로는 노아 자신을 위함이었습니다. 만약 노아가 방주 건조의 사명에 자신의 생을 걸지 않았더라면, 그래서 방주를 짓지 않았더라면, 홍수의 심판 속에서 노아 역시 멸망당하고 말았을 것입니다. 주님께서 우리에게 무슨 사명을 주셨든, 그것은 우리 자신을 위한 것임을 잊지 마십시오. 노아는 방주 건조의 사명에 자신의 생애를 바침으로 인류의 두 번째 시조가 되었고, 사울은 주님의 이름을 세상 모든 사람에게 전해야 한다는 자신의 사명에 자기 생을 던짐으로 인류 역사상 가장 위대한 사도 바울로 우리 가운데 영원히 살아 있습니다. 그러므로 주님께서 우리 각자에게 맡겨 주신 사명에 우리의 삶을 거는 것보다 더 우리 자신을 영원히 영화롭게 하는 길은 없습니다. 주님께서 우리를 당신의 일꾼으로 부르시는 긍휼을 우리에게 베풀어 주신 이유가 거기에 있습니다.

사랑하는 교우 여러분!

우리가 믿는 삼위일체 하나님께서 '라함'—긍휼의 자궁이심을 믿으십니까? 하나님께서 당신의 긍휼의 자궁으로 우리를 품고 계심을 믿으십니까?

하나님의 그 긍휼의 자궁 속에서 우리가 하나님의 자녀로 구원받았음을 믿으십니까? 그렇다면 우리 모두 그 긍휼의 자궁 속에서, 그 긍휼을 힘입어 우리의 그릇된 삶을 청산하고, 거듭난 삶을 사는 주님의 일꾼들이 되십시다. 주님께서 이 양화진 동산에서 함께 있게 하신 우리 모두, 서로서로 겸손하고 신실한 동역자들이 되십시다. 주님께서 우리 각자에게 맡기신 사명을 위해, 우리의 생을 던지십시다. 긍휼의 주님께서 우리를 반드시 이 시대를 위한 당신의 그릇으로 쓰실 것이요, 우리의 가정과 일터 그리고 교회를 당신의 새 역사를 위한 구원의 방주로 사용하실 것입니다.

더러운 죄인인 나를 당신의 자녀로 삼아 주시고, 항상 나와 더불어 살아 주시는 삼위일체 하나님! 이 기적을 내게 베풀어 주시기 위해 당신 자신을 십자가의 제물로 내어놓으시고, 나를 위한 긍휼의 자궁이 되어 주신 주님!

내게 베풀어 주신 주님의 긍휼을 감사하고 찬양하는 것으로 그치는 것이 아니라, 주님의 긍휼의 자궁 속에서 나 자신을 주님의 새 생명에 날마다 접붙이게 하여 주옵소서. 내 삶의 방향을 온전히 주님을 향하여 확정함으로, 날마다 그리스도 안에서 거듭난 삶을 살게 하옵소서. 더 이상 공동묘지에서 한 줌의 흙으로 끝나 버릴 나 자신의 뜻을 위해서가 아니라, 영원하신 주님의 뜻을 위한 주님의 일꾼으로 살아가게 하옵소서. 주님의 부르심을 받고 양화진 동산에 모인 우리 모두 새로운 피조물이 됨으로, 서로서로 주님의 일을 위한 겸손하고 신실한 동역자들이 되게 하옵소서. 주님께서 우리에게 맡기신 사명을 위해, 우리의 생을 걸게 하옵소서. 그것만이 우리 자신을 영원히 지키고, 영원히 영화롭게 하는 길임을 잊지 말게 하옵소서.

그리하여 우리 가운데 한 사람도 예외 없이 주님의 그릇으로 쓰임 받는 기쁨을 누리게 하시고, 우리의 가정과 일터 그리고 교회가, 이 시대를 위한 구원의 방주로 승화되게 하옵소서. 주님의 긍휼의 자궁 속에서 이 모든 일이 이루어지게 하옵소서. 아멘.

25. 다시 보게 된지라 대림절 첫째 주일

사도행전 9장 17-19절 상
아나니아가 떠나 그 집에 들어가서 그에게 안수하여 이르되 형제 사울아 주 곧 네가 오는 길에서 나타나셨던 예수께서 나를 보내어 너로 다시 보게 하시고 성령으로 충만하게 하신다 하니 즉시 사울의 눈에서 비늘 같은 것이 벗어져 **다시 보게 된지라** 일어나 세례를 받고 음식을 먹으매 강건하여지니라

어제부터 2007년 마지막 달인 12월이 시작되었습니다. 벌써 열한 달이라는 시간이 쏜살같이 흘러가 버린 것입니다. 우리는 시간이 1초 1초 흘러간다고 말합니다. 그러나 제가 《인간의 일생》이란 책에서 쓴 것처럼, 현재 우리가 알고 있는 것과 같은 시간은 애당초 없었습니다. 오늘날 우리가 시간이라 부르는 것은 인간의 편의에 따라 인간이 만든 기준으로서, 그 기준은 만물이 변하는 속도를 토대로 하고 있습니다. 지구가 태양의 주위를 한 번 공전하는 변화의 속도를 1년, 지구가 스스로 자전하는 변화의 속도를 하루, 하루의 속도를 24시간, 한 시간의 속도를 60분, 그리고 1분의 속도를 60초로

정한 것은 인간입니다. 그러므로 처음부터 존재하지 않았던 시간판은 항상 제자리에 고정되어 있고, 고정된 그 시간판 위를 인간이 흘러가고 있는 것입니다. 디지털시계든 아날로그시계든 시계를 들여다보면, 지금 이 순간에도 시간이 1초 1초 흘러가는 것처럼 보입니다. 그러나 실제로는 시간이 흘러가는 것이 아닙니다. 바로 그 1초 1초의 속도로 내가 지금 변하고 있고, 쇠퇴하고 있고, 늙어 가는 중입니다. 따라서 2007년도에 접어들어 열한 달이 이미 흘러가 버렸다는 것은 그 시간의 길이만큼 우리 각자가 쇠퇴했고, 늙었다는 말입니다. 바꾸어 말해 그 누구도 정해진 시간의 정확한 길이를 알 수 없는, 이 땅에서 우리 각자에게 남겨진 시간 가운데 열한 달의 시간만큼 우리 생명이 단축된 것입니다.

그렇다면 우리는 2007년의 마지막 달을 맞아 지난 열한 달의 시간을 무슨 의미로 살아왔는지, 또 2007년의 마지막 한 달을 어떻게 매듭지어야 할 것인지, 진지하게 생각해 보지 않을 수 없습니다.

우리는 열한 달 전인 2007년 1월 1일 0시 예배를 드리면서, 올 한 해 동안 우리의 표어를 '야긴과 보아스'로 삼았습니다. 예루살렘성전을 최초로 건축한 솔로몬은 성전 정면에 두 개의 놋 기둥을 세우고, 오른쪽 기둥의 이름을 '야긴' 그리고 왼쪽 기둥을 '보아스'라 불렀습니다. '야긴'은 '하나님이 세우시다'라는 의미이고, '보아스'는 '하나님에게 능력이 있다'라는 의미였습니다. 솔로몬이 이와 같은 의미의 두 기둥을 예루살렘성전 정면에 세운 것은 비단 자신만의 신앙고백이어서가 아니라, 바로 그것이 하나님을 믿는 신앙의 핵심이었기 때문입니다. 한 인간의 인생도, 한 가정도, 한 사회도, 한 국가도, 오직 하나님께서만 바로 세우실 수 있고, 또 하나님께만 그와 같은 능력이 있습니다. 이 세상의 모든 것은 유한한 데 반해 삼위일체 하나님만 영원하신 까닭입니다.

하나님께서 이스라엘 백성을 당신의 선민으로 삼으신 것은, 그들이 타 민족에 비하여 위대하거나 강하기 때문이 아니었습니다. 하나님께서는 그 이유를 친히 다음과 같이 밝히셨습니다.

> 여호와께서 너희를 기뻐하시고 너희를 택하심은 너희가 다른 민족보다 수효가 많기 때문이 아니니라 너희는 오히려 모든 민족 중에 가장 적으니라(신 7:7).

하나님께서 이스라엘 백성을 당신의 선민으로 선택하신 것은 그들이 가장 적고 보잘것없는 민족이었기 때문입니다. 그처럼 적고 보잘것없는 민족일지라도 하나님께서는 그들을 당신의 선민으로 영원히 세우실 수 있으며, 또 하나님께만 그와 같은 능력이 있음을 천하 만민에게 보여 주시기 위함이었습니다.

이스라엘의 초대 왕은 사울이었습니다. 그러나 하나님께서는 사울 왕과는 피 한 방울 섞이지 않은 다윗에게 왕위를 물려주시고, 이스라엘이 다윗 왕국이 되게 하셨습니다. 사울 왕이 자신의 능력으로 이스라엘을 굳게 세울 수 있고 또 자신에게 그만한 능력이 있다고 착각하는 교만한 인간이었던 데 반해, 베들레헴의 비천한 양치기였던 다윗은 인간과 인간 세상을 바로 세우시는 분은 하나님 한 분뿐이시요, 또 하나님께만 그 능력이 있음을 믿는 겸손한 사람이었기 때문입니다.

솔로몬은 다윗과 불륜의 관계를 맺은 여인이란 불명예를 지닌 밧세바의 몸에서 태어났습니다. 그가 태어났을 때 그의 위로, 아버지인 다윗 왕의 피를 이어받은 이복형이 아홉 명이나 있었습니다. 따라서 다윗 왕의 열 번째 왕자로 태어난 솔로몬은 서열상으로나, 여건상으로나, 도저히 아버지의 왕위를 이어받을 처지가 아니었습니다. 그런데도 그가 왕위를 계승할 수 있었던 것은, 다윗 왕의 아들들 가운데 솔로몬만 야긴과 보아스의 믿음을 지니고 있었기 때문입니다. 다시 말해 솔로몬만 인간과 인간 세상을 바로 세우시는 분은 하나님뿐이시요, 하나님께만 그 능력이 있음을 믿었던 것입니다. 따라서 예루살렘성전을 건축한 솔로몬이 성전 정면에 두 개의 대형 기둥을 세우고 그 이름을 야긴과 보아스라 한 것은 지극히 당연한 일이었습니다. 그 성전은 야긴과 보아스의 하나님을 경배하기 위한 집이었고, 그 성전을 찾는 사람들의 심령 속에 야긴과 보아스의 하나님을 깊이 새겨 주기 위한 집이었기 때문입니다. 그리고 야긴과 보아스의 하나님을 믿는 솔로몬의 왕국이 이스라엘 역사상 가장 강하고 번성하였음은 조금도 이상한 일이 아니었습니다.

그러나 솔로몬의 불행은 그의 인생 최전성기에 그만 야긴과 보아스의 신앙을 상실한 것이었습니다. 탄탄대로를 걷고 있는 자기 왕국이 마치 자신에 의해 세워진 것처럼, 왕국의 번영이 자신의 능력으로 이루어진 것처럼 착각하는 자기 교만에 빠져 버린 것입니다. 그 결과 그의 왕국은 내부의 분열과 외부의 도전에 의해 쇠퇴하기 시작했고, 결국 그의 사후에 나라 자체가 분단되고 말았습니다. 중요한 것은 성경이 일관되게 이 관점에서 기록되어 있다는 사실입니다. 인간이 겸손하게 야긴과 보아스의 하나님을 믿을 때 인간의 삶과 세상은 언제나 하나님에 의해 바르게 세워졌지만, 인간이 야긴과 보아스의 하나님을 등지고 자기 교만에 빠지면 인간 세상은 어김없이 분열과 대립, 어둠과 혼돈의 나락으로 떨어졌다는 것입니다.

그렇다면 2007년 1월 1일 0시 예배가 끝난 이후, 지난 열한 달 동안의 시간을 우리는 어떻게 살아왔습니까? 한 인간의 인생도, 한 가정도, 한 사회와 국가도, 오직 하나님께서만 바로 세우실 수 있고, 하나님께만 그와 같은 능력이 있음을 믿으면서 1초 1초를 거쳐 왔습니까? 다시 말해 매일 매 순간, 야긴과 보아스의 하나님을 우러러 뵈며 살아왔습니까? 야긴과 보아스의 하나님을 지식적으로는 알면서도 그 하나님께 자기 삶을 의탁하지는 않았다면, 우리 각자의 지난 열한 달 동안의 시간 역시 그 이전의 시간들처럼, 물거품처럼 허망하게 사라져 버린 것이 틀림없지 않습니까? 그래서야 금년 역시 후회와 회한 속에서 끝나기밖에 더 하겠습니까? 이것이 사실이라면 2007년의 마지막 달을 맞은 오늘부터라도 오직 야긴과 보아스의 하나님만 우러러 뵈며, 그분의 은혜 속에서 올해를 마무리해야 하지 않겠습니까? 그래야 지난 열한 달 동안의 우리의 모든 실수와 허물마저도 야긴과 보아스의 하나님의 은혜 속에서 모두 합력하여 선으로 매듭지어지지 않겠습니까?

마침내 아나니아가 주님의 명령에 순종하여, 직가에 있는 유다의 집에서 사흘간 금식기도하고 있는 사울을 찾아갔습니다. 아나니아가 사울 앞에서 섰지만, 사울은 아나니아를 볼 수 없었습니다. 다메섹 도상에서 빛이요 진리이신 예수 그리스도의 태풍을 만나 시력을 상실한 까닭이었습니다. 아나니아는 그 가련한 사울에게 다가가 안수, 즉 그의 머리 위에 손을 얹으며 '형제, 사울아' 하고 그를 불렀습니다. 그 호칭의 의미에 대하여는 지난 시간에 깊이 살펴보았습니다. 사울을 믿음의 형제로 받아들인 아나니아는 계속하여 말했습니다.

형제 사울아 주 곧 네가 오는 길에서 나타나셨던 예수께서 나를 보내어 너로 다시 보게 하시고 성령으로 충만하게 하신다(17절).

주님께서 아나니아를 사울에게 보내신 것은 아나니아의 안수를 통해 사울의 잃어버린 시력을 회복시켜 주시기 위함이었습니다. 그리고 그 결과를 본문 18절이 밝혀 주고 있습니다.

즉시 사울의 눈에서 비늘 같은 것이 벗어져 다시 보게 된지라.

아나니아의 안수와 동시에, 사흘 동안 굳게 닫혀 있던 사울의 눈이 열렸습니다. 사울이 세상을 다시 보게 된 것입니다. 그러나 사울의 멀었던 눈이 그냥 열린 것은 아니었습니다. 사울의 눈에서 비늘 같은 것이 벗겨지고서야 사울의 시력이 회복되었습니다. 우리말 '비늘'로 번역된 헬라어 '레피스λεπίς'는 성경 중에서 본문에 딱 한 번 사용된 단어로서, 본래는 살갗에 생기는 비늘과 같은 껍질을 의미하지만 물고기의 비늘을 뜻하기도 합니다. 그런데 헬라어 원문에는 이 단어가 복수형으로 기록되어 있습니다.

그동안 사울의 눈에는 물고기의 비늘 같은 것이 끼여 있었습니다. 그것도 하나의 비늘이 아니라 복수의 비늘들이었습니다. 복수의 비늘들을 눈에 뒤집어쓰고서야 사울이 어찌 세상을 바르게 볼 수 있었겠습니까? 그런 눈으로야 만물의 실상을 꿰뚫어 볼 도리가 있을 리 만무합니다. 그러나 사울은 그동안 자신의 눈에 그와 같은 비늘들이 끼여 있다는 사실 자체를 자각하지 못했습니다. 비늘들이 끼여 있는 자신의 눈에 투영되는 것은 만물의 실상이 아니라, 실상이 왜곡된 허상에 지나지 않음을 전혀 깨닫지 못했습니다. 그래서 사울은 그때까지 누구보다 열심히 살았지만, 실은 그동안 헛인생을 산 어리석은 젊은이였을 뿐이었습니다. 그가 자신의 눈에 뒤집어쓰고 있던 비늘들이야말로 허망한 욕망의 비늘이요, 추하디추한 이기심의 비늘이요, 그릇된 자기 편견의 비늘이요, 공동묘지에서 고작 한 줌의 흙으로 끝나 버릴 자기라는 우상의 비늘이었기에, 그런 인간의 인생이 바로 세워질 도리가 없었기 때문입니다.

그러나 아나니아의 안수와 동시에, 자신의 눈에 그런 것이 끼여 있으리라고는 상상치도 못했던 비늘들이 사울의 눈에서 벗어졌고, 그 순간부터 사울은 다시 보게 되었습니다. '다시 보다'라는 의미의 헬라어 '아나블레포 ἀναβλέπω'는, 사흘 동안 상실했던 사울의 시력이 단순히 예전 상태로 회복된 것만을 의미하지 않습니다. '아나블레포'는 접두사 '아나ἀνά'와 '보다'라는 의미의 동사 '블레포βλέπω'가 합쳐진 합성어입니다. 그런데 접두사 '아나'는 '다시'라는 의미와 함께 '위로'(위를)라는 의미를 지니고 있습니다. 따라서 '아나블레포'는 '다시 보다'라는 의미와 함께 '위를 보다'라는 의미이기도 합니다. 아나니아의 안수로 눈에서 비늘들이 벗어짐과 동시에 사울의 시력이 회복되었음은 물론이요, 그때부터 사울은 비로소 위를 우러러보기 시작했습니다. 그리고 그가 비늘 벗은 눈으로 우러러본 것이 무엇이었는지는 본문 18-20절을 통해 알 수 있습니다.

> 즉시 사울의 눈에서 비늘 같은 것이 벗어져 다시 보게 된지라 일어나 세례를 받고 음식을 먹으매 강건하여지니라 사울이 다메섹에 있는 제자들과 함께 며칠 있을새 즉시로 각 회당에서 **예수가 하나님의 아들이심을** 전파하니.

사울은 눈에서 비늘들이 벗겨지고서야 비로소 위를 향해, 그동안 자신이 부정했던 예수님께서 성자 하나님이심을 우러러 뵐 수 있었습니다. 십자가에 못박혀 돌아가신 그분이 부활하여 살아 계실 뿐 아니라, 자신과 함께하고 계시는 임마누엘 하나님이심을 우러러 뵈었습니다. 자신이 주님을 알기도 전부터 주님께서 자신과 함께해 주신 사랑의 주님이심을 우러러 뵈었습니다.

눈에 비늘들을 뒤집어쓰고서도 그 사실을 인식하지 못한 채 열심을 다해 헛인생을 살던 자신을 다메섹 도상에서 진리의 빛으로 꺾으시고, 되어져야 할 존재가 될 수 있게끔 사흘 동안 직가에서 금식하며 기도하게 하시고, 자신과 일면식도 없던 아나니아를 동원하시어 자신의 눈에 끼여 있던 비늘들을 벗겨 주시고, 더 이상 왜곡된 허상이 아니라 만물의 실상을 보게 하신 예수 그리스도ㅡ그 성자 하나님을 똑똑히 우러러 뵈었습니다.

이처럼 사울의 눈에서 비늘들이 벗겨지고서야 비로소 위를 향해 주님을 우러러 뵈었다는 것은, 그의 눈에 비늘이 끼여 있을 때에는 그의 시선이 세상과 자기 자신에게만 향해 있었음을 의미합니다. 그래서 사울은 유대교 내에서 누구보다도 입지가 탄탄한 전도유망한 청년이었지만, 주님 보시기에는 가장 어리석은 젊은이에 지나지 않았습니다. 세상과 자기에게 시선이 고정되어 있는 그에게, 자신의 인생을 바르게 세울 수 있는 능력이 있을 리 만무했기 때문입니다.

이런 관점에서 오늘 본문의 순간이야말로 사울의 인생에서 더없이 소중한 순간이었습니다. 사울이 비늘 벗은 눈으로 길이요 진리요 생명이신 예수 그리스도ㅡ성자 하나님을 우러러 뵙기 시작하면서, 그의 인생은 예수 그리스도에 의해 우리가 아는 사도 바울로 영원히 세워질 수 있었습니다. 그가 위를 향해 우러러 뵙기 시작한 주님은 야긴과 보아스의 주님이셨기 때문입니다.

여기에서 우리는 아나니아가 사울에게 안수하며 말한 내용을 다시 눈여겨볼 필요가 있습니다.

형제 사울아 주 곧 네가 오는 길에서 나타나셨던 예수께서 나를 보내어 너로 다시 보게 하시고 성령으로 충만하게 하신다(17절).

아나니아는 사울에게 주님께서 사울을 다시 보게 하시고, 성령으로 충만하게 하신다고 말했습니다. 그러므로 우리는 성령 충만한 사람이 구체적으로 어떤 사람인지 알게 됩니다. 비늘 벗은 눈으로 위를 향해 주님을 우러러 뵙는 사람입니다. 그 사람은 매일 성령 충만한 삶을 살 수밖에 없습니다. 그가 우러러 뵙는 야긴과 보아스의 주님께서 그를 날마다 성령 충만한 사람으로 세워 주실 것이기 때문입니다.

지난 11월 22일 금호아트홀에서 바이올리니스트 이미경 집사님의 연주회가 있었습니다. 현재 독일 뮌헨 대학 정교수인 이미경 집사님은 유럽 음악계에서, 오늘날 영성 깊은 선율을 연주할 수 있는 몇 안 되는 바이올리니스트로 평가받고 있습니다. 제가 그분을 존경하는 것은 제 영혼을 사로잡는 그분의 연주 실력뿐 아니라, 주님을 향한 그분의 헌신된 자세로 인함입니다. 일반적으로 대가로 평가받는 음악인이 평범한 찬송가를, 그것도 자기 이름을 드러내지 않고 무보수로 공개적인 장소에서 연주한다는 것은 쉬운 일이 아닙니다. 그런데도 이미경 집사님은 귀국할 때마다 우리 교회 예배 시간에 자신의 이름을 드러내지 않고 찬송가를 연주했습니다. 지난 11월 18일 감사주일 기도시간에도 찬송가 341장을 연주하여 우리 모두의 영혼에 주님의 은총이 잠잠히, 그러나 깊이 스며들게 해주었습니다. 그것은 국내에만 국한된 일이 아닙니다. 제가 제네바에 있을 때에는 자비로 제네바를 찾아와 제네바 한인교회에서도 자신을 드러내지 않고 연주를 했습니다. 자신이 사는 베를린에서는 말할 것도 없고, 제가 암스테르담에서 개최된 유럽 CBMC(기독실업인회)대회에 참석했을 때에도 자신의 경비로 그곳까지 찾아와 찬송가 연주로 하나님께 영광을 돌렸습니다. 하나님께서 주신 달란트로 주님을 위해 자신을 드러내지 않고 헌신하는 것이 자신의 의무라고 여기기에 가능한 일이었습니다. 그래서 그분이 한국에서 연주회를 가질 때에는 제 일정이 겹치지 않는 한 반드시 참석했습니다. 그런데 지난 11월 22일의 연주회는 그 어떤 연주회보다 더욱 감동적인 연주회였습니다.

연주회 이틀 전인 11월 20일, 이미경 집사님이 타고 가던 택시가 대형 충돌 사고를 내었습니다. 뒷자리에 타고 있던 이 집사님도 그만 앞좌석에 부딪치고 말았습니다. 근처 응급실에 가서 엑스레이를 찍어 보니 5번과 6번 갈비뼈에 금이 갔다고 했습니다. 다리에도 외상이 있었고, 더욱이 바이올리니스트에게 가장 중요한 왼손 네 번째 손가락 끝에는 유리 파편이 박혀 있었습니다. 그러나 유리 파편이 너무도 작아 육안으로 뽑아내는 것은 불가능하였습니다. 그렇다고 연주회 직전에 살은 찢는 수술을 받을 수도 없는 일이었습니다. 주위 사람들은 이번에는 연주회를 취소할 것을 권했습니다. 그러나 이 집사님은 주위의 만류를 마다하고 정해진 날, 정해진 시간에, 정해진 무대에 섰습니다. 이유는 한 가지였습니다. 자신과 함께 연주하기로 되어 있는 연주자들, 무엇보다도 자신의 연주를 고대하며 연주장을 찾아올 관객을 위함이었습니다. 그래서 고통을 참아 가며 1시간 30분에 걸친 연주를 마쳤습니다. 그리고 이튿날 병원에서 정밀 검사를 받아 보니, 5번과 6번 갈비뼈에 금이 간 것이 아니었습니다. 그 두 뼈는 아예 부러져 있었고, 3번과 4번 그리고 7번과 8번 갈비뼈에도 금이 가 있었습니다. 게다가 대수롭지 않게 여겼던 다리의 외상 역시 심각한 상태여서 실로 꿰매었고, 손가락의 유리 파편은 수술로 제거하였습니다. 갈비뼈 두 대가 부러지고, 네 대는 금이 가고, 다리에 심각한 외상을 입고, 왼쪽 네 번째 손가락에는 유리 파편이 박힌 상태에서, 오직 관객을 위해 1시간 30분 동안 고통을 참으며 연주한 것입니다. 저는 그날 이 집사님에게서 음악 대가의 프로 정신을 보았습니다. 오직 관객만을 바라보며, 관객을 위해 자신의 모든 악조건마저 뛰어넘는 프로 근성이었습니다. 그런 프로 근성이 오늘날 그분을 음악의 대가로 만들었음은 두말할 나위도 없습니다.

사랑하는 교우 여러분!

지난 열한 달 동안 우리는 대체 어떤 삶을 살아왔습니까? 우리의 마음과는 달리 지난 열한 달 동안도 주님을 외면하고 살아왔다면, 그래서 우리에게는 우리 자신을 바로 세울 수 있는 능력이 없음을 자각했다면, 이제부터 우리 모두 참된 그리스도인, 프로 그리스도인이 되어야 하지 않겠습니까? 우리가 주님을 외면하고 살았음에도 불구하고 주님께서는 오늘 우리에게 대림절 첫째 주일을 허락해 주셨습니다. 그리고 우리 눈에 끼여 있던 온갖 비늘들을 벗겨 주시고, 인간을 죄와 사망에서 구원하시기 위해 2천 년 전 이 땅에 오셨던 주님께서 이 시간 우리 각자에게 임해 계심을 우리로 하여금 보게 해주셨습니다. 그렇다면 어떻게 하시겠습니까? 이 예배가 끝난 뒤, 주님께서 벗겨 주신 비늘들을 다시 뒤집어쓰고 예배당을 나가시겠습니까? 그럴 수는 없지 않겠습니까?

이제 우리 모두 비늘 벗은 눈으로 위를 향해, 오직 주님만 우러러 뵙고 좇는 성령 충만한 프로 그리스도인이 되십시다. 비록 우리가 지난 열한 달 동안 의미 없이 살았을지라도 주님께서 우리의 2007년도를 반드시 영원한 의미로 세워 주시고, 그 연장선상에서 2008년을 맞게 하실 것입니다. 우리가 우러러 뵙는 주님께서는 우리를 영원히 바르게 세워 주시는 야긴의 주님이시요, 오직 주님만 그 능력을 지니신 보아스의 주님이시기 때문입니다.

2007년의 마지막 달이 시작되었습니다. 2007년 열두 달 가운데, 벌써 열한 달이 지나가 버렸습니다. 무엇을 어떻게 살았는지, 생각할 겨를도 없이 열한 달을 살았고, 열한 달만큼 우리 자신이 쇠퇴하고 늙었습니다. 우리가 이 땅에 살아 있을 남은 시간 가운데, 열한 달만큼의 우리 수명이 순식간에 단축된 것입니다. 이렇게 살아서야 우리의 코끝에 호흡이 멎는 날, 후회와 통탄 속에서 우리의 생을 마감할 수밖에 없습니다.

그럼에도 주님께서는 우리를 포기하지 않으시고, 대림절 첫째 주일을 맞이하여 우리 눈에 끼어 있던 비늘들을 벗겨 주시고, 이미 우리에게 임해 계시는 주님을 다시 한 번 뵙게 해주시니 감사합니다. 이제부터 위를 향해, 오직 주님만 우러러 뵙는 성령 충만한 그리스도인이 되게 하옵소서. 언제 어디서나 주님의 말씀 속에서 주님만 우러러 뵘으로, 우리의 모든 상황을 뛰어넘어 주님만 바라보고 나아가는 프로 그리스도인이 되게 하옵소서. 그리하여 야긴과 보아스의 주님에 의해 우리의 2007년이 영원한 의미로 매듭지어지게 하시고, 그 연장선상에서 보다 의미 있는 2008년이 시작되게 하옵소서.

한 인간의 인생도, 한 가정도, 한 사회와 국가도, 오직 야긴의 주님에 의해서만 영원히 바르게 세워질 수 있고, 보아스의 주님께만 그 능력이 있다는 것이, 일평생 우리 삶의 고백이 되게 하옵소서. 아멘.

26. 일어나 세례를 받고 대림절 둘째 주일

사도행전 9장 17-19절 상
아나니아가 떠나 그 집에 들어가서 그에게 안수하여 이르되 형제 사울아 주 곧 네가 오는 길에서 나타나셨던 예수께서 나를 보내어 너로 다시 보게 하시고 성령으로 충만하게 하신다 하니 즉시 사울의 눈에서 비늘 같은 것이 벗어져 다시 보게 된지라 **일어나 세례를 받고** 음식을 먹으매 강건하여지니라

2천 년 전 세례 요한에게 부여된 임무는 이 땅에 오신 주님의 길을 예비하는 것이었습니다. 어느 날 요단강에서 사람들에게 세례를 베풀던 요한이 깜짝 놀랐습니다. 세례를 받으러 나온 사람들 가운데 주님의 모습이 보였기 때문입니다. 메시아요 성자 하나님이신 주님께서 비천한 죄인에 불과한 자신에게 세례를 받으신다는 것은 세례 요한의 상식으로는 가당치 않은 일이었습니다. 세례 요한은 자신에게 세례를 받으시려는 주님을 만류하며 아뢰었습니다.

> 내가 당신에게서 세례를 받아야 할 터인데 당신이 내게로 오시나이까 (마 3:14).

그것은 예수님께서 누구신지 정확하게 알고 있는 세례 요한으로서는 너무나도 당연한 처사였습니다. 그러나 주님께서 이렇게 말씀하셨습니다.

> 이제 허락하라 우리가 이와 같이 하여 모든 의를 이루는 것이 합당하니라 하시니 이에 요한이 허락하는지라 (마 3:15).

주님께서는, 세례를 받는 것은 "모든 의를 이루는 것"이라고 말씀하셨습니다. 성경이 말하는 의를 쉽게 설명하면 하나님과의 바른 관계를 뜻한다고 했습니다. 하나님과 바른 관계 속에 있는 것이 그리스도인의 의입니다. 성자 하나님이신 주님께서는, 죄인인 인간에게 필요한 세례를 받으셔야 할 이유가 전혀 없었습니다. 그럼에도 주님께서 요단강에서 하찮은 인간일 뿐인 세례 요한 앞에 무릎을 꿇고 직접 세례를 받으심으로, 세례의 본질이 하나님과 바른 관계를 맺는 데 있음을 친히 보여 주셨습니다.

예수 잘 믿는 며느리를 얻은 시골 할머니가 있었습니다. 주일이 되면 며느리는 으레 시어머니를 모시고 교회에 가려 했고, 그때마다 시어머니는 '너나 잘 믿어라' 하시며 거절하곤 했습니다. 어느 날 며느리가 갑자기 중병에 걸렸습니다. 며칠 동안이나 일어나지 못하더니 급기야 의식불명 상태가 되고 말았습니다. 시골 한의사가 와서 진맥을 했지만, 자기도 어쩔 도리가 없다며 고개를 설레설레 흔들면서 돌아갔습니다. 안절부절 어쩔 줄 몰라하던 시어머니에게 불현듯, "하나님 아버지" 하고 날마다 기도하던 며느리의 모습이 떠올랐습니다. 시어머니는 최후의 수단으로 며느리의 하나님에게 자신이 직접 부탁해 보기로 했습니다. 시어머니는 즉시 옷깃을 여미고 이렇게 기도했습니다.

"사돈 영감! 한 번만 봐주시오."

시어머니는 며느리가 하나님을 아버지라고 불렀으니, 하나님과 자신은 사돈지간이 된다고 여긴 것이었습니다.

이처럼 하나님에 대한 호칭이 엉뚱하다고 해서, 하나님께서 그런 기도를 알아듣지 못하시는 것은 아닙니다. 하나님께서는 언제나 인간의 중심을 보시는 분이시기 때문입니다. 사돈 영감을 향한 시어머니의 기도가 주효했던지, 그 이후 며느리의 병이 씻은 듯이 나았습니다. 시어머니는 자기 부탁을 들어준 사돈 영감이 너무나 감사해서 자신도 사돈 영감을 믿기로 하고, 그 다음 주일부터 며느리와 함께 교회에 출석하기 시작했습니다. 작은 시골 교회가 그 할머니로 인해 온통 잔칫집이 되었습니다.

얼마 지나지 않아 교회에서 세례식이 있었습니다. 하나님의 사돈이 된 할머니의 신앙 경력은 일천하기 짝이 없었지만, 연만年晚한 연세를 감안하여 교회는 할머니에게도 세례를 베풀기로 하였습니다. 세례식을 거행하기 전, 세례문답 시간에 목사님이 할머니에게 물었습니다.

"예수님께서 누구 죄 때문에 돌아가셨습니까?"

할머니가 자신 있게 대답했습니다.

"우리 며느리 죄요."

할머니는 며느리가 늘 "내 죄로 돌아가신 주님"이라고 기도하는 것을 들었던 것입니다.

자, 여기에 문제가 있습니다. 하나님을 제대로 알기 전에 하나님을 혹 사돈 영감이라 부를 수도 있고 하늘이라 칭할 수도 있습니다. 그래도 하나님과의 관계가 시작되지 않는 것은 아닙니다. 이미 말씀드린 것처럼 하나님께서는 인간의 중심을 보시는 까닭입니다. 그러나 주님께서 내 죄 때문이 아니라, 며느리 죄로 인해 돌아가셨다는 생각으로는 하나님과의 바른 관계가 성립될 수 없습니다. 나의 죄인 됨과 죄인인 나를 구원할 능력이 내 속에 없음을 깨달을 때에만, 영원한 구원자이신 삼위일체 하나님과 바른 관계가 형성되고, 지속되고, 심화될 수 있습니다. 그리고 세례는 본질적으로 하나님과 바른 관계를 맺었음을, 혹은 맺기 시작했음을 공개적으로 공포하는 예식입니다.

제가 《참으로 신실하게》라는 책에서 소개한 것처럼, 세례와 관련하여 침례교 목사와 장로교 목사 사이의 재미있는 일화가 있습니다. 한마을에 침례교 목사와 장로교 목사가 사이좋게 살았습니다. 당사자들은 말할 것도 없고 가족들까지도 한 피붙이처럼 가까이 지냈습니다. 어느 날 그 두 목사가 대판 싸움을 벌이게 되었습니다. 침례교 목사가 장로교 목사를 공박한 것이 싸움의 발단이었습니다. 침례교 목사가 세례는 온몸을 물에 잠그는 침례浸禮라야 진정한 세례이지, 어떻게 머리에 물 몇 방울을 뿌리는 것이 참된 세례일 수 있느냐고 장로교 목사를 공박한 것이었습니다. 이 공박을 장로교 목사가 맞받아치면서 시작된 두 사람의 설전 내용이 다음과 같습니다.

"아니, 성경 어디에 반드시 침례여야 한다는 말이 있습니까?"
"왜 성경에 없습니까? 예수님께서도 세례를 받으러 요단강에 내려가셨다고 성경이 증거하고 있지 않습니까? 내려가셨다는 것은 물속에 잠기셨다는 말이 아닙니까? 성경대로 해야지요! 성경대로요!"
"좋습니다. 성경대로 합시다. 그럼 침례교는 성경대로 요단강에 가서 침례를 행하지 않고, 왜 목욕탕에서 합니까? 성경 어디에 목욕탕에서 침례를 하라고 되어 있습니까? 성경대로 하자면서요? 성경대로요!"

"요단강에 갈 형편이 안 되니까 하다못해 목욕탕 안에서라도 물속에 잠겨야지요. 세례란 말의 뜻이 뭡니까? 헬라어로 '밥티조$\beta\alpha\pi\tau\acute{\iota}\zeta\omega$'란 말 자체가 물에 잠긴다는 뜻 아닙니까?"

"좋습니다. 그럼 제가 묻는 말에 대답해 보세요. 자꾸 몸이 물에 잠겨야 한다고 하시는데, 침례교에서는 침례를 줄 때 도대체 몸이 어디까지 잠겨야 한다는 말입니까? 무릎까지입니까?"

"아닙니다."

"그렇다면 허리까지입니까?"

"아니지요."

"그럼 목까지인가요?"

"그것도 아닙니다."

"아니, 모두 아니라면 대체 어디까지 잠겨야 한다는 말입니까?"

"물론 머리까지지요."

"분명히 머리까지지요?"

"그렇다니까요!"

"이것 보세요. 그러니까 우리 장로교도 머리에 물을 뿌리잖아요!"

장로교 목사의 판정승으로 끝나는 것으로 보아, 이 이야기는 장로교에서 만들어 낸 것이 분명합니다. 과연 이 두 사람의 주장 중에 어느 쪽이 옳습니까? 두 사람 모두 옳을 수 있습니다. 성경은 예수님과 사도행전 8장의 에티오피아 내시처럼 물속에 완전히 잠기는 침례의 경우와, 베드로가 고넬료 집안사람들에게 세례를 줄 때와 바울이 빌립보 감옥에서 간수에게 세례를 줄 때처럼 침례가 아닌 경우를 모두 보여 주고 있기 때문입니다. 그러나 그

두 사람이 세례의 의미와 가치를 단지 외적 형식으로만 이해하고 있다는 점에서, 그 두 사람은 모두 틀렸습니다. 세례의 참된 의미는 물을 머리에 뿌리느냐 혹은 물속에 잠기느냐 하는 외적 형식에 있는 것이 아니라, 한 인간의 삶이 본질적으로 새로워지는 데에 있습니다. 다시 말해 그릇된 삶을 살던 인간이 하나님과 바른 관계 속으로 돌입하는 진입로가 세례입니다. 오늘의 본문이 그 좋은 예를 보여 주고 있습니다.

다메섹 도상에서 빛이요 진리이신 예수 그리스도의 태풍을 만나 시력을 상실했던 사울은, 직가에 있는 유다의 집에서 사흘간 금식하며 기도하고 있었습니다. 그리고 주님의 섭리에 의해 사울을 찾아온 아나니아의 안수로, 사울의 눈에서 비늘 같은 것들이 벗겨지며 사울은 다시 보게 되었습니다. 그동안 사울은 자신의 눈에 허망한 욕망의 비늘, 추하디추한 이기심의 비늘, 그릇된 자기 편견의 비늘, 공동묘지에서 고작 한 줌의 흙으로 끝나 버릴 자기라는 우상의 비늘을 뒤집어쓰고도, 자기 눈에 그런 비늘들이 끼어 있다고는 상상치도 못한 채 살아왔습니다. 그런 눈으로야 세상을, 만물의 실상을, 삼위일체 하나님을 제대로 볼 수 있을 리 만무했습니다. 그러나 아나니아의 안수로 눈에서 그 비늘들이 벗겨진 사울은 그제야 모든 것을 바르게 볼 수 있었습니다. 비늘 뒤집어쓴 눈으로 보는 것과, 비늘 벗은 눈으로 보는 것이 결코 동일할 수 없었습니다. 예전과는 전혀 다른 세상이요, 모든 것이 새로운 의미였습니다.

특히 우리말 '다시 보다'로 번역된 헬라어 '아나블레포'는 '위를 보다'라는 의미이기도 하다고 했습니다. 사울은 눈에서 비늘들이 벗겨지고서야 위를 향해, 그동안 자신이 부정했던 예수님께서 성자 하나님이심을 비로소 우러러 뵈었습니다. 십자가에 못박혀 돌아가신 예수님께서 부활하셨을 뿐 아니라, 자신과 함께하고 계시는 임마누엘 하나님이심을 우러러 뵈었습니다. 자신이 주님을 알기도 전에 주님께서 자신을 먼저 선택해 주신 사랑의 주님이심을 우러러 뵈었습니다. 눈에 온갖 비늘들을 뒤집어쓰고서도 그 사실을 자각조차 못한 채 열심을 다해 헛인생을 살던 자신의 어리석음을 다메섹 도상에서 꺾으시고, 되어져야 할 존재가 될 수 있게끔 사흘 동안 직가에서 금식기도하게 하시고, 자신과 일면식도 없던 아나니아를 동원하시어 자기 눈에 끼여 있던 비늘들을 벗겨 주시고, 더 이상 왜곡된 허상이 아니라 만물의 실상을 보게 하신 분이 예수 그리스도—살아 계신 성자 하나님이심을 똑똑히 우러러 뵈었습니다. 그리고 그 직후에 사울이 한 일을 본문 18절이 전해 주고 있습니다.

즉시 사울의 눈에서 비늘 같은 것이 벗어져 다시 보게 된지라 일어나 세례를 받고.

눈에 비늘들이 벗겨지고 다시 보게 된 사울은 그 즉각 일어났습니다. 헬라어 '아니스테미$\dot{\alpha}\nu\acute{\iota}\sigma\tau\eta\mu\iota$'는 자리에서 일어서는 동작을 뜻하기도 하지만, 새로운 일이나 삶을 위한 결단의 모습을 나타내는 표현이기도 합니다. 사흘 동안이나 잃어버렸던 시력을 되찾았다면, 회복된 시력으로 사울이 할 일이 얼마나 많았겠습니까? 먼저 자신을 찾아와 안수해 준 아나니아가 어떤 사람인지 그의 얼굴을 쳐다보며 감사할 수도 있었고, 사흘 동안 볼 수 없었던 자신의 몰골이 어떻게 변했는지 거울을 통해 확인해 볼 수도 있었습니다. 더욱이 그가 금식기도하던 직가는, 동서로 약 1.6킬로미터나 직선으로 뻗어 있는 대로여서 2천 년 전 중동 지방의 최대 명소였습니다. 그러므로 문을 열고 나가, 말로만 들었던 직가를 먼저 둘러볼 수도 있었습니다. 하지만 다시 보게 된 사울이 즉각 일어나 가장 먼저 한 일은 세례를 받는 것이었습니다.

이 구절을 놓고, 다메섹의 직가에는 사람의 몸이 잠길 강이 없으므로 세례는 반드시 침례여야 한다는 것은 비성경적이라고 주장하거나, 이때 사울이 사흘 동안 기거하던 유다의 집 목욕탕에서 침례를 받았을 것이라고 강변하는 것은 전혀 무의미한 일입니다. 사울에게 세례는 형식의 문제가 아니라 본질의 문제였기 때문입니다.

사울은 로마서 6장에서 세례의 본질을 다음과 같이 정의하였습니다.

> 무릇 그리스도 예수와 합하여 세례를 받은 우리는 그의 죽으심과 합하여 세례를 받은 줄을 알지 못하느냐(롬 6:3).
> 만일 우리가 그의 죽으심과 같은 모양으로 연합한 자가 되었으면 또한 그의 부활과 같은 모양으로 연합한 자도 되리라(롬 6:5).
> 이와 같이 너희도 너희 자신을 죄에 대하여는 죽은 자요 그리스도 예수 안에서 하나님께 대하여는 살아 있는 자로 여길지어다(롬 6:11).

사울에게 세례의 본질은 주님과의 연합이었는데, 그것은 주님의 죽음과의 연합인 동시에 주님의 부활과의 연합이었습니다. 죄의 삯은 사망이기에 모든 죄인은 거룩하신 하나님 앞에서 반드시 죽어야만 합니다. 그러나 주님께서 인간의 죗값을 대신 치르시기 위해 친히 십자가의 제물이 되어 돌아가셨기에, 세례는 죄인인 인간의 옛사람이 십자가 위에서 주님과 함께 죽는, 주님의 죽음과의 연합입니다. 동시에 주님께서 사흘째 되는 날 죽음을 깨뜨리고 부활하셨기에, 세례는 부활하신 주님 안에서 영원한 생명을 얻고 누리는, 주님의 부활과의 연합입니다. 따라서 그리스도인이 세례를 받는다는 것은 단순히 세례라는 형식적 절차를 거친다는 의미가 아니라, 예수 그리스도와 연합하여 옛사람은 죽고 하나님과 바른 관계를 맺는 새로운 삶이 시작되었음을 의미합니다.

이처럼 세례는 옛사람의 죽음과 새사람으로 거듭남의 분기점이요, 하나님과의 바른 관계의 시발점입니다. 그러므로 참된 세례교인은 어떤 형식의 세례를 받았느냐로 결정되는 것이 아니라, 옛사람의 죽음과 새로운 삶의 획이 분명하냐, 하나님과의 바른 관계가 시작되었느냐에 의해 판가름 나게 됩니다. 그리고 이것은 자신이 죄인임을 자각한 사람에게만 가능합니다. 사울이 비늘 벗은 눈으로 다시 보게 되는 즉시 일어나 주님과 연합하는 세례를 받은 것은, 그동안 의인을 자처했던 자신이 주님의 빛 앞에서 보니 죽을 수밖에 없는 죄인이요, 오직 십자가의 주님께만 영원한 구원과 생명이 있음을 바르게 깨달았기 때문입니다.

로마제국의 콘스탄티누스가 기독교를 받아들이자, 그의 휘하 병사들 역시 기독교로 개종해야만 했습니다. 그들은 모두 강에서 침례를 받았는데, 상당수의 병사들이 오른손을 강 밖에 내민 채 침례를 받았다고 합니다. 칼을 잡아야 하는 오른손만은 내 뜻대로 살겠다는 의미였습니다. 다시 말해 주님과 연합하여 죽는 것이 세례라면, 오른손만은 죽지 못하겠다는 것이었습니다. 그들은 세례를 받기 위하여 분명히 강물 속으로 들어갔습니다. 그리고 머리까지 물속에 잠기는 침례의 형식도 분명히 거쳤습니다. 그러나 오른손만은 예외로 하겠다는 그들은 내면적으로는 전혀 죽지 않았고, 예수 그리스도의 죽음과 온전히 연합하지 못한 그들이 예수 그리스도의 부활과 온전히 연합할 수 있을 리도 없었습니다. 세례의 형식은 거쳤지만 그리스도와 연합하지 못한 그들이 하나님과 바른 관계를 맺는 참된 그리스도인으로 살 수는 없었을 것입니다.

만약 내가 세례교인임을 자처하면서도 그리스도 안에서 온전히 죽으려 하지는 않는다면, 나는 콘스탄티누스의 병사나, 혹은 서두에 언급한 시골 할머니와 같을 수밖에 없습니다. 그리스도 안에서 죽으려 하지 않는다는 것은 내가 하나님 앞에서 죽을 수밖에 없는 죄인임을 아직 자각지 못했기 때문이요, 나의 죄인 됨을 인정치 않는 나에게 예수 그리스도는 다른 사람의 죄, 며느리의 죄 때문에 돌아가신 분 이상일 수가 없습니다. 그래서야 내가 어떤 형식의 세례를 받았든지 간에 하나님과의 바른 관계 속에서 살아가는 진정한 세례교인, 참된 그리스도인이 될 수는 없습니다.

일본의 유명한 신학자 우치무라 간조는 비가 쏟아지는 날, 빗속에서 비를 맞으며 스스로 세례를 받았습니다. 그날 하나님께서 내리시는 빗속에서 그의 옛사람은 죽고 그리스도 안에서 새로운 삶, 다시 말해 하나님과의 바른 관계가 시작되었습니다. 하지만 스스로 세례 받은 그를 가리켜 아무도 세례교인이 아니라고 부정하지 않습니다. 그의 삶엔 옛사람의 죽음과, 새사람으로의 거듭남의 획이 분명하기 때문입니다. 그렇다고 이 세상 사람들이 모두 우치무라 간조처럼 모든 형식을 배제하고 스스로 빗속에서 세례를 받을 수는 없습니다. 본질이 중요한 만큼 그 본질을 드러내는 형식 또한 소중하기 때문입니다. 본문의 사울은 말할 것도 없고, 심지어는 예수 그리스도께서도 인간에게 세례의 본질을 보여 주시기 위해 당시의 형식에 따라 친히 세례를 받으실 정도였다면, 하물며 우리야 두말해 무엇하겠습니까?

이 자리에 있는 우리 모두는 감리교, 성결교, 침례교, 장로교, 천주교 등, 출신 교파와 종파가 다 동일하지 않습니다. 그러므로 우리는 각각 상이한 세례의 형식을 거쳤을 수 있습니다. 또 이번 수요일에 세례를 받게 될 분들을 포함하여 아직까지 세례의 형식적 절차를 거치지 않은 분들도 많습니다. 그렇지만 한 가지 면에서는 우리는 모두 동일합니다. 우리가 반드시 본질적인 세례교인이 되어야 한다는 것입니다. 다시 말해 예수 그리스도의 죽음과 연합하여 우리의 옛사람이 죽고, 예수 그리스도의 부활과 연합하여 하나님과 바른 관계를 맺는 진정한 그리스도인이 되어야 합니다. 그것만이 눈 깜짝할 사이에 끝나 버릴 나의 인생을 더 이상 무의미하게 갉아먹지 않고, 우리의 코끝에서 호흡이 멎는 순간에 후회하지 않을 유일한 길입니다.

오늘은 인간을 죄와 사망에서 구원하시기 위하여 이 땅에 오신 주님의 성탄을 기리는 대림절 두 번째 주일입니다. 대체 누구에게 대림절이 진정한 대망의 절기가 되겠습니까? 2천 년 전 주님께서 이 땅에 오셨던 성탄절이 누구에게, 그 어떤 사람의 생일보다 더 가슴 벅찬 날이 되겠습니까? 두말할 것도 없이 자신이 죽을 수밖에 없는 죄인임을 자각한 사람입니다. 오직 주님만 죄와 사망으로부터 자신을 영원히 세우실 수 있는 야긴의 주님이시요, 주님에게만 그 능력이 있는 보아스의 주님이심을 믿는 사람입니다.

사랑하는 교우 여러분!

우리 모두 사울처럼 본질적인 세례교인이 되십시다. 이 시간에 우리 모두 주님의 죽음과 연합하여 우리의 옛사람은 죽고, 주님의 부활과 연합하여 새로운 삶을 시작하는 믿음의 획을 그으십시다. 오늘이 그리스도 안에서 하나님과 바른 관계를 맺는 분기점이 되게 하십시다. 그때 우리의 매일매일이 성탄절이 될 것입니다. 세례 받은 사울을 사도 바울 되게 하신 주님께서 우리 속에서 1년 열두 달 365일, 날마다 역사하실 것이기 때문입니다.

우리를 죄와 사망에서 구원해 주시기 위해 이 땅에 오신 주님의 성탄을 기리는 대림절 두 번째 주일을 우리에게 허락해 주시고, 우리가 무엇으로 주님의 성탄을 맞을 것인지를 일깨워 주시니 감사합니다.

내가 죽을 수밖에 없는 죄인이요, 나 스스로 나를 구원할 수 없음을 깨달을 때에만, 주님의 성탄이 내게 진정한 성탄절이 될 수 있음을 잊지 말게 하옵소서. 나의 죗값을 치러 주시기 위해 십자가의 제물로 돌아가신 예수 그리스도만, 죄와 사망에서 나를 영원히 세워 주실 수 있는 야긴의 주님이시요, 십자가의 주님만 그 능력을 지니신 보아스의 주님이심을 명심하게 하옵소서. 이제부터 주님이 죽음과 연합하여, 죄의 노예였던 나의 옛사람이 죽어지게 하옵소서. 죽음을 깨뜨리고 부활하신 주님의 부활과 연합하여, 하나님과 바른 관계를 맺는 새로운 삶을 시작하게 하옵소서. 어떤 형식의 세례를 받았든, 혹은 이번 수요일에 세례 받을 분을 포함하여 아직까지 세례를 받지 않은 분들이라 할지라도, 오늘부터 우리 모두 본질적인 세례교인으로 살아가게 하옵소서. 이 시간 우리의 삶에, 하나님과의 바른 관계가 시작되는 분명한 획이 그어지게 하옵소서.

그리하여 오늘 이후로 우리의 매일매일이 주님 안에서 대림절이요, 성탄절이 되게 하옵소서. 아멘.

27. 음식을 먹으매 대림절 셋째 주일

사도행전 9장 17-19절 상
아나니아가 떠나 그 집에 들어가서 그에게 안수하여 이르되 형제 사울아 주 곧 네가 오는 길에서 나타나셨던 예수께서 나를 보내어 너로 다시 보게 하시고 성령으로 충만하게 하신다 하니 즉시 사울의 눈에서 비늘 같은 것이 벗어져 다시 보게 된지라 일어나 세례를 받고 **음식을 먹으매** 강건하여지니라

어린 시절에 제가 다니던 교회의 부흥회에서 부흥강사로부터 들은 이야기입니다. 우리나라가 일제로부터 해방되기 전, 온 중심을 다해 주님을 섬기는 신실한 크리스천 부부가 있었습니다. 어느 날 자신들의 힘으로 해결할 수 없는 인생의 위기를 당하게 되자, 그 부부는 의논 끝에 함께 산으로 기도하러 갔습니다. 깊은 산속으로 들어간 부부는 기도하기에 적당한 곳을 찾아 무릎을 꿇은 뒤, 서로 경쟁이라도 하듯 각자 큰 목소리로 하나님께 부르짖기 시작했습니다. 그렇게 한 시간 정도 지났을 때, 갑자기 남편의 기도 소리가 뚝 하고 그쳤습니다. 남편이 잠시 쉬는 것으로 생각한 아내는 남편을 방

해하지 않기 위해 목소리를 죽이고 입속으로만 기도를 계속했습니다. 그런데 쉬는 줄 알았던 남편이 이번에는 이상한 소리를 내기 시작했습니다. 평소와는 전혀 다른, 겁에 질린 듯한 목소리로 '하, 호'를 연발하는 것이었습니다. 대체 무슨 영문인지, 아내가 기도를 멈추고 남편을 쳐다보았습니다. 남편이 온몸이 돌처럼 굳은 채, 정면을 응시하며 계속 '하, 호'를 반복하는 것이었습니다. 남편의 시선을 따라 정면을 쳐다본 아내는 소스라치게 놀랐습니다. 지척의 나무 사이에서 호랑이가 두 사람을 노려보고 있는 것이었습니다. 그제야 아내는 남편이 연발하고 있는 '하, 호'의 의미를 알아차렸습니다. 한참 기도하던 중에 이상한 낌새를 느끼고 눈을 뜬 남편의 시선이 자신들을 노려보고 있는 호랑이의 시선과 마주친 것이었습니다. 심장이 멈출 듯이 놀란 남편은 그때부터 '하나님, 호랑이' '하나님, 호랑이' 한다는 것이, 급한 나머지 '하, 호'만 되풀이한 것이었습니다. 그 상황에서 아내가 어떻게 했겠습니까? 그럴 경우 사람이 움직이는 즉시 호랑이의 공격이 시작됩니다. 그 사실을 알기에, 겁에 질린 아내 역시 미동도 하지 않고 남편을 따라 '하, 호'를 외치기 시작했습니다. 만약 누군가가 멀리서 나무에 가려 호랑이는 보지 못한 채 이 부부만 보았다면 어떻게 생각하겠습니까? 멀쩡하게 생긴 두 사람이 무릎을 꿇고 아무 의미도 없어 보이는 '하, 호' 소리만 연발하고 있으니 그 부부를 정신 나간 사람으로 여기지 않겠습니까?

  그러나 사람이 듣기에는 '하, 호'가 정신 나간 사람의 무의미한 소리처럼 들려도, 하나님께서 정녕 살아 계신다면 그 소리가 무엇을 의미하는지 당연히 알아들으시지 않겠습니까? '하나님, 호랑이가 나타났습니다. 살려 주십시오!'라는 의미임을 왜 모르시겠습니까? "호랑이 굴에 잡혀가도 정신만 차리면 산다"는 옛말이 있지 않습니까? 호랑이가 두 사람을 노려보며 아무리 공격의 기회를 엿보아도 두 사람이 미동도 하지 않고, 자기 눈을 뚫어질 듯

쳐다보며 '하, 호' 하고 이상한 소리만 내자, 결국 기다리다 지친 호랑이가 되돌아가 버리고 말았습니다.

　이 이야기가 실제로 있었던 일인지 혹은 누가 지어낸 이야기인지, 저로서는 확인할 길이 없습니다. 그러나 어느 경우이든, 이 이야기는 우리에게 매우 소중한 깨달음을 안겨 줍니다. 우리의 중심이 하나님을 향해 있는 한, 하나님을 향한 우리의 말이나 소리에는 의미 없는 말이나 소리가 없다는 것입니다. 우리는 톨스토이나 셰익스피어 같은 대문호가 아니지 않습니까? 키케로처럼 한 시대를 압도하는 위대한 웅변가도 아니지 않습니까? 그런 우리가 어떻게 하나님을 향한 우리의 심정을, 생각을, 완전무결하게 표현할 수 있겠습니까? 어린아이의 말처럼 유치하거나 무의미해 보이는 소리가 얼마나 많겠습니까? 그러니 어머니에게는 어린아이의 말이나 소리 중 어느 것 하나 의미 없는 것이 없듯이, 우리의 중심이 하나님을 향해 있고, 우리가 하나님께 우리의 삶을 의탁한 이상, 나의 입 밖으로 나오는 말은 말할 것도 없고 내 신음 소리의 의미까지도 하나님께서는 정확하게 이해하십니다. 그래서 하나님은 전지전능하신 하나님이시요, 우리의 자애로운 아버지가 되십니다.

　이처럼 하나님을 향한 우리의 말이나 소리에 의미 없는 것이 없다면, 똑같은 논리로, 우리를 향하신 하나님의 말씀 가운데 무의미한 말씀이나 무가치한 단어가 어찌 있을 수 있겠습니까? 하나님께서 하나님을 향한 우리의 모든 말과 소리의 깊은 의미까지 다 아시기에 전능하신 하나님이시요 자애로운 아버지가 되신다면, 우리를 향한 하나님의 모든 말씀의 의미를 바르게 이해하는 것은 하나님의 자녀 된 우리의 의무요, 그것이 바로 신앙의 성숙이 아니겠습니까?

　아나니아의 안수로 눈에서 비늘들이 벗겨짐과 동시에 다시 보게 된 사울이 가장 먼저 한 일은 세례를 받는 것이었습니다. 사울에게 세례는 예수 그리스도와의 연합이었습니다. 자신의 죗값을 치러 주시기 위하여 십자가에 못박혀 돌아가신 주님의 죽음과 연합하여 그의 옛사람이 죽고, 죽음을 깨뜨리고 부활하신 주님의 부활과 연합하여 새로운 생명의 삶을 시작하는 분기점이 세례였습니다. 다시 보게 된 사울이 예수 그리스도와의 연합을 의미하는 세례를 가장 먼저 받은 것은, 그가 그동안 부정해 왔던 예수님께서 구원자이신 성자 하나님이심을 깨달았기 때문입니다. 따라서 그가 다시 보게 되었다는 것은 단순히 잃었던 육체의 시력만 되찾았다는 말이 아니라, 비로소 그의 영안이 열렸다는 의미였습니다. 영안이 열려 예수 그리스도를 우러러 뵙게 된 사울이 무엇보다도 먼저 세례를 통해 예수 그리스도와 연합한 것은, 영안이 열린 사람이라면 응당 거쳐야 할 당연한 수순이었습니다. 이로써 사울의 인생은 전혀 새로운 전기를 맞게 되었습니다. 다시 말해 사울이 그리스도 안에서 새로운 존재가 되었다는 증거는 그의 눈에서 비늘들이 벗겨지고, 그의 영안이 열리고, 그가 지체 없이 세례를 받았다는 것만으로도 충분하였습니다.

그러나 사울의 거듭남에 대한 본문의 증언은 그것으로 끝나지 않습니다. 본문의 증언은 이상하게도 19절 상반절에 이르러 이렇게 이어지고 있습니다.

음식을 먹으매 강건하여지니라.

이 구절의 내용이 이상하다고 하는 것은, 이 구절이 없어도 전체 맥락상 아무 지장이 없어 보이기 때문입니다. 오히려 불필요해 보이는 구절입니다. 다메섹 도상에서 빛이신 주님의 태풍을 만난 사울은 시력만 상실한 것이 아니었습니다. 그는 그 이후 사흘 동안 식음마저 전폐해야만 했습니다. 바로 그 상황 속에서 아나니아의 안수로 눈에서 비늘들이 벗겨지고, 다시 보게 되고, 세례까지 받았습니다. 그리고 그 이후의 일은 19절 하반절부터 20절 까지가 밝혀 주고 있습니다.

> 사울이 다메섹에 있는 제자들과 함께 며칠 있을새 즉시로 각 회당에서 예수가 하나님의 아들이심을 전파하니.

비늘들이 벗겨진 눈으로 세례를 받은 사울은, 그 이후 다메섹의 각 회당을 찾아다니며 예수님께서 성자 하나님이심을 전파하기 시작했습니다. 그러므로 사흘 동안 식음을 전폐했던 사울이 세례 받은 직후, 각 회당을 찾아 나서기 전, 음식을 먹고 기력을 되찾았을 것임은 삼척동자도 능히 짐작할 수 있는 일입니다. 그런데도 본문은 사울이 음식을 먹고 강건해졌음을 굳이 밝히고 있습니다. 마치, 아침에 일어나 이 닦고 세수하고 밥 먹었다는 식의 어린아이의 무의미한 일기장처럼 말입니다. 그러니 이상하달 수밖에 없습니다.

일반적으로 역사가는 역사를 기술할 때, 무엇을 기술할 것인가를 고려하기 전에 무엇을 제외할 것인가를 먼저 생각한다고 합니다. 매일 일어나는 수많은 사건들 가운데에서 역사적 의미나 가치가 없는 것들을 먼저 추려 낸다는 말입니다. 이것을 바꾸어 생각해 보면, 그러므로 역사로 기술된 모든 사건 속에는 반드시 중요한 의미와 교훈이 내포되어 있음을 알게 됩니다. 그것은 추려 내고 추려 낸 결과—즉 한 시대의 의미의 집약이기 때문입니다.

성경도 이와 마찬가지입니다. 성경은 하나님께서 천지를 창조하신 이래 예수 그리스도의 십자가를 통해 인간에 대한 구원을 완성하시기까지, 그 장구한 세월 동안 이 세상에서 일어난 크고 작은 모든 일들의 집대성이 아닙니다. 인간을 위한 하나님의 구원과 관련된 말씀과 사건만을 추려 낸 구원의 역사책입니다. 따라서 성경에는 예수님께서 아침에 일어나 이 닦고 세수하고 식사하셨다는 식의 무의미한 내용이 없는 반면에, 아무리 하찮아 보여도 일단 성경 속에 기록된 사건이나 표현 속엔 절대적인 의미가 담겨 있습니다. 예를 들어 예수님의 일상적인 식사에 관한 이야기는 성경에서 제외되어 있지만, 예수님께서 창기나 세리와 식사하신 사실은 분명하게 기술되어 있습니다. 유대인들이 창기와 세리를 죄인으로 단정하여 함께 식사하는 것조차 금기시하던 그 시절에 주님께서 그들과 함께 식탁에 앉으셨다는 것은, 주님께서는 의인이 아니라 죄인을 위해 이 땅에 오신 구원자이심을 밝혀 주는 일대 사건이었기 때문입니다.

이런 관점에서 '사울이 음식을 먹고 강건하여졌다'는 오늘의 본문 역시 불필요하게 삽입된 무의미한 내용이 아니라, 그 속에 하나님께서 우리에게 주시려는 절대적 의미와 교훈이 내포되어 있음을 알게 됩니다.

음식을 먹으매 강건하여지니라.

이 짧은 문장은 두 개의 동사로 이루어져 있습니다. '먹다'와 '강건해지다'라는 동사입니다. 중요한 것은 헬라어 원문에 기록되어 있는 이 두 동사는, 일상의 대화 속에서는 그런 의미로 사용되지 않는 단어라는 사실입니다.

신약성경에서 통용되고 있는 '먹다'라는 동사는 헬라어로 '에스디오$\dot{\epsilon}\sigma\theta\acute{\iota}\omega$' 혹은 '화고$\phi\acute{\alpha}\gamma\omega$'입니다. 마른 빵과 같이 굳은 음식을 아작아작 씹어 먹는 것은 '트로고$\tau\rho\acute{\omega}\gamma\omega$'라고 합니다. 혼자가 아니라 누군가와 함께 먹을 경우에는 '쉬네스디오$\sigma\upsilon\nu\epsilon\sigma\theta\acute{\iota}\omega$'란 동사가 사용됩니다. 이처럼 헬라어에는 '먹다'라는

동사가 다양하게 발달되어 있는데도, 본문에서 사용된 단어는 그것들과는 전혀 동떨어진 동사 '람바노λαμβάνω'입니다. 이 단어는 본래 '취取하다'라는 의미로서, 이것이 음식을 먹는다는 의미로 사용된 것은 성경에서 본문이 유일합니다. 놀라운 사실은 이 동사 속에는 '생명을 취하다'라는 특이한 의미가 깃들어 있는데, 이때의 생명은 참생명을 의미합니다. 이것을 알고 나면, 사울이 음식을 먹었다는 본문의 메시지는 참으로 의미심장합니다.

본문 이전에도 사울은 하루 세끼씩 어김없이 음식을 먹었습니다. 그러나 그때는 오직 육체만을 위해 먹었습니다. 매 끼니마다 산해진미로 육체를 채운다 한들 육체는 반드시 죽기 마련입니다. 따라서 육체만을 위하여 먹는다는 것은 긴 안목에서 보면, 결국 죽기 위해 먹는 것과 다름없습니다. 한 평생 수고하고 애쓰면서 단지 죽기 위해 먹는다면, 그 얼마나 어리석은 짓입니까?

그러나 눈에서 비늘들이 벗겨지고, 영안이 열리고, 세례를 통해 예수 그리스도와 연합한 사울은, 이제 주님께서 주신 참생명—영원한 생명을 위해 음식을 먹는 사람이 되었습니다. 더 이상 죽기 위해서가 아니라, 참되고 영원한 생명의 삶을 살기 위해 먹는 사람이 된 것입니다. 예전에 육체만을 위해 먹던 사울의 육체가 단지 죽음을 향해 달려가는 욕망의 고깃덩어리에 불과했다면, 이제 사울의 육체는 영원한 생명을 담고 있는 생명의 그릇, 생명의 통로로 승화된 것이었습니다.

또 '강건해지다'라는 의미의 헬라어로 '휘기아이노ὑγιαίνω', '크라타이오오κραταιόω', '엔뒤나모오ἐνδυναμόω'와 같은 동사가 있는데요, 사울이 음식을 먹고 강건해졌다는 본문에는 전혀 다른 동사인 '에니스퀴오ἐνισχύω'가 사용되었습니다. 직역하면 '힘 안에 거하다'라는 이 동사 역시 본문을 제외하고는, 신약성경에서 단 한 번 사용되었습니다. 예수님께서 겟세마네 동산에서 목전에 임박한 당신의 죽음을 내다보시며, 땀에 피가 맺히기까지 처절하게 기도하실 때였습니다. 그때 있었던 일을 누가복음 22장 43절이 전해 주고 있습니다.

천사가 하늘로부터 예수께 나타나 힘을 더하더라.

최후의 기도를 드리시는 예수님께 하나님의 천사가 내려와 '힘을 더했다'는 뜻의 동사가 바로 '에니스퀴오'입니다. 예수님께서 위로부터 내려오는 하나님의 힘 속에 거하시도록 천사가 도왔다는 말입니다. 그 하나님의 힘을 힘입어 예수님께서 십자가를 지셨음은 두말할 나위도 없습니다. 이처럼 예수님께만 사용되었던 이 단어가, 오늘 본문에서 사울이 강건해졌다는 의미로 사용되었습니다. 자기 속에 주어진 참생명을 위해 먹고 마시게 된 사울은 더 이상 자신의 힘이 아니라, 위로부터 주어지는 하나님의 힘을 힘입어 살아가는 사람이 되었다는 의미입니다.

이것은 사울이 본문 이후에 육체적으로 건강을 누렸다는 말이 아닙니다. 이 이후로 사울은 평생 지병에 시달렸습니다. 그 지병이 정확하게 무슨 병이었는지는 아무도 모릅니다. 어떤 이는 다메섹에서 시력을 상실할 때의 충격으로 인한 안질이라고 하고, 혹은 간질병이었을 것이라고 추측하는 사람도 있습니다. 그 병명이 무엇이든 간에 사울이 자신의 지병을 고린도후서 12장 7절에서 '육체의 가시'라고 표현한 것처럼, 사울은 그 지병으로 인해 일평생 말할 수 없는 육체적 고통 속에서 살아야만 했습니다. 몸 속에 가시를 품고 살아가는 사람의 괴로움과 고통을 어찌 상상인들 할 수 있겠습니까? 본문 이후의 사울의 육체는 그처럼 병약했지만, 그러나 그는 위로부터 내려오는 하나님의 힘을 힘입어, 건강한 육체의 대명사인 헤라클레스가 꿈에서조차 상상치도 못할 영원히 가치 있는 삶을 살았습니다.

　예전의 사울은 자기 육체가 원하는 대로 먹고 마시면서 오직 자신의 힘을 믿고 살았습니다. 대단히 박력 있고 의지에 찬 멋진 젊은이처럼 보였지만, 그때의 사울은 실은 생명과는 무관한 죽음의 도구에 지나지 않았습니다. 그러나 세례를 통해 예수 그리스도와 연합된 이후에는 온갖 핍박 속에서 제대로 먹지도 못했습니다. 오죽했으면 고린도후서 11장 27절을 통해 '주리며 목마르고 여러 번 굶고 춥고 헐벗었다'라고 토로했겠습니까? 게다가 육체의 가시인 지병으로 고통까지 감수해야 했습니다. 그와 같은 사울의 몰골이 예전만 못했을 것임은 재론의 여지도 없습니다. 그렇지만 참생명을 위해 먹고 마시면서 하나님의 힘을 힘입어 살던 사울은, 인류의 역사를 새롭게 한 위대한 사도 바울이 되었습니다. 우리가 그를 우리 삶의 이정표로 삼는 것은 두말할 것도 없이, 그의 이 두 번째 삶 때문입니다.

　이집트 왕궁에서 자신의 육체만을 위하여 먹고 자기 힘만을 의지하던 젊은 모세는, 자신의 마음에 들지 않는 이집트 병사를 쳐 죽인 죽음의 도구였을 뿐입니다. 그러나 미디안 광야의 양치기 노인으로 전락했을망정 영원한 생명을 위해 하나님의 힘을 의지하여 살 때, 그는 위대한 출애굽의 지도자가 되었습니다. 여리고의 라합이 자기 육체만을 위해 먹고 자기 미모만을 믿었을 때, 그녀는 천한 기생에 불과했습니다. 그러나 참생명을 품고 위로부터 주어지는 하나님의 힘을 의지하며 산 결과, 그녀는 자신의 이름을 예수님의 족보에 올리는 존귀한 여인이 되었습니다. 삼손이 자신의 정욕을 위해 먹고 자신의 힘을 우상으로 섬겼을 때, 그는 적군에게 생포되어 두 눈이 뽑힌 채 짐승 같은 노예와 노리개가 되고 말았습니다. 그러나 참생명을 회복하고 하나님의 힘을 간구했을 때, 그는 여전히 눈멀고 적군의 포로인 상태에서 이스라엘을 구원하는 사사가 되었습니다. 삭개오가 탐욕에 눈멀어 자기 육체만을 위해 살 때, 그는 모든 사람을 괴롭히고 또 모든 사람이 경원하는 탐관오리였습니다. 그러나 참생명을 사모하며 주님의 생명으로 옷 입었을 때, 그는 구원받는 사람들의 영원한 표징이 되었습니다. 누가복음 15장에 나오는 둘째 아들이 아버지의 재산을 절반이나 들고 나가 육체를 위해 먹고 마실 때, 그는 희대의 탕아였을 따름입니다. 그가 참생명에 목말라하며 오직 아버지만 의지하고자 아버지에게 되돌아옴으로써, 그는 진정으로 거듭난 새로운 존재가 되었습니다.

우리말 '얼굴'의 본딧말은 '얼꼴'이라고 했습니다. 얼의 꼴, 즉 우리 영혼의 모습이 드러나는 곳이 얼굴이라는 말입니다. 인간의 영혼 그 자체는 보이지 않습니다. 그러나 인간 영혼의 상태는 얼굴을 통하여 드러나는 법입니다 자기 힘만 믿고 병사를 쳐 죽이는 모세의 얼굴과, 하나님의 힘을 힘입어 출애굽의 대역사를 이루는 모세의 얼굴이 같겠습니까? 음탕한 기생 라합의 얼굴과, 하나님의 딸이 되고 난 이후의 그녀의 얼굴이 같을 수 있겠습니까? 정욕에 눈이 멀어 들릴라에게 빠진 삼손의 얼굴과, 비록 두 눈이 빠졌을망정 하나님의 힘을 겸손하게 구하는 삼손의 얼굴이 머릿속에 그려지지 않습니까? 불의한 뇌물을 챙기는 삭개오의 얼굴과, 주님께 자신의 삶을 의탁한 삭개오의 얼굴이 비교되지 않습니까? 값비싼 옷을 입고 부어라 마셔라 하는 둘째 아들의 얼굴과, 비록 거지의 몰골일망정 아버지 앞에서 눈물로 회개하는 그의 얼굴 중 어느 얼굴이 감동적입니까? 자기 육체가 원하는 대로 먹고 마시면서도 진리의 대적으로 살던 사울의 얼굴이 아름답습니까, 제대로 먹지도 못하고 더욱이 지병으로 인해 초췌한 몰골이면서도 사도로 살아가는 그의 얼굴이 아름답습니까?

사랑하는 교우 여러분!

우리의 영혼은 보이지 않는 것이 아닙니다. 우리 영혼은 우리의 얼굴을 통해 반드시 드러나는 법입니다. 더 이상 단지 죽기 위해 먹는 어리석은 사람이 되지 마십시다. 우리를 죄와 사망에서 구원하시기 위해 이 땅에 오신 주님의 성탄을 기리는 대림절 세 번째 주일을 맞이하여, 주님께서 이미 우리에게 주신 참생명을 위해 먹고 마시며, 오직 하나님의 힘만을 의지하고 살아가는 진정한 그리스도인이 되십시다. 사도 바울의 권면처럼, '먹든지 마시든지 무엇을 하든지 다 하나님의 영광을 위하여 행하는 자'(고전 10:31)가 되십시다. 그것은 하나님을 위한 삶이 아니라, 육체의 죽음에도 죽지 않을 내 영혼을 영원히 세우는 길이요, 내가 이 세상을 떠난 뒤에도 사람들의 마음속에 지워지지 않는 영상으로 남게 될 나의 얼굴을 바르게 가꾸는 길입니다.

참된 신앙인으로 살다가 죽은 시신의 얼굴과, 일평생 욕망의 노예로 살다 죽은 시신의 얼굴이, 얼마나 차이가 나는지 직접 목격하신 적이 있습니까? 인간의 삶의 족적은, 죽은 뒤에도 얼굴 위에 고스란히 남습니다. 우리의 얼굴은, 우리 얼의 꼴입니다.

나는 이제껏 나의 얼굴을 내 육체의 일부로만 생각했습니다. 그래서 밤낮 얼굴을 가꾸었지만, 시간이 흘러갈수록 내 나이만 드러나는 나의 얼굴은, 세월의 무상함과 인생의 허무함만을 내게 각인시켜 줄 뿐입니다.

그러나 오늘 뜻깊은 대림절 세 번째 주일을 맞이하여, 나의 얼굴이 내 영혼의 꼴임을 일깨워 주셔서 감사합니다. 더 이상 죽기 위해 먹는 어리석은 사람이 아니라 살기 위해, 주님께서 이미 우리에게 주신 참생명을 위해 먹고 마시는 지혜로운 사람이 되게 하옵소서. 날이 갈수록 쇠잔해질 수밖에 없는 나의 힘이 아니라, 영원하신 하나님의 힘을 의지하고 살아가게 하옵소서. 비록 나의 육체는 세월의 흐름 속에서 쇠퇴할지라도, 나의 영은 그리스도 안에서 날이 갈수록 강건케 하옵소서. 강건한 나의 영혼이 나의 얼굴을 통해, 나의 삶을 통해 드러나게 하옵소서. 그와 같은 나의 얼굴과 삶이, 이 세상에 하나님을 보여 주는 생명의 화면이 되게 하옵소서.

나의 중심이 하나님을 향해 있는 한, 하나님을 향한 나의 말 중에 의미 없는 말이 없듯이, 나를 향한 하나님의 말씀 가운데에도 무의미한 말씀이 있을 수 없음을 잊지 말게 하옵소서. 대수롭지 않아 보이는 성경의 표현 속에서도, 하나님께서 내게 주시려는 절대적 의미를 깨닫는 통찰력을 주셔서, 호흡이 있는 동안에 이 세상을 날로 성숙한 그리스도인으로 살아가게 하옵소서. 아멘.

28. 다메섹에 있는 제자들 대림절 넷째 주일

사도행전 9장 19하-22절

사울이 **다메섹에 있는 제자들**과 함께 며칠 있을새 즉시로 각 회당에서 예수가 하나님의 아들이심을 전파하니 듣는 사람이 다 놀라 말하되 이 사람이 예루살렘에서 이 이름을 부르는 사람을 멸하려던 자가 아니냐 여기 온 것도 그들을 결박하여 대제사장들에게 끌어가고자 함이 아니냐 하더라 사울은 힘을 더 얻어 예수를 그리스도라 증언하여 다메섹에 사는 유대인들을 당혹하게 하니라

우리는 17주째, 소위 사울의 '회심 장'이라 불리는 사도행전 9장을 살펴보고 있습니다. 그리고 이 사울이 나중에 위대한 사도가 된 바울과 동일인임을 우리는 잘 알고 있습니다. 그 사도 바울이 후에 고린도 교회에 보낸 서신에서 그리스도인의 신앙 자세와 관련하여 이렇게 권면하였습니다.

운동장에서 달음질하는 자들이 다 달릴지라도 오직 상을 받는 사람은 한 사람인 줄을 너희가 알지 못하느냐 너희도 상을 받도록 이와 같이 달

음질하라 이기기를 다투는 자마다 모든 일에 절제하나니 그들은 썩을 승리자의 관을 얻고자 하되 우리는 썩지 아니할 것을 얻고자 하노라(고전 9:24-25).

당시 고린도에서 2년마다 열렸던 이스트미아 경기Isthmian games는, 올림피아 경기Olympian games, 피티아 경기Pythian games, 네메아 경기Nemean games와 더불어 그리스 4대 경기 중의 하나였습니다. 경기가 열릴 때마다 온 시민이 열광하였고, 참가 선수들은 1등을 차지하기 위해 최선을 다했습니다. 2등 혹은 3등은 무의미했습니다. 오직 1등을 차지한 한 사람에게만 월계수 잎으로 만들어진 월계관이 수여되었고, 그것은 당시 사람들에게는 최고 영광의 상징이었습니다. 그래서 운동선수들은 한 종목당 오직 한 사람에게만 수여되는 영광의 월계관을 차지하기 위해 평소에도 자기 절제와 자기 극기를 통한 자기 훈련을 게을리하지 않았습니다. 그러나 모진 훈련을 거쳐 모든 경쟁자를 물리치고 월계관을 차지했다 하더라도, 나뭇잎으로 만들어진 월계관은 이내 썩어 버리거나 아니면 말라비틀어지고 말았습니다. 사도 바울은 그 사실을 지적하면서 썩어 없어질 월계관을 차지하기 위해서도 운동선수들이 그토록 최선을 다한다면, 그리스도인들은 영원히 썩지 않는 하나님의 영원한 상을 받기 위해 더더욱 총력을 기울여야 함을 강조한 것이었습니다.

무슨 경기든 1등은 언제나 한 사람 혹은 한 팀뿐입니다. 혹 두 사람이나 두 팀이 1등일 경우에는 연장전을 통해, 축구의 경우에는 승부차기를 통해서라도 1등을 가려냅니다. 크고 중요한 경기일수록 1등이 한 사람 혹은 한 팀뿐이어야 1등의 진정한 의미가 지켜지기 때문입니다. 그래서 오늘도 그 1등을 위해 구슬땀을 흘리는 운동선수들은 수없이 많습니다. 이것은 비단 체육 경기에만 국한된 이야기가 아닙니다. 오늘날 정치·사회·경제·교육 등, 모든 분야에 걸쳐 수많은 사람들이 1등의 자리를 목표로 하고 있습니다. 오직 1등에만 최상의 의미와 가치를 두기 때문입니다. 교회와 그리스도인마저 예외가 아닙니다. 교회와 그리스도인들이 성경의 말씀보다 경제 논리와 마케팅 기법에 더 좌지우지되는 것은, 교회와 그리스도인 역시 최상의 가치와 의미를 오직 1등에만 두고 있기 때문입니다.

그러나 이것이 과연 성경적인 생각입니까? 교회와 그리스도인에게도 1등 이외에는 아무 의미도 없는 것입니까? 하나님께서도 1등을 차지한 단 하나의 교회와 단 한 명의 그리스도인에게만 관심을 쏟으십니까? 사도 바울이 운동장에서 1등 상을 받는 선수가 한 사람뿐인 것처럼 너희도 상을 받기 위해 최선을 다하라고 말한 것이, 어느 시대든 그리스도인 가운데 1등을 차지하는 사람은 오직 한 사람뿐이라는 의미이겠습니까?

그것이 아님을 바울 자신이 직접 설명해 주고 있습니다.

> 나는 선한 싸움을 싸우고 나의 달려갈 길을 마치고 믿음을 지켰으니 이제 후로는 나를 위하여 의의 면류관이 예비되었으므로 주 곧 의로우신 재판장이 그날에 내게 주실 것이며(딤후 4:7-8상).

이것은 바울이 임박한 자신의 죽음을 내다보며 유언으로 남긴 내용 중의 일부입니다. 바울은 그리스도인으로서, 그리스도를 본받는 그리스도인의 삶을 누구보다도 치열하게 산 사람이었습니다. 그래서 그는 자신의 코끝에서 호흡이 멎는 날, 인생의 심판자이신 하나님께서 자신에게 의의 면류관을 씌워 주실 것을 확신하였습니다. 면류관은 운동경기에서 1등을 차지한 선수가 받는 월계관과는 차원이 다른 왕관을 의미합니다. 그러나 월계관이나 왕관이나 오직 한 사람에게만 주어진다는 의미에서는 동일합니다. 어느 시대 어느 나라든, 두 사람이 동시에 왕관을 쓰는 경우는 없습니다. 그러므로 바울이 하나님께서 자신에게 의의 왕관을 주신다고 말한 것은 자기 시대에 자신이 1등이요, 자신의 삶 앞에서 나머지 사람들의 삶은 무의미하다는 의미이겠습니까? 그렇지 않습니다. 바울의 말은 이렇게 끝나고 있습니다.

이제 후로는 나를 위하여 의의 면류관이 예비되었으므로 주 곧 의로우신 재판장이 그날에 내게 주실 것이며, 내게만 아니라 주의 나타나심을 사모하는 모든 자에게도니라(딤후 4:8).

바울은 자기 자신만 의의 왕관을 받는 것이 아니라, 주님의 재림을 믿으며 주님을 좇아 사는 사람은 누구든지 자신과 똑같은 왕관을 받을 수 있음을 밝혔습니다. 바로 여기에 세상의 평가와 하나님의 평가의 근본적인 차이가 있습니다. 세상의 평가는 언제나 상대적 평가입니다. 그래서 어느 분야든 1등은 항상 한 사람뿐입니다. 1등 앞에서는 2등과 3등도 상대적 패배감을 맛보아야만 합니다. 그러나 하나님의 평가는 항상 절대적인 평가입니다. 하나님 앞에서는 모든 사람이 똑같이 1등을 할 수 있다는 말입니다.

그래서 하나님 앞에서는 1등이 무의미한 동시에 절대적인 의미를 지닙니다. 하나님 앞에서는 모든 사람이 1등을 할 수 있으므로, 오직 한 사람만 1등을 차지할 수 있는 세상의 상대적 평가의 관점에서 그 1등은 무의미할 수 있습니다. 그러나 그것은 절대자이신 하나님의 절대적인 평가라는 의미에서 절대적 의미를 지닙니다. 상대적 평가의 결과는 상황에 따라 늘 달라질 수 있고 또 유효기간이 지극히 제한적이지만, 하나님의 절대적인 평가는 시간과 공간을 초월하여 그 유효성이 영원불변입니다. 여기에 우리의 소망과 희망이 있습니다. 우리가 비록 세상에서는 아무것도 내세울 것도 없고 이름 없는 무명의 존재라 해도, 하나님 앞에서는 우리 모두 얼마든지 1등이 될 수 있습니다.

예수님의 직계 제자는 열두 명이었습니다. 그 열두 제자의 이름을 모두 알고 있는 그리스도인은 흔치 않습니다. 설령 그 열두 명의 이름을 모두 지식적으로 외우고 있는 사람이라 해도, 베드로와 요한처럼 두드러지게 드러난 제자를 제외한 나머지 제자의 행적에 관하여는 별 관심을 갖지 않거나 아예 모르기가 쉽습니다. 그와 같이 그리스도인들의 무관심의 대상인 제자들 가운데 한 명이 안드레입니다. 그러나 성경은 그리스도인조차 별 관심을 기울이지 않는 그 안드레와 관련하여 중요한 증언들을 전해 주고 있습니다.

요한의 말을 듣고 예수를 따르는 두 사람 중의 하나는 시몬 베드로의 형제 안드레라 그가 먼저 자기의 형제 시몬을 찾아 말하되 우리가 메시아를 만났다 하고(메시아는 번역하면 그리스도라) 데리고 예수께로 오니, 예수께서 보시고 이르시되 네가 요한의 아들 시몬이니 장차 게바라 하리라 하시니라(게바는 번역하면 베드로라)(요 1:40-42).

세례 요한의 제자였던 안드레가 세례 요한의 소개로 예수님을 만나 예수님의 제자가 되었습니다. 그리고 그가 제일 먼저 한 일은, 자신의 친형제인 베드로를 예수님 앞으로 인도하여 예수님의 제자가 되게 한 것이었습니다. 안드레는 베드로처럼 하루에 3천 명을 회개케 하는 명설교가도 아니었고, 매사에 사람 앞에 나서는 성품의 소유자도 아니었습니다. 그는 언제나 제자들

속에 파묻혀 드러나 보이지도 않았습니다. 그러나 그 안드레가 없었더라면, 예수님을 믿지 않는 세상 사람도 그 이름을 알고 있는, 그 유명한 베드로는 존재할 수 없었습니다. 그뿐 아닙니다.

예수님께서 벳새다 벌판에서 그곳에 운집한 대군중을 말씀으로 가르치시고, 그들의 병을 고쳐 주시다 보니 그만 해가 저물고 말았습니다. 제자들은 예수님께 무리를 보내어 각각 저녁 식사를 해결하게 하시도록 권했습니다. 그러나 예수님께서는 오히려 제자들에게 '너희가 먹을 것을 주라'고 명령하셨습니다. 제자들로서는 기가 막힐 일이었습니다. 그곳에 운집해 있는 무리는 여자와 어린아이를 제외하고도, 남자 장정만 5천여 명이나 되었습니다. 그들은 모두 갈릴리 지역의 빈민인 데다, 한낮부터 벳새다 벌판에 나와 있었으니 그들에게 먹을 것이 있을 리 만무했습니다. 그들에게 도시락을 사서 나누어 준다 해도, 200데나리온 곧 근로자 200명의 하루분 임금(요 6:7 참조)에 해당하는 막대한 돈이 필요한데 제자들에게는 동전 한 닢도 없었습니다. 그러니 '너희가 먹을 것을 주라'는 예수님의 말씀이 난감할 수밖에 없었습니다. 바로 그때 있었던 일을 요한복음 6장 8-9절이 전해 주고 있습니다.

제자 중 하나 곧 시몬 베드로의 형제 안드레가 예수께 여짜오되 여기 한 아이가 있어 보리떡 다섯 개와 물고기 두 마리를 가지고 있나이다 그러나 그것이 이 많은 사람에게 얼마나 되겠사옵나이까.

다른 제자들이 난감해하는 중에도 안드레만은 달랐습니다. 지금 그곳이 아무것도 없는 벌판이요, 설령 그곳에 식당이 있다 한들 그 많은 무리를 위한 음식을 구입할 만한 돈도 없었지만, 주님께서 '너희가 먹을 것을 주라'고 말씀하신 이상 그 벌판 그 무리 속에 뭔가 주님의 뜻이 있음을 안드레는 믿었습니다. 그래서 그는 무리 속을 누비며 일일이 확인하였습니다. 그리고 마침내 한 어린아이가 떡 다섯 조각과 물고기 두 토막을 가지고 있음을 발견하였습니다. 떡 다섯 조각에 물고기 두 토막이라면 겨우 어린아이 한 명을 위한 한 끼분의 음식일 뿐, 그것이 그곳에 운집해 있는 대군중에게는 아무 의미 없는 양임을 안드레는 익히 알고 있었습니다. 그래도 안드레는 '너희가 먹을 것을 주라'는 주님의 명령에 순종하기 위하여 그 어린아이를 데리고 예수님 앞으로 나아갔습니다. 그리고 예수님께서는 어린아이가 지니고 있던 그 보잘것없는 보리떡 다섯 조각과 물고기 두 토막으로, 여자와 어린아이를 포함하여 최소한 1만 명 이상의 대군중을 배불리 먹이시는 오병이어의 대역사를 행하셨습니다.

그 이후 지난 2천 년 동안 성경을 통해 오병이어의 대역사를 접하면서, 얼마나 많은 사람들이 주님의 위로와 격려를 입었겠습니까? 절망의 밑바닥에서 소망의 빛을 발견한 사람들은 또 얼마나 많았겠습니까? 내게 있는 것이 비록 금전적 가치라고는 전혀 없는 하찮은 떡 다섯 조각과 물고기 두 토막에 지나지 않는다 해도, 내가 하나님의 나라와 그의 의를 먼저 구하는 한, 주님께서는 내게 있는 그 보잘것없는 것을 통해 나의 삶 속에 반드시 오병이어의 대역사를 일으켜 주실 것임을 그날 그 벳새다 벌판에서 친히 보여 주셨기 때문입니다. 그러나 그 보잘것없는 떡 다섯 조각과 물고기 두 토막을 찾아내어 주님 앞으로 나아가는 안드레의 절대 순종이 없었던들, 그 위대한 오병이어의 대역사는 일어나지 않았을 것입니다.

그리스도인들조차도 관심을 기울이지 않는 안드레지만, 그의 중요한 행적은 이처럼 성경에 분명히 기록되어 있습니다. 사람들은 예수님의 열두 제자 가운데 베드로를 수제자라 부릅니다. 수제자란 무슨 말입니까? 으뜸 제자,

다시 말해 1등 제자라는 것입니다. 그래서 사람들은 1등 제자인 베드로에 대해서는 모르는 것이 없을 정도입니다. 하지만 성경은 안드레가 없었다면, 사람들이 1등 제자라 부르는 베드로는 존재할 수 없었음을 분명하게 확인해 주고 있습니다. 예수님께서 이 땅에 계시는 동안 수많은 기사奇事와 표적을 행하셨습니다. 그러나 마태 마가 누가 요한—사복음서가 모두 언급하고 있는 기사는 오병이어의 역사뿐입니다. 오병이어의 기사가 그마큼 크고 중요하기 때문입니다. 그러나 안드레가 없었다면, 그 위대한 오병이어의 대역사는 불가능하였을 것임을 성경은 강조하고 있습니다.

이와 같은 사실이 우리에게 주는 메시지가 무엇이겠습니까? 사람들 앞에 베드로의 행적이 두드러져 보였기에 사람들이 세상의 상대적 평가에 따라 베드로를 1등 제자로 부른다면, 하나님 앞에서는 사람에게 전혀 드러나 보이지 않은 안드레 역시 베드로와 똑같은 1등 제자라는 것입니다. 사람 앞에 두드러져 보인 베드로나 그 반대인 안드레나, 그들에 대한 하나님의 평가는 절대적이기 때문입니다. 아니, 하나님의 포상 기준에 따른다면 하나님의 나라에서 베드로보다 안드레가 더 큰 상을 받았을는지도 모릅니다. 베드로는 예수님의 수제자라 사람들의 칭송을 받으면서 이 세상에서 이 세상의 상을 받았기 때문입니다.

아나니아의 안수로 잃었던 시력을 회복하고, 영안이 열리고, 세례를 통하여 예수 그리스도와 연합한 사울은 음식을 먹고 강건해졌습니다. 성경에 기록된 내용이나 표현 가운데에는 무의미한 것이 없다고 했습니다. 세례 받은 사울이 음식을 먹고 강건해졌다는 것은, 아침에 일어나 이 닦고 세수하고 밥 먹었다는 어린아이의 일기장처럼 의미 없는 표현이 아니라는 말입니다. 그래서 우리는 지난 시간에 그 절대적인 의미를 함께 생각해 보았습니다. 그것은 사울이 더 이상 썩어 문드러질 육체를 위해 먹지 않고 주님께서 주신 영원한 생명을 위해 먹고 마시는 사람이 되었으며, 날이 갈수록 쇠잔해지는 자기 힘이 아니라 위로부터 주어지는 하나님의 힘만 의지하고 사는 사람이 되었다는 의미였습니다.

그리고 오늘의 본문은 이렇게 시작되고 있습니다.

> 사울이 다메섹에 있는 제자들과 함께 며칠 있을새(19절 하).

음식을 먹고 강건해진 사울은, 그 정확한 기간을 알 수 없지만, 며칠 동안 다메섹의 그리스도인들과 함께 있었습니다. 그 그리스도인들이 몇 명인지, 그들 개개인의 이름이 무엇인지도 우리로서는 알 수 없습니다. 우리가 분명하게 알 수 있는 것은, 그들 가운데 한 명이 사울에게 안수해 준 아나니아였을 것이라는 사실뿐입니다. 그리고 본문은 20절에서 이렇게 이어지고 있습니다.

> 즉시로 각 회당에서 예수가 하나님의 아들이심을 전파하니.

며칠이 지난 뒤 사울은 그 즉시 다메섹에 있는 각 회당을 찾아다니며, 예수님께서 하나님의 아들이심을 전파하기 시작했습니다. 여기에서 우리는 지난 시간과 똑같은 의구심을 갖게 됩니다. '사울이 다메섹에 있는 제자들과 함께 며칠 있었다'는 19절 하반절 내용이 무의미하고 불필요한 내용 아니냐는 것입니다. 오히려 19절 상반절이 20절과 연결되는 것이 더 자연스러워 보입니다. 이를테면 세례를 받고 음식을 먹고 강건해진 사울이 며칠 지난 뒤, 즉각 다메섹의 각 회당을 찾아다니며 복음을 전했다고 하는 것이 군더더기

없는 내용 전달처럼 보입니다.

그럼에도 본문은 왜 사울이 복음을 증언하기 이전에, 이름도 알려지지 않은 다메섹의 그리스도인들과 며칠 동안 함께 있었음을 굳이 밝히고 있습니까? 두말할 것도 없이 그 내용 또한 절대적인 의미를 지니고 있기 때문입니다. 다시 말해 세례 받은 사울이 다메섹의 그리스도인들과 며칠 동안 함께 있었던 것이 사울의 생애에 절대적인 영향을 미쳤기 때문입니다. 그렇다면 그 영향이란 구체적으로 무엇이었겠습니까? 그 해답은 우리가 그동안 살펴온 사도행전 9장 내용 속에서 찾을 수 있습니다. 사울은 본래 예수님을 부정하던 사람이요, 교회를 잔멸하던 반그리스도적인 인간이었습니다. 그가 다메섹을 향한 것도 다메섹의 그리스도인들을 체포하여 예루살렘으로 연행, 종교재판을 거쳐 죽여 버리기 위함이었습니다. 그러나 다메섹 도상에서 빛이요 진리이신 예수 그리스도의 태풍을 만난 사울은 시력을 상실하고 말았습니다. 그 이후 그는 사흘 동안 식음을 전폐하며 주님께 금식기도를 드렸습니다. 자신이 부정하던 예수님께서 성자 하나님이시고, 그분이 자신을 찾아오셨음을 확인했기 때문입니다. 그리고 사흘 만에 아나니아의 안수로 다시 보게 된 사울은, 세례를 통해 예수 그리스도와 연합하였습니다. 이로써 사울의 인생 방향과 목적이 완전히 새로워졌습니다. 한마디로 사울의 삶의 축이 자기중심으로부터 주님 중심으로 이동된 것입니다.

그러나 그것으로 끝일 수는 없었습니다. 사울이 시력을 상실했던 사흘 동안 알게 된 것은, 유대인들이 못박아 죽인 예수님께서 살아 계시다는 것과 그분이 성자 하나님이시라는 것뿐이었습니다. 다시 말해 그가 알고 있는 것은 복음의 총론일 뿐, 복음의 각론에 대해서는 전혀 알지 못하고 있었습니다. 그때는 신약성경이 기록되기 전이었습니다. 누군가가 예수님에 대하여 말로 설명해 주지 않으면, 그 누구도 복음의 내용을 스스로 알 수 없었습니다. 사울에게 그 역할을 해준 사람들이 바로 다메섹의 그리스도인들이었습니다. 그들의 입장에서 본다면, 사울은 그들과 함께할 수 없는 사람이었습니다. 그들은 사울이 교회와 그리스도인에 대하여 얼마나 잔인한 박해자였는지 잘 알고 있었기 때문입니다. 그러나 그들은 세례 받은 사울의 회심을 추호도 의심하지 않았습니다. 그들은 사울이 알고 싶어 하는 예수 그리스도에 대하여 건성으로, 형식적으로만 일러 준 것이 아니었습니다. 그들은 사울과 함께 며칠 동안 기거하면서 예수님께서 이 땅에 어떻게 오셨는지, 예수님께서 이 땅에서 어떻게 사셨고, 무엇을 행하셨으며, 언제 어디에서 무슨 말씀을 하셨는지, 어떻게 십자가에 못박혀 돌아가셨고, 어떻게 부활하셨으며, 또 어떻게 승천하셨는지, 그들이 예수님에 대하여 알고 있는 모든 것을 빠짐없이 가르쳐 주었습니다. 그들이 며칠에 걸쳐 소상하게 가르쳐 준 복음의 내용이 얼마나 사울의 심령을 사로잡았으면, 복음의 각론까지 다 알게 된 사울이 그 즉각 뛰쳐나가 복음을 전하기 시작했겠습니까? 그리고 사울에 대한 다메섹 그리스도인들의 영향이 얼마나 절대적이었으면, 그들이 사울과 함께 며칠 동안 기거하였음을 본문이 강조하고 있겠습니까?

이 이후에 사울은 우리가 잘 아는 바와 같이 위대한 사도, 세속적인 관점에서 본다면 첫째가는 사도, 1등 사도가 되었습니다. 그러나 하나님 앞에서는 사울을 사울 되게 한 다메섹의 그리스도인들 역시 사울과 똑같은 1등 그리스도인이라는 것이, 오늘의 본문이 우리에게 주는 메시지입니다. 하나님의 평가는 상대적인 평가가 아니라 절대적인 평가이기 때문입니다. 그래서 다메섹 그리스도인들의 이름이 익명으로 처리된 것도 아무 문제가 되지 않습니다. 우리는 알지 못하지만, 하나님께서는 그들 한 사람 한 사람의 이름을 다 알고 계시는 까닭입니다. 오히려 익명으로 처리된 다메섹의 그리스도인들이 하나님의 포상 기준을 따른다면, 사울보다 더 큰 상급을 받았을 것입니다. 그들은 이름이 가려져 있고 그들의 존재가 사람 앞에 부각되지 않은 반면에, 그 삶이 사람들 앞에 두드러지게 드러난 사울은 위대한 사도 바울로 이 세상에서 사람의 칭송과 존경을 넘치도록 받았고, 또 받고 있기 때문입니다.

오늘은 우리를 죄와 사망에서 구원하시기 위해 이 땅에 오신 주님의 성탄을 기리는 대림절 네 번째 주일입니다. 만약 하나님께서 인간처럼 인간을 상대적으로 평가하는 분이시라면, 당신의 독생자인 예수님을 세상에서 첫째가는 천하 제왕의 모습으로 이 땅에 보내셨을 것입니다. 그러나 하나님께서는 당신의 독생자를 더러운 짐승의 외양간에서 태어나게 하심으로, 가장 낮고 비천한 인간의 모습으로 이 땅에 보내셨습니다. 하나님께서는 인간을 절대적으로 평가하시는 분이시요, 이 세상에서 가장 비천한 인간도 하나님 앞에서는 가장 높은 사람이 될 수 있음을 당신의 독생자를 통해 친히 보여 주시기 위함이었습니다.

사랑하는 교우 여러분!

단 한 사람밖에 차지할 수 없는 세상의 1등, 결코 영원할 수 없는 세상의 1등, 그렇기에 결국엔 허무함으로 끝날 수밖에 없는 세상의 1등을 추구하느라, 한 번뿐인 귀중한 인생을 무의미하게 소진하는 어리석음을 더 이상 범치 마십시오. 세상에서 1등을 차지하지 못했다고 안타까워하지도 말고, 꼴찌라고 절망하지도 마십시오. 하나님께서 당신의 섭리를 위해 나를 세상에서 1등의 자리에 두신다는 것과, 내가 스스로 세상에서 1등의 자리를 내 인생의 목표로 삼는다는 것은 결코 같은 말이 아닙니다. 우리 모두 영원한 1등을 다 함께 누릴 수 있는 삶을 추구하십시다. 우리가 하루에 3천 명을 회개시키고 예수님의 수제자로 불리는 베드로가 될 수는 없지만, 그 베드로를 주님 앞으로 인도하는 보이지 않는 안드레가 될 수는 있습니다. 우리에게 오병이어의 대역사를 일으키는 능력은 없지만, 주님께서 오병이어의 대역사를 일으키실 수 있도록 우리의 떡 다섯 조각과 물고기 두 토막을 주님께 바치는 순종의 안드레가 될 수는 있습니다. 우리가 모두 세계의 역사를 새롭게 하는 위대한 사도 바울이 될 수는 없지만, 바울에게 며칠에 걸쳐 온 마음을 다해 복음을 설명해 준 다메섹의 이름 없는 그리스도인들이 될 수는 있습니다.

우리로 인해 누군가의 인생이 그리스도 안에서 새로워진다는 것, 우리가 혼신의 힘을 다해 복음을 설명해 준 그 누군가에 의해 이 세상의 역사가 새로워진다는 것보다 더 보람된 삶은 없습니다. 그것은, 우리가 비록 세상에서는 볼품없고 이름 없는 존재라 할지라도, 하나님 앞에서 우리 모두 영원한 1등을 함께 누릴 수 있는 유일한 길이기 때문입니다.

더러운 짐승의 외양간에서 태어나심으로 가장 낮고 비천한 인간의 모습으로 오셔서, 이 세상에서 가장 보잘것없는 인간도 하나님 앞에서는 가장 높은 사람이 될 수 있음을 몸소 보여 주신 사랑의 주님!

주님의 성탄을 기리는 대림절 네 번째 주일을 맞이하여, 우리가 세상의 상대적 평가의 허상에 사로잡혀 우리의 귀한 인생을 얼마나 의미 없이 소진하고 있는지 깨닫게 해주셔서 감사합니다. 단 한 사람밖에 차지할 수 없는 세상의 1등, 결코 영원할 수 없는 세상의 1등, 그렇기에 결국엔 허망함으로 끝날 수밖에 없는 세상의 1등을 추구하느라, 더 이상 무의미하게 인생을 낭비하는 어리석음을 범치 않게 하여 주옵소서.

우리에게 하루에 3천 명을 회개케 하는 능력은 없지만, 우리 모두 베드로를 주님 앞으로 인도하는 겸손한 안드레가 되게 하여 주옵소서. 우리에게 오병이어의 대역사를 일으키는 능력은 없지만, 주님께서 그 역사를 일으키실 수 있도록, 우리의 떡 다섯 조각과 물고기 두 토막을 주님께 드리는 순종의 안드레가 되게 하여 주옵소서. 우리가 인류의 역사를 새롭게 하는 사도 바울이 될 수는 없다 해도, 바울을 바울 되게 한 다메섹의 이름 없는 그리스도인이 될 수는 있음을 잊지 말게 하옵소서. 우리를 만나는 사람의 인생이 새로워지게 하시고, 우리가 만난 사람에 의해 이 세상이 새로워지게 하옵소서. 그리하여 우리 모두 하나님 앞에서 다 함께 영원한 1등을 얻고 누리게 하옵소서.

주님의 이름보다 자신의 이름을 더 내세우려다 속 빈 강정이 되거나, 세상 사람들의 칭송을 즐기고 세상의 상급을 탐하느라 하나님께서 주실 영원한 상급을 상실하는 미련한 사람이, 우리 가운데 단 한 사람도 없게 하여 주옵소서. 아멘.

29. 즉시로 전파하니 송년 주일

사도행전 9장 19하-25절

사울이 다메섹에 있는 제자들과 함께 며칠 있을새 **즉시로** 각 회당에서 예수가 하나님의 아들이심을 **전파하니** 듣는 사람이 다 놀라 말하되 이 사람이 예루살렘에서 이 이름을 부르는 사람을 멸하려던 자가 아니냐 여기 온 것도 그들을 결박하여 대제사장들에게 끌어 가고자 함이 아니냐 하더라 사울은 힘을 더 얻어 예수를 그리스도라 증언하여 다메섹에 사는 유대인들을 당혹하게 하니라 여러 날이 지나매 유대인들이 사울 죽이기를 공모하더니 그 계교가 사울에게 알려지니라 그들이 그를 죽이려고 밤낮으로 성문까지 지키거늘 그의 제자들이 밤에 사울을 광주리에 담아 성벽에서 달아 내리니라

오늘은 2007년 마지막 주일인 송년 주일입니다. 올 한 해 동안도, 죄인인 우리와 함께하실 수 없는 하나님께서 예수 그리스도 안에서 변함없이 우리와 함께해 주셨습니다. 그리고 야긴과 보아스의 은혜로 오늘까지 우리를 인도해 주셨습니다. 우리 모두 그 하나님께 감사의 박수로 영광을 돌려 드리십시다. 또 지난 1년 동안 이 양화진묘역을 지키고 가꾸기 위해, 그리고 주님의

몸 된 100주년기념교회를 위하여 보이는 곳에서, 혹은 보이지 않는 곳에서 수고하고 헌신한 수많은 교우님들이 있습니다. 그분들의 수고와 헌신이 없었던들 100주년기념교회가 오늘날과 같은 감동적인 신앙 공동체를 이루지는 못했을 것이요, 우리가 매 주일 이렇듯 은혜로운 예배를 드릴 수도 없었을 것입니다. 그 모든 분들께도 우리 함께 박수로 감사를 드리십시다.

먼저 2008년 1월 1일부터 시행 예정인 '집사·권사·장로 호칭제' 실시와 관련하여 몇 말씀 드리고자 합니다. 우리 신앙의 본질은 변할 수도 없고 변해서도 안 되지만, 본질을 담는 형식은 언제나 변할 수 있어야 하고 또 변해야 합니다. 본질은 절대적인 것인 데 반해, 형식은 늘 상대적인 것이기 때문입니다. 이를테면 예수님께서 부활 승천하신 뒤 소위 마가의 다락방에서 120명이 드리던 초대교회의 예배 형식과, 기독교에 대한 로마제국의 대박해 시절에 지하 무덤인 카타콤에서 드려지던 예배 형식, 콘스탄티누스 대제의 기독교 공인 이후 로마 가톨릭교회의 예배 형식, 16세기 종교개혁가들의 예배 형식, 오늘날 한국 개신교회의 예배 형식이 다 동일할 수 없고, 실제로 동일하지 않은 것과 마찬가지입니다. 그런데도 상대적인 하나의 형식을 절대화할 경우, 절대화된 형식이 도리어 본질을 왜곡하게 됩니다. 따라서 본질은 고수하지만 본질을 담는 형식에 대해서는 열려 있는 사람에 의해서만, 본질은 왜곡됨이 없이 본질로 지켜질 수 있습니다.

이미 120년의 역사를 넘어선 한국 개신교회가 시급히 개선해야 할 형식 중의 하나가 교회 직분 제도입니다. 2천 년 교회 역사상 유일하게 한국 교회에만 있는 권사를 포함하여 집사와 장로는 본래 봉사의 직분으로서, 교회의 본질인 복음을 구현하기 위한 인적·제도적 형식입니다. 그리고 지난 120여 년 동안 집사·권사·장로와 같은 직분자들의 헌신으로 한국 개신교회가 사상 유례없는 성장을 기록하게 된 것은 아무도 부인할 수 없는 역사적 사실입니다. 그러나 이 봉사 직분의 형식이 한국 개신교회 초기부터 한국 사회에 만연해 있던 유교의 가부장제와 결합하여 계급으로 그릇 인식되기 시작하면서, 그동안 한국 교회에 큰 병폐를 끼쳐 온 것 또한 엄연한 사실입니다. 물론 다 그런 것은 아니지만, 장로·권사 선거에서 당선되기 위하여 선거운동을 하거나 선거에서 탈락한 사람이 시험에 빠지는 등, 많은 교회들이 선거를 치를 때마다 그 후유증으로 진통을 겪는 것은 모두 봉사의 직분을 계급으로 그릇 인식하기 때문입니다. 더욱이 어느 교회든 그 교회에서 가장 열심히 봉사하고 인품이 가장 훌륭한 교인이라 할지라도, 그가 그 교회 교인 중에 가장 학력이 모자라고 가장 가난하고 번듯하게 내세울 만한 직업조차 없는 사람이라면, 그는 절대로 그 교회 장로가 될 수 없는 것이 오늘날 부정할 수 없는 한국 교회의 보편적 현상입니다. 그 역시 직분을 계급과 동일시하기 때문입니다. 2천 년 전 예수님께서 예루살렘의 명망가들을 다 제쳐 놓고 이스라엘에서 가장 가난하고, 가장 무식하고, 가장 비천한 갈릴리의 빈민 열두 명을 당신의 제자로 삼으셨던 복음의 본질에 비추어 보면, 오늘날 한국 교회의 직분 제도가 얼마나 성경과 동떨어진 형식인지 알게 됩니다.

그래서 1980년대 말부터 뜻있는 교회들에 의해 한국 교회의 왜곡된 직분 제도를 개선하려는 움직임과 시도가 있어 왔습니다. 이를테면 직분자의 임기를 제정하거나, 일정 기간마다 신임信任투표를 실시하는 것입니다. 그러나 그와 같은 시도가 직분을 계급으로 여기는 교인들의 그릇된 인식을 근본적으로 불식시키기에는 역부족인 것으로 간주되고 있습니다. 이에 우리 교회는 2005년 7월 10일 창립 직후부터 구역을 통해 전 교인의 의견을 수렴하면서, 당시 운영위원회가 이 문제에 대해 여러 차례 논의를 거듭하였습니다. 그리고 우리 교회는 집사·권사·장로를 직분에 대한 명칭이 아니라, 사람에 대한 호칭으로 사용하기로 하였습니다. 일정한 자격을 갖춘 사람이면 누구든 집사·권사·장로로 호칭함으로써, 사회적인 학력·경력·재력을 초월하여 상대의 신앙 경륜에 대한 존경심을 서로 표하자는 취지에서입니다. 그리고 교회 정관 제5장에 그 자격을 다음과 같이 명기하였습니다.

*만 30세 이상으로 세례 받은 지 1년, 그리고 100주년기념교회에 등록한 지 1년 이상 된 자는 집사로 부른다.
*만 50세 이상의 여자로서 집사에 임명된 지 5년 이상, 100주년기념교회에 등록한 지 2년을 초과한 자 가운데 교구 교역자와 구역장이 추천한 자는 권사로 부른다.
*만 60세 이상의 남자로서 집사에 임명된 지 5년 이상, 100주년기념교회에 등록한 지 2년을 초과한 자 가운데 교구 교역자와 구역장이 추천한 자는 장로로 부른다.

여기에서 교구 교역자와 구역장이 추천한다는 것은 무슨 특별한 조건을 따진다는 말이 아니라, 단지 이름만 걸어 둔 명목상의 교인인지, 아니면 실제로 매 주일 교회에 출석하는지를 교구 교역자와 구역장을 통해 확인한다는 의미입니다. 그리고 그 원칙에 의하여 2008년 1월 1일부터 100주년기념교회 집사·권사·장로로 호칭될 분들의 명단을 오늘 나누어 드렸습니다. 우리 모두 그리스도인으로 살아온 그분들을 존경하는 마음으로 그분들의 호칭을 불러 드리십시다. 호칭을 받는 분들은 그 호칭을, 더욱 겸손함으로 주님을 섬기는 계기로 삼으시기를 바랍니다.

이전 교회에서 권사·장로 직분을 받은 분들 가운데 우리 교회에 등록한 지 1년을 넘겼지만 2년을 초과하지 못한 분들과, 등록한 지 2년을 초과하긴 하였지만 우리 교회가 정한 연령에 미달되는 분들은 집사 명단에 들어 있습니다. 그분들에 대하여는 계속 권사·장로로 호칭하더라도, 100주년기념교회의 서류상으로는 원칙적으로 어쩔 수 없는 일임을 양해해 주시기 바랍니다. 아무쪼록 한국 개신교회 역사상 우리 교회가 처음으로 시도하는 '집사·권사·장로 호칭제' 실시가, 계급화된 직분제의 병폐를 극복하는 좋은 선례가 되기를 바라는 마음 간절합니다.

한 달 전, 소설가 이청준 선생님이 폐암으로 투병 중이라는 사실을 각 일간지가 보도하였습니다. 그 가운데 한 신문에 실린 이청준 선생님의 언급이 찡하도록 제 마음을 울렸습니다. 그동안 자신이 사용해 오던 애프터셰이브 로션이 다 떨어져 가는데, 하나 더 사야 할지 말아야 할지 망설여진다는 것입니다. 애프터셰이브 로션은 남자가 면도한 뒤에 바르는 로션입니다. 사용하던 애프터셰이브 로션이 다 떨어져 가면 새것을 구입하면 그만입니다. 그런데도 그분이 살까 말까 주저하는 것은 그 로션이 다 떨어지기 전까지 자신이 살아 있을는지, 혹은 아닐는지 알지 못하기 때문일 것입니다. 이청준 선생님은 제가 존경하는 작가이고, 또 제가 목회를 시작하기 전에 가까이 지내던 사이였습니다. 그래서 그 기사를 읽은 즉시 저는 애프터셰이브 로션을 구입하였습니다. 그리고 "이 로션이 다 떨어질 때쯤 되면 새것을 다시 보내 드리겠습니다"라는 쪽지와 함께 우편으로 보내 드렸습니다.

남자든 여자든 매일 아침에 로션을 바르지만, 거의 모든 사람이 별생각 없이 로션을 바릅니다. 하지만 매일 아침 로션을 바를 때마다 잠깐 멈추어 '이 병 속에 들어 있는 로션이 다 떨어지기까지 내가 살아 있을까' 하고 생각하는 사람이라면, 그의 하루의 삶이 보다 진지해지지 않겠습니까? 자신의 남은 생명을 생각한다는 것은, 자신의 삶을 되돌아본다는 것과 같은 말입니다. 매일 한순간이라도 멈추어 서서 자신의 삶을 되돌아보는 사람이라면, 비록 하루를 산다 해도 어제보다 오늘의 삶이 더 나아지지 않겠습니까? 묵은해와 새해의 분기점인 연말연시가 우리에게 중요한 것도 이와 같은 이유에서입니다.

2007년 12월 31일과 2008년 1월 1일은 서로 전혀 다른, 별개의 두 날이 아닙니다. 실은 그 두 날은 똑같은 날의 반복일 뿐입니다. 단지 한 해를 365일로 정하고 한 해의 출발점을 1월 1일로 삼는다는 인간 간의 약속에 의해 똑같은 두 날 중 하루는 묵은해의 마지막 날로, 나머지 하루는 새해의 첫날로 분류될 뿐입니다.

만약 인간에게 이처럼 묵은해와 새해의 구별이 없다면 어떻게 되었겠습니까? 사람들이 묵은해와 새해의 구별 없이 창세 이래 첫째 날, 십만 번째 날, 일억 번째 날 하는 식으로 날을 계산해 왔다면, 사람들은 저마다 분주하게 사느라 오늘날처럼 365일마다 자신을 성찰해 보는 기회마저 갖지 못할 것입니다. 그러나 365일마다 해가 바뀜으로 인해 생각 없이 살던 사람마저도 연말연시가 되면 한 번쯤 자신의 나이를 생각하고, 자신의 삶을 되돌아보며, 새로운 삶을 결심하게 됩니다. 이런 의미에서 묵은해와 새해의 분기점인 연말연시가 그리스도인인 우리에게는, 마치 암으로 투병하는 환자에게 자신의 생명을 되돌아보게 하는 애프터셰이브 로션처럼, 우리의 생명을 바르게 추슬러 주는 하나님의 특별한 은총이 아닐 수 없습니다. 그리고 2007년 마지막 송년 주일을 맞아, 우리가 어떤 시각에서 우리의 삶을 되돌아보아야 할 것인지를 오늘의 본문이 일깨워 주고 있습니다.

다메섹 도상에서 빛이요 진리이신 예수 그리스도의 태풍을 만나 시력을 상실한 사울은, 다메섹의 직가에 있는 유다의 집에서 사흘 동안 식음을 전폐하며 금식기도를 드렸습니다. 그리고 그를 찾아온 아나니아의 안수로 눈에서 비늘들이 벗겨진 사울은 시력을 회복하고, 영안이 열렸으며, 세례를 받은 뒤, 음식을 먹고 강건해졌습니다. 그는 더 이상 자신의 육체만을 위해 먹는 것이 아니라 주님께서 주신 영원한 생명을 위하여 먹고 마시며, 유한한 자신의 힘이 아니라 위로부터 주시는 하나님의 힘을 의지하고 사는 사람이 된 것입니다. 그로써 사울은 자신이 부정하던 예수님께서 성자 하나님이시라는 복음의 총론은 알게 되었지만, 그러나 복음의 각론은 아직 알지 못하는 상태였습니다. 그때는 지금과 같은 신약성경이 기록되기 이전이어서, 누군가가 복음의 각론을 말로 설명해 주지 않는 한, 아무도 복음의 각론을 스스로 알 수 있는 길은 없었다고 했습니다. 세례 받은 사울에게 다메섹의 그리스도인들이 그 역할을 해주었습니다. 그들은 며칠에 걸쳐 그들이 알고 있는 복음의 모든 것을 사울에게 전수해 주었습니다. 그리고 그 직후의 일을 본문 20절이 밝혀 주고 있습니다.

즉시로 각 회당에서 예수가 하나님의 아들이심을 전파하니.

복음의 전 내용을 알게 된 사울은 가만히 있을 수가 없었습니다. 비늘 벗은 눈으로 그가 만났던 주님을 전하지 않고는 견딜 수가 없었습니다. 그의 심령 속에서 복음을 전하고픈 열정이 불타올랐습니다. 그는 그 즉시 뛰쳐나가, 다메섹에 있는 유대인의 각 회당을 찾아다니며 예수님이 성자 하나님이시라는 복음을 증거하기 시작했습니다.

듣는 사람이 다 놀라 말하되 이 사람이 예루살렘에서 이 이름을 부르는 사람을 멸하려던 자가 아니냐 여기 온 것도 그들을 결박하여 대제사장들에게 끌어가고자 함이 아니냐 하더라(21절).

사울의 뜨거운 열정에 비해 유대인들의 반응은 냉소적이었습니다. 그도 그럴 것이, 유대인 회당에 모이는 유대인들이라면 유대교 교인들이었습니다. 유대교는 하나님의 아들을 자처하는 예수님을 못박아 죽였고, 예수님의 추종자들을 불법 사교집단으로 규정하고 있었습니다. 그리고 그들이 아는 한, 사울은 불법 사교집단 척결에 앞장선 모범 유대교인이었습니다. 그런데 그 사울이 자신들 앞에서 오히려 예수님이 성자 하나님이라고 외치고 있으니, 유대교인들이 보기에는 사울이 더러운 배교자가 된 것이 분명했습니다. 그러니 그들의 반응이 냉소적이고 냉담할 수밖에 없었습니다.

사울은 힘을 더 얻어 예수를 그리스도라 증언하여 다메섹에 사는 유대인들을 당혹하게 하니라(22절).

사울은 더욱 힘차게 복음을 외쳤지만, 그러나 유대인들을 당혹하게 만들었을 뿐입니다. 사울의 설교가 유대인들의 마음을 감동시키기는커녕 오히려 더욱 강퍅하게 만들었다는 말입니다.

여러 날이 지나매 유대인들이 사울 죽이기를 공모하더니(23절).

급기야 유대교인들은 더러운 배신자인 사울을 죽이기로 결의하였습니다. 여기에서 "여러 날"이 얼마 동안의 기간을 의미하는지는 다음 시간에 생각해 보기로 하겠습니다.

그 계교가 사울에게 알려지니라 그들이 그를 죽이려고 밤낮으로 성문까지 지키거늘 그의 제자들이 밤에 사울을 광주리에 담아 성벽에서 달아 내리니라(24-25절).

유대인들이 자신을 죽이려 한다는 사실을 알게 된 사울은 다메섹을 떠나 피신해야만 했습니다. 그러나 자신을 죽이려는 사람들이 다메섹 성문을 지키고 있어, 사울은 한밤중에 광주리에 담겨져 탈출하는 수모를 겪어야만 했습니다. 그러나 사울의 수모는 그것으로 끝나지 않았습니다. 그 이후에 예루살렘으로 올라가 복음을 전하려고 하였지만, 예루살렘의 유대인들 역시 사울을 죽이려 하였습니다. 사울은 하는 수 없이 고향으로 낙향하여, 10년 이상의 장구한 세월 동안 칩거해야만 했습니다. 주님을 부정하던 사울이, 그 주님으로 인해 이번에는 자신이 몸담았던 유대교로부터 박해받고 살해의 위협까지 당하게 된 것입니다.

여기에서 우리는 질문을 제기하지 않을 수 없습니다. 주님께서는 분명히 사울을 '주님의 이름을 이방인과 임금들과 이스라엘 자손들에게 전하기 위하여 택한 주님의 그릇'으로 부르셨습니다. 따라서 복음의 진수를 전수받은 사울이 조금도 지체하지 않고 주님을 전하기 시작한 것은 얼마나 주님의 택한 그릇답습니까? 그렇다면 주님께서는 당신의 증인으로 살기 시작한 사울을 지켜 주심이 마땅하지 않겠습니까? 사울이 복음을 전하기만 하면, 설령 그 대상이 유대교인들이라 할지라도 주님께서 그들의 마음을 감동시켜 주셔서, 마치 다메섹 도상의 사울을 꺾으시듯 그들을 회개케 해주셔야 마땅하지 않겠습니까? 그런데도 다메섹과 예루살렘에서 사울의 설교를 들은 유대인들의 마음이 도리어 강퍅해져서 사울을 죽이려 하기까지, 왜 주님께서는 사울이 복음 전파에 실패하도록 내버려 두셨습니까? 왜 젊디젊은 청년 사울로 하여금 10년 이상 고향에서 마치 실패자처럼 칩거하게 하셨습니까? 사울을 복음 전파를 위한 당신의 그릇으로 택하신 주님께서, 왜 처음부터 사울이 복음 전파에 성공하도록 해주시지는 않았습니까? 그 해답은 지극히 간단합니다. 주님께서 사울을 진정으로 사랑하셨기 때문입니다.

우리말 '풋'은 덜 익은 상태를 나타내는 접두어입니다. 풋과일은 아직 덜 익은 과일로, 풋과일을 잘못 먹으면 배탈 나기 십상입니다. 풋바둑은 배운 지 얼마 되지 않는 서툰 바둑으로, 바둑 축에 낄 수도 없는 바둑입니다. 풋사랑은 진정성과 안정성을 결여한 들뜬 사랑으로, 피차 상처를 주고받는 것으로 끝나기 쉽습니다.

본문의 사울은 이를테면 아직 풋그리스도인이었습니다. 비록 사울이 주님을 만났고, 세례를 받았고, 복음의 진수를 전수받아 개인적으로는 구원받은 그리스도인이 되었지만, 그러나 얼마 전까지만 해도 그는 교회를 잔멸하던 폭도였습니다. 복음의 증인, 주님의 증인으로 살기에는 선혀 훈련되지 않은 상태였습니다. 한 개인이 회심을 통하여 구원받은 그리스도인이 된다는 것과 주님의 증인으로 살아간다는 것은 결코 같은 말이 아닙니다. 구원은 주님께서 은혜로 그저 주시는 것이기에 우리에게 구원받기 위한 훈련은 불필요하지만, 주님의 증인으로 살아가기 위해서는 반드시 훈련이 필요합니다. 훈련 없이는 이론적인 설교가는 될 수 있지만, 주님의 말씀을 자신의 삶으로 살 수는 없습니다. 삶은 이론이 아니라 현실이기 때문입니다.

이것이 주님께서 아직 풋그리스도인인 사울의 복음 전파를 허락하시지 않은 이유였습니다. 사울을 먼저 진리 안에서 농익은 그리스도인이 될 수 있게끔 훈련시켜 주시기 위함이었습니다. 그래서 언뜻 실패처럼 보이는 사울의 실패는 실패가 아니었습니다. 야긴과 보아스의 주님께서 사울에게 특별히 베풀어 주신 주님의 은총과 사랑이었습니다. 그리고 본문의 시점으로부터 16년이 경과했을 때, 다시 말해 주님의 훈련에 의해 사울이 농익은 그리스도인이 되었을 때, 주님께서는 그를 안디옥교회로 불러내시고 당신의 증인으로 사용하기 시작하셨습니다. 이와 같은 주님의 사랑과 은총이 아니었던들 2천 년 전 사울이 구원받은 한 명의 그리스도인이 될 수는 있었겠지만, 인류의 역사를 새롭게 한 주님의 증인, 위대한 사도 바울이 되지는 못했을 것입니다.

우리는 여기에서 참으로 소중한 교훈을 얻게 됩니다. 우리는 언제나 주님을 위하여 무엇인가 먼저 일을 행하려 하지만, 주님께서는 먼저 우리가 바른 그리스도인, 농익은 그리스도인이 되기를 원하신다는 것입니다. 바른 그리스도인, 농익은 그리스도인만 주님의 일을 바르게 행할 수 있고, 언제 어디서나 주님을 좇아 정의의 편에 서서 불의와 맞서는 주님의 참다운 증인으로 살 수 있기 때문입니다.

이제 우리 각자 우리의 지난 1년을 되돌아보십시다. 지난 1년 동안 자신이 뜻한 바를 이루셨습니까? 세상에서 성공을 거두셨습니까? 주님의 청지기로서 더욱 겸손해지십시오. 겸손을 상실할 경우, 세상의 성공이 영적 실패의 지름길이 됨을 잊지 마십시오.

혹 지난 1년 동안 최선을 다하였음에도 뜻을 이루지 못하셨습니까? 오히려 실패의 쓴잔을 마시며 절망과 낙담 속에 빠져 계십니까? 그렇다면 오늘 본문 속의 주님을 만나십시오. 주님 안에서는, 그것은 결코 실패가 아닙니다. 그것은 야긴과 보아스의 주님께서, 아직 풋그리스도인인 우리를 농익은 그리스도인으로 세워 주시려는 주님의 은총입니다. 사울처럼 그 결과를 믿음으로, 겸손하게 받아들이십시오. 그 상황을 통한 주님의 훈련에 우리를 의탁하십시오. 주님께서 당신의 말씀으로 우리를 새롭게 빚으시도록, 우리의 삶을 주님의 말씀에 맡기십시다. 그때 2007년은 2007년의 마지막 날인 12월 31일로 소멸되는 것이 아니라, 앞으로 우리에게 오고 올 숱한 새해들을 위한 영원한 초석으로 남게 될 것입니다.

주님! 우리에게 또다시 한 해의 마지막 주일을 주셔서, 우리가 잠시 멈추어 우리의 지난 1년을 되돌아보지 않을 수 없도록 귀한 은총을 베풀어 주셔서 감사드립니다.

우리 가운데 지난 1년 동안 세상에서 성공을 거둔 사람이 있습니까? 주님의 청지기로서 더욱 겸손해지지 않으면, 세상의 성공이 영적 실패의 지름길이 됨을 명심하게 하옵소서. 혹 지난 1년 동안 최선을 다하였음에도, 실패의 쓴잔을 마시며 절망과 낙담 속에 빠진 사람이 있습니까? 오늘 본문 속의 주님을 만나게 하여 주옵소서. 주님 안에서 그것은 실패가 아님을, 그것이야말로 자신을 풋그리스도인으로 내버려 두시지 않으려는 주님의 특별한 사랑이요 은총임을 깨닫게 하여 주옵소서. 믿음은 단순 이론이 아니라 삶이요, 참된 삶은 훈련을 통해서만 구축되는 것임을 잊지 말게 하옵소서. 주어진 결과를 믿음으로 받아들이게 하시고, 그 상황 속에서 자신의 삶을 주님의 훈련의 손길, 주님의 말씀에 온전히 맡기게 하여 주옵소서. 아침에 무심코 바르는 로션의 남은 양을 통해서도, 주님의 말씀 앞에서 자신의 삶을 되돌아볼 줄 아는, 농익은 그리스도인으로 살게 하여 주옵소서. 그리하여 2007년이 과거의 시간으로 사라져 버리는 것이 아니라, 앞으로 오고 올 새해들을 위한 영원한 초석으로 남게 하여 주옵소서. 주님의 진정한 증인으로 살아갈 우리로 인해, 2008년에는 우리 숫자만큼, 이 세상이 좀더 밝아지게 하여 주옵소서.

2008년 1월 1일부터 100주년기념교회가 처음으로 집사·권사·장로 호칭제를 실시하고자 합니다. 우리 모두 호칭자들을 존경하는 마음으로 호칭하게 하시고, 호칭받는 사람들은 더욱 겸손한 그리스도인으로 살아가게 하옵소서.

특히 지난 1년 동안 주님의 몸 된 교회를 위해 헌신한 교우님들의 수고를, 주님의 크신 은총으로 갚아 주옵소서. 아멘.

30. 계교가 알려지니라 _{신년 주일}

사도행전 9장 19하-25절
사울이 다메섹에 있는 제자들과 함께 며칠 있을새 즉시로 각 회당에서 예수가 하나님의 아들이심을 전파하니 듣는 사람이 다 놀라 말하되 이 사람이 예루살렘에서 이 이름을 부르는 사람을 멸하려던 자가 아니냐 여기 온 것도 그들을 결박하여 대제사장들에게 끌어가고자 함이 아니냐 하더라 사울은 힘을 더 얻어 예수를 그리스도라 증언하여 다메섹에 사는 유대인들을 당혹하게 하니라 여러 날이 지나매 유대인들이 사울 죽이기를 공모하더니 그 **계교가** 사울에게 **알려지니라** 그들이 그를 죽이려고 밤낮으로 성문까지 지키거늘 그의 제자들이 밤에 사울을 광주리에 담아 성벽에서 달아 내리니라

오늘은 2008년이 시작되고 처음으로 맞는 신년 주일입니다. 사람들은 엿새 전에 시작된 2008년을 거리낌 없이 새해라 부릅니다. 그러나 지난 1월 1일 0시 예배 시간에 말씀드린 것처럼, 새해란 말의 함정에 빠져서는 안 됩니다. 대체 새해가 어디에 있습니까? 새해의 실체가 과연 무엇입니까? 속지

마십시오. 새해는 없습니다. 새해는 외부로부터, 혹은 저절로 주어지는 것이 아니라는 말입니다. 새해는 매일 새로운 삶을 사는 사람들의 삶 속에 결과적으로 결실되는 열매입니다. 지금 우리 자신이 어떤 모습, 어떤 상황 속에 처해 있든, 그것은 우리가 지금까지 살아온 삶의 결과이지 않습니까? 마찬가지로 오늘 내가 어떤 삶을 사느냐에 따라, 오늘의 결과인 나의 내일이 달라지지 않겠습니까? 따라서 내가 매일 새로운 삶을 살 때에만, 그 삶의 결과인 2008년이 새해로 축적될 것임은 두말할 나위가 없지 않겠습니까? 그것이 가능할 수 있게끔, 주님께서 오늘 우리에게 주신 본문을 통해 몇 가지 깨달음을 얻을 수 있습니다.

아나니아의 안수로 눈에서 비늘이 벗겨져 시력을 회복하고, 영안이 열리고, 세례를 받은 사울은 음식을 먹고 강건해졌습니다. 그리고 다메섹의 그리스도인들로부터 복음의 진수를 전수받은 사울은 그 즉각 뛰쳐나가, 다메섹에 있는 유대인의 각 회당을 찾아다니며 복음을 전하기 시작했습니다. 이에 대한 유대인의 반응을 본문 21절이 밝혀 주고 있습니다.

듣는 사람이 다 놀라 말하되, 이 사람이 예루살렘에서 이 이름을 부르는 사람을 멸하려던 자가 아니냐 여기 온 것도 그들을 결박하여 대제사장들에게 끌어가고자 함이 아니냐 하더라.

이와 같은 유대인들의 반응은 우리에게 낯설지 않습니다. 사울이 다메섹 도상에서 빛이요 진리이신 예수 그리스도의 태풍을 만나 시력을 상실했을 때입니다. 주님께서 다메섹의 아나니아에게 사울을 찾아가 안수해 줄 것을 명령하시자, 아나니아가 다음과 같이 이의를 제기했음을 우리는 알고 있습니다.

주여 이 사람에 대하여 내가 여러 사람에게 듣사온즉, 그가 예루살렘에서 주의 성도에게 적지 않은 해를 끼쳤다 하더니 여기서도 주의 이름을 부르는 모든 사람을 결박할 권한을 대제사장들에게서 받았나이다 (13-14절).

사울에 대한 아나니아의 반응과, 오늘 본문 속 유대인들의 반응의 내용은 이처럼 동일하였습니다. 그러나 동일하게 보이는 그 내용의 의미와, 그 양자의 입장마저 동일한 것은 아니었습니다. 오히려 정반대였습니다. 사울을 찾아가 안수해 주라는 주님의 명령에 아나니아가 그와 같은 반응을 보인 것은, 소문으로 듣던 사울과 실제의 사울이 일치한다는 생각 때문이었습니다. 사울의 전력을 소문을 통해 알고 있는 아나니아는, 그때까지 사울을 교회에 대한 최대의 박해자로 인식하고 있었습니다. 따라서 아나니아는 사울의 마수로부터 교회와 그리스도인들을 지키기 위하여, 사울에 대해 그처럼 이의를 제기할 수밖에 없었습니다. 그러나 아나니아는, 주님께서 사울을 당신의 그릇으로 택하셨다는 주님의 말씀 앞에서 자신의 생각을 거두어들였습니다. 주님의 말씀을 통해 아나니아는, 사울 역시 그리스도 안에서 품어야 할 형제임을 깨달았기 때문입니다.

반면에 오늘의 본문 속 유대인들이 사울에 대해 아나니아와 동일한 반응을 보인 것은 정반대의 의미와 입장에서였습니다. 그들은 같은 유대인이기는 하지만, 그리스도인인 아나니아와는 달리 예수님을 부정하던 유대교인들이었습니다. 그들은 그동안 교회 잔멸의 선봉장으로 알려진 사울을 자신들과 같은 편으로 알고 있었습니다. 그런데 그 사울이 엉뚱하게도 그리스도인이 되어 자신들 앞에 나타난 것입니다. 그러므로 본문에 나타난 그들의 반응은, 실제의 사울은 그동안 자신들이 소문으로만 알고 있던 사울과는 전혀 다르다는 의미였습니다. 다시 말해 아나니아의 반응이 '사울은 이런 사람이다'라는 긍정적 표현이었다면, 유대인들의 반응은 '사울은 이런 사람이 아니다'라는 부정적 표현이었습니다. 그래서 사울이 더욱 힘차게 복음을 외쳤지만, 오히려 유대인들의 마음은 더 강퍅해지기만 했음을 본문 22절이 전해 주고 있습니다. 유대교인들은 배교자 사울을 그냥 내버려 둘 수가 없었습니다.

여러 날이 지나매 유대인들이 사울 죽이기를 공모하더니(23절).

여기에서 "여러 날"이 얼마 동안의 기간을 의미하느냐에 대해서는 일반적으로 두 가지 견해가 있습니다. 첫째는, 문자 그대로 '여러 날'이라는 것입니다. 두 번째는, '3년'을 가리킨다는 견해입니다. 사울은 갈라디아서 1장 17-18절에서 다메섹 회심 이후, 아라비아로 갔다가 다시 다메섹을 거쳐 예루살렘으로 되돌아간 것은 예루살렘을 떠난 지 3년 후의 일이었음을 밝혀 주고 있습니다. 그러므로 본문 22절과 23절 사이에는 3년의 시차가 있다는 것입니다. 중요한 사실은 어느 쪽의 견해를 따르든, 다메섹의 유대교인들이 배교자 사울을 죽여 버리기로 공모했다는 것입니다. 사울로 인해 유대교인들 중에 마음이 흔들리는 사람이 적지 않았기 때문일 것입니다. 그들에겐 유대교를 뒤흔들고 있는 배신자 사울을 죽여 버리는 것 이외에 다른 대안은 없었습니다.

이처럼 사울에 대한 아나니아와 유대인들의 반응의 내용이 겉으로는 동일해 보이지만, 그 의미와 결과는 판이하게 달랐습니다. 그들이 처해 있는 입장이 서로 달랐기 때문입니다. 아나니아가 주님을 믿는 그리스도인의 입장에 서 있는 반면, 유대인들은 주님을 부정하는 유대교의 입장에 서 있었습니다. 이것이 오늘 본문을 통해 얻을 수 있는 첫 번째 깨달음입니다. 우리가 어느 입장에 서 있느냐에 따라 우리 언행의 의미와 결과는 달라지기 마련입니다. 우리가 올 한 해 동안 매사에 주님을 믿는 그리스도인의 입장을 확고히 견지하지 않는 한, 우리의 올해가 새해로 축적될 수는 없습니다. 매사에 그리스도인의 입장을 고수하지 않는 우리의 삶은, 지금까지 그래 왔던 것처럼, 올 연말에도 반드시 후회와 한탄으로 끝날 것이기 때문입니다.

다메섹의 유대교인들이 집단적으로 사울을 죽이기로 공모했다면, 객지에 홀로 떨어져 있는 사울로서는 이미 죽은 목숨이나 다름없었습니다. 그러나 본문 24절이 이렇게 시작되고 있습니다.

그 계교가 사울에게 알려지니라.

누군가를 살해하기로 공모하는 사람들이라면, 그 공모를 백일하에, 만인환시리萬人環視裏에 행할 리가 만무합니다. 적어도 바보가 아니라면, 살해 공모를 아무도 모르게, 은밀하게 행할 것입니다. 그런데 그들이 은밀하게 공모한 계교가 사울에게 알려졌습니다. 본문에서 '알려지니라'에 해당하는, 원문에 수동형으로 기록되어 있는 헬라어 동사 '기노스코γινώσκω'는 '동침하다'라는 뜻도 있어, 사울을 죽이려는 유대교인들의 계교가 피상적으로가 아니라 속속들이 밝혀졌음을 의미하고 있습니다. 사울이 알려고 안달했기 때문이 아니었습니다. 사울은 아예 아무것도 모르고 있었습니다. 그런데도 유대교인들의 계교가 하나도 빠짐없이 사울에게 알려졌습니다. 마치 사울이 그 공모의 현장에 동석이라도 하고 있었던 것처럼 그들의 계교가 낱낱이 밝혀진 것입니다. 그 계교가 어떤 사람에 의해 어떻게 밝혀졌고, 또 어떤 경로를 통해 사울에게 알려지게 되었는가? 이에 대해서는 본문은 일절 언급하지 않습니다. 그것은 전혀 중요하지 않기 때문입니다. 누가 그 역할을 담당했던 그들은 단지 주님의 도구였을 뿐, 그들의 배후에서 유대교인들의 계교를 백일하에 드러나게 하신 분은 주님이셨습니다. 그러므로 '그 계교가 알려졌다'는 이 짧은 증언은, 신년 주일을 맞는 우리에게 두 번째 깨달음을 던져주고 있습니다. 올 한 해 우리가 무엇을 꾀하든, 하나님 앞에서는 그 모든 것이 반드시 드러나기 마련이라는 것입니다.

몇 해 전 필리핀의 한 청년이 유포시킨 '러브 바이러스'가 순식간에 전 세계 수백만 대의 컴퓨터를 마비시킨 일대 사건이 있었습니다. 미국의 경우 대기업은 말할 것도 없고 백악관과 의회, 국무부와 국방부 등 주요 정부 기관마저 피해를 입었습니다. 독일 내무부에서는 이메일 송수신이 중단되었고, 로마에 있는 유엔식량농업기구FAO에서는 컴퓨터 시스템 자체가 전면 중단되었습니다. 벨기에에서는 은행 현금자동인출기ATM가 작동을 멈췄고, 영국에서는 전 기업의 30퍼센트, 그리고 스웨덴에서는 전 기업의 80퍼센트가 피해를 입었습니다. 그로 인해 전 세계가 입은 경제적 손실이 무려 25억 달러로 추산될 정도로 큰 사건이었습니다.

그런데 놀라운 사실은 미국연방수사국FBI이 러브 바이러스가 침투한 전화회선을 역추적하여, 미국과는 지구 반대편에 위치한 필리핀 마닐라 소재의 한 아파트에서 범인과 범인이 사용한 컴퓨터를 정확하게 색출해 낸 것입니다. 이 지구상에 있는 수억만 대의 컴퓨터와 컴퓨터를 사용하는 수억만 명중에서 단 한 명의 범인과, 그가 사용한 단 한 대의 컴퓨터를 찾아낸다는 것은, 컴퓨터의 문외한인 저로서는 상상을 초월하는 일입니다. 러브 바이러스를 퍼뜨렸던 23세의 필리핀 청년 구스만Gusman조차도 자신이 그토록 쉽게, 그리고 빨리, 그것도 필리핀 경찰이 아니라 지구 반대편의 미국 경찰에게 잡히리라고는 상상치도 못했을 것입니다.

그러나 아무리 미국의 FBI가 신출귀몰하다 해도 결국은 인간 조직에 불과하지 않습니까? 인간 조직인 미국의 FBI 앞에서, 미국도 아닌 필리핀에서 한 청년이 은밀하게 행한 일도 숨길 수 없다면, 대체 하나님 앞에서 드러나지 않을 일이 어디에 있겠습니까? 하나님 앞에서 인간의 거짓과 불의가 어찌 영원히 덮여질 수 있겠습니까? 그래서 다윗은 다음과 같이 고백하였습니다.

주에게서는 흑암이 숨기지 못하며 밤이 낮과 같이 비추이나니 주에게는 흑암과 빛이 같음이니이다(시 139:12).

어둠은 인간의 시야를 차단합니다. 그래서 사람들은 어둠 속에서 해서는 안 될 짓을 은밀하게 행하기도 합니다. 무슨 짓을 하든 보이시 않기 때문입니다. 그러나 하나님 앞에서는 빛과 어둠, 낮과 밤이 구별되지 않습니다. 하나님께서는 흑암도 꿰뚫어 보는 분이시기 때문입니다. 다윗이 이렇게 고백한 데는 이유가 있었습니다. 그는 남의 아내와 불륜을 저질렀던 적이 있었습니다. 시간과 장소는 한밤중의 구중궁궐이었습니다. 그 여인의 남편은 전쟁터에 나가 있었습니다. 자신의 불륜을 본 사람은 아무도 없었습니다. 그러나 그 순간 그는 한 가지 사실을 잊고 있었습니다. 자신의 불륜 현장을 하나님께서 보고 계신다는, 하나님을 믿는 사람에게는 지극히 단순하고도 기본적인 사실이었습니다. 마침내 그의 불의가 하나님에 의해 낱낱이 드러나게 되었을 때, 그 결과로 그는 백주에 만인이 보는 앞에서 수치를 당해야만 했습니다. 그리고 그는 자신의 심령에 깊이 새겼습니다. 하나님 앞에서는 흑암이 숨겨질 수 없으며, 하나님께는 흑암과 빛이 구별되지 않는다는 것이었습니다. 그 이후에야 그는 진정으로 새날을 맞을 수 있었고, 실추되었던 그의 명예가 회복되었습니다.

잊지 마십시오. 내가 무엇을 하든, 아무리 남모르게 은밀히 행한 일도, 하나님께는 드러나지 않는 일이 없고, 밝혀지지 않는 일이 없습니다. 하나님께는 흑암과 빛이 아무런 차이가 없습니다. 이 사실을 잊지 않을 때에만 우리는 매사에 하나님의 말씀을 좇아 살 수 있고, 그 결과로 우리의 2008년은 새해로 축적될 것입니다.

그 계교가 사울에게 알려지니라 그들이 그를 죽이려고 밤낮으로 성문까지 지키거늘(24절).

사울을 죽이려는 유대교인들의 계교가 드러남과 동시에 사울이 즉각 거처를 옮겼던가 봅니다. 사울의 소재를 파악할 수 없었던 유대교인들은 밤낮으로 성문까지 지키고 있었습니다. 고린도후서 11장 32절에 의하면, 이때 유대교인들은 당시 다메섹의 지배자이던 아레다 왕의 군사들을 매수하여 성문을 불철주야 감시하고 있었습니다. 유대교인들이 군사까지 동원하여 성문을 지키고 있다면, 성안에 갇힌 사울은 그야말로 독 안에 든 쥐가 아니겠습니까? 이제 사울의 목숨은 죽음을 향해 초읽기에 들어간 것과 같지 않겠습니까? 그러나 군사까지 동원하여 사울을 죽이려던 유대교인들의 작전은 또다시 무산되고 말았습니다.

그의 제자들이 밤에 사울을 광주리에 담아 성벽에서 달아 내리니라 (25절).

다메섹에는 벌써 사울을 따르는 제자들이 있었습니다. 그들이 한밤중에 사울을 광주리에 넣고 줄로 묶은 뒤, 그 광주리를 성벽 위에서 달아 내려 사울을 탈출시켰습니다. 사울을 죽이려던 사람들로서는 상상치도 못한 일이었습니다. 그 기상천외한 방법으로 사울을 탈출시킨 사울의 제자들이 예루살렘에서부터 사울과 동행했던 동료였는지, 혹은 다메섹에서 사울의 전도로 회심한 그리스도인인지, 그리고 그들이 몇 명인지, 우리로서는 알 길이 없습니다. 그리고 그것 역시 우리에게는 조금도 중요하지 않습니다. 그들의 신상에 대하여 침묵하고 있는 본문이 강조하는 것 또한, 그들을 도구로 삼아 사울을 구해 내신 분은 주님이시라는 것이기 때문입니다. 이것은 비단 다메섹에서만 있었던 일이 아닙니다.

사울이 제자들과 함께 있어 예루살렘에 출입하며 또 주 예수의 이름으로 담대히 말하고 헬라파 유대인들과 함께 말하며 변론하니 그 사람들이 죽이려고 힘쓰거늘(28-29절).

다메섹을 극적으로 탈출한 사울이 예루살렘으로 올라가 복음을 전하자, 그곳에서도 사울을 죽이려는 유대교인들이 있었습니다. 그들이 배교자인 사울을 얼마나 증오했는지, 사울을 죽이려고 힘을 다할 정도였습니다. 사울을 죽이기 위해 수단과 방법을 가리지 않았습니다. 그러나 그들의 노력 역시 수포로 돌아가고 말았습니다. 그 이유는 30절이 밝혀 주고 있습니다.

형제들이 알고 가이사랴로 데리고 내려가서 다소로 보내니라.

예루살렘에서도 사울이 자신의 안위를 위해 능동적으로 한 일이라고는 아무것도 없었습니다. 이때에도 사울은 유대교인들의 음모를 모르고 있었지만, 믿음의 형제들이 먼저 알고 사울을 그의 고향인 다소로 안전하게 피신시켜 주었습니다. 그 고마운 믿음의 형제들 이름이나 직업에 대하여도 성경은 역시 침묵하고 있습니다. 그들을 도구 삼아 사울을 구해 내신 분은 이번에도 주님이셨기 때문입니다. 이처럼 자신을 책임져 주시는 주님의 은총 속에서 풋그리스도인인 사울은 농익은 그리스도인으로 영글어 갈 수 있었고, 그 결과로 그의 시간들은 새날, 새해로 엮어질 수 있었습니다. 여기에서 우리는 마지막 깨달음을 얻게 됩니다. 우리가 우리의 삶을 사울처럼 주님께 의탁할 때 주님께서는 우리의 삶을 반드시 책임져 주시고, 주님의 그 은총 속에서만 우리의 2008년이 새해로 축적될 수 있다는 것입니다.

그렇다면 오늘 우리가 본문을 통해 얻은 세 가지의 깨달음을 이제 정리해 보십시다. 누가 자기 삶을 주님께 온전히 의탁할 수 있습니까? 주님께서 자신의 삶을 책임져 주심을 믿는 사람입니다. 누가 언제 어디서나 그리스도인의 입장을 고수할 수 있습니까? 주님께서 자신의 삶을 책임져 주심을 믿는 사람입니다. 누가 하나님께는 흑암과 빛이 구별되지 않음을 알아, 매사에 주님의 말씀을 좇아 살 수 있습니까? 밤이나 낮이나 자신과 함께 계시는 하나님께서 자신을 책임져 주심을 믿는 사람입니다. 바로 이것이 우리 믿음의 핵심입니다. 우리가 주님을 믿을 때, 주님께서 반드시 당신의 은총으로 우리 삶을 책임져 주심을 믿을 때에만 그 은총을 힘입어 새로운 삶을 살 수 있고, 그 결과로 우리의 날들이 새해로 축적될 것입니다.

우리 교회가 창립된 지 2년 반이 지났습니다. 100주년기념사업협의회 어른들을 통해 양화진 묘지기로 하나님의 부르심을 받은 뒤, 제가 지난 2년 반 동안 한 것이라고는 묘지기의 자리를 지키는 것뿐이었습니다. 그때 주님께서 원근 각처 동서남북으로부터 당신의 일꾼들을 친히 이곳으로 부르시어, 오랫동안 방치되어 있던 양화진을 오늘날과 같은 새로운 모습으로 가꾸어 주셨습니다. 2년 반이라는 짧은 기간에 비하면 기적과도 같은 변화입니다. 그 변화가 가능할 수 있도록 주님께서 이곳으로 보내 주신 분들의 신앙과 삶의 여정을 들여다보면, 어느 한 분 예외 없이 그분들이 양화진으로 오게 된 것 자체가 기적의 드라마임을 확인하고 주님을 찬양하게 됩니다.

현재 양화진홍보관 2층 전시실 작업을 총지휘하고 있는 정은숙 집사님의 경우도 마찬가지입니다. 그 전시실은 양화진을 세계에 알리기 위한 공간으로, 우리 교회가 양화진에 존재하는 존재 이유를 밝혀 줄 곳이기도 합니다. 그래서 비록 공간은 좁지만, 제네바에 있는 적십자사 박물관, 혹은 뉴욕과 이스라엘 텔아비브에 있는 유대인학살기념관처럼 세계적인 수준의 전시실로 꾸미고자 하는 것이 우리 교회의 계획이었습니다. 그러나 과연 누가 그 일을 책임지고 추진할 수 있을 것인지, 어디에서부터 시작해야 할 것인지, 비전문인인 저로서는 막막하기만 했습니다. 그 일로 제가 고심하는 것을 알게 된 아내가, 왜 적임자를 가까운 데 두고 멀리서 찾느냐고 말했습니다. 제가 적임자가 누구냐고 물었더니 정은숙 집사님이라고 했습니다. 그 말을 듣고 보니 우리 교회 교인 가운데, 프랑스에서 서양미술사를 전공하면서 유수한 박물관과 기념관 그리고 전시관을 두루 섭렵하여 그 분야에 높은 식견이 있는 정은숙 집사님보다 더 나은 적임자는 없는 것 같았습니다. 그래서 정 집사님에게 전시실 작업 추진을 부탁했고, 그분이 양화진전시실에 가장 적합한 전문가로 국립중앙박물관 전시 디자이너를 역임한 김유석 선생을 선정, 다음 달 말 개관 목표로 전시실 공사를 진행 중에 있습니다.

1997년 연말이었습니다. 그때 저는, 제가 목회하던 주님의교회에서 10년 임기를 반년 남겨 두고 있었습니다. 그래서 당시 유럽에 체류 중이던 임영수 목사님을 주님의교회로 청빙하기 위해, 세 번째로 임영수 목사님을 찾아 파리로 갔습니다. 밤늦게 파리에 도착한 저는, 이튿날 아침 일찍 임 목사님을 만나 주님의교회에 와주실 것을 다시 청했고, 오랜 대화 끝에 마침내 임 목사님은 제가 퇴임한 다음 주일부터 주님의교회에서 설교하겠노라고 승낙하셨습니다. 일을 마친 제가 그날 밤 귀국편 비행기를 타기까지는 시간이 많이 남아 있었습니다. 임 목사님은 그날 미술 전문인의 안내로 로댕미술관에 갈 예정인데 저도 함께 가자고 하셨고, 시간이 남은 저는 임 목사님을 따라나섰습니다. 그날 로댕미술관을 안내해 준 분이 당시 파리에서 박사학위 논문을 쓰고 있던, 지금의 정은숙 집사님이었습니다. 그리고 저는 그날 오후 비행기로 귀국하였습니다.

그로부터 8년이 경과한 2005년 7월 7일, 그러니까 우리 교회가 창립되기 사흘 전 밤이었습니다. 오래전부터 가까이 지내던 이웅배 집사님의 조각 전시회가 포스코 갤러리에서 시작되는 밤이었습니다. 그날따라 폭우가 심하게 쏟아져 차라리 내일 갈까 망설이다가, 만약 그날 밤을 놓치면 교회 창립과 맞물려 아예 가볼 수 없을 것 같아, 그날 밤에 폭우를 뚫고 합정동에서 강남에 있는 포스코 전시장을 찾아갔습니다. 전시장에서 예전에 제가 아끼던 청년을 만났습니다. 그 청년이 제 근황을 묻기에, 사흘 후에 우리 교회가 창립된다는 소식을 일러 주었습니다. 그 이야기를 그 청년과 함께 온 분이 들었습니다. 그분은 현재 우리 교회가 운영하는 글방을 책임지고 있는 주경은 집사님으로서, 주 집사님은 당시 천주교 신자로 지면을 통해서만 저를 알고 있었습니다. 그 주 집사님이 제가 만났던 청년과 함께 우리 교회 창립 예배에 참석하였다가 개신교로 개종하고, 우리 교회 교인이 되었습니다. 그리고 얼마 후 주 집사님이 평소에 알고 지내던 분을 우리 교회로 인도하였는데, 그분이 바로 정은숙 집사님이었습니다. 정 집사님은 8년 전 파리에서 임 목사님과 함께 만났던 제가 목회하는 교회라는 이야기를 듣고 주 집사님을 따라왔다가 우리 교회 교인이 되었고, 지금 이렇게 양화진전시실 작업을 총지휘하고 있는 것입니다. 제가 방금 말씀드린 이야기 중 단 한 과정만 어긋났더라도 이것은 불가능한 일이었을 것입니다. 하나님께서는 오늘의 양화진전시실을 위하여, 10년 전부터 한 치의 오차도 없이 치밀하게 역사해 오신 것입니다.

사랑하는 교우 여러분!

예전에 저는 오랫동안 선데이 크리스쳔이었습니다. 게다가 한때 저는 처량방탕했던 인간입니다. 저처럼 형편없는 인간도, 이 양화진 동산에서 주님의 부르심에 저 자신을 맡겼더니, 주님께서는 시간과 공간을 초월하여 모든 것을 책임져 주심으로 양화진의 미래를 당신의 섭리 가운데서 친히 가꾸어 주고 계십니다. 이 하나님께서 여러분의 하나님이심을 믿으십니까? 그렇다면 하나님께 여러분의 삶을 의탁하십시오. 언제 어디서나 그리스도인의 자리, 그리스도인의 입장을 확고하게 고수하십시오. 하나님 앞에서는 드러나지 않고 밝혀지지 않는 일이 없음을 깨달아, 매사에 하나님의 말씀을 좇아 행하십시오. 1월 1일 0시 예배에서 말씀드린, 예레미야 29장 11절 말씀을 근거로 한, 올해 우리 교회의 표어 "미래와 희망"처럼, 하나님을 여러분의 미래와 희망으로 삼으십시오. 하나님께서 여러분의 삶을 반드시 책임져 주실 것이요, 여러분을 농익은 그리스도인으로 세워 주실 것입니다. 그리고 그 결과로, 여러분의 2008년은 정녕 새해로 축적될 것입니다.

우리가 주님을 믿는다고 입으로 고백하기는 하면서도, 우리의 실생활 속에서는 주님의 능력을 미국의 FBI보다 하찮게 여기는 어리석음을 범해 왔습니다. 그래서 주님께 우리의 삶을 전적으로 맡기지도 못했고, 매사 그리스도인의 입장을 확고하게 고수하지도 못했습니다. 도리어 사람의 눈이 없는 곳이라면, 마치 그곳에 주님마저 계시지 않는 양, 불의와 거짓도 불사하며 살아왔습니다. 그 결과 우리가 이 세상에 태어난 뒤, 그동안 수없이 새해를 맞았지만, 우리 생애에 진정한 새해가 한 번도 없었음을 고백드립니다.

내 인생의 내일은, 전적으로 오늘 나의 삶에 의해 결정됨을 다시 일깨워 주셔서 감사합니다. 내가 하나님의 말씀을 좇아 하나님께 나의 삶을 의탁하는 한, 사울을 죽이려는 유대교인들의 거듭된 계교 속에서도 사울의 삶을 온전히 책임져 주신 하나님께서, 시간과 공간을 초월하여 나의 삶도 책임져 주심을 잊지 말게 하옵소서. 설령 내가 칠흑 같은 어둠 속에 있어 이 세상 그 누구도 나를 볼 수 없다 해도, 하나님 앞에서는 그 어둠이 빛과 같음을 언제나 명심하게 하옵소서. 그리하여 나를 책임져 주시는 주님의 은총 속에서 날마다 농익은 그리스도인으로 살아가는 나의 2008년이, 정녕 새 시간, 새날, 새달, 새해로 축적되게 하옵소서. 나로 인해 나와 더불어 살아가는 모든 사람들도, 새해의 기쁨과 가치와 의미를 함께 공유할 수 있게 하옵소서. 아멘.

31. 바나바가 전하니라

사도행전 9장 26-31절
사울이 예루살렘에 가서 제자들을 사귀고자 하나 다 두려워하여 그가 제자 됨을 믿지 아니하니 **바나바가** 데리고 사도들에게 가서 그가 길에서 어떻게 주를 보았는지와 주께서 그에게 말씀하신 일과 다메섹에서 그가 어떻게 예수의 이름으로 담대히 말하였는지를 **전하니라** 사울이 제자들과 함께 있어 예루살렘에 출입하며 또 주 예수의 이름으로 담대히 말하고 헬라파 유대인들과 함께 말하며 변론하니 그 사람들이 죽이려고 힘쓰거늘 형제들이 알고 가이사랴로 데리고 내려가서 다소로 보내니라 그리하여 온 유대와 갈릴리와 사마리아 교회가 평안하여 든든히 서가고 주를 경외함과 성령의 위로로 진행하여 수가 더 많아지니라

올해 우리 교회의 표어는 예레미야 29장 11절 말씀에 근거한 '미래와 희망'입니다. 하나님께서는 언제나 우리에게 새로운 미래와 희망을 주기 원하시는 분입니다. 그러나 그 미래와 희망은 절로 주어지는 것이 아닙니다. 오늘 우리의 모습이 어떠하든, 그것은 이제까지 우리가 살아온 과거의 결과라

했습니다. 마찬가지로 오늘 우리가 어떤 삶을 사느냐에 따라, 오늘의 결과인 우리의 미래가 달라지기 마련입니다. 그러므로 하나님께서 우리에게 새로운 미래와 희망을 주시는 분이심을 진정으로 믿는다면, 우리는 오늘 이 순간부터 하나님의 말씀인 진리를 좇아 행하지 않으면 안 됩니다. 그때에만 그 결과로, 하나님께서 우리에게 주시려는 새로운 미래와 희망의 실체가 우리의 삶 속에서 구현될 것입니다. 이와 관련하여 오늘 본문은, 새로운 미래와 희망의 실체를 가능케 하는 새로운 삶은 말과 불가분의 관계에 있음을 일깨워 주고 있습니다.

열혈 유대교 신봉자였던 사울이 다메섹 도상에서 주님께 사로잡혀 그리스도인이 되었다는 것은, 유대교인의 입장에서 보면 사울이 유대교를 배교한 것을 의미했습니다. 혼자 조용히 배교한 것이 아니라, 유대교가 공식적으로 부인한 예수가 성자 하나님이라고 외치고 다녔으니, 그와 같은 사울은 다메섹의 유대교인들에게는 반드시 제거해야 할 더러운 배신자였습니다. 그들은 사울을 죽이기 위해 은밀하게 공모하였습니다. 그러나 아무도 모르게 꾸민 그 계교는 사울에게 알려지고 말았습니다. 그들은 사울을 붙잡기 위해 다메섹의 군사까지 매수하여 밤낮으로 성문을 지켰지만, 믿음의 형제들이 사울을 광주리에 담아 성에서 달아 내림으로 그를 피신시켜 주었습니다. 다메섹 유대교인들이 사울을 죽이려고 은밀하게 공모한 계교가 누구에 의해, 어떤 경로를 통해 사울에게 알려졌는가? 사울을 광주리에 담아 피신시킨 믿음의 형제들은 구체적으로 어떤 사람들이었으며, 그들의 수는 또 몇 명이나 되었는가? 성경은 이와 관련하여서는 침묵하고 있습니다. 그들이 누구였든 상관없이 그들은 단지 주님의 도구였을 뿐, 그들의 배후에서 사울을 친히 건져 내신 분은 주님이셨기 때문입니다.

그리고 오늘 본문 26절이 이렇게 시작되고 있습니다.

사울이 예루살렘에 가서.

본문만 놓고 본다면, 사울이 주님을 만나 그리스도인이 된 직후 다메섹에서 곧장 예루살렘으로 간 것처럼 여겨집니다. 그러나 사실은 그렇지 않았습니다. 지난 시간에 말씀드린 바와 같이 갈라디아서 1장 17-18절의 증언에 의하면, 사울의 소위 다메섹 회심과 예루살렘 방문 사이에는 3년의 시차가 있었습니다. 그것은 사울이 아라비아 광야에서 홀로 경건의 기간을 가졌기 때문입니다. 따라서 본문에 나타난 사울의 예루살렘 방문은, 그가 대제사장의 공문을 들고 다메섹의 그리스도인들을 체포하기 위하여 예루살렘을 떠난 지 3년 만의 귀환인 셈이었습니다.

그렇다면 예루살렘을 향하는 그의 감회가 얼마나 새로웠겠습니까? 3년 전, 그는 눈에 자아의 비늘을 뒤집어쓰고 만물의 허상에 속아 사는 어리석은 인간이었습니다. 그리스도인에 대한 박해를 자신의 천직으로 여기던 진리의 대적이었습니다. 자기 신념을 위해서라면 폭력과 살인마저 불사하던, 자기라는 우상 숭배자였습니다. 그러나 이제는 비늘 벗은 눈으로 만물의 실상을 바르게 볼 줄 아는 진리의 증인이 되었습니다. 주님께 자신의 삶을 의탁한 주님의 택한 그릇, 생명의 도구가 되었습니다. 그리스도 안에서 거룩한 성도가 되어, 영광스럽게도 주님의 몸 된 교회의 일원이 되었습니다. 이처럼 사울은 3년 만에 완전히 새로운 존재가 되어 예루살렘으로 귀환하였습니다. 그 개인적으로는 주님 안에서 명실공히 금의환향하는 셈이었습니다.

그러나 본문 26절은 다음과 같이 이어지고 있습니다.

사울이 예루살렘에 가서 제자들을 사귀고자 하나 다 두려워하여 그가 제자 됨을 믿지 아니하니.

사울이 3년 만에 예루살렘으로 되돌아간 것은, 그곳에 있는 제자들과 사귀기 위함이었습니다. 여기에서 제자란 주님의 직계 제자인 사도를 포함하여, 주님을 믿는 그리스도인들을 통칭하는 말입니다. 그리고 '사귀다'라는 헬라어 동사 '콜라오 $\kappa o\lambda\lambda\acute{\alpha}\omega$'는 '아교로 붙이다'라는 의미입니다. 단순히 안면을 익히는 정도가 아니라 삶을 함께 나누는 것을 뜻합니다. 이를테면 사울 딴에는 예루살렘의 제자들과 동역자가 되기 위해 예루살렘으로 귀환한 것이었습니다. 하지만 사울의 기대와는 달리 예루살렘의 제자들은 사울을 두려워하였을 뿐 아니라, 그리스도인이 되었다는 그의 말 자체를 믿어 주지 않았습니다. 한마디로 그들에게 사울은 불신의 대상이었습니다. 자신을 배교자로 간주하여 아예 죽여 버리려는 유대교인들의 불신이라면 모르되, 자신이 동역자로 삼기 원하는 같은 그리스도인들로부터 당하는 불신이고 보면, 이때 사울의 낙담이 얼마나 컸을는지는 능히 짐작할 수 있습니다.

그러나 26절의 이와 같은 상황은 27절을 뛰어넘어 28절에 이르면 전혀 상반되게 전개되고 있습니다.

사울이 제자들과 함께 있어 예루살렘에 출입하며 또 주 예수의 이름으로 담대히 말하고(28-29절 상).

사울을 경원하고 불신하던 예루살렘의 제자들이 어느덧 사울을 받아들였을 뿐 아니라, 사울이 그들과 함께 복음을 전하고 있습니다. 26절의 관점에서 본다면 선뜻 믿어지지 않는 대역전입니다. 사울을 도무지 믿지 않던 예루살렘의 제자들에게 어떻게 이런 대반전이 가능할 수 있었겠습니까? 예루살렘의 제자들이 사울을 불신했음을 증언하는 26절과, 그들이 사울을 동역자로 받아들였음을 전해 주는 28절 사이에 있는 27절은 "전하니라"는 동사로 끝나고 있습니다. 우리말 '전하다'로 번역된 헬라어 동사 '디에게오마이 διηγέομαι'는 '상세하게 설명하다'라는 의미입니다. 즉 누군가가 사울의 입장을 상세하게 해명해 주고, 또 그리스도인이 된 사울의 신원을 보증하는 말을 해주었던 것입니다. 사울에 대한 예루살렘 제자들의 두려움과 불신과 의혹을 단번에 해소시켜 준 사람이 대체 누구이며, 그가 말한 내용이 무엇이었는지, 본문 27절을 확인해 보십시다.

> 바나바가 데리고 사도들에게 가서 그가 길에서 어떻게 주를 보았는지와 주께서 그에게 말씀하신 일과 다메섹에서 그가 어떻게 예수의 이름으로 담대히 말하였는지를 전하니라.

그 주인공은 바나바였습니다. 그가 직접 사울을 데리고 사도들에게 갔습니다. 그리고 그동안 사울에게 있었던 일을, 마치 자신이 그 현장에 있기라도 했던 것처럼 사도들에게 소상하게 일러 주었습니다. 갈라디아서 1장에 의하면 이때 바나바가 사울을 데리고 만난 사도는, 초대교회의 실질적인 지도자였던 예수님의 동생 야고보와 베드로였습니다. 그 이후 사울에 대한 예루살렘 제자들의 두려움과 불신은 해소되었고, 사울은 그들과 서로 신뢰하는 동역자의 관계를 맺을 수 있었습니다. 이런 의미에서 사울을 위해 바나바가 담당했던 역할의 중요성은 아무리 강조해도 지나침이 없습니다.

우리는 바나바가 어떻게 사울에 대하여 그렇게 소상하게 알고 있었는지, 바나바와 사울이 언제부터 그토록 깊은 친분 관계를 맺고 있었는지 전혀 알지 못합니다. 성경이 그와 관련된 그 어떤 정보나 단서도 제공해 주지 않기 때문입니다. 그러나 성경은 중요한 사실을 전해 주고 있습니다. 우리가 69주전 사도행전 4장 32-37절을 살펴볼 때 생각해 본 것처럼, 주님께서는 사울이 주님을 알기도 전에, 알기는커녕 도리어 주님을 부정하고 주님의 대적이었을 때, 그때 이미 사울을 위해 그의 인생 앞길에 바나바를 예비해 두셨다는 것입니다. 이처럼 주님께서는 시간과 공간을 초월하여 당신의 백성을 책임져 주시는 분이기에, 그분께 우리의 삶을 의탁할 때 그분에 의해 우리의 삶 속에 새로운 미래와 희망의 실체가 구현됨은 두말할 나위가 없습니다.

이제 우리는 오늘의 본문과 관련하여 근본적인 질문을 제기하게 됩니다. 소위 사울의 회심과 관련하여 예루살렘의 제자들이 왜 당사자인 사울의 말은 전혀 믿지 않으면서도, 제3자에 지나지 않는 바나바의 말은 전폭적으로 신뢰했는가 하는 질문입니다. 그 해답은 그 이전에 그 두 사람이 보여 준 삶의 차이에 기인하고 있습니다.

사도행전 8장 3절은 사울의 3년 전 모습을 이렇게 전해 주고 있습니다.

사울이 교회를 잔멸할새 각 집에 들어가 남녀를 끌어다가 옥에 넘기니라.

이것이 3년 전 사울의 실상이었습니다. '잔멸하다'라는 의미의 헬라어 동사 '뤼마이노마이'는, 멧돼지가 포도원을 마구 짓밟아 쑥대밭으로 만드는 형국을 묘사하는 단어라고 했습니다. 그는 원래 교회를 마구 짓밟던 폭도였습니다. 그리스도인이라고 알려지기만 하면 남녀노소를 불문하고 마구 투옥시키던 잔인한 인간이었습니다. 따라서 예루살렘의 제자들은 그들 앞에 3년 만에 나타난 사울을, 그들이 알고 있는 3년 전의 사울로만 기억하였습니다. 그들은, 스스로 그리스도인이 되었다는 사울의 고백을 전혀 믿을 수 없었습니다. 사울의 전력을 알고 있는 그들에게 그것은, 자신들을 일망타진하기 위한 위장 전술로 보일 뿐이었습니다.

반면에 사도행전 4장은 바나바에 대해 이렇게 증언하고 있습니다.

> 구브로에서 난 레위족 사람이 있으니 이름은 요셉이라 사도들이 일컬어 바나바라(번역하면 위로의 아들이라) 하니 그가 밭이 있으매 팔아 그 값을 가지고 사도들의 발 앞에 두니라(행 4:36-37)

사울과는 달리 바나바는 일찍부터 교회의 본이 되는 그리스도인이었습니다. 물질에 초연했던 그의 본명이 요셉이었음에도 사도들은 그를 바나바라 불렀습니다. '위로의 아들'이라는 의미였습니다. 그가 주님 안에서 평소에 얼마나 많은 사람을 위로하고 격려하는 삶을 살았으면, 사도들이 그의 본명을 두고 굳이 그를 '위로의 아들'이라 불렀겠습니까?

이처럼 바나바는 오래전부터 사도들을 비롯한 예루살렘 제자들의 신뢰를 한 몸에 받는 사람이었습니다. 따라서 예루살렘의 제자들이, 사울을 옹호하는 바나바의 말을 믿고 자신들이 불신하던 사울을 동역자로 받아들인 것은, 바나바의 신실한 삶이 수반한 당연한 결과였습니다. 만약 바나바 역시 사울처럼 교회와 진리를 잔멸하는 인간이었다면, 그가 아무리 열변을 토하며 사울을 옹호했다 할지라도 예루살렘의 제자들이 사울을 의심 없이 받아들이지는 않았을 것입니다. 오히려 "가재는 게 편"이라며, 바나바의 말 자체를 믿지 않았을 것입니다.

여기에서 우리는 대단히 중요한 두 가지의 교훈을 깨닫게 됩니다. 첫째 교훈은, 한 인간의 말이 지니는 무게는 그의 삶과 직결되어 있다는 것입니다. 진실된 삶을 사는 사람의 말이 가볍게 다루어질 리가 없고, 진리와 동떨어진 삶을 사는 사람의 말에 무게가 실릴 리도 만무합니다. 둘째 교훈은, 인간

관계에서의 새로운 미래는 말에 대한 신뢰로 구축된다는 것입니다. 평소에 진실된 삶을 삶으로써 자기 말에 대한 타인의 신뢰를 받고 있던 바나바는, 예루살렘의 제자들과 더불어 주님께서 주시는 새로운 미래와 희망의 실체를 구가하고 있었습니다. 반면에 사울은 그의 그릇된 과거만을 기억하는 사람들 앞에서 자신의 말에 대한 신뢰를 완전히 상실한 상태였습니다. 그래서 그 개인은 비록 그리스도인이 되었을망정, 그러나 그의 바람과는 달리, 그는 예루살렘의 제자들과의 사이에서 새로운 미래는커녕 그릇된 과거의 잔재만 되씹어야 했습니다. 그리고 바나바의 옹호와 보증으로 자신의 말에 대한 신뢰성을 겨우 회복한 사울은, 그제야 예루살렘의 제자들과의 관계 속에서 비로소 새로운 미래를 엮어 갈 수 있었습니다.

1998년 가을부터 제네바한인교회를 섬기기 시작한 제가, 1999년에 접어들어 그곳에서 처음 여름을 맞았을 때입니다. 여름방학을 이용하여 서울에서 저를 찾아온 가족과 함께 여행하면서, 스페인의 수도인 마드리드 남쪽 약 72킬로미터에 위치한 톨레도Toledo를 찾아갔습니다. 스페인의 고도 古都인 톨레도에는 유명한 알카사르Alcazar 성이 있습니다. 알카사르 성은 1936년 스페인내란이 발발했을 때, 좌파 민주주의를 추구하던 공화파와 프랑코Francisco Franco를 중심으로 한 민족파Nationalist 간의 최대 격전지였습니다. 어느 쪽이든 그 전투에서 승리하는 쪽이 최후 승자가 될 가능성이 높았기 때문이었습니다. 애초 병력이나 무기 등, 모든 면에서 공화파가 월등하게 우세하였습니다. 공화파에 밀린 민족파는 알카사르 성안에 갇혀, 꼼짝없이 포위당하고 말았습니다. 그것으로 대세는 끝난 것처럼 보였습니다. 그러나 포위당한 민족파는 항복하지 않고, 탁월한 지휘관 모스카르도Moscardo 대령의 일사불란한 지휘하에 70일을 성안에서 버티며 결사 항전으로 대응하였습니다. 성의 함락이 생각보다 쉽지 않음을 확인한 공화파의 지휘관은, 마침 성 밖에 있던 모스카르도 대령의 아들 루이스Louis를 인질로 잡았습니다. 그리고 성안에 있는 모스카르도 대령에게 전화를 걸어 당장 항복하지 않으면 루이스를 총살시키겠다는 최후통첩을 보내고, 아들 루이스를 바꿔 주었습니다.

당시 모스카르도 대령이 성안에서 지휘 본부로 사용하던 방에는, 지금도 모든 집기가 당시 그대로 전시되어 있습니다. 그리고 모스카르도 대령이 그 방에서 공화파 지휘관과 아들 루이스와 나누었던 통화 내용의 전문이 벽에 걸려 있고, 녹음기를 통해 음성으로도 흘러나오고 있습니다. 그뿐 아니라 우리 교회 김형수 집사님이 대한무역투자진흥공사KOTRA 스페인 지사장으로 근무할 때 한국대사관과 협조하여 한글로 옮긴 한글 번역문도 걸려 있습니다. 《참으로 신실하게》라는 책을 통해 이미 소개한 바 있는 그 대화 내용은 다음과 같습니다.

> 공화파 지휘관: "지금 발생하고 있는 학살과 범죄행위에 대한 책임은 바로 당신들에게 있소. 명령하건대 10분 이내에 항복하시오. 만약 거부할 경우, 지금 내 수중에 잡혀 있는 당신의 아들 루이스를 총살하겠소."
>
> 모스카르도: "알고 있소."
>
> 공화파 지휘관: "내 말이 거짓이 아님을 입증하기 위해, 지금 당신 아들에게 이 전화를 바꿔 주겠소."
>
> 아들 루이스: "아버지!"
>
> 모스카르도: "그래, 얘야! 어떠니?"
>
> 루이스: "괜찮아요. 그런데 만약 아버지께서 투항하지 않으면 저를 총살

시키겠대요."

모스카르도: "그럼 너의 영혼을 하나님께 맡기거라. 그리고 '스페인 만세'를 힘차게 외치고 애국자답게 죽거라."

루이스: "아버지! 저의 마지막 힘찬 키스를 아버지께 드립니다."

모스카르도: "루이스야! 나도 이별의 강한 키스를 너에게 보낸다."

이것이 이 세상에서 아버지와 아들이 나눈 마지막 대화였습니다. 아들 루이스는 아버지의 말을 좇아 하나님께 기도드린 다음, '스페인 만세'를 부르면서 장렬한 최후를 맞았습니다. 그리고 루이스의 의연한 죽음을 계기로 전세는 역전, 성안에 갇혀 있던 민족파가 대승을 거두게 되었습니다. 그리고 스페인의 역사는 또 다른 전기를 맞게 되었습니다.

곰곰이 생각해 보십시다. 평소에 아들 루이스가 보기에 아버지 모스카르도의 삶이 형편없었던들, 그래도 과연 그 상황 속에서 아들이 아버지의 말을 좇아 죽을 수 있었겠습니까? 그런 경우라면, 장성한 루이스는 형편없는 아버지의 명령과는 달리 도리어 살기 위해 적군의 협조자가 되든지, 아니면 겁에 질려 아버지를 원망하며 비굴하게 죽었을 것입니다. 루이스가 아버지의 말을 좇아 조국을 위해 장렬하고 당당하게 죽을 수 있었던 것은 전적으로 아버지의 말을 신뢰하기 때문이었고, 그 신뢰의 밑바탕은 평소 신뢰할 수밖에 없던 아버지의 삶이었을 것임은 재론의 여지도 없습니다. 다시 말해 죽음에 직면한 아들을 흔들림 없이 잡아 주었던 아버지의 말의 무게는, 바로 아버지 자신의 흔들림 없는 삶으로부터 비롯된 것이었습니다.

모스카르도 대령의 지휘 본부를 다 둘러보고 나오면서, 아직 어린 네 명의 아들들에게 제가 물었습니다. 만약 우리에게도 동일한 상황이 발생하여, 아빠가 너희들에게 모스카르도 대령과 똑같은 말을 한다면 너희들은 어떻게 하겠느냐고 말입니다. 저의 질문에 대답한 아이는 아무도 없었습니다. 네 명 모두 침묵으로 일관하였습니다. 그러나 저는 아이들의 대답을 재촉하지 않았습니다. 그 질문에 대한 대답은 아이들에게 있는 것이 아니라, 그들 앞에서 그들의 아버지로 살아가는 저 자신의 삶 속에 있음을 알고 있기 때문이었습니다.

저는 굳게 믿고 있습니다. 만약 제가 제 자식들 보기에 신실한 그리스도인 아버지로서의 삶으로 일관한다면, 루이스와 같은 상황 속에서 제 아들들 역시 자신들의 영혼을 하나님께 맡기고, '대한민국 만세'를 부르며 조국을 위해 의연하게 최후를 맞이할 것을 말입니다. 그러나 제 자식들 보기에 제가 형편없는 삶을 살고, 조국에 대하여 백해무익한 인간으로 살아간다면, 위급한 순간일수록 제 자식들은 제 말과는 다른 방향으로 갈 것입니다. 그것은 자식들의 문제가 아니라, 전적으로 아버지인 저 자신의 문제입니다.

소위 사울의 회심과 관련하여 당사자인 사울의 말은 예루살렘의 제자 모두로부터 불신당했지만, 제3자인 바나바의 말은 전폭적인 신뢰를 받았습니다. 그것은 그때까지 그들이 영위했던 삶의 결과였습니다. 한 인간의 무게는, 실은 말의 무게로 가름됩니다. 그리고 말의 무게의 경중은 당사자의 삶에 의해 가려집니다. 그러므로 나의 배우자가, 나의 자식이, 나의 동료가, 내 말을 들어야 할 내 주위 사람이 나의 말을 가벼이 여긴다면, 그것은 그들을 원망할 일이 전혀 아닙니다. 도리어 사람들이 내 말을 가벼이 여길 수밖에 없게끔, 진리의 무게를 조금도 싣지 못한 채, 먼지처럼 가볍기만 했던 나의 그릇된 삶을 회개해야 합니다.

본문 이후, 세월이 흘러갈수록 사울의 말엔 무게가 더해졌습니다. 주님을 부정하는 유대교인이 아니고서는, 같은 그리스도인들은 점점 더 사울의 말을 신뢰했습니다. 시간의 흐름에 따라 그 신뢰의 도는 더 깊어지기만 했습니다. 그 깊이가 어느 정도였는가 하면, 주님께서도 그를 전폭적으로 신뢰하시어 그의 말과 글이 성경이 되게 하셨습니다. 그 모든 것은 주님을 만난 이후, 초지일관 주님을 좇아 살았던 삶의 결과였습니다. 그는 과거의 그릇된 삶으로 인해 같은 그리스도인들로부터 불신당하는 수모를 겪기도 했지만, 주님 안에서 새로워진 그의 삶으로 인해 주님과 사람의 신뢰를 한 몸에 입은 진정한 그리스도인이 되었습니다. 그리고 신뢰를 회복한 그의 말에 의해 그의 인간관계는 말할 것도 없고, 인류의 역사까지도 새로운 미래의 실체를 구가할 수 있게 되었습니다.

사랑하는 교우 여러분!

무게를 지닌 말만 사람을 살립니다. 신뢰가 수반된 말만 이 세상과 미래를 새롭게 할 수 있습니다. 무게와 신뢰를 상실한 말로는 자기 몸을 통해 태어난 자기 자식조차 바로 세울 수 없습니다. 그 경우엔, 오히려 말을 많이 하면 할수록 자식을 더욱 비뚤어지게 만들 뿐입니다. 말은 우리의 입에서 나오지만, 그러나 그 무게와 신뢰는 우리의 삶에 기인합니다. 우리가 영원하신 주님의 말씀에 우리의 삶을 뿌리내리지 않으면 안 될 이유가 바로 여기에 있습니다.

> 선한 사람은 그 쌓은 선에서 선한 것을 내고 악한 사람은 그 쌓은 악에서 악한 것을 내느니라 내가 너희에게 이르노니 사람이 무슨 무익한 말을 하든지 심판 날에 이에 대하여 심문을 받으리니 네 말로 의롭다 함을 받고 네 말로 정죄함을 받으리라(마 12:35-37).

주님께서 이렇게 말씀하신 이유는 너무나 간단합니다. 우리의 말과 삶은 결코 분리될 수 없고, 그 결과에 따라 우리의 미래가 달라지기 때문입니다.

주님! 왜 나의 말이 사람들에게 통하지 않는지, 왜 사람들이 나의 말을 신뢰하지 않는지, 왜 나의 말이 공허한 공기의 진동으로 끝나 버리는지, 왜 나의 삶이 사람들과의 관계 속에서 새로운 미래를 초래하지 못하는지, 그 이유를 오늘 본문 말씀을 통해 깨닫게 해주셔서 감사합니다. 그 모든 것은, 이제껏 내가 그릇 살아온 삶의 결과임을 이제야 고백합니다.
이 이후로, 오직 진리 위에 나의 삶을 곧추세울 수 있도록 도와주시옵소서. 진리 안에서 나의 삶이 먼저 신뢰를 회복하게 하옵소서. 사람을 위로하고 격려하는 나의 삶으로 바나바가 되게 하시고, 주님의 말씀을 좇는 나의 행함으로 거듭난 사울이 되게 하옵소서. 그 결과로 나의 말 역시, 상실한 신뢰를 회복하게 하옵소서. 나의 말에, 뭇사람을 살리는 생명의 무게가 실리게 하옵소서. 나의 말 한마디 한마디가, 이 세상의 어둠을 밝히는 빛으로 승화되게 하옵소서. 나의 말이 인간관계 속에서, 이 시대의 역사 속에서, 주님께서 주시려는 새로운 미래와 희망의 실체를 구가하는 삶의 토대가 되게 하옵소서.
그리하여 말씀이신 주님께서 우리로 하여금 말할 수 있게 해주신 것이 얼마나 큰 은총인지를, 날마다 우리의 삶으로 확인하며 우리 모두 주님을 찬양하게 하옵소서. 아멘.

32. 그 사람들이 죽이려고

>**사도행전 9장 26-31절**
>사울이 예루살렘에 가서 제자들을 사귀고자 하나 다 두려워하여 그가 제자 됨을 믿지 아니하니 바나바가 데리고 사도들에게 가서 그가 길에서 어떻게 주를 보았는지와 주께서 그에게 말씀하신 일과 다메섹에서 그가 어떻게 예수의 이름으로 담대히 말하였는지를 전하니라 사울이 제자들과 함께 있어 예루살렘에 출입하며 또 주 예수의 이름으로 담대히 말하고 헬라파 유대인들과 함께 말하며 변론하니 **그 사람들이 죽이려고** 힘쓰거늘 형제들이 알고 가이사랴로 데리고 내려가서 다소로 보내니라 그리하여 온 유대와 갈릴리와 사마리아 교회가 평안하여 든든히 서가고 주를 경외함과 성령의 위로로 진행하여 수가 더 많아지니라

한 인간의 무게는 말의 무게로 가름되고, 말의 무게의 경중은 당사자의 삶과 직결된다고 했습니다. 다메섹 도상에서 주님의 부르심을 받아 주님의 증인이 된 사울을, 다메섹의 유대교인들은 반드시 제거해야 할 더러운 배교자로 간주하였습니다. 그들은 사울을 죽이기로 은밀하게 공모하고 군사까

지 매수하여 성문을 밤낮으로 지켰습니다. 하지만 다메섹에 있는 믿음의 형제들이 사울을 광주리에 담아 성 위에서 달아 내림으로 그를 피신시켜 주었습니다.

그 이후 사울은 예루살렘으로 향했습니다. 예루살렘에 있는 사도들을 비롯한 그곳의 그리스도인들과 동역하기 위함이었습니다. 그러나 예루살렘의 제자들은 그리스도인이 되었다는 사울의 말을 전혀 믿지 않았습니다. 예루살렘의 제자들에게 사울은 불신의 대상이었을 뿐입니다. 예루살렘의 제자들은 사울을, 교회를 잔멸하던 과거의 사울로 기억하기 때문이었습니다. 따라서 사울의 말이 그토록 불신당했던 것은, 그릇되었던 그의 과거의 삶이 초래한 당연한 결과였습니다. 그때 바나바가, 그리스도인이 되었다는 사울의 말이 모두 사실임을 보증해 주었습니다. 예루살렘의 제자들은 바나바의 말을 듣고, 그들이 불신하던 사울을 믿음의 형제로 받아들여 주었습니다. 예루살렘의 제자들이 사울은 믿지 못해도 바나바의 말은 전적으로 신뢰한 것입니다. 그 이유는 간단했습니다. 평소에 신실한 삶을 사는 바나바가 허튼 말을 할 리가 없음을 알고 있었기 때문입니다. 이처럼 사울의 경우와는 반대로 바나바의 말이 예루살렘 제자들의 전폭적인 신뢰를 받을 수 있었던 것 역시 신실한 그의 삶에 수반된 결과였습니다.

그 이후의 상황은 본문 28절이 밝혀 주고 있습니다.

사울이 제자들과 함께 있어 예루살렘에 출입하며.

바나바의 신원보증으로 신뢰를 회복한 사울은 드디어 사도를 비롯한 예루살렘의 그리스도인들과 함께 있을 수 있었습니다. 그가 원하던 대로 그들과 동역할 수 있게 된 것입니다. 본문에서 '예루살렘에 출입하였다'는 것은 예루살렘을 드나들었다는 말이 아니라, 예루살렘을 이리저리 돌아다녔다는 의미입니다. 한마디로 예루살렘을 누비고 다녔다는 말입니다. 그 이유는 29절 상반절이 전해 주고 있습니다.

또 주 예수의 이름으로 담대히 말하고.

사울이 예루살렘을 누비고 다닌 것은 오직 예수 그리스도의 복음을 전하기 위함이었습니다. 사울이 예루살렘을 찾은 목적이 거기에 있었으므로, 그와 같은 사울의 행동은 조금도 이상한 것이 아니었습니다. 그러나 29절 하반절이 이렇게 끝나고 있습니다.

헬라파 유대인들과 함께 말하며 변론하니 그 사람들이 죽이려고 힘쓰거늘.

예루살렘에서도 사울을 죽이기 위해 힘쓰는 사람들이 있었습니다. 우리말 '힘쓰다'로 번역된 헬라어 동사 '에피케이레오$\dot{\epsilon}\pi\iota\chi\epsilon\iota\rho\dot{\epsilon}\omega$'가 원문에는 미완료형으로 기록되어 있습니다. 사울을 죽이려고 한 번 시도했다가 그만둔 것이 아니라, 계속하여 집요하게 죽이려 했다는 의미입니다. 지금 사울은 그리스도인이 되어 진리를 좇는 삶을 살고 있지 않습니까? 그가 전하는 것은 예수 그리스도의 사랑이요 생명이요 구원의 은총이지 않습니까? 그것은 아름다운 일이요 칭찬받을 일이지, 죽어 마땅한 일이 전혀 아니지 않습니까? 그럼에도 그 사울을 집요하게 죽이려 힘쓴 그 사람들이 대체 누구였습니까? 그들은 헬라파 유대인들이었습니다. 헬라파 유대인 역시 유대인이기는 매한가지였습니다. 그렇지만 본문은 다메섹에서처럼 단순히 유대인들이 사울을 죽이려 했다고 말하지 않고, 굳이 헬라파 유대인들이 사울을 죽이려 하였음을 강조하고 있습니다. 그렇다면 본문을 통해 우리가 얻을 수 있는 교훈이 무엇이겠습니까?

2천 년 전 유대인들은 크게 '히브리파 유대인'과 '헬라파 유대인'으로 구별되었습니다. 히브리파 유대인은 조상 대대로 이스라엘 땅에서 태어나 그들의 모국어인 히브리어를 사용하는 유대인들이었습니다. 반면에 헬라파 유대인은 일찍 해외로 이주한 조상으로 인해 해외에서 태어나 당시 지중해 세계 공용어이던 헬라어를 모국어로 쓰는 유대인들이었습니다. 간단히 말해 히브리파 유대인이 국내파라면, 헬라파 유대인은 해외파인 셈이었습니다.

2천 년 전 예루살렘의 초대교회 역시 히브리파 유대인과 헬라파 유대인으로 구성되어 있었음을 우리는 이미 알고 있습니다. 또한 복음 전파에 관한 한 헬라파 유대인들이 얼마나 중요한 역할을 담당했었는지도 잘 알고 있습니다. 당시 초대교회의 교인 구성 비율로는 국내파인 히브리파 유대인이 해외파인 헬라파 유대인에 비하여 압도적으로 많았습니다. 그러나 사도행전 6장에 의하면, 초대교회가 최초로 선출한 집사 일곱 명 전원이 헬라파 유대인이었습니다. 수적으로 절대 우세한 국내파인 히브리파가 성령님의 역사 속에서 소수 그룹인 헬라파에게 표를 몰아준 것이었습니다. 그것이야말로 초대교회가 얼마나 위대했었는지를 보여 주는 한 단면이었습니다.

전통적으로 선민의식에 젖어 있던 유대인들은 이방인들을 자신들보다 저급한 존재로 간주하여 업신여겼습니다. 심지어는 같은 조상의 후손들임에도 이방인의 피가 섞였다 하여 사마리아인을 짐승으로 취급하여 아예 상종도 하지 않았습니다. 그리스도인이 된 히브리파 유대인이라고 해서 이와 같은 오랜 타성으로부터 완전히 자유로울 수는 없었습니다. 그들은 예루살렘을 넘어 사마리아와 땅끝까지 이르러 주님의 증인이 되라는 주님의 명령을 받았음에도, 예루살렘을 넘어서지 못한 채 예루살렘만 지키고 있었습니다. 그들에게는 자신들과는 다른 사람들과 더불어 산다는 것이 너무나도 생소했기 때문입니다. 이것이 초대교회가 최초로 집사를 세우면서 일곱 명 전원을 헬라파 유대인으로 선출하여, 그들을 초대교회 전면에 배치한 까닭이었습니다.

　헬라파 유대인들은 이방 땅에서 태어나 이방인들 틈에서 이방 언어를 모국어로 사용하며 살던 사람이기에 자신과는 다른 사람과 더불어 사는 것에 상대적으로 익숙한 사람들이었습니다. 그래서 헬라파 유대인 일곱 명이 최초의 집사로 선출되었음을 전해 주는 사도행전 6장 이후부터 그들의 활약상이 밝혀져 있습니다. 사도행전 7장은 스데반 집사의 그 유명한 설교 내용을 담고 있습니다. 그 핵심은, 하나님께서는 인간이 돌이나 나무로 지은 예루살렘성전 안에 갇혀 계시는 분이 아니라 이 세상 어디에나 계시는 무소부재하신 분이라는 것이었습니다. 하나님께서 예루살렘성전 안에만 계신다고 믿던 국내파와는 달리 해외에서 하나님을 믿던 해외파이기에 가능한 설교였습니다. 사도행전 8장에는 빌립 집사가 등장합니다. 빌립 집사는 유대인들이 짐승처럼 여기던 사마리아인을 찾아가 최초로 복음을 전했을 뿐 아니라, 에티오피아 내시에게 세례를 베품으로 2천 년 기독교 역사상 이방인에게 최초로 세례를 베푼 그리스도인이기도 했습니다. 히브리파인 사도들이 그때까지 생각조차 할 수 없는 일을 빌립 집사가 행할 수 있었던 것은, 그 역시 헬라파 유대인이었기 때문입니다. 그리고 우리가 20주 전부터 살펴보고 있는 사도행전 9장은, 헬라파 유대인의 거두 사울의 등장으로 이어지고 있습니다. 이 이후 사울은 명실공히 세계 복음화의 최선봉장이었습니다. 게다가 본문에서 예루살렘 제자들에게 사울의 신원을 보증해 준 바나바 역시 키프로스 출신의 헬라파 유대인이었습니다.

　이상 살펴본 것처럼 사도행전 6장을 기점으로 사도행전의 무게와 추는 히브리파 유대인으로부터 헬라파 유대인으로 옮겨 갔습니다. 해외파인 헬라파 그리스도인들로 인해 복음은 예루살렘을 넘고 사마리아를 거쳐 땅끝으로 퍼져 갈 수 있었습니다. 헬라파 그리스도인들은 세계 복음화의 첨병인 셈이었습니다. 그들이 닦은 길을 통해 국내파인 히브리파 그리스도인 역시 땅끝의 증인이 되라는 주님의 명령을 완수할 수 있었습니다. 헬라파 그리스도인들이 없었던들, 어쩌면 2천 년이 지난 오늘날까지도 복음은 이스라엘의 경계를 넘어서지 못했을는지도 모릅니다. 이런 의미에서 복음의 세계화에 관한 한 헬라파 유대인의 역할은 절대적이었습니다. 그것이 그들에게 가능할 수 있었던 것은, 해외파인 그들은 태어나서부터 해외에서 살던 세계이이었기 때문입니다.

　그러나 예루살렘에서 사울을 집요하게 죽이려 했던 그 사람들 역시 헬라파 유대인들이었다는 본문의 증언은 우리를 놀라게 합니다. 그들이 사울을 죽이려 했다는 것은 그들이 주님을 믿는 헬라파 그리스도인이 아니라, 유대교를 신봉하는 헬라파 유대교인들이었음을 입증해 주고 있습니다. 그들이 사울을 죽이려 했던 직접적인 동기는 사울과의 변론, 즉 논쟁이었습니다. 태어나면서부터 헬라어를 모국어로 사용하던 헬라파 유대인들은 헬라 철학의 영향으로 무슨 일이든 논쟁하기를 즐겨 하였습니다. 헬라파 유대인이었던 사울 역시 논쟁에는 누구에게도 뒤지지 않는 사람이었습니다. 그들 사이에 복음을 놓고 논쟁이 벌어졌습니다. 헬라파 유대교인들의 주장이 아무리 논리 정연해도, 예수 그리스도의 복음을 자신의 온몸으로 경험한 사울을 이길 수는 없었습니다. 오히려 헬라파 유대교인들이 압도당할 수밖에 없었습니다.

그런데 자신들을 압도한 사울은 유대교를 배신한 배교자였습니다. 그런 배교자를 그대로 둔다면 자신들이 신봉하는 유대교의 근본을 뒤흔들어 놓을 것이 뻔했습니다. 그래서 그들은 자신들이 속해 있는 유대교를 수호하기 위해 사울을 집요하게 죽이려 하였습니다. 세상에는 나와 생각이 다른 사람이 얼마든지 있을 수 있지 않습니까? 세상 모든 사람의 생각이 자신과 똑같기를 바란다면, 오히려 그 사람이 이상한 사람 아니겠습니까? 그럼에도 본문의 헬라파 유대인들이 논쟁에서 사울에게 졌다고 해서 사울을 아예 죽이려 했다는 것은, 그들이 비록 해외파이긴 하지만 전통적인 유대인의 사고 속에 갇혀 사는 국내파—히브리파와 조금도 다를 바가 없었음을 의미합니다.

그러고 보면 히브리파와 구별되지 않는 헬라파 유대인들이 본문 속에만 등장하는 것은 아닙니다. 본문 이전에 다메섹에 있는 유대인들 역시 사울을 죽이려 하였습니다. 다메섹이 이스라엘 땅입니까? 그렇지 않습니다. 이스라엘에서 보면 시리아의 수도인 다메섹은 해외입니다. 그곳에 사는 유대인들 역시 태어날 때부터 헬라어를 모국어로 사용하는 헬라파 유대인들이었습니다. 다메섹에서 사울을 죽이려 했던 유대인들은 결코 국내에서 살던 히브리파가 아니었습니다. 그들은 모두 헬라파 유대인들이었습니다. 최초의 순교자인 스데반 집사를 모함하고 고발하여 돌로 쳐 죽이는 데 앞장섰던 사람들 역시 헬라파 유대인들이었습니다. 그뿐 아닙니다. 이 이후 사울이 지중해 세계 어느 곳을 가든 사울을 죽이려고 혈안이 된 유대인들은 예외 없이 헬라파 유대인들이었습니다.

이것은 참으로 우리에게 중요한 사실을 일깨워 주고 있습니다. 해외에서 태어나 해외에 살던 헬라파 유대인이라고 해서 모두 세계를 품고 사는 세계인이 아니었다는 사실입니다. 오히려 성경은 헬라파 유대인의 절대다수가 국내파인 히브리파 유대인과 조금도 다를 바가 없었음을 증언해 주고 있습니다. 그들 가운데 스데반, 빌립, 바나바, 사울처럼 극소수만 깨어 있는 세계인이었고, 주님께서는 깨어 있는 그 소수의 세계인들을 세계 구원을 위한 당신의 첨병으로 사용하셨습니다.

그렇다고 깨어 있는 소수의 해외파에 의해서만 세계의 역사가 새로워진 것은 아닙니다. 초대교회에서 수적으로 절대 우위를 점하고 있던 히브리파가 최초의 집사 일곱 명을 선출하면서, 소수파인 헬라파에게 자신들이 표를 몰아줌으로 헬라파 유대인들이 소수파의 한계를 뛰어넘어 교회의 전면에 나설 수 있었습니다. 헬라파와 히브리파는 사용하는 언어, 사고방식, 생활 습관 등 모든 면에서 달랐습니다. 그럼에도 히브리파가 헬라파를 밀어주었다는 것은, 히브리파 역시 자신들과 다른 헬라파를 주님 안에서 받아들일 수 있을 만큼 세계성을 지니고 있었음을 의미합니다. 또 헬라파인 사울에게 사도의 정통성을 부여해 준 사람들도 히브리파인 사도들이었습니다. 헬라파 유대인이었던 사울은 예수님께서 이 땅에 계실 동안 주님을 직접 만나 뵌 적이 없었습니다. 주님의 직계 제자만 사도가 될 수 있다는 관점에서 본다면, 사울이 아무리 세계 선교에 앞장섰다 해도 사도로 불릴 수는 없는 처지였습니다. 그러나 히브리파 사도들이 예루살렘에서 사울을 동역자로 받아들여 줌으로써, 사도로 살아갈 사울의 정통성이 인정받게 되었습니다. 그뿐이 아닙니다. 소수파인 헬라파가 앞장서서 세계 선교의 길을 닦았다고 해서 다수파인 히브리파가 자존심 상해하거나, 그 길을 외면하지 않았습니다. 히브리파는 헬라파가 열어 놓은 그 길을 좇아 충실하게 복음의 씨를 뿌림으로 헬라파와 더불어 세계의 역사를 새롭게 하시려는 주님의 뜻을 이룰 수 있었습니다. 그 역시 그들이 세계성을 지니고 있었기 때문입니다.

여기서도 우리는 귀한 깨달음을 얻게 됩니다. 국내파인 히브리파 유대인이라고 해서 모두 세계인이 아닌 것은 아니라는 것입니다. 그들 가운데에도 몰랐을 때는 모르지만, 깨닫는 즉시 세계성을 품고 살아가는 세계인이 얼마든지 있었습니다.

해외파인 헬라파라고 해서 다 세계인인 것은 아니고, 국내파인 히브리파라고 해서 모두 세계인이 아닌 것도 아님을 일깨워 주는 오늘의 본문이 우리에게 주는 교훈은 이제 분명해졌습니다. 그리스도인에게 세계인이 된다는 것은 공간의 문제가 아니라는 것입니다. 그리스도인에게 세계는 공간적이거나 지리적인 개념이 아닙니다. 그리스도인에게 세계는 사람이요, 사람을 사랑하는 것이 세계를 사랑하는 것입니다.

예수님을 보십시오. 예수님께서는 유대인을 나누는 이분법적 관점에서 보면 국내파인 히브리파 유대인이셨습니다. 예수님께서는 이스라엘 땅에서 태어나셔서, 당시 히브리파가 모국어로 사용하던 아람어로 말씀하셨습니다. 예수님께서는 이스라엘 땅을 벗어나신 적이 없었습니다. 이 땅에 계시는 동안 단 한 번도 해외에 발을 들여놓으신 적이 없었습니다. 예수님께서는 단지 이스라엘 땅에서 인간을 사랑하셨을 뿐입니다. 그래서 그분이 이스라엘만을 위한 구주요, 히브리파만을 위한 메시아가 되었습니까? 아닙니다. 예수님께서는 철저한 국내파셨지만, 이스라엘을 뛰어넘어 온 인류와 세계를 위한 구원자가 되셨습니다. 예수님께는 사람이 세계요, 사람을 사랑하는 것이 세상을 사랑하는 것이었기 때문입니다. 그래서 예수님께서는 국적과 인종, 그리고 지리적인 공간을 초월하여 영원한 세계인이 되셨습니다.

다수파인 히브리파가 주님 안에서 소수파인 헬라파를 초대교회의 전면에 내세워 준 것은 그들을 사랑했기 때문입니다. 히브리파 사도들이 헬라파인 사울을 자신들의 동역자로 받아 준 것 역시 그를 사랑하기 때문이었습니다. 헬라파 유대인들이 땅끝을 향해 앞장서 나아간 것도, 히브리파 그리스도인들이 그 길을 좇아간 것도, 그 자체가 목적이어서가 아니라 모두 사람을 사랑하기 위함이었습니다. 그리고 그들에 의해 세계가 새로워졌습니다. 그들에게도 세계는 사람이고, 사람을 사랑하는 것이 세계를 사랑하는 것이었습니다. 이런 관점에서 사도행전에 등장하는 그리스도인들은 해외파와 국내파를 막론하고, 모두 진정한 세계인이었습니다.

우리가 진정한 그리스도인이 되기 원한다면, 우리가 어느 곳에 사느냐에 상관없이 반드시 세계인이 되지 않으면 안 되는 이유가 여기에 있습니다. 주님을 믿는 우리에게도 세계는 사람이고, 사람을 사랑하는 것이 세계를 사랑하는 것이기 때문입니다. 그러나 사람을 사랑한다는 것은 말처럼 쉬운 일은 아닙니다. 내 방식대로, 나 중심적으로는 그 누구도 사랑할 수 없습니다. 사랑이신 주님을 주인으로 모시고 그분을 본받아 그분의 말씀을 좇을 때에만, 그분의 도우심을 힘입어 사람을 바르게 사랑할 수 있습니다. 주님 안에서 단 한 사람이라도 제대로 사랑하면 그 사랑은 상대에게서 멈추지 않고, 그 사람을 거쳐 지구 반대편까지 이르게 됩니다. 한 사람을 사랑하는 것이 세계를 사랑하는 것이기 때문입니다. 이것을 여러분이 쉽게 이해할 수 있게끔, 저 자신의 이야기를 드리는 것을 양해해 주시기 바랍니다.

1994년, 저는 우연한 기회에 책을 한 권 썼습니다. 저는 그 이전에 제가 책을 쓰게 되리라고는 꿈에서도 생각해 본 적이 없었습니다. 그러나 그때 우연히 책을 쓴 것을 계기로 많은 책을 출간하게 되었습니다. 그 이후 국내에서는 물론이고, 해외 어느 나라를 가든 제 책을 통해 인생이 새로워진 분들을 만나게 됩니다. 그때마다 저는 황송함과 더불어, 저 자신이 더 큰 감동을 받습니다. 그것은 제 실력으로는 불가능한 일이요, 저를 통한 주님의 역사임을 누구보다도 저 자신이 잘 알고 있기 때문입니다. 그런데 제게 그것이 가능할 수 있도록 주님의 도구가 되어 준 사람이 있습니다. 바로 제 아내입니다. 아내는 형식적인 선데이 크리스천에 불과한 형편없는 인간이던 저를 주님 때문에, 주님 안에서, 주님의 말씀을 좇아, 주님의 사랑으로 대해 주었습니다. 아내가 제게 보여 준 그 사랑으로 인해 제 눈에 겹겹이 끼여 있던 비늘들이 벗겨지고, 주님을 인격적으로 만나게 되었습니다. 아내의 그 사랑이 저로 하여금 책을 쓰게 하였고, 지구 반대편에서 그 책을 본 사람들의 인생이 새로워지고 있습니다. 아내는 태어난 이래 해외여행을 제외하곤 해외에서 살아본 적이 없습니다. 오늘의 용어로 표현하자면, 철저한 국내파인 히브리파 그리스도인입니다. 그러나 아내가 주님을 좇아 서울에서 저를 사랑한 결과, 그 사랑이 지구 반대편까지 이르고 있습니다. 한 인간을 사랑하는 것이 세계를 사랑하는 것임이 아내의 삶으로 판명된 셈입니다. 그리고 아내는 저를 사랑함으로, 결과적으로 본인이 의식지도 않는 가운데 주님 안에서 세계인이 되었습니다.

사랑하는 교우 여러분!

우리가 지리적으로 어디에 거하든, 무슨 직업을 갖고 무슨 일을 행하든, 궁극적으로 주님을 본받아 사람을 사랑하는 세계인이 되십시다. 악과 불의와 불법과 타협하는 일이 아니라면, 사랑해야 할 사람을 살아생전 한 사람이라도 더 사랑하십시다. 그때 땅끝까지 이르러 내 증인이 되라 하신 주님의 말씀이 우리의 삶 속에서 성취될 것입니다. 주님을 믿는 우리에게 사람이 세계요, 사람을 사랑하는 것이 곧 세계를 사랑하는 것이기 때문입니다.

주님께서 모든 인류의 구세주가 되신 것은, 온 세계를 지리적으로 다 찾아다니셨기 때문이 아니었습니다. 2천 년 전 주님께서는 이스라엘 땅을 벗어나신 적이 없었고, 단지 이스라엘 땅에 사는 사람들을 사랑하셨을 뿐임에도 온 인류를 구원하는 구원자가 되셨습니다. 사람이 세계요, 사람을 사랑하는 것이 세계를 사랑하고 구원하는 것이기 때문이었습니다. 그런 의미에서 히브리파 유대인으로 이 땅에 오셨던 주님께서는 영원한 세계인이셨습니다.

해외파인 헬라파 유대인이라고 해서 다 세계인인 것도 아니고, 국내파인 히브리파 유대인이라고 모두 세계인이 아닌 것도 아님을 깨닫게 해주신 주님! 그리스도인에게 세계는 지리적인 개념이 아니라 사람이요, 사람을 사랑하는 것이 곧 세계를 사랑하는 것임을 일깨워 주신 주님!

우리가 어느 곳에 거하고 있든, 우리 모두 주님 안에서 세계인으로 살게 하옵소서. 우리의 직업이 무엇이든, 무슨 일을 행하든, 주님을 본받아 궁극적으로 사람을 사랑하는 참된 그리스도인이 되게 하옵소서. 악과 불의와 불법과 타협하는 일이 아니라면, 우리의 코끝에서 호흡이 멈추기 전, 사랑해야 할 사람을 한 사람이라도 더 사랑하게 하옵소서. 삶의 현장에서 행하는 우리의 사랑으로 인해 지구 반대편까지 새로워지게 하옵소서. 그리하여 우리 모두, 이 시대를 위한 진정한 땅끝의 사람으로 살아가는 기쁨을 누리게 하옵소서. 아멘.

33. 다소로 보내니라 _{사순절 첫째 주일}

사도행전 9장 26-31절
사울이 예루살렘에 가서 제자들을 사귀고자 하나 다 두려워하여 그가 제자 됨을 믿지 아니하니 바나바가 데리고 사도들에게 가서 그가 길에서 어떻게 주를 보았는지와 주께서 그에게 말씀하신 일과 다메섹에서 그가 어떻게 예수의 이름으로 담대히 말하였는지를 전하니라 사울이 제자들과 함께 있어 예루살렘에 출입하며 또 주 예수의 이름으로 담대히 말하고 헬라파 유대인들과 함께 말하며 변론하니 그 사람들이 죽이려고 힘쓰거늘 형제들이 알고 가이사랴로 데리고 내려가서 **다소로 보내니라** 그리하여 온 유대와 갈릴리와 사마리아 교회가 평안하여 든든히 서 가고 주를 경외함과 성령의 위로로 진행하여 수가 더 많아지니라

바나바의 신원보증으로 사도들을 포함한 예루살렘의 제자들과 동역자가 된 사울은, 그 즉시 예루살렘을 누비고 다니며 예수 그리스도의 복음을 전하였습니다. 그러나 다메섹에서처럼, 예루살렘에서도 사울을 집요하게 죽이려는 사람들이 있었습니다. 그들은 놀랍게도 헬라파 유대인들이었습니다.

헬라파 유대인들은 해외에서 태어나 외국인들 틈에서 당시 지중해 세계 공용어이던 헬라어를 모국어로 사용하는 해외파였습니다. 좁디좁은 이스라엘 땅에서 벗어나 더없이 넓은 세상에서 보다 높은 학문과 문화 그리고 교양을 접한 그들은 적어도 명목상으로는 세계인인 셈이었습니다. 그러나 내면적으로는 정반대였습니다. 자신들과 다른 생각과 신념을 지녔다는 이유만으로 집요하게 사울을 죽이려 했던 그들은 전혀 세계인이 아니었습니다. 세계인이기는커녕 국내파인 히브리파에게도 미치지 못하는, 편협하고 옹졸하기만 한 자기중심적인 인간들이었습니다. 그와 같은 상황 속에서 본문 30절은 다음과 같이 증언하고 있습니다.

형제들이 알고 가이사랴로 데리고 내려가서 다소로 보내니라.

다메섹에서도 그랬던 것처럼, 예루살렘에서도 믿음의 형제들이 가만히 있지 않았습니다. 헬라파 유대인들이 집요하게 사울을 죽이려 함을 알게 된 믿음의 형제들은 사울을 데리고 가이사랴까지 함께 갔습니다. 그들이 가이사랴까지 사울과 동행한 것은, 본래 유대교 열혈 신봉자였던 사울이 유대교 내에서 널리 알려진 인물인지라, 혹 길 위에서 유대교인에게 당할지도 모를 신변의 위협으로부터 사울을 지켜 주기 위함이었습니다. 가이사랴에 이른 믿음의 형제들은 그곳에서 사울과 작별하면서 사울을 다소로 보내었습니다. 다소는 사울이 태어난 사울의 고향이었습니다. 믿음의 형제들은 당시 사울이 처해 있는 정황상, 사울의 안전을 보장할 수 있는 곳은 사울의 고향인 다소밖에 없다고 판단한 것입니다.

사울은 갈라디아서 1장 18절을 통해 이때의 시점을 자신이 예루살렘에서 사도 베드로를 만난 지 보름 후라고 밝히고 있습니다. 애당초 예루살렘의 제자들을 찾아간 사울이 그리스도인이 되었음을 스스로 밝혔어도 예루살렘 제자들은 사울의 말을 들어주지 않았습니다. 그러나 사울에 대한 바나바의 신원보증이 있었기에 예루살렘 제자들은 사울을 동역자로 받아 주었습니다. 우리는 사울이 예루살렘을 찾아간 이후 바나바의 신원보증으로 예루살렘 제자들의 동역자가 되기까지 정확하게 얼마 동안의 기간이 소요되었는지 알지 못합니다. 그것은 전혀 중요한 일이 아니기에 그와 관련하여 성경이 아무 언급도 하지 않기 때문입니다. 그러나 성경은 사울이 예루살렘의 제자들과 동역자가 된 이후, 다시 말해 예루살렘에서 사울이 예수 그리스도의 복음을 전파하기 시작한 이후, 불과 보름 만에 고향 다소로 낙향하였다는 사실은 분명하게 밝혀 주고 있습니다.

본래 예루살렘에서 교회를 잔멸하던 사울은 유대교 지도자들의 신임을 한 몸에 받던 청년이었습니다. 그에 대한 신임이 얼마나 두터웠으면, 3년 전에 대제사장이 다메섹에 있는 그리스도인들을 색출하여 연행하는 일을 그에게 위임하였겠습니까? 그 사울이, 자신이 부정하던 예수 그리스도의 제자가 되어 3년 만에 예루살렘으로 되돌아왔습니다. 더욱이 자신이 잔멸하던 교회 지도자들의 동역자가 되기까지 했습니다. 그렇다면 사울이 예루살렘에서 주님을 위해 하고픈 일이 얼마나 많았겠습니까? 자신이 교회를 잔멸하던 예루살렘이니만큼, 집집마다 찾아다니며 자신이 부정했던 예수님이 그리스도이심을 전하고픈 꿈과 열정이 왜 없었겠습니까? 예루살렘을 찾은 목적이 바로 거기에 있지 않았겠습니까?

그러나 사울은 복음을 전파하기 시작한지 불과 보름 만에 그 꿈을 접고 예루살렘을 떠나 고향으로 낙향할 수밖에 없었습니다. 주님의 부르심을 받은 이후 다메섹에 이은 두 번째 좌절인 셈이었습니다. 더욱이 이때의 낙향은 유대인들의 살해 위협으로부터 자신을 지키기 위한 일시적인 피신이 아니었습니다. 이 이후 사울은 바나바의 초청으로 안디옥교회의 공동 목회자가 됩니다. 그리고 안디옥교회에서 목회 생활을 시작한 지 1년이 경과했을 즈음, 사울은 바나바와 함께 예루살렘을 다시 방문하였습니다. 사울은 갈라디아서 2장 1절에서, 그것은 예루살렘에서 다소로 낙향한 지 14년 만의 방문이었음을 직접 밝히고 있습니다. 따라서 그 14년 가운데 사울이 안디옥교회에서 목회한 1년을 제외하면, 그가 고향 다소에서 지낸 기간이 장장 13년이었음을 알게 됩니다. 누구보다도 전도유망한 청년이었던 사울이 어느 날 갑자기 다소로 낙향하여 무려 13년을 칩거해야만 했던 것입니다.

2천 년 전 로마제국 행정구역상 길리기아의 수도였던 다소는 지리적으로 동서를 연결하는 주요 무역항이었습니다. 당시 대부분의 무역항이 그랬듯이, 경제적으로 호황을 누리던 다소 역시 철학을 비롯한 모든 학문이 발달한 도시였습니다. BC 41년에는 동방의 제1인자였던 로마제국의 안토니우스 장군이 이집트의 클레오파트라를 다소로 불러, 그해 겨울을 다소에서 함께 지냈을 정도로 다소는 크게 명성을 떨치던 도시였습니다. 따라서 다소 사람들은 다소 출신이라는 것 자체를 큰 긍지로 여겼습니다. 사울이 유대인이면서도 남다른 세계관과 높은 학식을 겸비할 수 있었던 것은, 그의 출생지가 다소라는 것과 무관하지 않습니다. 그러므로 사울 역시 자신이 다소 출신임을 자랑스럽게 여겼습니다.

그러나 오늘날 다소의 상황은 전혀 다릅니다. 자동차와 비행기, 그리고 대형 컨테이너 선박의 등장 등, 교통수단의 혁명적인 발전에 비해 상대적으로 입지 조건이 열악한 다소는 이미 오래전에 옛 영화를 상실해 버리고 말았습니다. 낡고 퇴락한 다소의 초라한 모습은 인간 역사의 무상함만을 보여 주고 있습니다. 더욱이 오늘날의 다소는 500년 전부터 이슬람교가 국교인 현재의 터키에 속한지라, 그리스도인인 사울은 이슬람 땅이 되어 버린 자신의 고향에서 철저하게 잊혀진 무명의 존재가 되고 말았습니다.

다소에는 옛 성문의 일부가 남아 있습니다. 예전에 기독교가 로마제국의 국교였던 시절에 그 문의 이름은 '바울의 문'이었습니다. 아시다시피 바울은 사도가 된 사울의 새 이름이었습니다. 다소 출신의 사울에 의해 로마제국의 역사가 새로워진 것을 다소 사람들이 얼마나 자랑스럽게 여겼으면 다소 성문의 이름을 바울의 문이라고 불렀겠습니까? 그러나 오늘날 그 문은 클레오파트라의 문으로 불리고 있습니다. 옛날 안토니우스를 만나기 위해 이집트에서 온 클레오파트라가 그 문을 통해 다소에 입성한 데서 유래된 이름입니다. 물론 바울의 문이 클레오파트라의 문으로 이름이 바뀐 것은 그 땅을 정복한 이슬람교도들에 의해서입니다. 위대했던 사도 바울은 자신의 고향에서, 한낱 자기 욕망과 욕정과 권력을 위해 수단과 방법을 가리지 않았던, 부도덕한 한 여인보다도 못한 대접을 받고 있습니다.

2001년 초에 자동차를 타고 처음으로 다소를 방문한 저는 수많은 현지인들에게 묻고 또 물은 끝에, 소위 사울의 생가로 알려진 곳을 겨우 찾아갈 수 있었습니다. 우물과 집터만 남아 있는 그곳에는 사도가 된 바울을 간략하게 소개하는 작고 볼품없는 동판과, 아주 서툰 솜씨로 그려진, 역시 조그마한 바울의 초상화 동판이 세워져 있었습니다. 터키의 관광 당국이 세운 것으로 그 크기와 내용은 초라하고 빈약하기 짝이 없었습니다. 마침 그때가 주일 아침이었기에 일행과 함께 그 현장에서 주일예배를 드리는데, 갑자기 제 눈시울이 뜨거워졌습니다. 두 가지 이유 때문이었습니다.

첫째 이유는, 사울이 일평생을 통해 그토록 전해 주려 애썼던 '영원'이란 말이 제 심령 속에서 굉음을 내며 울려 퍼졌기 때문입니다. 사울은 주님을 만난 이후 주님께서 주신 영원을 전하기 위해 자신의 삶을 바쳤던 사람입니다. 그러나 영원은 보이지 않습니다. 이 세상의 보이는 모든 것을 뛰어넘을 때에만 영원을 볼 수 있습니다. 그래서 주님께서는 소위 사울의 생가 터에 아무것도 보이는 것이 없게 만드셨습니다. 만약 그곳에 인간 사울을 위한 거대한 기념관이나 웅장한 예배당이 세워져 있다면, 인간에 의해 건축된 눈에 보이는 것으로 인해 사울이 일평생 목숨을 걸고 전하려 했던 영원은 오히려 가려지고 말았을 것입니다. 그러나 그곳에 보이는 것이 없기에, 사울의 외침 한마디 한마디가 거대한 북소리처럼 제 심령을 울렸습니다.

> 우리가 주목하는 것은 보이는 것이 아니요 보이지 않는 것이니 보이는 것은 잠깐이요 보이지 않는 것은 영원함이라(고후 4:18).

제 심령 속에서 울려 퍼지는 사울의 이 외침으로 인해, 소위 사울의 생가 터에서 제 눈시울은 뜨거워질 수밖에 없었습니다.

다소에 있는 소위 사울의 생가 터에서 제 눈시울이 뜨거워졌던 두 번째 이유는, 젊디젊은 나이에 무려 13년이나 고향에서 칩거하지 않을 수 없었던 사울의 심정이 제 마음을 아리게 했기 때문입니다.

유대교의 큰 지도자가 되리라는 청운의 꿈을 품고 고향 다소를 떠난 사울은 예루살렘으로 상경했습니다. 그곳에서 사울은 당시 최고의 율법학자였던 가말리엘의 제자가 되었습니다. 그리고 대제사장을 포함한 유대교 지도자들의 신임을 한 몸에 받을 정도로 사울은 유대교 내에서 출세가 보장된 젊은이가 되었습니다. 그 사울이 3년여 만에 다시 고향을 찾아왔을 때, 그는 이미 유대교와는 절연絶緣한 그리스도인이었습니다. 길이요 진리요 생명이신 주님의 부르심을 받고 새로운 존재가 되었건만, 그때까지 주님을 위해 행한 것이라고는 아무것도 없었습니다. 다메섹에서도, 예루살렘에서도, 주님을 전하려는 그의 뜻과 계획은 모두 무산되고 말았습니다. 가시적인 업적이나 결과는 전무하였습니다. 그렇다고 고향에서 뚜렷하게 사울을 기다리는 일이나 사람이 있는 것도 아니었습니다. 낙향한 사울은 딱히 할 일 없는 실패자와 다름없었습니다. 그리고 그저 무의미하게만 보이는 날들이 한두 달 혹은 1~2년도 아니고, 무려 13년이나 계속되었습니다.

그 13년 동안 사울을 찾아오는 사람도 없었습니다. 도무지 그를 필요로 하는 사람이 없었습니다. 유대교와 절연한 그를 고향의 유대교인들 역시 배교자로 간주하였을 것임은 두말할 나위도 없습니다. 단지 같은 고향 사람이기에 죽이려 하지는 않았을 것입니다. 고향 사람들은 처음에는 귀향한 사울을 보고 무슨 급한 일이 있거나, 아니면 잠시 쉬기 위해 고향 집을 찾은 것으로 생각했을 것입니다. 그러나 1주, 2주가 지나도 사울은 그냥 집에 머물러 있기만 했습니다. 그리고 한 달 두 달이 지나면서 고향 사람들은 사울에게 무슨 변고가 생겼음을 비로소 알아차렸습니다. 고향 사람들이 보기에 사울은 더 이상 촉망받던 예전의 사울이 아니었습니다. 유대교를 배신하고 할 일 없이 집이나 지키고 있는 사울은 영락없는 실패자일 뿐이었습니다. 고향 사람 가운데는 그와 같은 사울을 비웃거나 조롱하는 사람도 분명히 있었을 것입니다. 그때 사울이 느껴야만 했던 모멸감은 얼마나 컸겠습니까? 세상적인 관점에서 볼 때 사울은 결코 무능한 사람이 아니었습니다. 세상살이에 관한 한 누구보다도 유능했던 사울은 13년 동안이나 마치 무능한 실패자처럼 살아야 했습니다. 13년이란 기간은 누구에게나 장구한 세월입니다. 특히 사울처럼 유능하면서도 무능한 인간처럼 살지 않을 수 없는 상황 속에 처한 젊은이에게 13년은 130년만큼이나 긴 세월일 수 있습니다. 그런 상황 속에서는 하루하루 새날을 맞는다는 것 자체가 죽음보다 더 큰 고통일 수 있습니다. 그러나 사울은 13년이란 그 기나긴 세월의 터널을 추호의 흔들림도 없이 꿋꿋하게 나아갔습니다.

여기에서 우리는 질문을 제기하지 않을 수 없습니다. 사울이 고향에서 그렇듯 13년이나 칩거한 이유가 대체 무엇이냐는 질문입니다. 다시 말해 사울이 왜 진작 고향을 떠나지 않았느냐는 것입니다. 우리는 사울이 얼마나 열정적인 젊은이였는지 이미 잘 알고 있습니다. 그가 유대교에 속해 있을 때에는 교회를 잔멸하는 데 가장 앞장섰던 선봉장이지 않았습니까? 주님의 부르심을 받고 다메섹에서 세례를 받은 이후에는, 그 즉각 유대인의 회당을 찾아다니며 주님을 전파하지 않았습니까? 다메섹의 유대인이 죽이려 하자, 사울은 스스로 아라비아 광야에서 자기 훈련을 거친 뒤 다시 다메섹을 거쳐 예루살렘을 찾아가지 않았습니까? 예루살렘에서도 제자들과 동역자가 되는 즉시 예루살렘을 누비고 다니며 예수 그리스도의 복음을 전파하지 않았습니까? 그런 성정과 열정의 사울이라면, 가이사랴에서 믿음의 형제들과 헤어진 후 혼자 남게 되었을 때 고향으로 낙향하지 않고, 얼마든지 근처 성읍을 찾아다니며 복음을 계속 전할 수도 있지 않았겠습니까? 설령 고향을 찾아갔을지라도 고향에서 잠시 쉬거나 복음을 전한 뒤, 곧장 지중해 세계를 누비고 다니며 복음을 전할 수도 있지 않았겠습니까? 그런데도 왜 사울은 무려 13년 동안이나 마치 실패자처럼 살면서도 고향을 떠나지 않았습니까?

사도행전 22장 17-18절에 의하면, 예루살렘에서 헬라파 유대인들이 사울을 죽이려 할 때 사울에게 즉각 예루살렘을 떠날 것을 직접 명령하신 분은 주님이셨습니다. 주님의 그 명령이 있은 직후 믿음의 형제들이 사울을 가이사랴까지 데리고 가서 그의 고향인 다소로 보내었습니다. 따라서 사울에게는 주님의 또 다른 명령이 있기까지 다소에서 머무는 것이 주님의 뜻이었고, 주님에 대한 순종이었습니다. 이것이 사울이 무려 13년 동안이나 고향에 칩거했던 이유였습니다.

  그는 그 기나긴 13년 동안 좌절하거나 절망하지 않았습니다. 고향 사람들이 그를 실패자처럼 여겨도, 사울은 자신을 인생 실패자로 간주하지 않았습니다. 만약 그랬더라면 그가 위대한 사도가 될 리도 없었을 뿐더러, 13년이 다하기도 전에 스스로 삶을 포기해 버렸거나 아니면 폐인이 되고 말았을 것입니다. 그는 주어진 상황 속에서 초지일관 주님을 믿었습니다. 자신을 구원하기 위해 십자가의 제물이 되어 주신 주님께서 다소에서의 칩거를 통해 자신의 영혼에서 불순물을 제거해 주시고, 자신을 주님의 온전한 일꾼으로 새로이 빚어 주고 계심을 굳게 믿었습니다. 그 믿음의 과정을 통해 사울은 자신이 세상살이에는 아무리 뛰어난 재주를 지녔다 해도, 주님 앞에서는 주님께서 허락하시지 않는 한 아무것도 할 수 없는 무능하고 연약한 존재에 불과함을 뼈저리게 깨달았습니다. 나아가 주님 앞에서 자신의 무능함과 연약함을 자인할 때에만, 전적으로 의지할 수밖에 없는 주님으로 인해 자신이 비로소 주님의 강한 일꾼이 될 수 있다는 믿음의 역설을 온 삶으로 터득하였습니다. 그리고 마침내 작정하신 때가 되었을 때, 주님께서는 다소에서 사울을 불러내시어 인류의 역사를 새롭게 하는 사도 바울이 되게 하셨습니다. 13년에 걸친 다소의 칩거를 통해 사울은 주님께서 자신에게 주시기 원하셨던, 새로운 미래와 희망의 실체로서의 새날을 맞게 된 것이었습니다. 그 이후 사울이 위대한 사도의 삶을 살면서도 단 한 번도 자기 교만에 빠지지 않을 수 있었던 것 또한, 무려 13년에 걸친 다소의 칩거가 있었기에 가능한 일이었습니다.

  이런 의미에서 사울이 오직 주님에 대한 믿음으로 13년의 세월을 이겨 내었던 믿음의 현장인 소위 사울의 생가 터에서 사울을 생각하며, 저 역시 주님의 종으로 일평생 살아가기 원하는 한 명의 그리스도인으로서 제 눈시울이 뜨거워질 수밖에 없었습니다.

　구원받은 그리스도인에게는 어떤 형태로든 인생의 다소가 있기 마련입니다. 그때 인생의 다소를 피하려 해서는 안 됩니다. 주님께서 단지 피하기만 하라고 우리에게 인생의 다소를 주시는 것은 아닙니다. 주님께서는 어떤 경우에도 인간을 상대로 장난치거나 인간을 골리는 분이 아니십니다. 주님께서 우리에게 인생의 다소를 주시는 까닭은, 그 다소 속에서 우리를 당신의 강인한 일꾼으로 세우시사 우리에게 새로운 미래와 희망의 실체로서의 내일을 주시기 위함입니다.

　호주 시드니에서 한 교민으로부터 들은 이야기입니다. 그분이 고국을 다녀가는 길에 우리나라 개나리나무 가지를 꺾어다가 자신의 집 마당에 심었습니다. 이듬해 봄이 되자, 한국에 비해 훨씬 맑은 공기와 좋은 햇볕 덕분에 가지와 잎이 무성하게 자라났습니다. 그러나 정작 개나리꽃은 피지 않았습니다. 첫해라서 그런가 보다, 하고 생각했지만 그 이듬해에도, 그리고 3년째 되는 해에도 개나리꽃은 피지 않았습니다. 그리고 그제야 그분은, 한국처럼 혹한의 겨울이 없는 호주 시드니에서는 개나리꽃이 아예 피지 않는다는 사실을 비로소 알았습니다. 반드시 추위를 거쳐야만 꽃이 피는 것을 전문용어로 '춘화현상vernalization'이라 하는데 개나리, 튤립, 히아신스, 백합, 라일락, 철쭉, 진달래 등이 이에 속한다고 합니다.

　인생은 마치 춘화현상의 꽃과 같습니다. 눈부신 인생의 꽃은 인생의 혹한을 거친 뒤에야 아름답게 꽃망울이 맺히는 법입니다. 그런가 하면 봄에 뿌리는 봄보리에 비해 가을에 파종하여 겨울을 나는 가을보리의 수확이 훨씬 더 많습니다. 인생의 열매는 마치 가을보리와 같아 인생의 겨울을 거치면서 그 열매가 더욱 견실해지고 또 풍성해집니다. 주님께서 당신의 사랑하는 자녀들에게 인생의 다소를 거치게 하시는 까닭이 바로 이것입니다. 인생의 겨울인 인생의 다소를 거쳐야, 인생의 꽃과 열매가 아름답게 결실되는 인생의 봄이 이르기 때문입니다.

사랑하는 교우 여러분!

혹 지금 인생의 겨울인 인생의 다소에 처해 있습니까? 그것이 경제적인 다소이든, 건강상의 다소이든, 인간관계의 다소이든, 그 어떤 다소이든, 결코 좌절하거나 절망하지 마십시오. 오히려 인생의 다소를 주신 주님께 감사하고 주님을 찬양하십시오. 참회의 절기인 사순절 첫째 주일을 맞아, 주님께서 우리에게 주신 인생의 다소를 피하기만 하려 했던 우리의 믿음 없음을 회개하십시다. 우리가 인생의 다소 속에 처해 있다는 것은, 비록 우리 눈에는 그 끝이 보이지 않는다 해도, 주님께서 우리에게 주시려는 새로운 인생의 봄이 이미 우리 인생의 문턱에 이르렀음을 의미하기 때문입니다. 본문의 사울처럼, 우리 각자의 다소를 오직 믿음으로 걸어 나아가십시다. 우리를 위해 십자가의 죽음마저 마다 않으셨던 주님께 우리의 삶을 온전히 의탁하십시다. 주님의 때가 이르면 우리 모두 새로운 인생의 봄을 맞게 될 것이요, 그때 사울의 고백이 우리 자신의 고백이 될 것입니다.

"자기 아들을 아끼지 아니하시고 우리 모든 사람을 위하여 내주신 이가 어찌 그 아들과 함께 모든 것을 우리에게 주시지 아니하겠느냐"(롬 8:32). 우리를 구원해 주시기 위한 주님의 고난을 묵상하며 회개하는 절기인 사순절 첫째 주일을 맞이하여, 이 시간 우리가 구체적으로 무엇을 회개해야 할 것인지 깨닫게 해주심을 감사드립니다.

겨울을 거치지 않고 봄만 맞으려는 우리의 어리석음을 용서하여 주옵소서. 주님께서 우리에게 새로운 미래와 희망의 실체로서의 새로운 인생의 봄을 주시기 위해 인생의 겨울인 다소를 주셨건만, 그저 안일함만을 추구하며 인생의 다소를 피하려고만 했던 우리의 나태함을 용서하여 주옵소서. 우리에게 주어진 다소의 터널이 단지 그 끝이 보이지 않는다고 해서, 주님을 믿는다면서도 주님을 원망하고 좌절하며 절망하기만 했던 우리의 믿음 없음을 용서하여 주옵소서.

우리가 인생의 다소에 처해 있다는 사실 자체가, 주님께서 우리에게 주시려는 새로운 인생의 봄이 이미 우리 눈앞에 와 있음을 의미함을 잊지 말게 하옵소서. 무려 13년간이나 다소에서 칩거하면서도 오히려 더욱 주님을 신뢰했던 사울처럼, 우리의 생각과 어긋나는 상황이 벌어질수록, 우리에게 주어진 삶의 자리에서 우리 또한 더더욱 주님만 믿고 따르게 하옵소서. 13년에 걸친 다소에서의 칩거로 인해 사울이 인류의 역사를 새롭게 하는 위대한 사도 바울이 되었던 것처럼, 어떤 인생의 다소 속에서도 주님과 동행하는 우리의 행보 역시, 이 시대를 새롭게 하는 진리의 대장정이 되게 하옵소서. 아멘.

34. 그리하여 _{사순절 둘째 주일}

사도행전 9장 26-31절
사울이 예루살렘에 가서 제자들을 사귀고자 하나 다 두려워하여 그가 제자 됨을 믿지 아니하니 바나바가 데리고 사도들에게 가서 그가 길에서 어떻게 주를 보았는지와 주께서 그에게 말씀하신 일과 다메섹에서 그가 어떻게 예수의 이름으로 담대히 말하였는지를 전하니라 사울이 제자들과 함께 있어 예루살렘에 출입하며 또 주 예수의 이름으로 담대히 말하고 헬라파 유대인들과 함께 말하며 변론하니 그 사람들이 죽이려고 힘쓰거늘 형제들이 알고 가이사랴로 데리고 내려가서 다소로 보내니라 **그리하여** 온 유대와 갈릴리와 사마리아 교회가 평안하여 든든히 서가고 주를 경외함과 성령의 위로로 진행하여 수가 더 많아지니라

스스로 프랑스의 황제가 되어 무소불위의 권력을 휘두르며 승승장구하던 나폴레옹은, 1812년 러시아 원정에 실패함으로 그 기세가 꺾였습니다. 그리고 1814년 5월 4일, 파리를 점령한 유럽 연합군에 의해 지중해의 엘바 섬 Elba Island으로 유배되었습니다. 그러나 9개월 후인 1815년 2월에 엘바 섬을

탈출한 나폴레옹은 20여 일 만에 파리에 입성하여 다시 권력을 장악하였습니다. 그리고 4개월이 지난 1815년 6월 나폴레옹은 12만 5,000명의 프랑스군을 이끌고, 영국의 웰링턴A. W. Wellington 장군이 지휘하는 유럽 연합군과 유럽 대륙 지배권을 놓고 벨기에의 남동쪽 워털루 교외에서 일대 자웅을 겨루게 되었습니다. 그것이 그 유명한 워털루전투Battle of Waterloo입니다.

　1815년 6월 18일 아침, 나폴레옹 군이 먼저 연합군에 대한 총공격을 개시함으로 양 진영 간에 전투가 시작되었습니다. 하루 종일 일진일퇴를 거듭하던 전세는 프랑스군에게 유리하게 보였습니다. 마침내 오후 6시, 마지막 승기를 잡았다고 판단한 나폴레옹은 자신의 근위사단에게 진격 명령을 내렸습니다. 백전무패를 자랑하던 전설적인 나폴레옹의 근위사단은 격전 끝에 웰링턴 진영 산등성이의 능선을 장악하였습니다. 나폴레옹 진영에서 볼 때 그것으로 전투는 끝난 것으로 보였습니다. 그러나 바로 그 순간, 산등성이 반대쪽에 포진해 있던 연합군이 일제히 사격을 퍼부었습니다. 게다가 뒤늦게 전투에 합류한 프로이센군의 협공으로 프랑스군은 궤멸되고 말았습니다. 그리고 나흘 뒤인 6월 22일 나폴레옹은 대서양의 고도孤島 세인트헬레나 섬Saint Helena Island으로 유배되었습니다. 그곳에서 영국군의 감시하에 울분의 나날을 보내던 나폴레옹은 6년 후인 1821년 5월 5일, 불과 52세를 일기로 숨을 거두었습니다. 수많은 사람의 생명을 담보로 자기 야망을 좇던 한 인간의 일생은 그렇듯 허망하게 끝나 버리고 말았습니다.

　여기에서 우리는 나폴레옹의 비극적인 말로를 초래했던 워털루전투를 다시 한 번 생각해 볼 필요가 있습니다. 나폴레옹은 자신이 믿던 근위사단에게 진격 명령을 내릴 때, 멀리 보이는 웰링턴 진영의 산등성이만 장악하면 자신이 최후의 승자가 될 것을 확신했습니다. 바꾸어 말해 그 능선 너머에 무수한 연합군이 포진해 있으리라고는 상상치도 못했습니다. 만약 그때 지금처럼 비행기가 있어 나폴레옹이 하늘에서 산등성이 너머에 포진하고 있는 연합군을 보았더라도 똑같은 명령을 내렸겠습니까? 결코 아니었을 것입니다. 결국 나폴레옹은 가장 중요한 전투의 가장 결정적인 순간에 눈에 보이는 것만을 모두라 판단한 결과 처참하게 몰락하고 말았습니다.

그렇다면 치열한 전투가 벌어지는 전장에서 누가 훌륭한 지휘관이겠습니까? 눈에 보이는 것만 모두라 단정하는 지휘관은 백전백패할 수밖에 없습니다. 눈에 보이는 것을 1차적인 판단의 근거로 삼되 그것으로 그치지 않고, 눈에 보이지 않는 것까지 보고 생각하고 대비하는 지휘관만 자기 병사의 목숨을 지키면서 최후의 승자가 될 수 있습니다.

이것은 비단 나폴레옹 같은 전장의 지휘관에게만 국한된 이야기는 아닙니다. 주님의 군병으로 살아가기 원하는 우리 모두에게 해당되는 말입니다. 그리스도인에게 이 세상 자체는 매일 빛과 어둠의 전투, 선과 악의 전투, 의와 불의의 전투, 참과 거짓의 전투가 벌어지는 거대한 전쟁터입니다. 특히 우리 자신이, 진리를 좇기 원하는 우리의 속사람과 욕망을 좇으려는 우리의 겉사람 간의 치열한 전투장입니다. 그 전투에 패해서는 그리스도인으로 살아갈 수도 없고, 주님의 군병이 될 수도 없습니다. 우리는 그 전투에서 반드시 이겨야 하고, 이기기 위해서는, 육체의 눈으로 볼 수 있는 것만을 모두라 단정하는 어리석음에서 시급히 탈피하지 않으면 안 됩니다.

우리 육체의 눈이 볼 수 있는 것은 지극히 제한적입니다. 우주처럼 큰 것도, 세균처럼 작은 것도 보지 못합니다. 태양처럼 밝은 것도, 칠흑 같은 어둠도 볼 수 없습니다. 너무 먼 것도, 눈앞에 너무 가까운 것도 보지 못합니다. 벽 너머를 볼 수도 없고, 자신의 등 뒤는 말할 것도 없고, 심지어는 자기 몸속조차도 들여다볼 수 없습니다. 모든 것을 볼 수 있는 것 같지만 실은 볼 수 없는 것들이 더 많습니다. 그런데도 자기 눈에 보이는 것만을 모두라 생각한다면 자신과의 싸움에서, 이 세상과의 싸움에서 백전백패할 수밖에 없습니다. 참된 신앙은 눈에 보이는 것 너머를 보는 것으로부터 시작됩니다. 그때에만 주님 안에서 이 세상과의 전투에서, 자신과의 전투에서 언제나 승리할 수 있습니다.

바나바의 신원보증으로 사도들을 포함한 예루살렘 제자들과 동역자가 된 사울은, 그 즉각 예루살렘을 누비고 다니며 예수 그리스도의 복음을 전하였습니다. 그러나 다메섹에서처럼 예루살렘에서도 헬라파 유대인들이 사울을 집요하게 죽이려 하였습니다. 헬라파 유대인들은 국내파인 히브리파 유대인들과는 달리, 해외에서 태어나 외국인들 틈에서 당시 지중해 세계 공용어이던 헬라어를 모국어로 사용하던 해외파였습니다. 우리는 국내파가 절대다수를 차지하던 예루살렘 초대교회가 2천 년 교회 역사상 최조로 세운 일곱 명의 집사가 전원 헬라파 유대인들이었음을 이미 알고 있습니다. 그리고 주님께서 사도들에게 '온 유대와 사마리아와 땅끝까지 이르러 내 증인이 되라'고 분명히 명령하셨음에도 국내파인 사도들이 예루살렘만을 고수하고 있을 때, 복음을 들고 예루살렘을 넘어선 그리스도인들이 헬라파 유대인들이었다는 사실 또한 잘 알고 있습니다.

그러나 헬라파 유대인이라고 다 같은 사람들인 것은 아니었습니다. 빌립 집사처럼 유대인이 짐승처럼 간주하는 사마리아 사람을 찾아가 복음을 증거한 헬라파 그리스도인이 있는가 하면, 단지 자신들과 생각과 신념과 믿음이 다르다는 이유만으로 사울을 집요하게 죽이려 한 헬라파 유대교인들도 있었습니다. 그들은 호칭만 해외파인 헬라파 유대인이었을 뿐, 국내파인 히브리파에도 미치지 못하는 지극히 옹졸한 인간들이었습니다. 옹졸한 인간이 신념으로 무장하면 아무도 말릴 수가 없습니다. 헬라파 유대인들이 얼마나 집요하게 사울을 죽이려 했던지, 예루살렘의 믿음의 형제들은 사울을 가이사랴까지 데리고 가서 그의 고향 다소로 보내었습니다. 믿음의 형제들은, 헬라파 유대인들의 집요한 살해 위협으로부터 사울의 생명을 보장해 줄 수 있는 곳은 그의 고향인 다소밖에 없다고 판단한 것입니다. 이때 고향으로 낙향한 사울은 지난 시간에 말씀드린 것처럼, 무려 13년 동안 고향에서 칩거해야만 했습니다. 젊은 청년이 중년의 나이에 접어들기까지 마치 실패자처럼 고향에서 칩거해야 했다면, 그것은 인생의 최대 위기가 아닐 수 없습니다.

하지만 그것이 사울 개인만의 문제이거나 위기일 수는 없었습니다. 헬라파 유대인들이 사울을 집요하게 죽이려 했던 것은, 사울을 유대교를 배교한 더러운 배신자로 간주했기 때문입니다. 그러나 사울만 유대교를 떠난 것은 아니었습니다. 초대교회를 이루고 있던 교인들은 히브리파든 혹은 헬라파든, 모두 유대인들이기는 매한가지였습니다. 당시의 유대인들은 그들의 전통과 관습상 모두 태어나면서부터 유대교인이었습니다. 그런데도 초대교회 교인들이 그리스도인이 되었다는 것은 유대교인의 관점에서 본다면, 그들 역시 유대교를 배교한 배교자들이었습니다. 따라서 사울을 집요하게 죽이려 한 헬라파 유대인들이 예루살렘 교인들마저 해코지할 수도 있지 않았겠습니까? 더욱이 예루살렘 초대교회는, 최초로 선출된 일곱 명의 집사 전원이 헬라파 유대인들로 교회 전면에 포진되어 있었습니다. 따라서 헬라파 유대인인 사울을 집요하게 죽이려 했던 예루살렘의 헬라파 유대인들이, 교회의 전면에 나서 있는 헬라파 유대인 집사들마저 제거하려 할 수도 있지 않았겠습니까? 마치 일제강점기 때 조선인 형사가 조선인에게 더 잔인했던 것처럼 말입니다. 이 모든 사실을 종합해 볼 때, 주님께서 당신의 새로운 그릇으로 택하신 사울이 고향으로 피신할 수밖에 없었던 당시의 정황은, 교회와 그리스도인들에게도 분명 큰 위기일 수 있었습니다.

바로 그때의 상황을 증언하는 본문 31절은 "그리하여"라는 접속사로 시작되고 있습니다. 이것은 '그리하여'란 접속사 이전의 내용과 그 이후의 내용이 밀접한 관계에 있음을 의미합니다. 특히 헬라어 원문의 'οὖν'은 그 이후의 내용이 그 이전 내용의 결과일 때 사용되는 접속사로서, 영어로는 'therefore' 혹은 'then'으로 번역할 수 있습니다. 본문에서 '그리하여' 이전의 내용은 예루살렘에 있는 헬라파 유대인들이 사울을 집요하게 죽이려 하므로 믿음의 형제들이 어쩔 수 없이 사울을 고향 다소로 피신시켰다는 것입니다. 그렇다면 그 이후의 내용은, '그리하여 헬라파 유대인들로 인해 교회와 그리스도인도 큰 타격을 받고 위축되었다'는 식으로 전개되어야 문법적으로나 논리적으로나 상식적으로나 타당할 것입니다.

그러나 31절의 증언은 다음과 같습니다.

그리하여 온 유대와 갈릴리와 사마리아 교회가 평안하여 든든히 서가고 주를 경외함과 성령의 위로로 진행하여 수가 더 많아지니라.

접속사 '그리하여' 이후의 내용은 일반적인 예상과는 정반대로 전개되었습니다. 헬라파 그리스도인들에 의해 예루살렘을 넘어서게 된 복음은 사방으로 전파되었고, 그 결과로 온 유대와 갈릴리와 사마리아에 세워진 교회는 날로 평안을 누리고 견고해지면서 그 수가 더 많아졌습니다. 그뿐 아니라 본문 32절은 똑같은 시기의 베드로의 활약상을 전해 주고 있습니다.

그때에 베드로가 사방으로 두루 다니다가 룻다에 사는 성도들에게도 내려갔더니.

국내파로서 한동안 예루살렘만 고수하고 있던 사도 베드로 역시 헬라파 그리스도인들이 닦아 놓은 길을 통해 이스라엘 전역을 돌아다니며 복음을 전하였습니다. 교회와 그리스도인들이 타격을 받거나 위축되기는커녕 오히려 주님의 역사 속에서 그 이전보다 더욱 역동적으로 복음을 전파했습니다.

이처럼 사울이 헬라파 유대인들의 살해 위협을 피해 고향 다소로 피신할 수밖에 없었다는 이전의 내용과, 그래서 온 교회가 든든히 서가고 그 수가 더 많아졌다는 이후의 내용은 전혀 일관성이 없어 보입니다. 그런데도 상반되어 보이는 두 문장을 한데 이어 주고 있는 본문 속의 접속사 '그리하여'가 우리에게 주는 메시지가 무엇이겠습니까? 참된 그리스도인이 되기 위해서는 눈앞에 보이는 것만 모두라 판단하는 어리석음을 범해서는 안 된다는 것입니다. 참된 그리스도인은 자기 눈에 보이는 것 너머를 볼 수 있어야 한다는 것입니다. 다시 말해 진정한 그리스도인은 자신의 눈에 보이는 것을 뛰어넘어, 주님께서 섭리하시는 큰 그림을 볼 수 있어야 한다는 것입니다.

이런 의미에서 본문의 접속사 '그리하여'는, 청년 사울이 어떻게 13년에 걸친 다소의 칩거를 믿음으로 극복하고 믿음의 용장으로 우뚝 설 수 있었는지를 일깨워 줍니다. 만약 사울이 가는 곳마다 자신을 죽이려는 유대인들의 살해 위협만을 보았다면, 고향 다소에 13년이나 칩거할 수밖에 없는 자신의 기막힌 상황만을 보았다면, 그는 자포자기하거나 절망 속에서 스스로 무너지고 말았을 것입니다. 청년 사울이 중년에 접어들기까지 고향에서 13년이나 칩거할 때 자신과의 싸움이 얼마나 치열했겠습니까? 매일매일 불꽃을 튀기지 않았겠습니까? 그런데도 그가 끝내 그 싸움에서 승리하는 믿음의 용장이 될 수 있었던 것은, 눈에 보이는 현실을 뛰어넘어 주님께서 이루어 가시는 큰 섭리를 보았기 때문입니다. 자신은 비록 유대인의 살해 위협을 피해 다소에 칩거하고 있지만, 주님의 몸 된 교회와 그리스도인들은 조금도 위축되지 않았습니다. 오히려 주님께서는 오묘하신 당신의 방법으로 예루살렘에 국한되어 있던 교회를 온 유대와 사마리아와 갈릴리까지 퍼져 가게 하시고, 날이 갈수록 교회를 더욱 든든히 세우시사 역동하게 하셨습니다. 주님께서 이루어 가시는 그 큰 섭리를 사울이 믿음의 눈으로 확인한 이상, 사울에게 다소의 칩거는 아무 문제도 되지 않았습니다. 다소의 칩거가 당장은 고통처럼 보인다 할지라도, 그것은 결국 자신을 믿음의 용장으로 세워 주시려는 주님의 은총임을 주님의 그 큰 섭리 속에서 읽을 수 있었기 때문입니다.

그래서 사울은 그 이후에 이렇게 고백하였습니다.

> 생각하건대 현재의 고난은 장차 우리에게 나타날 영광과 비교할 수 없도다(롬 8:18).

다소의 칩거가 끝난 뒤에도 사울은 수없이 고난을 당했지만, 사울은 어떤 경우에도 고난 자체만을 보지 않았습니다. 눈에 보이는 고난을 뛰어넘어, 미구에 찾아올 보이지 않는 영광을 보았습니다. 눈에 보이는 것 너머 보이지 않는 주님의 큰 섭리를 보고 있었기 때문에 가능한 일이었습니다. 사울은 또 다음과 같이 고백하였습니다.

> 우리가 알거니와 하나님을 사랑하는 자 곧 그의 뜻대로 부르심을 입은 자들에게는 모든 것이 합력하여 선을 이루느니라(롬 8:28).

사울에게는 주님을 위해 살아가는 한 그 무엇도 문제가 되지 않았습니다. 설사 문제처럼 보이는 것들이 난마처럼 얽혀 있다 할지라도 주님의 큰 섭리 속에서는 그 모든 것이 주님에 의해 반드시 선으로 귀결됨을 사울은 믿음의 눈으로 보고, 또 자신의 삶으로 매번 경험했기 때문입니다. 이처럼 사울은 눈에 보이는 것을 뛰어넘어 보이지 않는 주님의 큰 섭리를 믿음의 눈으로 보는 사람이었기에 자신과의 싸움에서 이기고, 세상의 어둠을 물리치는 믿음의 용장이 될 수 있었습니다.

우리가 9주 전에 살펴보았던 사도행전 9장 17-18절은, 다메섹 도상에서 시력을 상실했던 사울이 사흘 후에 아나니아의 안수로 눈에서 비늘이 벗겨지며 다시 보게 되었음을 증언해 주고 있습니다. 여기에서 우리는 그 증언의 의미를 보다 깊이 깨닫게 됩니다. 예전에 사울이 눈에 비늘을 뒤집어쓰고 살았다는 것은, 그가 자신의 눈에 보이는 것 이외에는 전혀 보지 못하는 인간이었음을 의미합니다. 그리고 주님에 의해 그 비늘이 벗겨짐으로 그는 비로소 보이지 않는 주님의 큰 섭리를 볼 수 있었습니다.

그런데 우리말 '다시 보다'로 번역된 헬라어 동사 '아나블레포'는 '다시 보다'라는 의미와 함께 '위로 보다'라는 뜻을 지닌 단어라고 했습니다. 따라서 비늘 벗은 눈으로 사울이 다시 보게 되었다는 것은 단지 예전의 시력을 회복했다는 차원을 넘어, 그가 위를 향해 주님께 시선을 고정시키는 사람이 되었다는 의미였습니다. 우리는 근래 수요 성경공부 시간을 통해 노아에 대하여 공부하였습니다. 흔히 많은 사람들이 그릇 알듯, 노아가 방주 속에 거한 기간은 40일이 아니었습니다. 노아는 방주 속에서 무려 1년하고도 17일이나 지내야만 했습니다. 노아가 지극히 제한된 공간인 방주 속에서 1년 17일 동안이나 믿음을 지킬 수 있었던 것 역시, 방주에 단 하나밖에 없는 천장의 창문을 통해 위에 계신 하나님만 바라보았기 때문이었습니다. 이처럼 그리스도인은 위를 보는 사람입니다. 위를 향해 주님께 자신의 시선을 고정시킨 사람입니다. 그래서 사울은 골로새서 3장 1-2절을 통해 우리에게 위를 지향하는 삶을 살 것을 명하고 있습니다.

그렇다면 그리스도인이 위를 지향하고, 위를 향해 주님만 바라본다는 것은 구체적으로 무슨 의미입니까? 세상은 아예 보지도 않고, 세상의 삶은 도외시한 채, 구름 위에서 신선노름하라는 것입니까? 결코 아닙니다. 위를 향해 주님만 바라본다는 것은, 위에 계신 주님의 시선으로 이 세상을 내려다보는 것을 의미합니다. 땅 위에서는 보이지 않는 것이 비행기에서는 내려다보이듯이, 주님의 시선으로 내려다볼 때에만 육체의 눈으로 보이지 않는 것이 비로소 보이게 됩니다. 당장은 유리해 보이지만 그 결과가 해害와 독毒으로 끝나는 것이 무엇인지, 당장은 환난처럼 보이나 영광으로 귀결되는 것이 무엇인지, 무엇이 참이고 무엇이 거짓인지, 무엇이 길고 무엇이 짧은지, 무엇이 영원하고 무엇이 찰나적인지, 무엇을 취해야 하고 무엇을 버려야 하는지가 확연하게 보입니다. 무엇보다도 주님께서 이루시는 큰 섭리의 그림이 분명하게 보입니다. 그래서 위를 향해 주님께 자신의 시선을 고정시킨 사람만 세상과 자신과의 싸움에서 승리할 수 있습니다.

이제 우리 각자의 삶을 되돌아보십시다. 우리가 그리스도인이면서도 왜 세상과의 싸움에서, 자신과의 싸움에서 번번이 패합니까? 눈에 보이는 것만 모두라고 단정하기 때문이지 않습니까? 나의 계획이 무산될 때, 그리하여 절망하기만 하지 않았습니까? 내가 원치 않는 상황이 내 앞에 전개될 때, 그리하여 하나님을 원망하기만 하지 않았습니까? 나의 욕망이 나를 사로잡을 때, 그리하여 진리를 간단히 외면하지 않았습니까? 나의 겉사람이 세상의 유혹을 좇으려 할 때, 그리하여 나의 속사람의 외침에 귀를 막지 않았습니까? 그리하여 우리의 삶은 눈에 보이는 산등성이 너머를 보지 못한 나폴레옹처럼, 백전백패할 수밖에 없지 않았습니까? 그리하여 그리스도인이면서도 전혀 그리스도인답게 살지 못하는 아쉬움 속에서 후회만을 되풀이하고 있지 않습니까?

이제 참회의 절기인 사순절 둘째 주일을 맞이하여, 우리의 이 모든 허물과 어리석음을 회개하십시다. 우리 모두 위를 향해 주님을 바라보십시다. 그리고 주님의 시선으로 세상을 내려다보십시다. 그러면 지금까지 볼 수 없던 것이 보이지 않습니까? 내게 이집트의 노예살이 같은 고통이 있다면, 그리하여 출애굽의 여명이 밝아 오고 있음이 보이지 않습니까? 내 인생의 앞길에 홍해가 가로막고 있다면, 그리하여 하나님의 때에 하나님께서 홍해를 갈라 주시는 것이 보이지 않습니까? 나의 인생이 끝도 없는 광야를 헤매고 있다면, 그리하여 그 광야가 약속의 땅인 가나안을 향하는 길목임이 보이지 않습니까? 내가 지금 십자가의 죽음 같은 고난의 터널을 통과하고 있다면, 그리하여 그 터널의 끝이 부활의 영광임이 확연하게 보이지 않습니까?

사랑하는 교우 여러분!

우리 모두 위를 보십시다. 위를 향해, 주님께 우리의 시선을 고정시키십시다. 그리고 주님의 시선으로 이 세상을 내려다보십시다. 그래서 우리의 눈에 보이는 것을 뛰어넘어, 성경을 통해 우리에게 보여 주신 주님의 큰 섭리를 바라보십시다. 그때 우리는 매일 자신과의 싸움에서 이길 것이요, 이 세상의 어둠을 이기는 진리의 빛, 믿음의 용장이 될 것입니다.

주님!

천지를 창조하신 주님 앞에서, 우리의 이 작은 눈으로 우리가 대체 무엇을 본다 할 수 있겠습니까? 우리는 우주처럼 큰 것도, 세균처럼 작은 것도 보지 못합니다. 태양처럼 밝은 것도, 칠흑 같은 어둠도 볼 수 없습니다. 너무 먼 것도, 너무 가까운 것도 보지 못합니다. 벽 너머도, 나의 등 뒤도, 심지어는 내 몸속을 들여다보지도 못합니다. 모든 것을 볼 수 있는 것 같지만, 정작 중요한 것은 아무것도 보지 못합니다. 그럼에도 우리의 눈에 보이는 것만을 모두라 단정하고, 오직 눈에 보이는 것만을 목적으로 삼느라 세상과의 싸움에서, 자신과의 싸움에서 백전백패하였습니다. 그 결과 주님을 믿는 그리스도인이면서도 전혀 그리스도인답게 살지 못하였습니다. 참회의 절기인 사순절 둘째 주일을 맞이하여 이 모든 허물과 어리석음을 회개드리오니, 주님의 자비와 사랑으로 용서하여 주옵소서.

이제 우리 모두 위를 향해, 오직 주님께 우리의 시선을 고정시키게 하여 주옵소서. 그리고 주님의 시선으로 세상을 내려다보게 하옵소서. 세상에서 우리 육체의 눈으로는 볼 수 없는, 육안으로 볼 수 있는 것 너머에 보이지 않는 것을 보게 하옵소서. 주님께서 우리를 위해 친히 일구어 가시는 주님의 큰 섭리를 믿음의 눈으로 봄으로, 우리가 추구해야 할 것과 버려야 할 것, 참된 것과 거짓된 것, 영원한 것과 일시적인 것을 바르게 분별하게 하옵소서. 그리하여 우리 모두 세상과 자신과의 싸움에서 이기는 믿음의 용장, 이 시대를 밝히는 진리의 빛이 되게 하여 주옵소서. 아멘.

35. 주를 경외함 사순절 셋째 주일

사도행전 9장 26-31절
사울이 예루살렘에 가서 제자들을 사귀고자 하나 다 두려워하여 그가 제자 됨을 믿지 아니하니 바나바가 데리고 사도들에게 가서 그가 길에서 어떻게 주를 보았는지와 주께서 그에게 말씀하신 일과 다메섹에서 그가 어떻게 예수의 이름으로 담대히 말하였는지를 전하니라 사울이 제자들과 함께 있어 예루살렘에 출입하며 또 주 예수의 이름으로 담대히 말하고 헬라파 유대인들과 함께 말하며 변론하니 그 사람들이 죽이려고 힘쓰거늘 형제들이 알고 가이사랴로 데리고 내려가서 다소로 보내니라 그리하여 온 유대와 갈릴리와 사마리아 교회가 평안하여 든든히 서가고 **주를 경외함**과 성령의 위로로 진행하여 수가 더 많아지니라

근래 안타까운 일은 어디를 가나 버릇없는 아이들이 너무나도 많다는 것입니다. 식당, 마트, 공원, 교회 등 어느 곳을 가든, 최소한의 공중도덕조차 아랑곳 않는 아이들이 판을 치고 있습니다. 아이들은 이 나라의 미래를 책임질 주역들입니다. 그러나 최소한의 예의범절조차 익히지 못한 아이들이

성인이 되어, 이 나라 미래의 주역이 된다는 것은 참으로 염려스러운 일입니다. 모두 자기만을 위해 사느라 서로 가해자인 동시에 피해자가 될 것인즉, 사회의 혼란이 얼마나 가중되겠습니까? 자기 유익만 추구하는 사람들이 나라를 생각하며 국가 공동체에 대한 책임과 의무를 다하려 하겠습니까? 지금도 애국심을 찾아보기 쉽지 않은 판에, 그때가 되면 우리 사회에서 애국심이 아예 실종되어 버리지 않겠습니까?

버릇없는 아이들에게는 공통점이 있습니다. 버릇없는 아이는 버릇없는 부모로부터 나온다는 것입니다. 버릇없는 부모란 공중도덕에 둔감하거나, 아예 그것을 도외시하는 부모입니다. 이 세상에 태어나는 아이치고 스스로 공중도덕이나 예의범절을 익히는 아이는 없습니다. 누구든 예외 없이 타율적으로 익히게 되어 있습니다. 따라서 아이들의 공중도덕과 예의범절에 관한 그 1차적인 책임은 부모에게 있습니다. 태어난 아이에게 가장 큰 영향을 미치는 존재는 부모인 까닭입니다. 그러므로 버릇없는 아이들의 잘못은 아이들의 잘못이 아닙니다. 그것은 아이들을 버릇없게 키운 버릇없는 부모의 잘못입니다.

부모가 아이들을 버릇없이 키운다는 것은 아이들에게 이 세상에서 그 누구도, 그 무엇도, 두려워하지 않도록 내버려 두는 것을 의미합니다. 그러나 하나님께서는 지혜의 책인 잠언서를 통해 이렇게 말씀하십니다.

매를 아끼는 자는 그의 자식을 미워함이라 자식을 사랑하는 자는 근실히 징계하느니라(잠 13:24).

아이의 마음에는 미련한 것이 얽혔으나 징계하는 채찍이 이를 멀리 쫓아내리라(잠 22:15).

채찍과 꾸지람이 지혜를 주거늘 임의로 행하게 버려둔 자식은 어미를 욕

되게 하느니라(잠 29:15).

이것은 옛 서당 훈장의 말이 아닙니다. 오늘날의 학교 도덕 교사의 가르침인 것도 아닙니다. 이것은 하나님의 말씀입니다. 왜 사랑이신 하나님께서 자식에게, 그것도 성인이 되지도 않은 어린 자식에게 매와 징계를 아끼지 말 것을 명령하고 계십니까? 아이들에게 매와 징계는 두려움의 대상입니다. 따라서 하나님께서 부모에게 매와 징계로 아이들을 키우라시는 것은 아이들을 미워하라는 말이 아니라, 아이들에게 이 세상에는 두려워해야 할 것과 두려워해야 할 대상이 있음을 각인시켜 주라는 의미입니다. 그것이 자식의 미래를 위하여 부모가 자식에게 줄 수 있는 최상의 사랑이기 때문입니다. 그러므로 자식을 버릇없이 키우는 부모는, 그 자신이 두려워할 것을 두려워하지 않고 두려워해야 할 대상을 두려워하지 않는 사람입니다. 그러다가 자신이 두려워하지 않던 법의 심판에 의해, 혹은 자신이 두려워하지 않은 그 누군가에 의해, 어느 날 순식간에 몰락하는 사람을 우리는 주위에서 너무나도 자주 보고 있습니다.

예의범절 혹은 공중도덕이란 두려워할 것을 두려워하고 두려워할 사람을 두려워하자는 사회적 합의입니다. 그 사회적 합의가 지켜지는 사회가 건강하고 질서 있는 사회임은 두말할 나위가 없습니다. 믿음도 이와 마찬가지입니다. 믿음 역시 두려워할 것을 두려워하고, 두려워해야 할 분을 두려워하는 것입니다. 믿는 이에게 두려워할 분은 하나님이시요, 두려워해야 할 것은 하나님의 계명입니다.

오늘날 교회가 사회로부터 비판과 조소의 대상으로 전락한 것은 비단 어제 오늘의 일이 아닙니다. 세상이 보기에 교회가 얼마나 부패하고 타락했으면 안티anti기독교 단체가 결성되었겠습니까? 만약 교회가 진정으로 두려워해야 할 것을 두려워하고, 두려워해야 할 분을 두려워했더라도, 오늘날 교회가 자정自淨능력을 상실했다고 비판받을 정도로 타락했겠습니까? 결코 그렇지 않았을 것입니다. 교회가 타락했다는 것은 교회를 이루고 있는 그리스도인들이 두려워할 것을 더 이상 두려워하지 않고, 두려워할 분을 더 이상 두려워하지 않음을 의미합니다. 한마디로 하나님 앞에서 두려움을 상실한 버릇없는 그리스도인이 된 것입니다. 따라서 누구도 두려워하지 않는 버릇없는 사람이 어느 날 임자를 만나 큰코다치듯, 하나님에 대한 두려움을 상실한 이 땅의 그리스도인과 교회가 근래 언론으로부터 뭇매를 맞는 것은 당연한 결과가 아닐 수 없습니다.

그렇다면 이처럼 무너진 이 땅의 교회를 과연 어떻게 수축修築하고 또 회복할 수 있겠습니까?

우리가 24주 동안 살펴보고 있는 사도행전 9장 1-31절은 초대교회에 등장한 사울에 관한 증언으로서, 그 단락의 마지막 구절인 본문 31절은 이렇게 끝나고 있습니다.

> 그리하여 온 유대와 갈릴리와 사마리아 교회가 평안하여 든든히 서가고 주를 경외함과 성령의 위로로 진행하여 수가 더 많아지니라.

우리는 본문 이전의 내용과는 상반되는 내용인 본문을 앞 구절과 연결시켜 주고 있는 접속사 '그리하여'의 의미에 대하여는 지난 시간에 깊이 생각해 보았습니다.

헬라파 유대인들의 집요한 살해 위협을 피해 고향 다소로 낙향할 수밖에 없었던 사울의 상황과는 달리, 온 유대와 갈릴리와 사마리아로 퍼져 나간 교회는 날로 평안 속에서 견고해지고 그 수가 더 많아졌습니다. 유대교의 위협과 박해 속에서도 각처의 교회가 오히려 더욱 견고해지고 확장될 수 있었던 이유를 본문은, 당시의 교인들이 "주를 경외함과 성령의 위로"로 나아갔기 때문이라고 밝히고 있습니다. 본문을 자세히 보면 '위로'라는 단어 앞에 각주 번호가 붙어 있습니다. 그래서 아래쪽 주란의 해당 내용을 보면 '또는 후원으로'라고 기록되어 있습니다. 즉 '성령의 위로'란 '성령의 후원'을 의미한다는 말입니다. 성령님은 하나님의 영이시지 않습니까? 천지를 창조하신 하나님의 영이 후원하신다면, 그 어떤 상황 속에서도 교회가 견고해지고 확장되는 것은 너무나도 당연한 일 아니겠습니까? 그러나 본문은 '성령의 후원'만을 언급하고 있지 않습니다. 본문은 교회 안정과 확장의 원인을 '주를 경외함과 성령의 후원'이라고 증언하고 있습니다.

여기에서 두 단어의 순서가 중요합니다. 성령님께서 먼저 후원해 주셨기 때문에 당시의 교인들이 주님을 경외한 것이 아니었습니다. 당시의 그리스도인들이 주님을 경외함으로 성령님께서 그들을 후원해 주셨고, 그 결과로 온갖 위기와 위협의 상황 속에서도 교회는 더욱 견고해지고 확장될 수 있었습니다. 그러므로 이 짧은 본문의 내용이야말로 그리스도인이 주님을 경외하는 것이 얼마나 중요한지를 일깨워 주고 있습니다.

그렇다면 하나님을 경외한다는 것은 구체적으로 무슨 의미이겠습니까? 우리말 '경외하다'로 번역되는 히브리어 동사 '야레אֵרָי'와 본문에 사용된 헬라어 명사 '프호보스φόβος', 그리고 헬라어 동사 '프호베오φοβέω'는 모두 '두려워하다'라는 의미입니다. 잊지 마십시오. 하나님을 경외한다는 것은 단순히 하나님을 찬양하고 예배드리는 것만을 의미하지 않습니다. 우리가 아무리 하나님을 찬양하고 예배드린다 해도 하나님을 두려워하지 않는다면, 우리의 모든 신앙 행위는 무당의 푸닥거리와 다를 바 없습니다. 하나님을 두려워하지 않는 사람의 종교 행위는 하나님을 위한 것이 아니라, 실은 자기 자신을 위한 인간 행위에 지나지 않기 때문입니다.

하나님을 경외한다는 것은 하나님을 두려워하는 것입니다. 창세기에서부터 요한계시록에 이르기까지 하나님을 경외하라는 말은 모두 하나님을 두려워하라는 말이요, 하나님을 두려워하라는 말은 모두 경외하라는 말입니다. 동일한 의미의 히브리어와 헬라어 단어를 한글 성경이 때로는 '두려워하다'로, 또 때로는 '경외하다'로 번역한 것인데, 단지 차이가 있다면 '경외하다'는 우리말 '두려워하다'의 한자식 표현일 뿐입니다. 믿음은 하나님을 경외하는 것이요, 하나님을 경외하는 것은 하나님을 두려워하는 것입니다. 하나님을 두려워할 때에만 우리의 모든 신앙 행위는 비로소 우리 두려움의 대상인 하나님을 위한 자기 부인으로 이어질 수 있습니다.

왜 믿음은 하나님을 두려워하는 것입니까? 왜 인간은 하나님을 두려워해야 합니까? 그 대답은 너무나도 간단합니다. 인간은 모두 죄인인 데 반하여 하나님은 거룩한 분이시기 때문입니다. 어둠이 빛을 두려워하듯, 죄는 거룩을 두려워합니다. 죄는 거룩 앞에서 죽음을 의미하기 때문입니다. 그래서 죄인인 인간은 거룩하신 하나님을 두려워할 수밖에 없습니다. 범죄한 자신을 찾아온 하나님 앞에서 아담도, 시내산에서 하나님을 만난 모세도, 성전에서 하나님의 음성을 들은 이사야도, 모두 약속이라도 한 듯이 두려움에 떨었던 이유가 여기에 있습니다.

중요한 사실은 하나님을 두려워할 줄 아는 사람만, 죽어 마땅한 자신의 모든 죄를 예수 그리스도 안에서 용서해 주신 하나님의 사랑을 진정으로 이해할 수 있다는 것입니다. 하나님이 두려운 분이심을 알기에, 하나님께서 예수 그리스도의 십자가를 통해 베풀어 주신 사랑의 본질과 의미와 가치를 바르게 인식할 수 있습니다. 하나님의 사랑을 믿는다면서도 한 번도 하나님을 두려워해 본 적이 없는 사람은, 실은 하나님의 사랑을 제대로 알 수가 없습니다. 그에게 하나님의 사랑은 단지 피상적인 사랑일 뿐입니다. 그래서 할아버지를 두려워하지 않는 어린아이가 할아버지의 사랑을 빙자하여 할아버지의 상투를 쥐고 흔드는 버릇없는 아이가 되듯이, 하나님을 두려워하지 않는 그리스도인 역시 하나님의 사랑을 빙자하여 하나님 머리 위에 앉는 버릇없는 사람이 되고 말 것입니다.

그러므로 주님을 경외하는, 다시 말해 주님을 두려워하는 그리스도인들을 성령님께서 후원하심으로 교회가 더욱 견고해지고 확장되었다는 본문의 증언은 조금도 놀랄 일이 아닙니다. 주님을 두려워하는 그들이었기에 자신들의 죄를 용서해 주신 주님의 사랑을 또 얼마나 깊이 깨달았겠으며, 그 결과로 주님께 얼마나 예의를 다하고 버릇 있는 그리스도인으로 살았겠습니까? 그런 버릇 있는 그리스도인들을 성령님께서 후원해 주시지 않는다면, 그처럼 무책임한 성령님을 우리가 믿어야 할 까닭이나 필요가 어디에 있겠습니까?

그러나 아무나 하나님을 두려워하는 것은 아닙니다. 하나님의 부르심을 입어야 하나님을 두려워하는 사람이 될 수 있습니다. 하나님의 부르심을 입지 못한 사람은 하나님이 두려운 분이라는 사실 자체를 알지 못해 의식적으로든 무의식적으로든 하나님을 능멸하는 삶을 살 수밖에 없습니다. 그렇다고 이것이 하나님의 부르심을 입은 사람은 모두 하나님을 두려워한다는 의미는 아닙니다. 가롯 유다는 성자 하나님이신 예수 그리스도의 부르심을 분명히 입었지만, 하나님을 두려워하기는커녕 도리어 하나님을 배반하는 버릇없는 인간이 되고 말았습니다. 여기에서 우리는 소중한 믿음의 법칙을 발견하게 됩니다. 하나님의 부르심을 입은 사람 가운데 진정으로 하나님을 두려워하는 사람을 성령님께서 후원하심으로 그의 삶이 견고해지고 확장된다는 것입니다. 이것을 수식으로 표현하면, '하나님의 부르심 + 하나님에 대한 인간의 두려워함 + 성령님의 후원 = 견고함과 확장'이 됩니다.

그리고 우리는 한 걸음 더 나아가, 사울의 등장을 증언하는 사도행전 9장 1-31절의 단락이 왜 이와 같은 믿음의 법칙을 전해 주는 본문 31절로 끝나는지 그 이유도 알게 됩니다. 본래 사울은 자신의 신념을 위해 살던 인간이었습니다. 자기 신념을 위해서라면 세상에서 그 무엇도, 그 누구도 두려워하지 않았습니다. 오죽했으면 성자 하나님이신 예수 그리스도를 부정하고 주님의 몸 된 교회를 잔멸하는 데 앞장섰겠습니까? 그 사울이 다메섹 도상에서 주님의 부르심을 입었습니다. 사울이 먼저 주님을 찾고 부른 것이 결코 아니었습니다. 주님께서 먼저 사울을 찾아가 부르신 것입니다. 그 순간 사울이 얼마나 두려웠으면, 주님의 음성을 듣는 즉시 땅바닥에 고꾸라지고 믿앉겠습니까? 자신에 대하여 위풍당당하기만 하던 사울이 주님의 부르심에 두려움에 사로잡혔다는 것은, 삼위일체 하나님의 거룩하심 앞에서 자신이 죽을 수밖에 없는 죄인임을 비로소 깨달았음을 의미했습니다. 그러나 삼위일체 하나님에 대한 사울의 두려움은 그 순간으로 그치지 않았습니다. 이 이후에 사울은 우리에게 이렇게 권면하고 있습니다.

> 그런즉 사랑하는 자들아 이 약속을 가진 우리는 하나님을 두려워하는 가운데서 거룩함을 온전히 이루어 육과 영의 온갖 더러운 것에서 자신을 깨끗하게 하자(고후 7:1).

무슨 말입니까? 하나님을 두려워하는 사람만이 자신의 영과 육을 깨끗이 함으로 거룩함을 이룰 수 있다는 말입니다. 그렇지 않겠습니까? 하나님을 두려워하는 마음이 없다면 적당히 믿으면서 자기 살고 싶은 대로 살면 그만

이지, 무엇 때문에 구태여 자신을 부인해 가면서 거룩한 삶을 추구하려 하겠습니까? 사울이 일평생 성화聖化의 길을 걸을 수 있었던 것은 변함없이 하나님을 두려워하는 마음을 지니고 있었기 때문입니다.

사울은 우리에게 또 이렇게 권면합니다.

> 그리스도를 경외함으로 피차 복종하라(엡 5:21).

주님을 경외하는 사람, 다시 말해 주님을 두려워하는 사람만 주님의 명령을 좇아 복종할 사람에게 복종할 수 있고, 주님께서 주신 상황에 복종할 수 있습니다. 우리는 본문 30절에서 다소로 낙향한 사울이, 그 이후 무려 13년간이나 마치 실패자처럼 고향에서 칩거해야만 했던 것을 알고 있습니다. 젊디젊은 사울이 하나님의 때가 되기까지 무려 13년 동안이나 다소에 칩거하는 상황에 복종할 수 있었던 것은, 그가 하나님을 두려워하는 사람이었기 때문입니다. 하나님을 두려워하기에 자신을 구원해 주신 하나님의 사랑을 누구보다 잘 알고, 하나님께서 주신 상황에 무조건 복종하는 버릇 있는 그리스도인이 될 수밖에 없었습니다. 그 사울을 위하여 성령님께서 친히 후원자가 되어 주셨음은 재론의 여지도 없지 않습니까? 성령님의 후원 속에서 사울은 성령님께서 이루어 가시는 큰 섭리의 틀을 믿음의 눈으로 보면서, 그 틀 속에서 믿음의 용장으로 세워지게 되었고, 그로 인해 이 땅의 교회가 더욱 견고해지면서 인류의 역사가 새로워지게 되었습니다.

이 모든 사실을 우리에게 일깨워 주시기 위해 사울의 등장을 증언하는 사도행전 9장 1-31절 단락의 마지막 구절이 '주를 경외함'을 강조하는 31절로 끝나고 있습니다.

그렇다면 이제 우리는 이 세상으로부터 뭇매를 맞을 정도로 무너진 이 땅의 교회를 어떻게 되살리고 회복시킬 수 있는지 그 해답을 알게 됩니다. 교회를 이루고 있는 우리 자신이 하나님에 대한 두려움을 회복하는 것입니다. 하나님의 사랑만을 노래하면서 하나님을 두려워하기는커녕 스스로 하나님의 자리에 앉아 자기 마음대로 살던 우리의 버릇없던 신앙을 청산하는 것입니다. 하나님을 두려워하면 우리의 찬양이 달라집니다. 하나님을 두려워하면 우리 기도의 내용이 달라집니다. 하나님을 두려워하면 우리 예배의 형식과 수준이 달라집니다. 하나님을 두려워하면 우리의 삶이 본질적으로 달라집니다. 하나님 앞에서 버릇 있는 진정한 그리스도인이 되는 것입니다. 그때 성령님의 후원 속에서 우리 각자가 견고한 그리스도인으로 세워질 것이요, 결과적으로 이 땅의 교회가 회복될 것입니다.

1997년 8월 초에 아내와 함께 셋째 넷째 아이를 데리고 괌에 다녀온 적이 있습니다. 당시 제 조카 한 명이 대한항공에 근무하고 있었기에, 여행할 때는 늘 조카를 위해 조카를 통해 대한항공권을 구입하곤 했습니다. 그런데 제가 출발하려는 8월 5일 괌행 대한항공은 이미 만석이었습니다. 웨이팅리스트에 네 식구의 이름을 올려놓았지만 출발 일주일 전까지도 좌석 여유가 나지 않았습니다. 그래서 같은 날 대한항공보다 20분 늦게 출발하는 아시아나항공권을 구입하였습니다. 출발 이틀 전에 조카한테 연락이 왔습니다. 제가 출발하려는 날의 기종이 보잉 747로 교체되어 빈 좌석이 많으니 대한항공을 이용해 달라는 부탁이었습니다. 조카의 부탁을 들어줄까 하다가, 이미 구입한 아시아나항공권을 취소하는 것은 도리가 아닌 것 같아 그냥 아시아나를 이용하기로 했습니다.

8월 5일 비행기를 타기 위해 김포공항으로 갔습니다. 수속을 다 마치고 지정된 게이트를 찾아갔을 때, 바로 옆 게이트에는 괌행 대한항공 승객들이 기다리고 있었습니다. 시간이 되어 대한항공기가 먼저 괌으로 출발하고, 우리 가족이 탑승한 아시아나항공기는 20분 후에 출발하였습니다. 비행기 안에서 날짜가 바뀌어 8월 6일 새벽 2시경, 분명히 비행기가 괌 상공에 이르렀는데도 착륙하지를 않았습니다. 관제탑으로부터 착륙 허가가 나지 않는다는 기장의 안내 방송 이외에는 아무 정보도 없었습니다. 괌 상공을 약 한 시간동안 선회하던 비행기는 새벽 3시가 되어서야 관제탑의 허가를 받아 착륙했습니다. 공항을 나서는데 대한항공 승객을 영접 나온 현지 사람들이 왜 대한항공은 도착하지 않느냐고 물었지만, 저로서는 전혀 알 수 없는 일이었습니다. 예약한 호텔을 찾아가 수속을 끝내고 새벽 4시가 되어서야 잠자리에 들었습니다. 그리고 저는 곧 잠에 곯아떨어졌습니다.

한참 잠을 자는데 꿈인지 생시인지 전화벨 소리가 아련하게 들렸습니다. 눈을 뜨고 보니 생시였습니다. 시계는 현지 시간으로 새벽 5시가 조금 넘어 있었습니다. 잠자리에 든 지 한 시간 남짓 지난 시간이었습니다. 전화 수화기를 들자마자, 당시 제가 섬기던 교회 한 교우님의 목소리가 다급하게 울렸습니다.

"목사님, 살아 계시지요?"

저는 그 말이 무슨 뜻인지 알 수 없었습니다. 그리고 그분의 설명을 듣고서야 자초지종을 알 수 있었습니다. 그날 새벽 기도회에 참석하러 교회에 가던 교우님들이 자동차 라디오를 통해 몇 시간 전에 대한항공기가 괌에서 추락했다는 뉴스를 들었습니다. 그 뉴스에 새벽 기도회에 참석한 교우님들이 모두 깜짝 놀랐습니다. 평소 제가 대한항공을 우선적으로 탑승하는 것을 알고, 추락한 비행기에 우리 가족도 타고 있었을 것이라 여긴 것입니다. 교우님들은 수소문 끝에 제가 예약한 호텔의 전화번호를 입수하여 호텔 프런트에 제가 체크인했는지 알아보고, 정말 제가 살아 있는지 확인하기 위해 제 방으로 전화한 것이었습니다. 모든 이야기를 듣고 보니, 아시아나항공기가 괌 상공에 이르렀을 때 왜 관제탑에서 한 시간 동안이나 착륙 허가를 해 주지 않았는지 그제야 이해할 수 있었습니다. 아시아나항공기보다 20분 전에 괌 상공에 나타난 대한항공기가 갑자기 레이더에서 사라져 버렸기에, 그 비행기의 위치가 확인되기 전까지는 다른 비행기를 착륙시킬 수 없었던 것입니다. 그러므로 제가 탄 아시아나항공기가 영문도 알지 못한 채 괌 상공을 한 시간이나 선회할 때는, 대한항공기는 새벽 1시 42분에 니미츠 언덕 Nimitz hill에 추락하여 승무원 23명을 포함한 254명의 탑승객 가운데 이미 229명이 목숨을 잃은 뒤였습니다.

제가 살아 있음을 기뻐하는 교우님의 목소리를 뒤로하고 수화기를 내려놓았을 때, 갑자기 저 자신이 절해고도에 홀로 떨어진 것 같았습니다. 그리고 저의 면전에서 저를 응시하고 계시는 하나님의 존재를 그때보다 더 강렬하게 느낀 적이 없었습니다. 동시에 이루 말할 수 없이 두려웠습니다. 제가 평소처럼 대한항공을 탔더라면 저 역시 이미 죽었을 것이라는, 저를 스쳐 지나간 죽음에 대한 두려움이 아니었습니다. 제 앞에 좌정해 계시는 하나님에 대한 두려움이었습니다. 태어난 이래 하나님에 대하여 처음으로 뼈저리게 느끼는 두려움이었습니다. 그것은 이유 없는 공포가 아니었습니다. 분명한 까닭이 있는 두려움이었습니다. 그날 비행기 추락 사고로 목숨을 잃은 승객들 가운데 주님을 믿던 그리스도인들은 그 사고 현장에서 모두 하나님의 나라에 입성하였습니다. 우리 그리스도인의 궁극적인 목적이 바로 하나님의 나라에 입성하는 것이 아닙니까? 그럼에도 저는 그날 그 대열에서 제외되었다는 두려움이 저를 사로잡았습니다. 제가 하나님 나라에 얼마나 무자격자이면 제외되었는가 하는 두려움이었습니다. 그리고 시간이 지나면서 두려움은 저를 향한 하나님의 사랑에 대한 깊은 깨달음으로 이어졌습니다. 제가 하나님의 심판대 앞에 설 때 하나님 앞에서 부끄럽지 않도록, 하나님을 두려워하는 바른 삶을 살게끔 한 번의 기회를 더 주신 하나님의 사랑이었습니다.

물론 저는 그 이전에도 하나님의 사랑을 알고 있었습니다. 1984년 8월 2일 새벽 2시에 제 인생의 방향이 180도 바뀐 것은 하나님의 사랑으로 인함이었습니다. 그러나 그것은 하나님에 대한 두려움이 배제된 사랑이었습니다. 그래서 그 사랑의 주도권은 언제나 제게 있었습니다. 제가 필요하면 하나님의 사랑을 찾고, 필요로 하지 않을 때는 간단히 외면해 버리는 사랑이었습니다. 그래서 당시 제 딴에는 꽤 괜찮은 그리스도인으로 착각하고 있었지만, 하나님 보시기에는 형편없이 버릇없는 인간이었음에 틀림없습니다. 그러나 그날 새벽에 꿈에서 하나님이 두려움의 대상이심을 체험하면서부터, 저를 향한 하나님의 사랑의 주도권이 제게 있는 것이 아니라 하나님께 있음을 비로소 깨달았습니다. 하나님에 대한 두려움이 저로 하여금, 제 편의에 따라 외면하거나 조종할 수 없는, 절대 순종의 대상으로서 하나님 사랑의 절대성을 깨닫게 해준 것입니다. 한마디로 하나님을 두려워할 줄 알게 됨으로 제 신앙이 바른 신앙의 궤도에 진입하게 된 것이었습니다. 그 이듬해인 1998년에 20년 동안 미자립 교회이던 제네바한인교회로 부르시는 하나님의 명령에 순종하여 서울에 가족을 남겨 두고 50대의 나이에 홀로 3년 동안이나 그 교회를 섬긴 것도, 귀국 후에 교회 목회를 더 이상 하지 않으려던 저의 개인적인 소망을 접고 양화진 묘지기로 부르시는 하나님의 명령에 순종한 것도, 하나님을 두려워할 줄 알게 된 저의 신앙과 무관하지 않습니다.

사랑하는 교우 여러분!

거룩하신 하나님을 두려워하기 전까지는, 우리는 성숙한 그리스도인이 될 수는 없습니다. 참회의 절기인 사순절 셋째 주일을 맞이하여, 하나님을 믿는다면서도 하나님을 두려워할 줄 몰랐던 우리의 버릇없던 신앙을 회개하십시다. 하나님을 두려워할 줄 모르는 버릇없는 우리로 인해 이 땅의 교회가 세상으로부터 뭇매를 맞게 된 것을 회개하십시다. 우리 모두 주님의 부르심을 입은 사람답게 오직 하나님을 경외하는 사람, 하나님을 두려워하는 진정한 그리스도인이 되십시다. 그때 성령님께서 우리의 후원자가 되시사 우리를 든든히 세워 주실 것이요, 진리 안에 견고하게 세움 받은 우리로 인해 무너진 이 땅의 교회가 회복될 것이요, 회복된 교회로 인해 이 땅의 미래 역시 새로워질 것입니다.

우리는 하나님을 믿는다면서도 하나님을 진정으로 두려워하지는 않았습니다. 하나님을 두려워하지 않기에, 하나님의 사랑을 빙자하여 스스로 하나님 위에 앉는 버릇없는 삶을 살아왔습니다. 하나님 앞에서 버릇없이 살아온 우리로 인해, 이 땅의 교회는 지금 세상으로부터 뭇매를 맞고 있습니다. 사순절 셋째 주일을 맞아, 이 모든 결과가 하나님을 두려워할 줄 몰랐던 나의 잘못임을 회개하오니 용서하여 주옵소서.

이제부터 죽을 수밖에 없는 죄인인 우리 모두 거룩하신 하나님을 두려워하는 진정한 그리스도인이 되게 하옵소서. 하나님을 두려워함으로, 그리스도 안에서 우리의 모든 죄를 용서해 주신 하나님의 절대적인 사랑을 바르게 깨닫게 하여 주옵소서. 하나님을 두려워하는 가운데 거룩함을 이루어, 육과 영의 온갖 더러운 것으로부터 우리 자신의 깨끗함을 이루어 가게 하옵소서. 오직 하나님을 두려워함으로 복종해야 할 하나님의 계명에 복종하게 하시고, 복종해야 할 사람에게 복종하게 하시고, 하나님께서 우리에게 주신 상황에 복종하는 버릇 있는 그리스도인이 되게 하옵소서. 성령님의 후원 속에서 부모가 하나님을 두려워하는 버릇 있는 그리스도인이 됨으로, 자식 또한 버릇 있는 그리스도인으로 든든하게 서가게 하옵소서. 그리하여 하나님을 두려워하는 우리로 인해 무너진 이 땅의 교회가 견고하게 회복되게 하시고, 새로워진 교회로 인해 우리 자손이 대대로 살아갈 이 땅이, 정녕 새로운 미래와 희망의 땅이 되게 하옵소서. 아멘.

36. 정돈하라 사순절 넷째 주일

사도행전 9장 32-35절
그때에 베드로가 사방으로 두루 다니다가 룻다에 사는 성도들에게도 내려갔더니 거기서 애니아라 하는 사람을 만나매 그는 중풍병으로 침상 위에 누운 지 여덟 해라 베드로가 이르되 애니아야 예수 그리스도께서 너를 낫게 하시니 일어나 네 자리를 **정돈하라** 한대 곧 일어나니 룻다와 사론에 사는 사람들이 다 그를 보고 주께로 돌아오니라

우리가 반년 동안 묵상해 온 사도행전 9장 1-31절은 초대교회에 등장한 사울에 관한 증언입니다. 그릇된 자기 신념에 사로잡혀 진리이신 예수 그리스도를 부정하고 교회를 잔멸하던 사울이 어떻게 주님의 부르심을 받았으며, 다메섹과 예루살렘을 거쳐 자신의 고향인 다소로 낙향하기까지 어떤 일들이 있었는지를 소상하게 밝혀 주는 내용입니다. 그리고 오늘의 본문부터는 사울에게 그런 일들이 일어나고 있는 동안에 사도 베드로는 무엇을 하고 있었는지를 전해 주고 있습니다. 먼저 본문 32절과 36절이 각각 다음과 같

이 증언하고 있습니다.

> 그때에 베드로가 사방으로 두루 다니다가 룻다에 사는 성도들에게도 내려갔더니.
> 욥바에 다비다라 하는 여제자가 있으니 그 이름을 번역하면 도르가라 선행과 구제하는 일이 심히 많더니.

베드로가 예루살렘 서북쪽 지중해 연안 도시인 룻다와 욥바에 이르기 전에 그곳에는 벌써 주님을 믿는 그리스도인들이 있었습니다. 그것이 베드로가 본문 속에서 그 성읍들을 찾아간 이유였습니다. 대체 룻다와 욥바의 그리스도인들은 언제, 누구에 의해 복음을 받아들이게 되었겠습니까? 우리는 이미 그 단서를 가지고 있습니다.

주님으로부터 땅끝까지 이르러 주님의 증인이 되라는 명령을 받았음에도, 사도들을 포함한 히브리파 그리스도인들은 예루살렘만을 고수하고 있었습니다. 이에 주님께서는 사도행전 6장부터 헬라파 그리스도인들을 초대교회의 전면에 배치시키셨고, 때마침 스데반의 순교로 촉발된 유대교의 대박해로 인해 그리스도인들이 예루살렘을 떠나 흩어지는 가운데, 헬라파 그리스도인들의 주도적인 역할로 복음은 사방으로 확산되었습니다. 그 대표적인 헬라파 그리스도인이 빌립 집사였습니다. 그는 2천 년 교회 역사상 최초로 사마리아 성에 복음을 전한 그리스도인이었습니다. 또 에티오피아의 내시에게 세례를 베푼 그는, 기독교 역사상 이방인에게 세례를 베푼 최초의 그리스도인이기도 했습니다. 그 빌립의 활약상을 전해 주는 사도행전 8장은 40절에서 이렇게 끝나고 있습니다.

> 빌립은 아소도에 나타나 여러 성을 지나다니며 복음을 전하고 가이사랴에 이르니라.

빌립은 에티오피아 내시를 만난 남쪽 광야 길이 끝나는 가사 위쪽 아소도에서부터 시작하여, 지중해 연안을 따라 북상하면서 가이사랴에 이르기까지 여러 성읍을 누비면서 복음을 전하였습니다. 따라서 지중해 연안에 속해 있는 룻다와 욥바의 사람들이 그때 빌립으로부터 복음을 전해 받았음을 쉽게 짐작할 수 있습니다. 그리고 지금 본문 속에서 사도 베드로가 그들을 찾아간 것입니다. 이처럼 사도 베드로는 자기 한계로 인해 그 자신이 먼저 예루살렘을 뛰어넘는 복음의 개척자가 되지는 못했지만, 헬라파 그리스도인들이 닦아 놓은 선교의 길을 좇아가며 자기 한계 내에서 자기 소임에 최선을 다하였음을 오늘 본문이 우리에게 증언해 주고 있습니다.

우리에게 다른 사람보다 더 큰 능력이 있느냐 없느냐는, 주님 앞에서는 전혀 중요하지 않습니다. 주님 앞에서 중요한 것은, 우리의 한계 내에서 우리에게 주어진 소임에 얼마나 우리의 최선을 다하느냐는 것입니다. 주님께서는 언제나 당신이 부여하신 소임에 최선을 다하는 사람을 통하여 역사하시기 때문입니다. 베드로가 비록 무식한 갈릴리 어부 출신의 히브리파 그리스도인이었지만, 그가 자기 한계 내에서 주님을 위해 최선을 다할 때 그를 통해 어떤 역사가 일어났는지를 오늘부터 함께 살펴보기로 하겠습니다.

먼저 본문 33절을 보시겠습니다.

> 거기서 애니아라 하는 사람을 만나매 그는 중풍병으로 침상 위에 누운 지 여덟 해라.

베드로가 룻다에서 만난 사람 중에 애니아가 있었습니다. 그는 중풍병으로 8년 동안이나 병상에 누워 있는 사람이었습니다. 말이 쉬워서 8년이지, 병상에 누워 있는 애니아와 애니아를 돌보아야 하는 가족에게 8년이란 세월은 말할 수 없는 고통과 절망의 기간이었을 것입니다. 베드로는 그 가련한 애니아를 보는 순간, 자신으로 하여금 애니아를 만나게 하신 주님의 마음을 읽었습니다. 그래서 애니아가 베드로에게 아무 부탁도 하지 않았음에도, 베드로가 먼저 애니아에게 말했습니다.

베드로가 이르되 애니아야 예수 그리스도께서 너를 낫게 하시니 일어나 네 자리를 정돈하라 한대(34절 상).

베드로는 주님께서 자신을 통해 그 가련한 애니아를 치유해 주실 것을 확신하였습니다. 그뿐 아니라 주님께서 중풍병으로부터 회복된 애니아가 새롭게 바른 삶을 살기를 원하신다는 사실도 알았습니다. 그래서 베드로는 애니아에게 단순히 '예수 그리스도께서 너를 낫게 하시니 일어나라'고만 말하지 않았습니다. 베드로는 애니아에게 "예수 그리스도께서 너를 낫게 하시니, 일어나 네 자리를 정돈하라"고 말했습니다. 바로 그것이 주님으로부터 보고 배운 주님의 뜻이었기 때문입니다.

주님께서 이 땅에 계시는 동안 제자들과 함께 예루살렘에 있는 베데스다 연못에 가셨을 때의 일입니다. 그곳에는 언제나 온갖 종류의 병자가 운집해 있었습니다. 이유인즉, 가끔 천사가 그 연못으로 내려와 물을 휘젓는데, 그때 가장 먼저 물속으로 들어가는 사람은 어떤 병에 걸려 있든 깨끗하게 낫는다는 믿음으로 인함이었습니다. 그래서 주님께서 그곳을 찾아가신 날에도 환자들이 인산인해를 이루고 있었습니다. 주님께서는 그 많은 병자들 가운데, 무려 38년 동안이나 누워 있는 중환자를 발견하셨습니다. 그리고 그에게 다가가셔서 병이 낫기를 원하는지 물으셨습니다. 그는 당연히 낫기를 원하지만, 그러나 38년이나 누워 있는 터라 천사가 물을 휘저을 때 가장 먼저 물속으로 들어갈 도리가 없는 자신의 괴로운 처지를 주님께 하소연하였습니다. 주님께서 그에게 말씀하셨습니다.

이르시되 일어나 네 자리를 들고 걸어가라 하시니(요 5:8).

38년 동안 누워 있는 중환자라면 일어나 걷는 것 이외에 다른 소원이 있을 수 없습니다. 하지만 주님께서는 중환자가 원하는 대로 일어나 걸어가라고 말씀하시지 않았습니다. 주님께서는 그 중환자에게, "일어나 네 자리를 들고 걸어가라"고 말씀하셨습니다. 우리말 '자리'로 번역된 헬라어 '크라바토스κράββατος'는 본래 '야영용 침대camp bed'를 일컫는 용어로, 38년 된 중환자의 경우에는 그가 깔고 누워 있던 거적자리를 의미합니다. 38년이나 된 중환자가 깔고 누웠던 거적자리라면 얼마나 지저분하고 불결하고 역겹겠습니까? 그 거적자리 주위는 얼마나 어수선했겠으며, 환자 그 자신은 또 어떠했겠습니까? 주님께서는 38년 된 중환자의 육체만 치유되는 것이 아니라, 그의 삶과 삶의 자리도 바르게 정돈되기를 원하셨습니다. 이것이 주님께서 38년 된 중환자에게 '일어나 네 자리를 들고 걸어가라'고 명령하신 이유였고, 그 결과는 요한복음 5장 9절이 밝혀 주고 있습니다.

그 사람이 곧 나아서 자리를 들고 걸어가니라.

주님의 명령과 함께 38년 된 중환자는 곧 일어났습니다. 그는 기뻐 껑충껑

충 뛰며 자기 길을 달려가지 않았습니다. 그는 주님의 명령에 순종하여, 자신이 깔고 누워 있던 거적자리를 정돈하여 들고 갔습니다. 그가 지저분하던 자기 삶의 자리를 정돈하고, 그 삶이 정돈된 사람으로 거듭난 것입니다. 이 모든 사실을 주님 곁에서 목격했던 베드로였기에, 자신이 주님께로부터 보고 배운 대로 룻다의 애니아에게 '일어나 네 자리를 정돈하라'고 말했습니다. 주님께서 애니아에게 주기 원하시는 것이 단지 육체만의 회복이 아니라, 정리된 삶으로의 회복임을 베드로는 정확하게 알고 있었던 것입니다.

> 베드로가 이르되 애니아야 예수 그리스도께서 너를 낫게 하시니 일어나 네 자리를 정돈하라 한대 곧 일어나니 룻다와 사론에 사는 사람들이 다 그를 보고 주께로 돌아오니라(34-35절).

베드로 말이 끝나는 즉시 애니아가 일어났습니다. 그리고 베데스다 연못가의 38년 된 중환자처럼, 애니아가 자기 자리를 정돈하였음은 재론할 필요도 없기에 본문은 그에 대해서는 아예 언급조차 하지 않습니다. 그리고 치유받은 애니아로 인해 룻다와 인근 사론의 많은 사람들이 주님을 영접하였습니다. 만약 그들이 8년간이나 중풍병을 앓다가 치유받은 애니아의 육체만을 보고 주님을 영접했다면, 그 이후 자신들의 원하는 바가 이루어지지 않았을 경우 주님을 떠나 버렸을지도 모릅니다. 그러나 그들이 주님에 의해 바르게 정돈된 애니아의 새로워진 삶을 보고 주님을 영접했다면, 그들은 진정한 그리스도인이 되었을 것입니다. 그들의 삶 역시 주님 안에서 바르게 정돈되었을 것이기 때문입니다.

오늘의 본문은 우리에게 새로운 깨달음을 안겨 주고 있습니다. 주님께서 우리에게 궁극적으로 요구하시는 것, 다시 말해 주님께서 우리에게 궁극적으로 주기 원하시는 것은 '삶의 정돈'이라는 깨달음입니다.

신앙을 한마디로 정의하면 '삶의 정돈'이라 표현할 수 있습니다. 죄로 얼룩지고 헝클어졌던 삶이, 주님의 십자가 보혈 속에서 깨끗하게 씻어지고 정돈되는 것입니다. 욕망의 덫에 빠져 무절제하게 방황하느라 어수선하기만 하던 삶의 자리가, 주님의 말씀 안에서 바르게 정돈되는 것입니다. 그릇된 감정과 이기심으로 갈기갈기 찢어졌던 인간관계가, 주님의 사랑 안에서 회복되고 정돈되는 것입니다. 바른 방향을 상실했던 삶의 목적이, 진리 안에서 주님을 향해 바르게 확정되고 정립되고 정돈되는 것입니다.

그러므로 삶의 정돈을 떠나서는 참된 신앙이 성립될 수 없습니다. 주님께서 이 땅에 오신 것은, 언젠가는 썩어 문드러질 우리의 육체만을 위해서가 아닙니다. 마치 38년 동안 거적자리에 누워 있던 베데스다의 중환자처럼, 중풍병으로 8년 동안 꼼짝도 못하던 애니아처럼, 죄와 죽음의 굴레 속에서 이지러질 대로 이지러진 우리의 삶을 당신의 진리와 생명으로 반듯하고도 영원토록 정돈해 주시기 위함입니다.

베데스다의 중환자나 룻다의 애니아가 단지 육체의 치유만을 얻었다면, 긴 안목에서 볼 때 결과적으로 무슨 참된 유익이 있었겠습니까? 회복된 육체로 육체의 욕망만을 좇는다면 오히려 낫지 않음만 못하지 않겠습니까? 차라리 병중에 누워 있는 편이, 건강한 몸으로 아무렇게나 사는 것보다 훨씬 죄를 덜 짓지 않겠습니까? 베데스다의 38년 된 중환자와 룻다의 중풍병자 애니아에게 임한 주님의 치유가 정말 귀한 것은, 그들이 주님에 의해 자신의 삶을 진리 안에서 스스로 정돈할 줄 아는 참믿음의 사람으로 거듭났기 때문입니다.

주님께서 우리에게 궁극적으로 주기 원하시고 또 요구하시는 것이 삶의 정돈이라면, 대체 그 까닭이 무엇이겠습니까? 주님께서 정돈 그 자체를 기뼈하시기 때문이겠습니까? 34절의 '네 자리를 정돈하라'는 말이 헬라어 원문에는 '스토로손 세아우토στρῶσον σεαυτῷ'로 기록되어 있습니다. 직역하면 '너 자신이 펴라', 혹은 '너 자신이 베풀라'는 의미입니다. 베데스다의 중환자나 룻다의 애니아는 여태까지 자기 스스로 자기 자리를 펴본 적이 없는 사람들이었습니다. 아예 거동조차 불가능했던 그들은, 여태까지 다른 사람의 도움에 의존해서만 생존할 수 있었습니다. 그들이 깔고 누워 있는 자리마저도 다른 사람이 펴준 것이었습니다. 그러나 주님께서는 그들에게, 이제부터 스스로 자리를 펴는 사람이 될 것을 명령하셨습니다. 스스로 자기 자신만의 자리를 펴라는 말이 아니었습니다. 지금까지는 다른 사람의 도움으로 다른 사람이 펴준 자리에서 살아왔다면, 이 이후로는 다른 사람을 위하여 다른 사람의 자리를 펴주는 사람이 되라는 의미였습니다. 다시 말해 일방적으로 받기만 하던 삶을 탈피하여 이타적인 삶을 살라는 의미였습니다.

우리는 여기에서 자기 삶의 정돈과 이타적인 삶의 상관관계를 깨닫게 됩니다. 진리 안에서 자기 삶이 정돈된 사람만 타인을 위한 삶을 살 수 있습니다. 생각해 보십시오. 자기 삶을 정돈하지 못하는 사람이 어떻게 이타적인 삶을 살 수 있겠습니까? 그런데도 굳이 누군가에게 자리를 베풀려 한다면, 그것은 상대를 위한 자리가 아니라 도리어 해치는 자리가 되고 말 것입니다. 하루 종일 술에 절어 사는 사람이 남에게 베풀려는 자리가 기껏해야 술자리 이상일 수 없는 것과 같은 이치입니다.

그렇다면 이제 우리는 그동안 우리 스스로 해결할 수 없던 문제에 대한 해답 또한 얻게 됩니다. 내가 나 나름대로 누군가를 위하여 편 자리에서 예기치 않은 문제가 계속 이어지고 있다면, 누군가를 위한 나의 베풂이 오히려 부작용을 일으키고 있다면, 사랑의 이름으로 행한 나의 행위가 도리어 상대방에게 상처를 입히는 결과를 초래하고 있다면, 그것은 나의 삶이 진리 안에서 아직 정돈되지 않았기 때문입니다.

진리 안에서 정돈되지 않은 삶은 결국 모난 삶일 수밖에 없기에, 그 외적 형태와 상관없이 그 삶은 사람을 찌르는 가시에 지나지 않게 됩니다. 진리 안에서 그 삶이 정돈되기 이전의 베드로는 사람 사이에서 자기 기분에 따라 좌충우돌하는 가시였고, 삶의 정돈과는 거리가 멀었던 시절의 사울의 삶 역시 사람을 해치는 흉기였습니다. 그러나 진리 안에서 정돈된 베드로의 삶은 룻다의 애니아의 삶까지 정돈시켜 주는 생명의 터전이 되었고, 주님 안에서 정돈된 사울의 삶은 온 인류에게 주님의 생명을 베푸는 생명의 통로가 되었습니다. 또 주님의 은총으로 삶의 정돈이 가능해진 애니아 역시, 룻다와 인근 지역의 사람들을 주님 앞으로 인도해 내는 생명의 견인차 역할을 하였습니다. 이처럼 진리 안에서 이루어지는 자기 정돈은, 타인의 삶까지도 정돈시켜 줍니다. 진리에 의한 삶의 정돈으로부터 사람을 살리는 진정한 이타적인 삶이 시작되는 것입니다. 그래서 베드로가 애니아에게 명령했습니다.

애니아야, 예수 그리스도께서 너를 낫게 하시니, 일어나 네 자리를 정돈하라.

이것은 2천 년 전 애니아만을 위한 명령이 아닙니다. 실은 오늘 우리 각자를 향한 주님의 명령입니다. 우리 모두 34절의 애니아에 자신의 이름을 넣어 우리를 향한 주님의 명령을 함께 읽어 보십시다.

재철아, 예수 그리스도께서 너를 낫게 하시니, 일어나 네 자리를 정돈하라.

비록 내가 병상에 누워 사지를 움직일 수 없는 상황이라 해도 나의 심령이 진리 안에서 정돈되어 있다면, 나는 눈빛으로도 누구에겐가 사랑을 베풀고, 눈길만으로도 그의 삶을 정돈해 주는 진정한 그리스도인일 수 있습니다. 그러나 나의 사지가 아무리 멀쩡해도 내 삶이 진리 안에서 정돈되어 있지 않다면, 주님 보시기에 나는 중증 환자일 수밖에 없습니다. 정돈되지 않은 나의 삶은 수많은 사람을 찌르는 가시임에 틀림없기 때문입니다.

나희덕 시인의 시 가운데 〈산속에서〉라는 제목의 시가 있습니다.

길을 잃어보지 않은 사람은 모르리라
터덜거리며 걸어간 길 끝에
멀리서 밝혀져 오는 불빛의 따뜻함을

막무가내의 어둠 속에서
누군가 맞잡을 손이 있다는 것이
인간에 대한 얼마나 새로운 발견인지
산속에서 밤을 맞아본 사람은 알리라
그 산에 갇힌 작은 지붕들이
거대한 산줄기보다
얼마나 큰 힘으로 어깨를 감싸 주는지

먼 곳의 불빛은
나그네를 쉬게 하는 것이 아니라
계속 걸어갈 수 있게 해준다는 것을

산에서 길을 잃은 나그네가 밤이 되어도 길을 찾지 못해, 캄캄한 어둠 속을 그저 발길 닿는 대로 터덜거리며 걸어야 한다면, 심신이 지친 그의 발걸음과 자세가 얼마나 흐트러져 있겠습니까? 그런데 그 나그네가 저 멀리서 비치는 불빛을 보았습니다. 그때 그 사람의 기쁨을 상상할 수 있겠습니까? 칠흑같이 어둔 밤, 산속에서 비치는 불빛은 길 잃은 나그네의 발걸음을 멈추게 하지 않습니다. 그 불빛은 나그네에게 계속 걸어갈 수 있는 힘을 제공해 줍니다. 나그네의 발걸음은 더 이상 터덜거리거나 흐트러지지도 않습니다. 어둠 속에서 비치는 불빛이 흐트러졌던 그의 발걸음과 자세를 정돈시켜 주기 때문입니다.

인생은 어둠이 뒤덮인 산속을 헤매는 나그네와 같습니다. 인간 홀로는 그 어둠 속에서 삶의 방향을 알지 못해, 그 삶이 흐트러질 수밖에 없습니다. 그래서 우리에게는 진리의 빛이 필요합니다. 진리의 빛 속에서만 흐트러진 우리의 삶이 정돈되고, 진리의 빛에 의해서만 우리는 그리스도인의 삶을 살아갈 수 있습니다.

사랑하는 교우 여러분!

참회의 절기인 사순절 넷째 주일을 맞이하여, 주님을 믿는다면서도 진리의 빛은 외면하여, 그동안 이지러지고 흐트러진 삶을 사느라 귀한 인생을 낭비해 온 우리의 어리석음을 회개하십시다. 우리 모두 진리의 빛을, 빛이신 예수 그리스도를 바라보며 나아가십시다. 그 빛 속에서 우리의 어수선한 생각을, 이지러진 마음을, 찢어진 인간관계를, 흐트러진 삶을 정돈하십시다. 새 대통령이 취임하고, 새 정부가 들어서고, 야당과 여당이 바뀌었다고 새날이 오는 것은 아닙니다. 진정한 새날은 진리의 빛 속에서 정돈된 삶으로부터 시작됩니다. 진리의 빛 속에서 정돈된 삶만, 주님께서 우리에게 주시려는 새로운 미래와 희망을 담는 그릇이 될 수 있기 때문입니다.

그동안 우리는 칠흑 같은 어둠 속을 헤매면서도 진리의 빛을 보지 않고, 빛이신 주님을 외면해 왔습니다. 그래서 우리의 외모는 멀쩡하지만, 우리의 내면은 8년 동안 병상에 누워 있던 중풍병자 애니아처럼 이지러지고 흐트러지기만 했습니다. 그런데도 그 사실을 자각하지도 못한 채 우리의 귀한 인생을, 시간을, 아니 우리의 생명을, 어이없이 낭비해 왔습니다. 사순절 넷째 주일을 맞이하여 이 모든 잘못을 회개하오니 용서하여 주옵소서.

이 시간 우리에게 진리의 빛으로 임하여 주신 주님! 주님의 진리의 빛 속에서 우리의 흐트러졌던 생각이, 이지러졌던 마음이, 찢어졌던 인간관계가, 바른 궤도를 이탈했던 우리의 삶이 정돈되게 하옵소서. 진리의 빛 속에서 자기 정돈 없이는, 그 누구도 진정한 그리스도인으로 살 수 없음을 잊지 말게 하옵소서.

진리의 빛 속에서 정돈된 우리의 삶이, 타인의 삶을 정돈시켜 주는 생명의 터전이 되게 하옵소서. 타인을 위한 나의 모든 행위가 더 이상 가시가 아니라, 타인을 살리는 참된 생명과 사랑으로 승화되게 하옵소서. 그리하여 이 이후로 우리가 마주치는 모든 사람과의 만남이 베드로와 애니아의 만남처럼, 서로 간에, 새로운 미래와 희망을 위한 시발점이 되게 하옵소서. 아멘.

37. 돌아오니라 사순절 다섯째 주일

사도행전 9장 32-35절
그때에 베드로가 사방으로 두루 다니다가 룻다에 사는 성도들에게도 내려갔더니 거기서 애니아라 하는 사람을 만나매 그는 중풍병으로 침상 위에 누운 지 여덟 해라 베드로가 이르되 애니아야 예수 그리스도께서 너를 낫게 하시니 일어나 네 자리를 정돈하라 한대 곧 일어나니 룻다와 사론에 사는 사람들이 다 그를 보고 주께로 **돌아오니라**

1998년부터 만 3년 동안 제가 살던 스위스 제네바의 아파트 앞에는 작은 강이 흐르고 있었습니다. 알프스산맥의 최고봉 몽블랑Mont Blanc에서 발원한 라르브L'arbe 강이었습니다. 서울 도심을 관통하는 한강처럼 웅장하지는 않지만, 아파트 2층에서 내려다보는 그 작은 강은 이국땅에서 홀로 사는 제 외로움을 달래 주는 정겨운 벗이었습니다. 1년 중 5월에서 8월까지 네 달을 제외하고는, 매일 아침마다 그 강은 어김없이 안개로 뒤덮였습니다. 강 건너편이 전혀 보이지 않을 정도로 짙은 안개였습니다. 그 짙은 안개는 제게 더

없이 좋은 그림판이었습니다. 아침에 일어나 식탁에서 식사를 하는 동안, 저는 유리창 너머의 그 그림판에 서울에 있는 아내의 얼굴과 네 아이들의 얼굴을 차례대로 그렸다간 지우고, 지웠다간 또다시 그리곤 했습니다. 비록 식탁에 앉아 있는 몸은 저 혼자였지만, 제가 그림판에 그린 아내와 아이들의 얼굴이 저를 마주 보고 있기에 저는 실은 아침마다 가족들과 함께 식사하는 셈이었습니다.

길을 걷거나 자동차를 타고 가다가 머리카락이 검은 동양 여사를 보면 이내를 생각했고, 옹기종기 모여 함께 노는 아이들 속에서는 늘 제 아이들의 모습이 보였습니다. 늦은 밤에 견딜 수 없을 정도로 가족이 보고 싶을 때에는 으레, 아무리 애를 써도 잠을 이룰 수 없었습니다. 그래서 밤을 하얗게 꼬박 샌 적이 얼마나 많았는지 모릅니다. 방학이 되어 서울에서 저를 찾아온 가족들과 함께 지내다가 가족들이 다시 귀국하는 날이면, 가족들이 제네바공항 출국장으로 들어가 더 이상 모습을 볼 수 없게 되어도 저는 공항을 떠나지 않았습니다. 공항 대합실의 벤치에 앉아 가족들이 탄 비행기가 이륙했다는 표시가 안내판에 나타날 때까지 기다렸습니다. 그리고 비행기가 이륙한 다음에는 공항 청사 밖으로 나가, 가족들이 탄 비행기가 날아간 동쪽 하늘을 한동안 쳐다보다가 귀가하였습니다. 이따금 서울에서 방문한 손님을 제네바공항까지 배웅할 때면, 그때마다 저는 서울행 비행기에 오르고 싶은 마음을 억눌러야만 했습니다. 기차를 타면, 이 기차가 그냥 서울까지 달려갔으면 하고 생각한 적이 한두 번이 아니었습니다.

스위스는 전 세계인이 동경하는 나라요, 제네바는 세계에서 사람이 가장 살기 좋은 도시 가운데 하나입니다. 그것은 결코 과장된 말이 아닙니다. 경관이 빼어난 스위스에서는 도시나 시골을 막론하고, 어디를 향해 카메라 셔터를 눌러도 그림엽서처럼 아름다운 영상이 됩니다. 게다가 맑은 공기에, 잘 확립된 사회질서와 공공 기관의 빈틈없는 행정 등 스위스는 여러 면에서 살기 좋은 나라임에 틀림없습니다. 그러나 저는 그곳에서 사는 3년 동안, 단 한 번도 스위스에서 계속 살고 싶다는 생각을 해본 적이 없었습니다. 그곳이 아무리 아름다워도, 그곳은 제 삶의 뿌리를 내릴 곳이 아니었습니다. 제게는 돌아가야 할 본향本鄕이 따로 있었기 때문입니다. 두말할 것도 없이 사랑하는 아내와 자식들이 있고, 피를 나눈 형제와 친지들이 있으며, 더욱이 인생의 후반기를 맞아 제가 해야 할 일이 저를 기다리고 있는 조국 대한민국이요, 서울이었습니다.

만약 제가 3년 동안 스위스에서 홀로 살면서 그곳의 아름다운 환경과 정취에 젖어, 서울에 있는 가족들은 안중에도 없이 서울로 되돌아갈 생각도 하지 않고 계속하여 스위스의 삶을 즐기려고만 했다면 어떻게 되있겠습니까? 그렇게 해서야 여섯 식구의 가장으로서의 제 인생은 실패하지 않겠습니까? 그렇게 해서야 대한민국 국적으로 살아가는 한국인으로서 제가 대한민국이란 국가 공동체에 대한 책임과 의무를 다할 수나 있겠습니까? 그렇게 해서야 저 혼자 제 마음대로 살 수는 있겠지만, 그러나 제 인생의 결국은 후회와 통탄 속에서 끝나지 않겠습니까?

베드로가 룻다에서 만난 사람들 가운데 애니아가 있었습니다. 그는 중풍병으로 병상에 누운 지 8년이나 되는 중환자였습니다. 베드로는 그 가련한 애니아를 보는 순간, 주님께서 왜 자신으로 하여금 룻다까지 가서 애니아를 만나게 하셨는지 주님의 마음을 읽을 수 있었습니다. 그래서 베드로는 애니아에게, '예수 그리스도께서 너를 낫게 하시니 일어나라'고만 말하지 않았습니다. 베드로는 애니아에게, '예수 그리스도께서 너를 낫게 하시니 일어나 네 자리를 정돈하라'고 말했습니다. 베드로는 주님께서 애니아에게 주기 원하시는 것이 단순히 육체의 회복이 아니라, 주님 안에서 정돈된 삶임을 분명하게 알았던 것입니다. 그래서 우리는 지난 시간에 믿음은 그릇된 생각과 욕망으로 헝클어지고 이지러진 자신의 삶을 예수 그리스도의 빛 속에서 정돈하는 것이요, 주님의 빛 속에서 정돈된 삶만 주님께서 주시려는 새로운 미래와 희망을 담는 그릇이 될 수 있음을 함께 생각해 보았습니다.

이제 본문 35절을 보시겠습니다.

룻다와 사론에 사는 사람들이 다 그를 보고 주께로 돌아오니라.

병상에서 8년 동안이나 투병하느라 헝클어지고 이지러진 삶을 살 수밖에 없었던 애니아가 주님의 은총 속에서 정돈된 삶을 살게 된 것을 보고, 룻다는 말할 것도 없고 인근 지역인 사론에서까지 많은 사람들이 주님께로 돌아왔습니다. 많은 사람들이 주님을 믿게 되었다는 말입니다. 이 시간에 우리가 유의하고자 하는 것은 많은 사람들이 주님을 믿게 되었다는 것을, 많은 사람이 주님께로 '돌아왔다'고 증언하는 본문의 표현입니다.

우리말 '돌아오다'로 번역된 헬라어 '에피스트렙호ἐπιστρέφω'는 방향을 '돌리다to turn'라는 의미와 함께 '되돌아가다, 복귀하다to turn back, to return'라는 의미를 지니고 있습니다. 방향을 돌린다는 것과 복귀한다는 것은, 방향이 바뀐다는 의미에서는 동일하지만 그렇다고 같은 말인 것은 아닙니다. 제가 광화문 네거리에서 좌회전할 수도 있고, 우회전할 수도 있으며, 유턴할 수도 있습니다. 그것은 제가 가고자 하는 목적지에 따라 그때마다 달라지기 마련입니다. 그러나 제가 되돌아간다는 것은 어느 방향을 취하든 원위치로 복귀하는 것을 의미합니다.

누가복음 8장에는 회당장 야이로의 딸에 관한 내용이 소개되어 있습니다. 회당장 야이로는 열두 살 난 자신의 외동딸이 갑자기 까닭 없이 죽어 가자, 급히 예수님을 찾아가 예수님의 발아래 엎드려 도움을 청했습니다. 야이로의 간청을 받아들인 예수님께서 야이로를 따라나서시는데, 예수님의 손길을 바라는 수많은 사람들이 예수님 앞으로 몰려들었습니다. 그들 가운데 12년 동안이나 혈루증을 앓던 여인을 주님께서 치유해 주시느라 그만 시간이 지체되고 말았습니다. 그때 회당장의 집에서 한 사람이 달려와 회당장에게 말했습니다. 방금 당신의 딸이 죽었으므로 예수님을 모시고 올 필요가 없다는 것이었습니다. 주님께서는 그 말을 들으시고서도 발걸음을 돌리시기는커녕 곧장 회당장의 집으로 들어가셨습니다. 그리고 이미 죽은 아이의 손을 잡으시고 "아이야, 일어나라"고 말씀하셨습니다. 그리고 누가복음 8장 55절은, 예수님의 말씀과 함께 '아이의 영이 돌아와 아이가 곧 일어났다'고 증언하고 있습니다. 여기에서 아이를 떠났던 영이 돌아왔다는 것은 왼쪽이나 오른쪽으로 돌았다는 말이 아니라, 아이의 영이 본래 거하던 아이에게로 되돌아왔다는 말입니다. 그래서 헬라어 원문에는 동사 '에피스트렙호'가 사용되었습니다. 아이를 떠났던 영이 원위치인 아이에게 복귀하였음을 분명하게 밝히기 위함입니다.

 중요한 사실은 바로 그와 같은 의미의 동사 '에피스트렙호'가 오늘 본문 35절에 사용되었다는 것입니다. 그리스도 안에서 삶이 정돈된 애니아를 보고 룻다와 사론의 많은 사람들이 주님께로 돌아왔습니다. 주님 입장에서 보면 그들이 돌아온 것이지만, 그 사람들의 입장에서 보면 주님께로 돌아간 것입니다. 그것은 단순히 주님을 향해 인생의 방향만을 바꾼 것이 아니었습니다. 그들은 주님께로 되돌아간 것이요, 주님께 복귀한 것이었습니다. 이것은 대단히 중요한 의미를 지니고 있습니다. 그들이 주님께로 되돌아갔다는 것은, 그들이 애당초 처음부터 있어야 할 그들의 원위치가 삼위일체 하나님이셨음을 의미하기 때문입니다.

요한 사도는 요한복음 1장 1-3절을 통해 이렇게 증언했습니다.

> 태초에 말씀이 계시니라 이 말씀이 하나님과 함께 계셨으니 이 말씀은 곧 하나님이시니라 그가 태초에 하나님과 함께 계셨고 만물이 그로 말미암아 지은 바 되었으니 지은 것이 하나도 그가 없이는 된 것이 없느니라.

우리 자신을 포함하여 천하 만물이 모두 하나님으로부터 비롯되었습니다. 이 세상 그 무엇도, 그 누구도, 스스로 자생한 것은 아무것도 없습니다. 어느 것 하나, 누구 한 명 예외 없이, 모두 천지를 창조하신 하나님의 피조물입니다. 우리의 출처가 하나님이신 것입니다. 그러므로 우리가 어디에 있든, 우리의 중심이 있어야 할 원위치는 우리의 출처이신 삼위일체 하나님이십니다. 바꾸어 말해 우리의 원위치는 삼위일체 하나님과의 바른 관계입니다.

그러나 자기 교만에 빠진 인간의 죄가 하나님과 인간의 바른 관계를 단절시키고 말았습니다. 하나님과의 관계가 깨어진 인간은 죄와 사망의 노예가 되어 유리流離하는 존재로 전락하고 말았습니다. 하나님께서는 그 불쌍한 인간을 내버려 두시지 않았습니다. 당신의 독생자이신 예수 그리스도로 하여금 십자가의 제물이 되어 인간의 죗값을 대신 치르게 하심으로, 인간이 예수 그리스도 안에서 하나님과 바른 관계를 회복할 수 있게 해주셨습니다. 예수 그리스도 안에서 하나님께로 되돌아갈 수 있는 길을 열어 주신 것입니다. 그러므로 믿음은 자기 멋대로 살던 인간이 제자리에서 하나님을 향해 방향만 돌아서는 제자리걸음을 의미하지 않습니다. 그것은 믿음의 시작일 수는 있지만, 그 자체가 믿음인 것은 아닙니다. 믿음은 제자리에서 하나님을 향해 돌아서는 것만으로 그치지 않고 하나님께로 원위치하는 것입니다. 다시 말해 자신의 출처인 하나님께로 되돌아가는 것입니다. 믿음이 단지 제자리에서 하나님을 향해 돌아서는 것이 아니라, 자신의 원위치인 하나님께로 되돌아가는 것임을 깨닫는 것은 그리스도인에게 더없이 중요합니다. 그것을 깨닫는 사람만, 자신의 원위치로 되돌아가지 않는 한 자신의 인생은 자신에 의해 망가뜨려질 수밖에 없음을 지각할 수 있기 때문입니다.

자동차는 차종에 따라 2만 개에서 3만 개의 부품이 조립되어 완성된다고 합니다. 그 많은 부품들이 제각각 자기 위치를 지켜야 함은 두말할 나위도 없습니다. 만약 어느 부품 하나가 떨어져 나왔다면, 떨어진 부품을 고이 간직하는 것만으로 그쳐서는 안 됩니다. 만약 그 상태에서 자동차를 주행하면 그것은 자기 자동차를 망가뜨리는 첩경입니다. 떨어져 나온 부품은 반드시 원위치로 되돌려야만 합니다. 그것이 자동차를 바르게 보존하는 길입니다.

그리스도인이 제자리에서 주님을 향해 돌아서기만 하는 것은, 자동차에서 떨어져 나온 부품을 챙기긴 하였으나 그것을 자동차 서랍 속에 고이 간직한 채 주행하느라 자동차를 망가뜨리는 것처럼 어리석은 짓입니다. 떨어져 나온 부품을 원위치로 되돌림으로 자동차가 바르게 달릴 수 있듯이, 그리스도인 역시 자신의 원위치인 하나님께 되돌아감으로 바른 인생길을 걸을 수 있습니다.

우리는 "세월을 아끼라"는 에베소서 5장 16절 말씀의 의미를 이미 알고 있습니다. 세월이 무엇입니까? 세월은 시간이요, 시간은 우리의 생명이지 않습니까? 지금도 시간이 1초 1초 흘러가고 있다는 것은 우리의 생명이 1초 1초 단축되고 있다는 말 아닙니까? 그러므로 세월을 아끼라는 것은 단순히 시간을 절약하여 사용하라는 말이 아니라고 했습니다. 우리말 '아끼다'로 번역된 헬라어 '엑사고라조ἐξαγοράζω'는 '건져 올리다'라는 의미라고 했습니다《성숙자반》 62쪽 참조—편집자 주). 세월은, 시간은, 다시 말해 생명은 건져 올리는 사람의 것입니다. 한평생 열심을 다해 팔구십 년을 살고서도 코끝에서 호흡이 멎는 순간 대부분의 사람들이 인생의 허무를 탄식하며 세상을 떠나는 것은, 겉으로는 열심히 산 것처럼 보여도 실제로 영원히 남을 수 있는 시간과 생명을 건져 올리지는 못했기 때문입니다.

세월은, 시간은, 생명은, 오직 생명의 근원이신 하나님 안에서 하나님의 말씀으로만 건져 올릴 수 있습니다. 그 이외의 방법은 없습니다. 영원하신 하나님의 말씀 아니고는 생명을 고갈시킬 뿐, 그 무엇도 생명을 건져 올릴 수는 없습니다. 그래서 믿음은 제자리에서 하나님을 향해 방향만 돌아서는 것이 아니라, 자기 생명의 출처인 하나님께로 되돌아가는 것입니다. 하나님과의 바른 관계 속에서만 자기 인생을 영원히 건져 올릴 수 있고, 그 사람만 후회 없는 삶을 살 수 있기 때문입니다.

그렇다면 우리는 사도행전 3장 19절 말씀의 더 깊은 의미를 건져 올릴 수 있습니다. 사도 베드로가 이렇게 말했습니다.

> 그러므로 너희가 회개하고 돌이켜 너희 죄 없이 함을 받으라 이같이 하면 새롭게 되는 날이 주 앞으로부터 이를 것이요.

여기에서 우리말 '돌이켜'로 번역된 헬라어 동사가 바로 '되돌아가다'라는 의미의 '에피스트렙호'입니다. 베드로는 하나님을 향해 제자리걸음으로 방향만 바꾸라고 말한 것이 아니라, 하나님을 향해 원위치로 되돌아가라고 말한 것입니다. 하나님께로 되돌아갈 때에만 우리의 삶이 하나님께서 주시는 새날, 새 생명을 건져 올릴 수 있기 때문입니다.

특별히 '돌아가다'라는 말은 또 다른 의미를 지니고 있습니다. 우리는 누군가가 죽었을 때 '돌아가셨다'고 말합니다. 돌아가셨다는 것은 이 땅이 인간의 본향이 아니라는 말이요, 인간이 돌아가야 할 본향으로 되돌아갔다는 말입니다. 그리스도인이 육체의 호흡이 멎은 뒤에 되돌아가야 할 본향은 어디입니까? 히브리서 11장 16절이 이 질문에 대답해 주고 있습니다.

> 그들이 이제는 더 나은 본향을 사모하니 곧 하늘에 있는 것이라 이러므로 하나님이 그들의 하나님이라 일컬음 받으심을 부끄러워하지 아니하시고 그들을 위하여 한 성을 예비하셨느니라.

그리스도인이 돌아갈 본향은 하나님의 나라입니다. 하나님께서는 하나님의 나라를 자신의 되돌아갈 본향으로 삼은 사람의 하나님 되시기를 부끄러워하시지 않는다는 사실을 상기 본문은 강조하고 있습니다. 이것을 뒤집으면 어떤 의미가 됩니까? 하나님의 나라를 되돌아가야 할 자신의 본향으로 삼지 않은 사람이 하나님을 자신의 하나님이라 부르는 것을, 하나님께서는 수치스럽게 여기신다는 의미입니다. 그렇지 않겠습니까? 하나님의 피조물이면서도 하나님의 나라를 되돌아가야 할 자신의 본향으로 여기지는 않는 사람이라면, 이 세상에서 그 사람의 삶은 어떠하겠습니까? 처자식을 서울에 두고 외국에 살면서도 단지 외국이 아름답다고 가장으로서의 의무와 책임을 망각한 채 서울로 되돌아갈 생각조차 않는 사람처럼, 자기 스스로 자신의 인생을 망가뜨리기밖에 더 하겠습니까? 그러니 하나님께서 그런 미련한 사람을 어떻게 기뻐하시겠습니까?

우리는 여기에서 믿음을 또다시 새롭게 정의할 수 있습니다. 믿음은 되돌아가는 것입니다. 이 세상에서는 하나님께로 되돌아가 하나님과의 바른 관계 속에서 인생을 영원한 생명으로 건져 올리며 살다가, 하나님께서 부르시는 날 영원한 본향인 하나님의 나라로 기뻐하며 되돌아가는 것입니다. 마치 외국에서 홀로 소임을 끝낸 사람이 자신의 가족이 있는 본향으로 단숨에 되돌아가듯이 말입니다.

요즈음에는 모임에서 건배하면서 '9988 234'를 구호로 외치는 어른들이 있다고 합니다. 99세까지 팔팔하게 살다가 이삼 일만 아프고 나흘 만에 세상을 떠났으면 좋겠다는 의미라고 합니다. 99세까지 팔팔하게 살겠다는 깃은 너무 과한 욕심이 아니겠습니까? 그것은 또 현실적으로도 불가능한 일입니다. 그래서 '9988'을 외친다는 것은 그리 아름답게 보이지는 않습니다. 그러나 이삼 일만 아프다가 나흘 만에 세상을 떠났으면 좋겠다는 것은 물론 자기 자신을 위한 생각이기도 하지만, 그 속에는 살아 있는 가족에 대한 배려까지 포함되어 있는지라 아름다운 생각으로 여겨집니다. 그리고 그것은 현실적으로 가능한 일이기도 합니다. 하지만 그것은 세상을 떠나는 사람이나 떠나보내는 사람이나, 하나님의 나라를 자신이 되돌아가야 할 본향으로 확신하고 실천하는 믿음을 지녔을 경우에만 가능합니다.

교회를 위해 늘 기도의 어머니 역할을 감당해 오시던 차은희 권사님이 갑작스런 급성폐렴으로 지난 월요일 병원에 입원하셨습니다. 그리고 화요일부터 한 시간이 다르게 상태가 악화되다가, 급기야 호흡 자체가 곤란한 지경에 이르렀습니다. 마침내 수요일 새벽 3시 차은희 권사님은 남편인 김경래 장로님과 함께 손을 잡고, 이 세상을 하직하는 마지막 기도를 하나님께 드렸습니다. 자식들에게는 예수 잘 믿으라는 말을, 남편에게는 당신에게 시집을 잘 와서 감사했다는 말을 마지막 인사말로 남겼습니다. 그리고 하나님의 나라에 가는 데 방해가 되지 않게끔, 어떤 경우에도 인위적인 방법으로 수명을 연장시키지 말라는 평소의 소신을 유언으로 남기고 코마coma 상태에 빠지셨습니다. 서울의 가족들은 외국에 사는 가족들이 귀국하기를 기다렸다가, 모든 가족들이 귀국하자 권사님의 유언에 따라 인공호흡기를 제거하였습니다. 그와 동시에 모태신앙으로 이 땅에 태어나 79년 동안 하나님과의 바른 관계 속에서 영원한 생명을 건져 올리던 권사님은, 당신이 평소에 그토록 열망하던 당신의 본향, 하나님의 나라로 되돌아가셨습니다. 병원에 입원하신 월요일 이후, 사흘 동안 병상에 누워 계시다가 만 나흘째 되는 날 당신의 본향으로 되돌아가신 것입니다. 79년에 걸친 차 권사님의 일평생과 마지막 임종은, 이 세상에서나 이 세상을 떠나서나, 하나님께로 되돌아가는 신앙이 얼마나 아름답고 감동적인지를 생생하게 보여 주었습니다. 그것은 위대한 믿음의 승리였습니다. 그러나 그것은 차 권사님뿐 아니라, 권사님의 모든 가족들 역시 하나님의 나라를 자신들이 되돌아가야 할 본향으로 확신하는 믿음의 사람들이었기에 가능한 일이었습니다. 그래서 유족들은 내일 아침에 예정된 권사님의 출관出棺 예배를 슬픈 장례식이 아니라, 축제의 예식으로 거행키로 하였습니다. 하나님께서는 그와 같은 믿음의 가족들을 통해 앞으로도 계속 아름다운 당신의 섭리를 이루어 가시지 않겠습니까?

사랑하는 교우 여러분!

참회의 절기인 사순절 다섯째 주일을 맞이하여, 하나님을 믿는다면서도 단지 제자리에서 하나님을 향해 방향만 돌아서는 제자리걸음을 해온 우리의 어리석음을 회개하십시다. 우리의 육체가 흙으로 돌아갈 거대한 공동묘지에 불과한 이 세상을 우상으로 섬기느라, 하나님의 나라를 되돌아가야 할 본향으로 삼지는 않았던 우리의 허물을 회개하십시다. 그동안 우리의 생명을 건져 올리기는커녕, 어이없이 스스로 갉아먹기만 했던 우리의 미련함을 회개하십시다.

이제 우리 모두 예수 그리스도 안에서 우리 생명의 출처이신 하나님께로 되돌아가십시다. 예수 그리스도 안에서 하나님과의 바른 관계를 회복하십시다. 하나님의 나라를 되돌아가야 할 우리의 본향으로 삼고, 하나님 나라의 백성으로서의 의무와 책임을 다하십시다. 사도행전 3장 19절 말씀처럼, 그때부터 우리에게는 반드시 새날이 주어질 것입니다. 하나님께로 되돌아간 우리의 삶이, 하나님께서 우리에게 주시려는 새로운 미래와 희망의 실체를 건져 올릴 것이기 때문입니다.

참된 믿음은 제자리에서 하나님을 향해 방향만을 바꾸는 제자리걸음이 아니라, 예수 그리스도 안에서 자기 생명의 출처이신 하나님께로 되돌아가는 것이요, 하나님의 나라를 자신이 되돌아가야 할 본향으로 삼는 것임을 일깨워 주신 하나님 아버지!

주님의 말씀 안에서 하나님께로 되돌아가기 전까지는, 나에게 참된 평안이 있을 수 없음을 잊지 말게 하옵소서. 하나님께로 되돌아가기 전까지는, 하나님과 나 사이에 바른 관계가 회복될 수 없음을 잊지 말게 하옵소서. 하나님의 나라를 내가 되돌아가야 할 나의 본향으로 삼기 전까지는, 이 땅에서 하나님 나라의 백성으로서의 의무와 책임을 다할 수 없음을 잊지 말게 하옵소서. 하나님께로 되돌아가기 전까지는, 이 땅에서 설령 팔구십 년을 건강하게 산다 한들, 참생명을 건져 올릴 수는 없음을 잊지 말게 하옵소서. 하나님께로 되돌아가기 전까지는, 이 세상에서 아무리 성공을 거둔다 해도 하나님의 뜻과는 무관한 인간일 수밖에 없음을 잊지 말게 하옵소서. 그래서 하나님께로 되돌아가기 전까지는, 세상에서 성공을 거둘수록 인생은 더욱 망가지기 마련임을 잊지 말게 하옵소서.

참회의 절기인 사순절 다섯째 주일을 맞아, 하나님을 믿는다면서도 하나님께로 되돌아가려 하지는 않고, 오히려 이 세상을 영원한 나의 본향으로 삼아 왔던 나의 어리석음을 회개하오니 용서하여 주옵소서. 이제 우리 모두 주님의 말씀 안에서 하나님께로 되돌아가게 하옵소서. 하나님과의 바른 관계 속에서, 우리를 스쳐 지나가는 모든 시간들을, 하나님께서 주시려는 새로운 미래와 희망의 실체로 건져 올리는 지혜로운 사람이 되게 하옵소서. 그리하여 하나님께서 우리를 부르시는 날, 우리의 본향인 하나님의 나라에 기쁨으로 입성하는 우리 삶의 족적이, 이 세상 사람들에게 남겨 줄 가장 위대한 유산이 되게 하여 주옵소서. 아멘.

38. 심히 많더니 고난 주일

사도행전 9장 36-43절

욥바에 다비다라 하는 여제자가 있으니 그 이름을 번역하면 도르가라 선행과 구제하는 일이 **심히 많더니** 그때에 병들어 죽으매 시체를 씻어 다락에 누이니라 룻다가 욥바에서 가까운지라 제자들이 베드로가 거기 있음을 듣고 두 사람을 보내어 지체 말고 와달라고 간청하여 베드로가 일어나 그들과 함께 가서 이르매 그들이 데리고 다락방에 올라가니 모든 과부가 베드로 곁에 서서 울며 도르가가 그들과 함께 있을 때에 지은 속옷과 겉옷을 다 내보이거늘 베드로가 사람을 다 내보내고 무릎을 꿇고 기도하고 돌이켜 시체를 향하여 이르되 다비다야 일어나라 하니 그가 눈을 떠 베드로를 보고 일어나 앉는지라 베드로가 손을 내밀어 일으키고 성도들과 과부들을 불러들여 그가 살아난 것을 보이니 온 욥바 사람이 알고 많은 사람이 주를 믿더라 베드로가 욥바에 여러 날 있어 시몬이라 하는 무두장이의 집에서 머무니라

오늘의 본문은 베드로가 룻다에서 8년이나 중풍병을 앓느라 헝클어지고 이지러질 수밖에 없었던 애니아의 삶을 진리 안에서 반듯하게 정돈되게 해

주고, 그로 인해 많은 사람들이 주님께로 되돌아오는 생명의 역사가 일어나고 있을 때, 룻다의 인근 도시인 욥바에서 일어난 일을 전해 주고 있습니다. 욥바는 예루살렘에서 북서쪽으로 약 50킬로미터 떨어진 항구도시로, 솔로몬 왕이 예루살렘성전을 건축할 때 레바논의 목재를 실어 나른 항구로 유명합니다. 또 구약의 선지자 요나가 하나님의 낯을 피하여 다시스로 도망하기 위해 배를 탔던 항구 역시 욥바로서(욘 1:3), 본문 당시의 욥바는 상당한 규모의 항구도시였습니다.

본문 36절을 보시겠습니다.

욥바에 다비다라 하는 여제자가 있으니 그 이름을 번역하면 도르가라 선행과 구제하는 일이 심히 많더니,

욥바의 그리스도인 가운데 '다비다'라는 이름의 여인이 있었습니다. 그녀가 히브리식 이름인 다비다와 함께 헬라식 이름인 '도르가'를 동시에 지니고 있었다는 것은, 그녀가 헬라파 유대인 출신임을 일러 주고 있습니다. 다비다와 도르가는 모두 영어로는 'gazelle', 우리말로는 '영양羚羊' 혹은 '암사슴'으로 번역되는데, 유대인들은 이것을 아름다움의 상징으로 여겼습니다. 즉 다비다라는 이름 자체가 아름다움을 상징하는 이름이었습니다. 그러나 다비다는 단지 이름만 아름다운 여자가 아니었습니다. 본문은 다비다가 '선행과 구제하는 일이 심히 많았다'고 전해 주고 있습니다. 다비다는 자신의 아름다운 이름에 걸맞은 아름다운 삶을 사는 여인이었습니다. 이런 의미에서 다비다는 아름다운 믿음의 여인인 동시에 아름다운 효녀이기도 했습니다.

세상에 태어난 아기가 자기 이름을 스스로 지을 수는 없습니다. 갓 태어난 아기의 이름은 일반적으로 부모가 지어 주기 마련입니다. 이 세상 어느

부모치고 자기 자식 이름을 아무렇게나 지어 주는 사람은 없습니다. 가능한 한 아름답고 의미 있는 이름을 지어 주려 애씁니다. 그래서 부모가 지어 주는 자식의 이름 속에는, 자식이 그의 이름과 같은 사람이 되기 원하는 부모의 소망과 염원이 담기게 됩니다. 부모가 신앙인인 경우에는, 자식의 이름은 그 이름을 지어 준 부모의 신앙고백이 되기도 합니다. 그러므로 자식이 자신의 이름에 걸맞은 삶을 살아가는 것은 곧 자신에 대한 부모의 염원과 믿음에 부합하는 것을 뜻하기에, 그 삶 자체가 부모에 대한 효도로 귀결될 뿐 아니라, 자기 부모를 통해 자신을 이 땅에 태어나게 하신 하나님에 대한 바른 믿음의 응답이 됩니다.

저는 네 명의 아들들에게 모두 '이을 승承' 자를 넣어 '승훈承勳', '승국承國', '승윤承允', '승주承主'란 이름을 각각 지어 주었습니다. 그 이름들은 제 사랑하는 아들들이 '오직 주님의 공로를 의지하여', '주님의 나라를 이어받음으로', '주님의 기쁨이 되고', '주님만을 좇아 살기를' 바라는 제 소망을 드러내고 있습니다. 그와 동시에 그것은 저처럼 미천한 인간에게 하나님께서 당신의 귀한 자식들을 친히 맡겨 주셨으니, 하나님 앞에서 저 역시 그렇게 살아가겠다는 저 자신의 신앙고백이기도 합니다. 따라서 제 자식들이 일평생 자기 이름에 걸맞은 삶을 살아간다면, 그 이름을 지어 준 제게 그보다 더 큰 효도는 없을 것입니다.

제 부모님께서는 제게 '있을 재在', '밝을 철晳'—재철이란 이름을 지어 주셨습니다. '밝은 빛 속에서 살아가라'는 부모님의 소망인 동시에 당신들의 신앙고백이었습니다. 그러나 저는 오랜 세월 동안 제 이름과는 달리 빛이 아닌, 칠흑 같은 어둠 속에서 살았습니다. 제가 어둠 속을 헤매던 시절, 사업가였던 제겐 꽤 경제적인 여유가 있었습니다. 당시 서울 시내에서 가장 큰 아파트에서 어머님을 모시고 살면서, 어머님의 전용차로 벤츠를 사드리기도 했습니다. 물론 어머님께서 원하시는 대로 돈을 쓰실 수 있게도 해드렸습니다. 그때 저는 저 자신이 효자임을 믿어 의심치 않았습니다. 그러나 세월이 한참 흐른 뒤에야 그것이 효도가 아니었음을 뒤늦게 깨달았습니다. 부모님의 소망과 신앙고백이 담긴 재철이란 제 이름과는 동떨어진 삶을 살던 저는, 실은 불효자 중의 불효자였습니다. 빛과 무관하게 어둠 속을 헤매던 저는, 그 그릇된 삶으로 어머님의 가슴에 대못질을 하고 있었던 것입니다. 그래서 비록 뒤늦긴 했지만, 어머님 생전에 제 이름에 걸맞은 삶을 시작할 수 있도록 은총을 베풀어 주신 주님께 저는 빚진 마음으로 살고 있습니다.

  이제 어머님마저 이 세상을 떠나신 지 10여 년이 넘었습니다. 저는 제 부모님이 제게 지어 주신 이름—재철이란 의미대로 밝은 빛 속에서 살아가기 위해 늘 애쓰고 있습니다. 그것만이 언젠가 제 코끝에서 호흡이 멎는 날, 주님 앞에서 제 부모님을 스스럼없이 뵙는 길임을 알기 때문입니다.

  잊지 마십시오. 참된 효도는 돈이나 말로 하는 것이 아닙니다. 여러분의 부모가 심혈을 기울여 여러분에게 지어 준 여러분의 이름 속에 담긴 의미를 단 한 번이라도 진지하게, 그리고 깊이 생각해 보신 적이 있습니까? 바로 그 이름에 걸맞은 삶을 사는 것이 그 이름을 주신 부모님에 대한 최상의 효도입니다. 그뿐 아닙니다. 하나님의 허락 없이는 참새 한 마리가 땅에 떨어질 수도 없고, 새롭게 태어날 수도 없습니다. 이 세상 많고 많은 사람들 가운데 내 부모님을 통해 내가 이 땅에 태어난 것이 하나님의 뜻이라면, 내 부모님이 당신들의 소망과 신앙고백을 담아 내게 지어 준 나의 이름 속에 어찌 하나님의 뜻이 깃들어 있지 않겠습니까? 그러므로 나의 이름에 걸맞게 사는 것이야말로 단순히 그 이름을 지어 준 부모에 대한 효도로 끝나지 않고, 나아가 내 부모님을 통해 나를 이 땅에 태어나게 하신 하나님의 뜻에 부합하는 삶이 아닐 수 없습니다.

이런 의미에서 다비다라는 자신의 이름에 걸맞은 삶을 살았던 본문의 다비다는, 참된 효녀인 동시에 진정한 신앙인이었습니다.

본문 37-38절이 다음과 같이 증언하고 있습니다.

> 그때에 병들어 죽으매 시체를 씻어 다락에 누이니라 룻다가 욥바에서 가까운지라 제자들이 베드로가 거기 있음을 듣고 두 사람을 보내어 지체 말고 와달라고 간청하여 베드로가 일어나 그들과 함께 가서 이르매 그들이 데리고 다락방에 올라가니 모든 과부가 베드로 곁에 서서 울며 도르가가 그들과 함께 있을 때에 지은 속옷과 겉옷을 다 내보이거늘.

자신의 아름다운 이름과 아름다운 삶의 조화를 이루며 살던 다비다가 병이 들어 죽었습니다. 욥바의 그리스도인들은 다비다의 시신을 깨끗하게 씻은 뒤에 다락방에 안치하였습니다. 마침 그때 욥바에서 약 18킬로미터밖에 떨어져 있지 않은 룻다에 사도 베드로가 와 있다는 소문이 들려왔습니다. 욥바의 그리스도인들은 즉각 두 사람을 베드로에게 보내어 욥바로 와줄 것을 간청했습니다. 베드로는 욥바의 그리스도인들과는 일면식도 없는 관계였지만, 그러나 같은 그리스도의 지체였기에 지체 없이 욥바로 향했습니다. 욥바에 당도한 베드로가 사람들의 안내를 받아 다비다의 시신이 안치되어 있는 다락방으로 올라가자, 거기에는 많은 과부들이 다비다의 죽음을 슬퍼하며 울고 있었습니다. 그들은 모두 다비다의 선행과 구제의 대상이었던 여인들이었습니다. 그 여인들은 베드로에게, 다비다가 살아 있을 때에 자신들을 위하여 손수 만들어 준 자신들의 속옷과 겉옷을 모두 보여 주었습니다.

2천 년 전 가난하고 물자가 귀한 이스라엘에서 속옷과 겉옷은 단순한 의

복의 의미를 뛰어넘어 일종의 재산이었습니다. '너를 고발하여 속옷을 가지고자 하는 자에게 겉옷까지도 가지게 하라'(마 5:40)는 예수님의 말씀이 그 좋은 예입니다. 당시 사람들은 빌려 준 돈을 되받지 못할 경우 고발을 통해 채무자의 옷을 가져갔던 것입니다. 우리말 '속옷'으로 번역된 헬라어 '키톤 χιτών'은 일반적인 옷을 의미하고, '겉옷'으로 번역된 '히마티온 ἱμάτιον'은 덮는 이불이나 햇빛을 가리는 용도로 사용되는 일종의 망토로, 언제든 저당 잡힐 수 있는 재산적 가치를 지니고 있었습니다.

다비다는 불쌍한 여인들에게 옷을 만들어 나누어 주되 속옷이나 겉옷 가운데 하나씩만을 나누어 주지 않았습니다. 각 사람에게 재산 개념의 속옷과 겉옷을 모두 나누어 준 아름다운 심성과 신앙의 여인이었습니다. 일반적으로 사람들은 자신이 입던 옷이 낡거나 작아지면 다른 사람에게 물려줍니다. 엄격히 말하면 그것은 사랑이라기보다는 처분에 지나지 않습니다. 그러나 다비다는 자신이 못 입게 된 헌 옷을 나누어 주지 않았습니다. 다비다는 자신의 손으로 직접 만든 속옷과 겉옷, 즉 새 옷을 나누어 주었습니다. 따라서 여인들이 베드로에게 직접 보여 준, 생전의 다비다가 자신들을 위해 직접 만들어 준 속옷과 겉옷은, 다비다가 평소에 얼마나 아름다운 삶을 살았는지를 보여 주는 증표였습니다. 그렇기에 다비다의 가족도 아닌 많은 여인들이 다비다의 시신 앞에서 슬피 운 것은 너무나도 당연한 일이었습니다. 그것은 다비다가 그들에게 베푼 사랑의 결과였습니다.

그렇다면 여기에서 잠깐, 우리도 우리 각자의 마지막 날을 한번 생각해 보게 됩니다. 나의 코끝에서 호흡이 멎는 순간, 나의 존재를 진심으로 아쉬워하며 슬퍼할 사람이 나의 직계가족을 제외하고 과연 몇 사람이나 되겠습니까? 그때 내가 이 땅에서 진정 아름다운 그리스도인의 삶을 살다 갔다는 증표로 남을 것은 또 무엇이겠습니까? 나의 이 육체가 시신이 되어 드러누울 때, 본문과 같은 아름답고도 감동적인 장면이 나의 시신 앞에서도 가능하겠습니까?

인간의 일생에서 가장 귀중한 메시지가 될 자신의 죽음을 생각해 보지 않은 사람은 의미 있는 죽음을 맞을 수 없고, 의미로운 죽음으로 귀결될 수 없는 삶이란 그 자체가 의미를 상실한 무의미한 삶일 수밖에 없습니다. 죽음과 삶은 결코 분리되지 않습니다. 그것은 마치 동전의 양면처럼 불가분의 관계에 있습니다. 의미 있는 삶이 의미 있는 죽음을 수반하고, 진리 안에서 후회 없는 죽음을 대비하는 사람이 매일 후회 없는 삶을 엮어 갈 수 있습니다. 그리고 그의 코끝에서 호흡이 멎는 순간 그가 남기게 될 모든 것은, 진리 안에서 아름다웠던 자신의 삶을 스스로 증명하는 증표가 될 것입니다. 다비다가 가련한 여인들을 위하여 자기 손으로 만들어 주었던 겉옷과 속옷처럼 말입니다.

36절을 다시 보시겠습니다.

> 욥바에 다비다라 하는 여제자가 있으니 그 이름을 번역하면 도르가라 선행과 구제하는 일이 심히 많더니.

우리가 이 시간에 좀더 깊이 숙고하고자 하는 것은, 다비다의 선행과 구제가 '심히 많았다'는 본문의 표현입니다. 우리말 '심히 많다'로 번역된 헬라어 '플레레스πλήρης'가 헬라어·한글 사전에는 '충만하다'라는 의미로 기록되어 있습니다. 그러나 우리말 충만은 가득한 상태를 의미하지만, 헬라어 '플레레스'는 가득 찬 상태를 넘어 계속 흘러넘치는 상태를 의미합니다. 그러므로 한글 성경이 본문의 '플레레스'를 충만하다고 번역하지 않고 '심히 많다'로 번역한 것은, 원문의 의미를 제대로 옮긴 탁월한 번역입니다.

'심히 많다'는 것은 적정한 정도를 넘어섰다는 말입니다. '말이 심히 많은 사람'이란 비정상적으로 말이 많은 사람을 의미하고, '고통이 심히 크다'는 것은 고통의 정도가 인내의 한계를 넘어섰음을 의미합니다. 따라서 다비다의 선행과 구제가 '심히 많았다'는 것은 그녀의 선행과 구제가 적정한 정도를 넘어섰다는 말입니다. 그렇지 않고서야 어떻게 다비다가 한 사람도 아닌 많은 불쌍한 여인들에게, 속옷만이 아니라 겉옷까지, 그것도 헌 옷이 아니라 모두 자신이 직접 만든 새 옷으로 나누어 줄 수 있었겠습니까?

그렇다면 적정한 정도를 뛰어넘는 선행과 구제를 위하여, 다비다가 자신의 물질과 시간 역시 적정한 정도를 초과하여 사용하지 않았겠습니까? 적정한 정도를 초과할 만큼 자신의 물질과 시간을 사용하지 않고서야 그녀의 선행과 구제가 심히 많을 수는 없지 않았겠습니까? 적정한 정도를 넘어서기까지 재물과 시간을 사용하는 것을 한마디로 표현하는 좋은 단어가 있습니다. 바로 '낭비'입니다. 낭비는 재물이나 시간을 헛되이 마구 사용하는 것을 의미합니다. 그래서 예산 낭비, 시간 낭비, 물자 낭비, 인생 낭비처럼 낭비는 모두 부정적인 의미로 사용됩니다.

여기에서 이런 질문이 제기됩니다. 적정한 정도를 뛰어넘은 선행과 구제를 위하여 다비다가 자신의 물질과 시간을 적정한 정도를 초과하여 사용한 것은 낭비요, 다비다는 낭비벽에 빠진 무절제한 여자입니까? 아닙니다. 결코 그렇지 않습니다. 낭비는 부정적인 의미의 단어이지만, 그 부정적 의미의 낭비가 부정적 의미로 사용되지 않는 경우가 딱 한 번 있습니다. 낭비란 말이 '사랑'과 결부될 때입니다. 사랑은 충만한 상태, 다시 말해 가득한 상태를 의미하지 않습니다. 가득 찬 상태만으로는 참된 사랑은 불가능합니다. 아무리 가득 차 있다 해도 나누어 주다 보면 나누어 준 만큼 비기 마련이기 때문입니다. 사랑은 플레레스, 계속 흘러넘치는 것입니다. 다시 말해 사랑의 본질이 낭비인 것입니다. 그래서 어머니는 자식을 위해 자신의 물질과 시간을 포함하여 자기 인생을 송두리째 낭비하고서도 그것이 낭비라는 생각조차 않습니다. 사랑이 곧 낭비이기 때문입니다. 그러므로 다비다가 심히 많은 선행과 구제를 위해 자신의 재물과 시간을 심히 많이 사용한 것은 부정적 의미의 낭비가 아니었습니다. 그것은 플레레스, 흘러넘치는 사랑이었습니다.

다비다의 삶 속에서 그렇듯 계속 흘러넘쳤던 사랑의 원천은 무엇이었습니까? 다비다는 태어날 때부터 위대한 자선사업가로 태어난 것입니까? 아닙니다. 본문 36절은 다비다가 주님의 제자였음을 강조하고 있습니다. 다비다가 불쌍한 과부들을 위하여 자신의 재물과 시간을 포함하여 자신의 인생을 낭비할 수 있었던 것은, 그녀가 믿는 주님의 사랑으로 인함이었습니다. 주님께서 자신을 살려 주시기 위해 주님 당신을 송두리째 낭비하셨기 때문입니다. 주님께서 더러운 죄인을 살리시기 위해 당신 자신을 십자가의 제물로 내어놓으셨다면, 거룩하신 성자 하나님께 그보다 더 큰 자기 낭비가 어디에 있겠습니까?

예수님께서 우리의 죗값을 대신 치르시기 위해 돌아가시더라도, 왜 좋은 옷을 입고 방 안에서 품위 있게 돌아가시지는 않았습니까? 왜 그토록 처참하고 참혹하게 돌아가셔야만 했습니까? 우리는 '새신자반'을 통해 이미 그 해답을 알고 있습니다(《새신자반》 106쪽 참조—편집자 주). 예수님께서 가시관을 쓰시고 검붉은 피를 흘리신 것은, 우리가 머리로 지은 죄를 사해 주시기 위함이었습니다. 예수님의 가슴이 로마 군병의 채찍에 찢어져 피를 흘리심으로, 우리가 마음속으로 은밀하게 지은 죄까지 용서받게 되었습니다. 예수님의 양손이 대못에 박혀 피를 흘리심으로, 우리가 손으로 범한 모든 죄가 씻어졌습니다. 예수님의 두 발이 못박혀 피를 흘리심으로, 우리가 그리스도인으로서 다녀서는 안 될 곳을 다님으로 우리의 두 발이 범한 죄가 깨끗하게 되었습니다. 예수님의 허리가 창에 찔려 마지막 피와 물 한 방울까지 다 쏟으심으로, 우리가 썩어 문드러질 이 몸뚱이로 지은 모든 죄로부터 구원을 얻었습니다. 주님께서 당신의 머리끝에서 발끝까지 당신 자신을 온전히 낭비하심으로 우리를 살리신 것입니다. 인간에 대한 주님의 사랑은 이처럼 철저한 자기 낭비였습니다. 다비다는 이 사실을 깨달았기에 주님의 자기 낭비의 사랑을 힘입어, 다비다 역시 주님을 위해 자신의 인생을 낭비하지 않을 수 없었습니다. 그녀에게도 사랑은 플레레스, 계속 흘러넘치는 낭비였기 때문입니다.

이제 우리는 주님께서 우리를 살리시기 위해 당신 자신을 십자가에서 온전히 낭비하신 고난 주일을 맞이하여 우리 자신을 되돌아보지 않을 수 없습니다. 우리 각자는 어떻습니까? 우리는 주님을 영접한 이래 단 한 번이라도 주님을 위해, 단 한 사람을 위해서라도 우리 자신과 우리 자신의 것을 낭비해 본 적이 있습니까? 만약 한 번도 우리 자신을 낭비해 본 적이 없다면, 과연 우리가 진정한 그리스도인일 수 있겠습니까? 다비다가 주님의 제자였기에 기꺼이 주님을 위해 자신을 낭비할 수 있었다면, 자신을 낭비할 줄 모르는 우리는 주님의 제자일 수 없다는 말이 아니겠습니까? 그것은 아직도 우리가 주님께서 십자가에서 당하신 고난이 우리를 위한 주님의 자기 낭비였음을 깨닫지 못했기 때문이 아닙니까?

사랑하는 교우 여러분!

우리를 위해 당신 자신을 온전히 낭비하신 십자가의 주님을 바라보십시다. 만약 그 주님을 온전히 믿는다면, 주님의 자기 낭비로 내가 영원한 생명을 얻었음을 진정으로 믿는다면, 이제부터 우리 모두 주님을 위해, 우리가 사랑해야 할 사람을 위해, 우리가 살고 있는 우리의 조국과 이 시대를 위해, 인류를 위해, 단 한 번이라도 우리 자신을 낭비하는 우리 시대의 다비다가 되십시다. 그리고 잊지 마십시다. 사랑은 낭비이기에, 사랑을 위해 자신을 낭비할 줄 아는 사람에게 사랑의 낭비는 더 이상 낭비가 아니라는 사실을 말입니다. 부모의 자기 낭비가 자식을 성장케 하고, 다비다의 자기 낭비가 수많은 과부들의 생명을 따뜻하게 품어 주었고, 주님의 자기 낭비가 우리를 영원히 살리셨듯이, 우리의 사랑의 낭비 역시 반드시 생명의 역사로 승화될 것이기 때문입니다.

오늘 고난 주일을 맞이하여, 주님께서 더러운 죄인인 우리를 살리시기 위해 십자가에서 당하신 주님의 고난이, 우리를 위한 삼위일체 하나님의 자기 낭비였음을 깨닫게 해주셔서 감사합니다. 머리끝에서부터 발끝까지 주님께서 당신 자신을 철저하게 낭비하심으로, 우리에게 영원한 생명을 주셨음을 감사합니다. 주님의 자기 낭비로, 우리를 주님의 제자로 삼아 주심도 감사합니다.

지금 이 시간에도 우리를 위해 당신을 낭비하고 계신 주님의 사랑에, 이제 우리 모두 우리 자신을 낭비하는 믿음으로 보답하는 진정한 주님의 제자들이 되게 하옵소서. 우리가 사랑해야 할 사람을 위하여, 우리가 살아가는 우리의 조국과 이 시대를 위해, 인류를 위해, 우리 자신과 우리 자신의 것을 낭비하는 사랑의 낭비자들이 되게 하옵소서. 우리 자신을 낭비하는 사랑의 낭비가 무의미한 낭비로 끝나지 않고, 주님의 자기 낭비가 우리를 살리셨듯이, 우리 부모의 자기 낭비가 우리를 성장시켰듯이, 다비다의 자기 낭비가 수많은 과부들의 생명을 따뜻하게 품어 주었듯이, 우리의 자기 낭비 또한, 반드시 생명의 역사로 승화됨을 우리의 삶으로 경험하는 기쁨을 날마다 누리게 하옵소서. 난마처럼 얽혀 있는 모든 사회문제도, 양극화의 문제도, 오직 자기 낭비의 사랑으로써만 해소될 수 있음을 잊지 말게 하옵소서.

주님을 위해 기꺼이 우리 자신을 낭비할 줄 아는 우리의 삶이, 주님께서 우리 부모를 통해 우리에게 주신 우리 각자의 이름에 걸맞은 삶으로 이어지게 해주시옵소서. 그리하여 우리의 코끝에서 호흡이 멎는 날 우리가 이 땅에 남기고 가는 모든 것이, 다비다가 많은 과부들에게 손수 만들어 주었던 속옷과 겉옷처럼, 우리가 이 땅에서 진정 아름다운 그리스도인으로 살았음을 보여 주는 영원한 사랑과 생명의 증표가 되게 하여 주옵소서. 아멘.

39. 다락에 누이니라 부활 주일 / 양화진홀 개관

사도행전 9장 36-43절

욥바에 다비다라 하는 여제자가 있으니 그 이름을 번역하면 도르가라 선행과 구제하는 일이 심히 많더니 그때에 병들어 죽으매 시체를 씻어 **다락에 누이니라** 룻다가 욥바에서 가까운지라 제자들이 베드로가 거기 있음을 듣고 두 사람을 보내어 지체 말고 와달라고 간청하여 베드로가 일어나 그들과 함께 가서 이르매 그들이 데리고 다락방에 올라가니 모든 과부가 베드로 곁에 서서 울며 도르가가 그들과 함께 있을 때에 지은 속옷과 겉옷을 다 내보이거늘 베드로가 사람을 다 내보내고 무릎을 꿇고 기도하고 돌이켜 시체를 향하여 이르되 다비다야 일어나라 하니 그가 눈을 떠 베드로를 보고 일어나 앉는지라 베드로가 손을 내밀어 일으키고 성도들과 과부들을 불러들여 그가 살아난 것을 보이니 온 욥바 사람이 알고 많은 사람이 주를 믿더라 베드로가 욥바에 여러 날 있어 시몬이라 하는 무두장이의 집에서 머무니라

오늘은 뜻깊은 부활 주일입니다. 금요일 오후 3시에 십자가에서 운명하셨던 주님께서 오늘 새벽, 사망의 권세를 깨뜨리고 부활하신 것입니다. 부활

은 기독교의 핵심입니다. 죄의 삯은 사망이기에, 예수님께서 우리의 죗값을 대신 치르시기 위해 십자가의 제물이 되어 돌아가셨습니다. 그러나 우리를 위한 예수님의 구원 사역이 십자가의 죽음으로 끝나 버렸다면, 그분이 비록 우리의 죄를 위해 돌아가셨다 해도 우리 인생 역시 공동묘지에서 끝나 버리고 말 것이요, 그분은 위대한 도덕 선생 이상이 될 수는 없었을 것입니다. 죽은 사람이 살아 있는 사람을 위해 영원히 해줄 수 있는 것이라고는 아무것도 없기 때문입니다.

그러나 예수님께서 죽음을 깨뜨리고 부활하심으로, 만인을 위한 생명의 구주가 되셨습니다. 예수님께서 부활하심으로, 우리에게 공동묘지를 뛰어넘는 영원한 생명의 길이 주어졌습니다. 주님께서 부활하셨으므로 사방으로 욱여쌈을 당한, 죽음과 같은 절망 속에서도 우리는 오히려 소망을 갖게 됩니다. 부활하신 주님 안에서 죽음은 죽음이 아니라 영원한 생명을 담는 그릇이듯이, 부활하신 주님 안에서는 그 어떤 절망적인 상황도 주님께서 주시려는 새로운 미래와 희망의 텃밭이 되기 때문입니다. 공동묘지에서 끝날 수밖에 없는 유한한 우리 존재가 부활하신 주님 안에서 영원한 의미와 가치와 생명을 지니게 된 것입니다. 이런 의미에서 부활 주일을 맞아, 우리를 위해 부활해 주신 주님께 깊이 감사드리지 않을 수 없습니다.

특별히 부활 주일을 맞아 더욱 의미 있는 것은, 그간 오래토록 준비해 온 양화진홀을 개관하게 된 것입니다. 양화진홀은 아시다시피, 우리나라가 사회적으로나 영적으로나 가장 암울했던 시기에 우리 민족에게 예수 부활의 생명을 전하다가 이곳 양화진에 묻힌 선교사님들의 신앙과 삶을 기리기 위한 전시 공간입니다. 그 양화진홀을, 한국 최초의 선교사였던 언더우드와 아펜젤러가 1885년 부활절에 조선 땅에 첫발을 내디뎠던 것을 기념하면서 이번 수요일에 개관하게 되었습니다. 무엇보다도 먼저 한국 개신교의 시발점인 양화진으로 원근 각처에서 우리를 불러 모으시고, 교회사적으로나 민족 사적으로나 이 귀중한 사명을 부족한 우리로 하여금 감당케 하신 주님께 모든 영광을 돌려 드립니다. 그리고 양화진홀 개관을 위하여 불철주야 수고한 모든 교우님들께 진심으로 감사드립니다.

이번 수요일(3월 26일) 오후 6시 30분에 '양화진홀 개관 감사 예배'를 드립니다. 예배 후 7시에는 모든 교인들이 함께 참여하는 테이프 커팅이 있고, 계속하여 요기를 겸한 리셉션이 예정되어 있습니다. 그리고 8시부터는 퀴리오스 성가대 주관으로 '부활절 기념 및 양화진홀 개관 축하 음악의 밤'이 열리게 됩니다. 오후 6시 30분에 시작되는 개관 감사 예배부터 많은 교우님들이 참석하셔서 함께 기쁨을 나누어 주시기 바랍니다. 당일 외부 손님들도 참석할 예정이므로, 우리 교회 교우님들은 가급적 대중교통을 이용해 주시기를 당부드립니다.

오늘 뜻깊은 부활 주일을 맞아 주님께서 우리에게 주신 본문은 이렇게 시작하고 있습니다.

욥바에 다비다라 하는 여제자가 있으니 그 이름을 번역하면 도르가라 선행과 구제하는 일이 심히 많더니(36절).

본문은 욥바의 여제자였던 다비다가 '선행과 구제하는 일이 심히 많았다'고 증언하고 있습니다. 우리는 지난 시간에 다비다가 얼마나 아름다운 삶을 살았으면 성경이 그토록 극찬하고 있는지에 대하여 깊이 생각해 보았습니다. 본문 37절을 보시겠습니다.

그때에 병들어 죽으매 시체를 씻어 다락에 누이니라.

　자신의 아름다운 이름에 걸맞은 아름다운 삶을 살던 다비다가 병이 들어 죽었습니다. 인간의 육체는 언젠가는 흙으로 돌아가기 마련이므로, 다비다가 병이 들어 죽었다는 것은 조금도 이상하거나 놀랄 일이 아닙니다. 욥바의 그리스도인들은 죽은 다비다의 시신을 씻겼습니다. 죽은 사람의 시신을 깨끗하게 씻어 준다는 것 역시 관습상 전혀 이상한 일이 아닙니다. 그러나 다비다의 시신을 씻겼다는 것이 장례예법에 의한 염습殮襲을 의미한다면, 씻긴 다비다의 시신에 왜 향유를 발라 주지는 않았느냐는 의구심이 뒤따르게 됩니다. 유대인들은 시신을 염습할 때 시신을 씻긴 뒤에 반드시 향유를 발라 주었습니다. 그런데도 본문은 다비다의 시신을 씻긴 것만 강조할 뿐 장례 절차에서 절대적으로 필요한 향유에 대해서는 의도적으로 침묵하고 있습니다.

　그 이후에 욥바의 그리스도인들은 다비다의 시신을 '다락에 누였다'고 본문은 증언하고 있습니다. 이것은 참으로 이상한 일이요, 이해하기 힘든 일입니다. 우리말 '다락'으로 번역된 헬라어 '휘페로온ὑπερῷον'은 집에서 가장 높은 공간을 의미합니다. 옛날 유대인들이 고층 빌딩을 짓고 산 것은 아니었습니다. 그들의 주거지는 단층집이거나 높아야 고작 2층 정도였습니다. 그러므로 2층집에서는 2층이 휘페로온이었고, 만약 2층 위쪽에 골방이 있는 집이라면 가장 높은 그 골방이 휘페로온이었습니다. 이런 의미에서 한글 성경이 '휘페로온'을 '다락방'으로 번역한 것은 매우 적절합니다. 몇 층짜리 집이든 상관없이 다락방은 지붕 바로 아래쪽, 다시 말해 그 집에서 가장 높은 공간이기 때문입니다.

　일반적으로 유대인들은 남자들이 편리한 1층을 사용하고, 여자들은 불편한 다락방을 사용했습니다. 그러나 그것은 살아 있을 때의 일이었습니다. 남자든 여자든 죽었을 경우에는 예외 없이 시신을 1층에 안치하였습니다. 여자라고 해서 시신을 다락방에 안치하는 경우는 없었습니다. 조문객을 맞거나 장례를 치르는 데에는 2층보다 1층이 모든 면에서 편리하기 때문임은 두말할 나위가 없습니다. 그런데도 욥바의 그리스도인들은 죽은 다비다의 시신을 1층이 아닌, 굳이 불편한 2층에 안치하였습니다. 그것은 일반적인 상식과는 동떨어진 일이었습니다. 대체 그 이유가 무엇이었겠습니까? 이 질문에 대한 해답은 먼저 구약시대에서 찾을 수 있습니다.

구약성경 열왕기상 17장은 선지자 엘리야가 사르밧에서 행한 일을 증언하고 있습니다. 엘리야가 사르밧에 갔을 때 한 여인 집의 다락방에 기거하였습니다. 어느 날 집주인인 여인의 어린 아들이 죽었습니다. 그 사실을 안 엘리야는 죽은 아이의 시신을 품고 자신이 기거하던 다락방으로 올라갔습니다. 그는 아이를 자기 침상 위에 누인 뒤, 하나님께 그 아이를 살려 주시기를 간절히 기도하였습니다. 그리고 하나님의 응답과 함께 아이가 다시 살아났습니다. 엘리야가 기거하던 다락방에서 죽은 아이가 살아난 것이었습니다.

그뿐 아닙니다. 열왕기하 4장은 엘리야의 후계자인 엘리사를 통해서도 동일한 일이 일어났음을 전해 주고 있습니다. 수넴에 사는 한 독실한 부부가 엘리사를 위하여 다락방을 새로 만들고 엘리사로 하여금 그곳에서 지내게 했습니다. 본래 그 부부에게는 자식이 없었는데, 그 이후 그들은 하나님의 은총으로 아들을 얻었습니다. 그로부터 몇 년이 지나 아이가 갑작스럽게 죽어 버렸습니다. 아이의 어머니는 죽은 아들의 시신을 엘리사가 머물던 다락방 침상에 누였습니다. 그리고 갈멜산에 있던 엘리사를 찾아가 도움을 요청했고, 죽은 아이의 시신이 안치된 다락방으로 되돌아온 엘리사의 기도에 의해 아이는 다시 살아났습니다. 그 아이 역시 다락방에서 다시 살아난 것입니다. 이처럼 구약시대의 사람들에게 다락방은, 생명이 죽음을 이기는 생명의 공간이었습니다.

신약시대에 들어와서도 마찬가지였습니다. 예수님께서 예루살렘에서 잡히시기 전에 제자들과 마지막 만찬을 가지셨던 곳이 다락방이었고, 죽음을 깨뜨리고 부활하신 주님께서 두려움에 떨고 있는 제자들을 두 번씩이나 찾아가 부활하신 당신 자신을 직접 확인시켜 주신 곳도 다락방이었습니다. 그리고 주님께서 승천하신 뒤 처음으로 맞는 오순절에 주님의 영이신 성령님께서 강림하신 곳 역시 120명의 성도들이 기도하던 다락방이었습니다. 이렇듯 신약시대의 그리스도인에게도 다락방은 부활하신 주님의 생명과 성령님의 능력이 역사하는 생명의 공간을 상징하였습니다.

그러므로 본문의 그리스도인들이 죽은 다비다의 시신을 1층에 안치하지 않고 다락방에 두었던 이유를 이제 알게 됩니다. 그들은 다비다의 시신을 장례 치르기 위해 다락방에 안치한 것이 아니었습니다. 그들은 하나님께서 다비다를 살려 주실 것을 굳게 믿음으로 그녀의 시신을 다락방에 안치하였습니다. 그들에게 다락방은, 생명이 죽음을 이기는 생명의 공간이었던 것입니다. 그들이 죽은 다비다의 시신을 깨끗하게 씻기면서도 장례 절차에서 필수적인 향유를 다비다의 시신에 바르지는 않은 이유가 여기에 있었습니다. 그들이 다비다의 장례를 치르려 한 것은 아니었기 때문입니다. 한마디로 그들은 부활 신앙의 소유자들이었습니다.

본문 38절을 보시겠습니다.

룻다가 욥바에서 가까운지라 제자들이 베드로가 거기 있음을 듣고 두 사람을 보내어 지체 말고 와달라고 간청하여.

본문이 순서상으로는 욥바의 그리스도인들이 다비다의 시신을 다락방에 안치한 뒤에, 욥바의 인근 도시 룻다에 사도 베드로가 와 있다는 소문을 접한 것으로 전개되고 있습니다. 그러나 내용적으로 보면, 욥바의 그리스도인들이 룻다에 사도 베드로가 와 있다는 소문을 먼저 듣고 다비다의 시신을 다락방에 안치했음을 알게 됩니다. 그들에게 사도 베드로는, 죽은 아이를 다락방에서 살아나게 했던 구약의 선지자 엘리야와 엘리사 같은 하나님의 사람이었기 때문입니다. 그들은 즉각 욥바에서 약 18킬로미터 떨어진 룻다에 있는 베드로에게 사람을 보냈습니다. 한 사람이 아니라 두 사람을 함께 보냈습니다. 자신들의 절박한 심정과 믿음을 베드로에게 보여 주기 위함이었습니다. 그리고 베드로가 욥바로 와줄 것을 간청하였습니다.

베드로가 일어나 그들과 함께 가서 이르매(39절 상).

여기에서 "그들"이란 욥바의 그리스도인들이 베드로에게 보낸 두 사람을 일컫습니다. 욥바에서 온 두 사람으로부터 전후 사정을 들은 베드로는 곧장 그들과 함께 룻다를 떠나 욥바로 갔습니다.

그들이 데리고 다락방에 올라가니(39절 중).

여기에서 "그들"은 룻다에 있는 베드로에게 두 사람을 보내었던 욥바의 그리스도인들을 의미합니다. 다비다의 집에서 베드로를 기다리고 있던 욥바의 그리스도인들은, 베드로가 당도하자마자 베드로를 다비다의 시신이 안치되어 있는 다락방으로 데리고 올라갔습니다. 베드로는 그들을 따라 다락방으로 올라가며, 왜 죽은 사람의 시신을 몰상식하게 다락방에 두었느냐고 묻지 않았습니다. 베드로는 그들이 다비다의 시신을 다락방에 둔 까닭을 이미 알고 있었기 때문입니다.

모든 과부가 베드로 곁에 서서 울며 도르가가 그들과 함께 있을 때에 지은 속옷과 겉옷을 다 내보이거늘(39절 하).

베드로가 다락방에 올라가자 그곳에는 많은 과부들이 있었습니다. 지난 시간에 살펴보았듯이 그들은 모두 다비다의 선행과 구제의 대상이었던 여인들로서, 그들은 베드로에게 생전의 다비다가 자신들을 위해 손수 만들어 주었던 속옷과 겉옷을 모두 내보여 주었습니다. 그런데 그 여인들은 모두 슬피 울고 있었습니다. 죽은 다비다의 시신이 있는 다락방에 함께 있다고 해서 모두 동일한 신앙을 지니고 있는 것은 아니었습니다. 죽은 다비다가 살아날 것을 믿으면서 다비다의 시신을 다락방에 안치하고 베드로를 청한 부활의 신앙을 소유한 사람들이 있는가 하면, 부활의 신앙과는 무관하게 슬피 울기만 하는 사람들도 있었습니다.

베드로가 사람을 다 내보내고 무릎을 꿇고 기도하고 돌이켜 시체를 향하여 이르되 다비다야 일어나라 하니 그가 눈을 떠 베드로를 보고 일어나 앉는지라(40절).

다락방에 들어간 베드로는 모든 사람들을 다 나가게 한 뒤, 무릎을 꿇었습니다. 지금 그 다락방에는 다비다의 시신과 베드로밖에 없습니다. 그런데도 베드로는 무릎을 꿇었습니다. 그것이 죽은 다비다의 시신을 향한 무릎 꿇음이었겠습니까? 아니었습니다. 그 다락방에 이미 임재해 계신 주님을 향한 무릎 꿇음이었습니다. 주님께서 다비다를 다시 살려 주실 것을 간구하기 위해 무릎을 꿇은 것입니다. 유대인들의 주거 문화는 우리처럼 맨바닥 문화가 아닙니다. 그들은 집 안에서 침상과 의자를 사용하였습니다. 죽은 사람의 시신도 장례식 때까지 맨바닥이 아닌 침상에 뉘어 두었습니다. 지금 본문의 다락방에서 다비다의 시신 역시 침상에 뉘어 있는 반면에, 베드로는 맨바닥에 무릎을 꿇었습니다. 죽은 다비다를 위해 살아 있는 베드로가 죽은 다비다보다 더 낮은 곳에서 무릎을 꿇고 주님께 기도하던 것입니다. 그 낮고 낮은 베드로의 마음속으로 어찌 주님의 생명이 흘러내리지 않았겠습니까? 그 겸손한 베드로의 심령을 통해 어찌 주님의 생명이 다비다에게 흘러가지 않았겠습니까? 마침내 베드로가 다비다의 시체를 향해 말했습니다. "다비다야, 일어나라." 그와 동시에 다비다가 눈을 뜨고 죽음에서 일어나 앉았습니다.

베드로가 손을 내밀어 일으키고 성도들과 과부들을 불러들여 그가 살아 난 것을 보이니(41절).

베드로는 손을 내밀어 죽음에서 일어나 앉은 다비다를 일으켜 세웠습니다. 그리고 조금 전에 자신이 내보냈던 사람들을 다락방으로 올라오게 해서 다시 살아난 다비다를 직접 확인케 했습니다. 중요한 것은 본문이 성도들과 과부들을 구별하여 부르고 있다는 사실입니다. 성도들이란 죽은 다비다의 시신을 1층이 아닌 다락방에 안치하고 사도 베드로를 오게 했던, 부활의 신앙을 지닌 그리스도인들이었습니다. 그 성도들과 대비되는 사람들이 과부들이었습니다. 우리는 본문의 과부들이 주님을 믿는 사람들이었는지 아닌지 알지 못합니다. 그러나 성경은 그들을 가리켜 성도라 부르지 않았습니다. 본문 36절이 다비다를 여제자라 부르고, 38절이 베드로를 청한 사람들을 제자들이라 부른 것처럼, 그 과부들을 제자라고 부르지도 않았습니다. 성경은 그 여인들을 제자 혹은 성도와 구별하여 일관되게 과부라고만 부르고 있습니다. 다비다의 죽음 앞에서 단지 슬피 울기만 했던, 부활의 신앙과는 무관했던 그들은 진정한 의미의 제자나 성도일 수 없기 때문입니다.

그리고 그 결과를 본문 42절이 전해 주고 있습니다.

온 욥바 사람이 알고 많은 사람이 주를 믿더라.

다시 살아난 다비다로 인해 욥바의 많은 사람들이 주님을 영접하게 되었습니다. 주님을 영접했다는 것은 그들의 인생이 새로워졌다는 것입니다. 그리고 많은 사람의 인생이 새로워졌다는 것은, 그들이 살고 있던 욥바가 새로워졌음을 의미합니다.

우리는 여기에서 두 가지의 교훈을 얻게 됩니다. 첫째, 참된 그리스도인은 부활 신앙의 소유자여야 한다는 것입니다. 부활은 기독교의 핵심이라고 했습니다. 그리스도인에게 죽음은 죽음이 아니라 새로운 삶을 향한 관문임을 믿는 사람만, 이 땅에서 성도의 삶을 살 수 있습니다. 둘째 교훈은, 부활 신앙을 지닌 참된 성도만 있으면 이 세상은 얼마든지 새로워질 수 있다는 것입니다. 다비다가 죽었을 때 다비다의 시신을 생명의 공간을 상징하는 다락방에 누이고, 사람을 룻다로 보내 베드로를 청한 욥바의 성도들은 소수에 지나지 않았습니다. 그러나 부활 신앙을 지닌 그 소수의 성도들에 의해 다비다가 다시 살아났고, 그로 인해 욥바의 많은 사람들이 주님을 영접하면서 결과적으로 욥바가 새로워지게 되었습니다. 부활 신앙을 실천하는 성도들의 삶을 통해 부활하신 주님께서 한 시대를 살리고 새롭게 하시는 것은 너무나도 당연한 일이 아니겠습니까?

그렇다면 오늘날 21세기를 살고 있는 우리에게 부활은 무슨 의미이며, 부활 신앙으로 산다는 것은 또 구체적으로 무엇을 뜻하겠습니까? 그리스도인에게 부활은 육체의 생물학적 죽음을 통해서만 얻는 것은 아닙니다. 그리스도인은 자신의 죗값을 치러 주시기 위해 십자가에서 돌아가신 예수 그리스도의 죽음과 연합하여 옛사람이 죽은 사람이요, 예수 그리스노의 부활과 연합하여 새로운 피조물로 부활한 사람입니다. 그리스도인을 가리켜 거듭난 사람이라 부르는 것은 무슨 의미입니까? 거듭났다는 것은 다시 태어났다는 말이요, 다시 태어났다는 것은 부활했다는 말입니다. 우리는 모두 그리스도 안에서 이미 부활한 사람들입니다. 우리의 코끝에서 호흡이 멈춘 뒤 우리의 육체가 썩어 문드러져도 마지막 날에 우리의 몸이 부활할 것은, 우리가 그리스도 안에서 이미 영적으로 부활한 사람들이기 때문입니다. 그렇다면 우리가 부활한 그리스도인으로서 부활 신앙으로 살아간다는 것은 또 무엇을 의미하겠습니까? 그것은 본문의 그리스도인들처럼 성도로 살아가는 것입니다.

본문 속의 성도들은 단순히 성도란 명칭으로 불리기만 하는 사람들이 아니었습니다. 그들은 모두 부활 신앙을 삶으로 실천하는 성도들이었습니다. 그렇지 않고서야 죽은 다비다의 시신을 다락방에 안치하지도 않았을 것이요, 룻다에 있는 베드로를 청하지도 않았을 것입니다. 다시 살아난 다비다는 또 어떠했겠습니까? 살아생전에 선행과 구제를 심히 많이 하던 아름다운 성도였던 만큼, 다시 살아난 다비다가 아름다운 성도의 삶에 더더욱 충실하였을 것임은 의문의 여지도 없지 않습니까? 그 성도들에 의해 그들이 몸담고 있던 시대가 새로워진 것은 조금도 이상한 일이 아니지 않습니까?

성도란 거룩한 사람이란 말이요, 거룩은 구별을 의미합니다. 그러므로 성도는 세상과 구별된 마음, 구별된 생각, 구별된 목표, 구별된 가치관을 지니고, 오직 진리를 따라 사는 사람입니다. 성도는 이 세상에 속한 사람이 아니라, 하나님의 나라에 속한 하나님의 사람으로 구별되고 부활한 사람들이기 때문입니다.

사랑하는 교우 여러분!

우리의 죗값을 대신 치르시기 위해 십자가의 제물로 돌아가신 주님께서 사망의 권세를 깨뜨리시고 부활하셨음을 진정으로 믿으십니까? 우리가 예수 그리스도 안에서 이미 영적으로 부활하였음을 정녕 믿으십니까? 그렇다면 우리 모두 구별된 마음, 구별된 생각, 구별된 목표, 구별된 가치관으로 오직 진리의 길을 따르는 진정한 성도들이 되십시다. 우리가 어디에 있든, 우리가 두 발 딛고 선 곳이 구별된 생명의 다락방이 되게 하십시다. 우리 각자의 처소가, 우리가 가장 낮고 낮은 마음으로 주님 앞에 무릎 꿇는 기도의 다락방이 되게 하십시다. 그때 우리의 다락방에서 숱한 다비다가 살아날 것이요, 우리의 다락방에서는 죽음의 절망도 생명의 소망이 될 것이요, 우리의 다락방으로 인해 우리 시대가 맑고 밝게 정화될 것입니다. 우리 인생의 주인이신 주님께서는 당신 자신만 죽음에서 일어나신 것이 아니라, 욥바의 다락방에 임하시어, 그 다락방에 시체로 누워 있던 다비다를 살리신 부활의 주님이시기 때문입니다.

오늘 부활 주일을 맞아, 죽음을 깨뜨리고 다시 사신 주님의 부활을 거울삼아 우리 자신의 신앙을 되돌아봅니다. 우리가 정녕 주님의 부활을 믿는다면, 우리 육체의 죽음은 죽음이 아니라 영원한 생명을 향한 관문임을 우리가 진정 믿는다면, 우리가 부활하신 주님 안에서 영적으로 이미 부활하였음을 참으로 믿는다면, 대체 이 세상에서 우리를 절망케 할 것이 무엇이 있겠습니까? 그런데도 다비다의 시신 곁에서 슬피 울기만 하던 여인들처럼 우리의 삶이 무력하기만 한 것은, 결국 우리가 아직까지 부활의 신앙을 갖지 못했기 때문임을 깨닫게 됩니다. 그래서 우리의 삶은 성도다운 성도의 삶일 수도 없었습니다. 주님, 우리의 믿음 없음을 용서하여 주옵소서.

이제 우리 모두 참된 부활의 신앙인이 되게 하여 주옵소서. 이미 영적으로 부활한 그리스도인답게 구별된 마음, 구별된 생각, 구별된 목표, 구별된 가치관으로 진리의 길을 따르는 진정한 성도가 되게 하옵소서. 엘리야와 엘리사로 하여금 죽은 아이를 다락방에서 살리게 하신 주님, 두려움에 떨고 있는 제자들을 두 번씩이나 다락방으로 찾아가셔서 부활하신 당신을 제자들에게 몸소 보여 주신 주님, 주님의 영이신 성령님이 다락방으로 강림하게 하신 주님, 베드로를 통해 욥바의 다락방에서 시신으로 누워 있는 다비다를 다시 살리신 주님! 우리가 어느 곳에 있든 그곳이 주님 계신 생명의 다락방, 부활의 다락방이 되게 하옵소서. 엘리야와 엘리사 그리고 베드로가 다락방에서 무릎 꿇었듯이, 우리의 처소가, 우리가 낮고 낮은 마음으로 무릎 꿇는 기도의 다락방이 되게 하옵소서. 그 다락방에서 죽은 다비다가 살아나게 하시고, 그 다락방에서 절망이 소망이 되게 하시고, 그 다락방으로 인해 이 땅에 주님의 정의와 공의가 회복되게 하시고, 그 다락방이 주님께서 주시려는 새로운 희망과 미래의 텃밭이 되게 하옵소서.

그리하여 다락방의 성도로 살아가는 우리의 매일매일이, 부활하신 주님의 생명이 역동하는 부활절이 되게 하옵소서. 아멘.

40. 무두장이의 집에서

사도행전 9장 36-43절

욥바에 다비다라 하는 여제자가 있으니 그 이름을 번역하면 도르가라 선행과 구제하는 일이 심히 많더니 그때에 병들어 죽으매 시체를 씻어 다락에 누이니라 룻다가 욥바에서 가까운지라 제자들이 베드로가 거기 있음을 듣고 두 사람을 보내어 지체 말고 와달라고 간청하여 베드로가 일어나 그들과 함께 가서 이르매 그들이 데리고 다락방에 올라가니 모든 과부가 베드로 곁에 서서 울며 도르가가 그들과 함께 있을 때에 지은 속옷과 겉옷을 다 내보이거늘 베드로가 사람을 다 내보내고 무릎을 꿇고 기도하고 돌이켜 시체를 향하여 이르되 다비다야 일어나라 하니 그가 눈을 떠 베드로를 보고 일어나 앉는지라 베드로가 손을 내밀어 일으키고 성도들과 과부들을 불러들여 그가 살아난 것을 보이니 온 욥바 사람이 알고 많은 사람이 주를 믿더라 베드로가 욥바에 여러 날 있어 시몬이라 하는 **무두장이의 집에서** 머무니라

아름다운 자신의 이름에 걸맞은 삶을 살던 욥바의 다비다가 죽었을 때, 그녀를 사랑하던 욥바의 그리스도인들은 그녀의 시신을 씻어 1층이 아닌 다락

방에 안치하였습니다. 그리고 욥바의 인근 도시인 룻다에 있던 베드로에게 두 사람을 보내어 도와줄 것을 간청했습니다. 이에 지체 없이 욥바에 이른 베드로는 다비다의 시신이 안치되어 있는 다락방으로 올라가 맨바닥에 무릎을 꿇고 기도하였고, 그 결과 다비다는 주님의 은총으로 죽음에서 살아났습니다. 죽었던 다비다가 다락방에서 살아난 것이었습니다. 우리는 부활 주일이었던 지난 시간에 그 다락방의 의미에 대해 깊이 생각해 보았습니다.

그리고 욥바의 다비다에 관한 단락의 마지막 구절인 본문 43절은 이렇게 끝나고 있습니다.

> 베드로가 욥바에 여러 날 있어 시몬이라 하는 무두장이의 집에서 머무니라.

베드로의 기도로 죽은 다비다가 다시 살아났을 때 욥바 그리스도인들의 기쁨과 감격이 얼마나 컸을는지는 능히 짐작할 수 있습니다. 그런데 베드로는 그 길로 곧장 욥바를 떠난 것이 아니었습니다. 그는 그 이후에도 여러 날 동안이나 욥바에서 체류하였습니다. 그렇다면 베드로를 자기 집에 모시기 원하는 그리스도인들이 얼마나 많았겠습니까? 죽은 다비다를 기도로 살릴 정도의 능력을 지닌 사도를 자기 집에 모신다면, 자기 가족에게도 동일한 은혜가 내릴 것이라 믿는 사람들이 적지 않았을 것입니다. 더욱이 베드로의 기도로 다시 살아난 다비다가 누구보다도 베드로를 자기 집에 모시고 싶어 했을 것입니다. 그녀가 평소에 구제와 선행이 심히 많았던 성도였음을 감안하면, 자신을 살리는 주님의 도구가 되어 준 베드로를 자기 집에 모시고 싶은 마음은 더없이 간절했을 것입니다. 그러나 베드로는 놀랍게도 그 누구의 집도 아닌, 시몬이란 이름의 무두장이의 집에서 유숙하였습니다. 베드로가 예루살렘에 있을 때나 사마리아와 룻다로 전도 여행을 갔을 때, 그가 누구의 집에서 유숙했는지를 성경이 언급한 적이 없었습니다. 성경의 관심은 베드로의 유숙지가 아니라, 그가 행한 복음 전도 사역이었기 때문입니다. 그런데 유독 욥바에서만은, 그가 여러 날 동안이나 무두장이의 집에서 머물렀음을 성경은 분명하게 밝히고 있습니다. 그렇다면 거기에는 중요한 의미가 담겨 있음이 분명합니다.

무두장이는 가죽 제조 기술자를 일컫는 말입니다. 2천 년 전 유대인들은 무두장이를 최하층 천민으로 규정하여 인간으로 취급하지 않았습니다. 그 이유는 이러했습니다. 유대인들은 전통적으로 죽은 짐승을 부정하게 여겼습니다. 만약 죽은 짐승을 누군가가 만진다면 그 사람은 곧 부정을 타게 되고, 부정을 탄 사람이 만지는 모든 것, 심지어는 그가 먹는 음식까지도 부정을 타게 된다고 믿었습니다. 그러므로 당시 유대인들은 무두장이를 인간으로 취급할 수 없었습니다. 무두장이는 짐승의 가죽을 얻기 위해 늘 죽은 짐승 다시 말해 부정한 것을 만지는 부정한 존재요, 부정한 그의 손이 닿는 모든 것이 부정해질 뿐 아니라, 부정한 무두장이와 관계를 맺는 것은 곧 자기 자신이 부정해짐을 의미하기 때문이었습니다. 따라서 세상 사람들은 무두장이와는 아예 상종조차 않으려 했고, 세상으로부터 경원당한 무두장이는 어쩔 수 없이 사람이 살지 않는 외딴 곳에서 혼자 살아야만 했습니다.

그 옛날 철저한 가부장적 사회였던 이스라엘에서 결혼한 여자가 남편을 상대로 먼저 이혼소송을 제기한다는 것은 불가능한 일이었습니다. 그러나 그 불가능한 일이 가능한 단 한 경우가 있었습니다. 여인이 모르고 결혼했다가 뒤늦게 남편의 직업이 무두장이임을 알았을 경우, 그 여인은 무조건 이혼할 수 있었습니다. 부정한 무두장이는 인간이 아니었기 때문입니다. 따라서 정신이상자가 아니고는, 적어도 정상인이 무두장이의 집에서 잠을 잔다는 것은 있을 수 없는 일이었습니다. 무두장이의 집에서 자기 위해서는 부정한 무두장이의 부정한 침대에서 부정한 무두장이의 부정한 이불을 덮어야 하고, 부정한 무두장이의 부정한 수건으로 얼굴을 닦아야 하고, 부정한 무두장이의 부정한 식사 도구로 부정한 무두장이가 만들어 준 부정한 음식을 먹어야 하고, 부정한 무두장이가 사용하는 부정한 변소에서 용변을 보아야 합니다. 그것은 자기 자신을 부정하게 만드는 첩경이었기에, 정상인으로서는 상상조차 할 수 없는 일이었습니다.

그러나 베드로는 자신을 모시려는 많은 그리스도인들의 청을 마다하고, 사람들이 그 근처에 가는 것조차 꺼리는 무두장이의 집에서, 그것도 하루가 아닌 여러 날을 묵었습니다. 대체 그 이유가 무엇이었겠습니까? 일반적으로 사람들은 이것을, 초기 기독교회가 인간의 신분과 직업에 대한 그릇된 계급의식을 타파한 획기적인 사건으로 이해하고 있습니다. 그것은 분명 사실이기는 하지만, 그러나 그것만이 모두인 것은 아닙니다. 베드로가 유독 무두장이의 집을 자신의 유숙지로 삼았다는 것은 그보다 훨씬 심오한 메시지를 담고 있습니다.

당시 유대인이라면 죽은 짐승의 시체를 다루는 무두장이를 예외 없이 부정하게 여겼습니다. 무두장이와 아예 상종하지 않는 것은 말할 것도 없고, 그 무두장이가 사는 곳 근처에는 얼씬도 하지 않았습니다. 무두장이의 손이 닿기만 하면 부정을 타게 된다고 믿었던 것입니다. 이것은 이미 말씀드린 바와 같습니다. 그러나 그처럼 무두장이를 부정하게 간주하고 경원하던 유대인들 가운데, 무두장이의 손으로 만들어진 가죽제품을 부정하게 여기는 사람은 아무도 없었습니다. 옷, 벨트, 신발, 가방 등 가죽 제품은 그들의 일상생활에 없어서는 안 될 주요 필수품이었습니다. 그 시대의 사람들 역시 이

왕이면 고급 제품을 선호하였을 것임은 두말할 나위가 없습니다.

그렇다면 한번 생각해 보십시다. 무두장이가 부정하다 하여 그가 만지는 모든 것을 부정하게 간주한다면, 무두장이가 만든 가죽 제품 또한 부정하게 취급함이 마땅하지 않겠습니까? 반대로 일상생활 속에서 가죽 제품을 귀하게 여긴다면, 그 귀한 제품을 만드는 무두장이를 인간 이하로 취급하는 일은 없어야 하지 않겠습니까? 그러나 유대인들은 무두장이를 부정한 존재로 단정하여 경원하면서도, 무두장이에 의해 만들어진 가죽 제품은 더없이 소중하게 여겼습니다. 이 얼마나 무서운 이율배반이요, 가공할 이중성입니까? 이보다 더 큰 모순이 어디에 또 있겠습니까?

그런데도 사도 베드로는 무두장이 시몬의 집을 유숙지로 정하였습니다. 그를 모시고자 하는 사람이 많았음에도 불구하고, 욥바에 무두장이가 살고 있다는 사실을 알자 베드로는 주저 없이 무두장이의 집을 찾아갔습니다. 베드로는 무두장이의 집에서 무두장이의 이불을 덮고 잠을 잤습니다. 아침에 세수한 뒤엔 무두장이의 수건으로 얼굴을 닦았습니다. 무두장이와 함께 무두장이가 만든 음식을 먹었습니다. 하룻밤이 아니라 욥바를 떠나기까지 여러 날 동안 그 무두장이의 집에서만 머물렀습니다. 이것은 베드로에 의해 그릇된 계급의식이 타파되었음을 뜻하기 이전에, 베드로에게 내재되어 있던 내적 모순과 이중성이 진리 안에서 극복되었음을 의미합니다. 베드로도 유대인이었다는 것은, 베드로 역시 가죽 제품은 소중히 여기면서도 무두장이를 인간으로 취급하지 않던 이율배반적 이중성, 그리고 자기모순 속에서 살아왔음을 뜻하기 때문입니다.

그리스도인으로 살아간다는 것은 이처럼 인간 내부에 도사리고 있는 이중성과 자기모순을 진리 안에서 극복해 가는 것을 의미합니다. 다시 말하면, 그리스도인으로서 되어져야 할 자신과 현재의 자기 자신 사이에 통합을 이루어 가는 것입니다. 이 내적 통합이 이루어지는 사람의 삶은 자연히 외적 모순, 즉 사회적 모순을 제거하는 원동력이 됩니다. 그러나 내적 통합 없이 외적 모순만을 제거하려 할 때, 외적 모순은 또 다른 모순을 잉태할 뿐 결코 제거되지 않습니다. 내적 통합이 결여된 사람이 행하는 모든 행위는 결국, 자기 속에 도사리고 있는 자기모순의 외적 변형에 지나지 않기 때문입니다.

우리나라에서도 예전에, 아니 불과 50년 전까지만 해도 백정白丁, 즉 푸줏간에서 소와 돼지 같은 가축을 잡는 사람을 인간 이하로 취급하였습니다. 우리말에는 엄연히 존댓말이 있습니다. 나이가 적은 사람은 자기보다 손윗사람에게 반드시 존댓말을 사용하는 것이 우리의 관습이요, 윤리입니다. 그러나 백정에게는 어린아이라도 반말을 썼습니다. 그것은 가축을 도살하는 백정은 인간이 아니라는 사회적 통념의 한 단면이었습니다. 그렇다고 우리나라 사람들이 쇠고기와 같은 육류를 싫어했는가 하면, 오히려 정반대였습니다. 전통적으로 가난했던 우리 민족은, 잔칫날이나 명절이 어서 돌아와 쇠고기를 먹을 수 있기를 손꼽아 기다리곤 했습니다. 손님을 대접할 때 쇠고기가 빠지면 손님을 소홀히 여기는 것으로 간주될 정도였습니다. 이처럼 쇠고기를 좋아했으면서도 소를 잡는 백정만은 인간으로 취급하지 않았습니다. 가죽 제품은 소중하게 다루면서도 무두장이는 인간 이하로 취급했던 유대인과 똑같은 이중성과 자기모순이 아닐 수 없습니다.

이제 우리나라에서 백정이란 용어를 사용하는 사람은 없습니다. 도축장에서 일하는 사람에게 반말하는 어린이도 없습니다. 그렇다고 우리 내부의 이중성과 자기모순이 사라진 것은 아닙니다. 우리의 내적 모순과 이중성은 여전히 우리 속에 도사리고 앉아, 시간과 장소에 따라 여러 형태로 드러나고 있습니다.

요즈음 봄이 되어, 주말이면 쇄도하는 청첩에 응하느라 정작 해야 할 일을 할 수 없다며 안타까워하는 사람들이 많습니다. 관혼상제와 관련하여 허례허식을 없애자는 것은 벌써 오래된 이야기입니다. 거기에 대해서는 거의 모든 국민이 공감하고 있습니다. 그러나 막상 자신의 경우가 되면, 이를테면 자신이나 자기 가족의 결혼식 혹은 장례식은 예외로 합니다. 그래서 명함철을 펼쳐 놓고 누군지 기억조차 나지 않는 사람에게까지 연락을 합니다. 자신의 경우를 예외로 하려면 허례허식을 없앨 생각을 아예 하지도 말아야 하고, 우리 사회에서 정말 허례허식을 일소하려면 자신의 경우에서부터 실천해야 하지 않겠습니까?

서구 선진 국가에서 사는 한국인치고 그 나라 국민들의 수준 높은 법질서의식을 부러워하지 않는 사람은 없습니다. 그래서 우리나라 역시 그와 같은 사회가 되기를 소망합니다. 그러나 그곳에 살던 사람이 귀국한 뒤에는, 자동차를 운전하면서 외국에서처럼 교통법규나 신호를 철저하게 지키는 일은 드뭅니다. 이유인즉 이곳에서는 대다수가 교통법규를 제대로 지키지 않기 때문입니다. 진정으로 우리 사회의 법질서를 확립하기 원한다면, 어떤 불편이 있더라도 내가 먼저 법과 질서를 준수해야 하지 않겠습니까? 내가 먼저 준수하려 하지 않을 경우, 내가 하기 싫은 것을 다른 사람이 먼저 행할 리 만무합니다. 만약 내게 그런 실천 의지가 없다면, 법과 질서를 무시하는 사람을 비방하지도 말아야 합니다.

이와 같은 이중성과 자기모순은 그리스도인이라고 해서 예외인 것은 아닙니다.

무릇 주님을 믿는 그리스도인이라면 모두 진정한 그리스도인, 진리의 향기를 풍기는 성숙한 그리스도인이 되기를 원합니다. 그러나 그렇게 되기에 반드시 필요한 과정인, 진리에 의한 자기 부인을 행하려 하지는 않습니다.

모든 부부는 행복하고 아름다운 가정을 꾸려 가기를 소망합니다. 그러나 언제나 상대가 먼저 자기에게 맞추어 주기만을 요구합니다.

모든 부모는 자기 자식들이 참된 그리스도인이 되기를 바랍니다. 그러나 부모 자신이 세속적인 가치에 더 큰 비중을 두고 사느라, 자식들 앞에서 신앙의 본이 되지는 않습니다.

모든 자식들은 효자 효녀란 소리를 듣기 원합니다. 그러나 늙고 돈 없는 부모를 진심으로 공경하는 자식들은 흔치 않습니다.

한국 사회에서 교회가 비판의 대상이 된 것은 어제오늘의 일이 아닙니다. 모든 교회는 교회 갱신을 역설하고 있습니다. 그러나 정작 교회를 이루고 있는 그리스도인들이 각자 자신의 일터에서 그리스도인답게 진리와 신앙의 양심에 따라 사는 일에는 소홀합니다.

서로 사랑하자고 외칩니다. 그러나 예수님께서 마태복음 5장 46-47절에 언급하신 세리와 이방인처럼, 자신을 사랑하는 사람만 사랑하려고 합니다.

봉사의 사람이 되기를 기도합니다. 그러나 목전의 이득에 관한 한, 호리毫釐도 양보하려 하지 않습니다.

사람으로부터 상처받지 않기를 원합니다. 그러나 자신의 언행이 수많은 사람에게 상처를 주고 있다는 사실에는 둔감합니다.

누구나 자신의 삶 속에서 진리의 열매가 거두어지기를 바랍니다. 그러나 먼저 썩어지는 진리의 밀알이 되기는 거부합니다.

부활을 노래합니다. 그러나 부활의 시발점인 자기 십자가를 지려 하지는 않습니다.

날마다 하나님의 도우심이 자신과 함께하기를 기도합니다. 그러나 매사에 하나님의 말씀대로 살려 하지는 않습니다.

영생을 자랑합니다. 그러나 실제로는 하나님의 나라가 아니라 이 세상을 자신의 목적지로 삼고 살아갑니다.

이것이 우리 자신의 적나라한 실상입니다. 그렇다면 가죽 제품은 선호하면서도 무두장이는 인간으로 간주하지 않던 유대인들, 쇠고기는 좋아하면서도 백정은 인간 이하로 취급하던 옛 사람들—그들과 우리 사이에 대체 무슨 차이가 있을 수 있겠습니까?

이처럼 모든 인간 속에는 이율배반적인 이중성과 자기모순이 도사리고 있습니다. 인간이 존재하는 곳이면 어디나 있기 마련인 사회적 모순의 출처는 바로 인간 내부입니다. 인간의 내적 이중성은 더 큰 이율배반을 낳고, 모순은 또 다른 모순의 모태가 됩니다. 그러므로 내적 이중성과 모순이 진리 안에서 극복될 때에만, 다시 말해 그리스도인으로서 되어져야 할 자신과 현재의 자기 자신 사이의 간격이 진리로 메워지고 그 양자가 통합될 때에만, 우리는 비로소 이 사회의 모순을 제거해 가는 진정한 그리스도인이 될 수 있습니다. 인격자란 그 양자의 간격이 통합된 사람을, 그리고 인격분열은 그 양자의 간격이 더 커지는 것을 의미합니다.

베드로는 갈릴리에서 고기 잡던 어부였을 뿐, 단 한 번도 체계적인 정규교육을 받아 본 적이 없었습니다. 그런데도 베드로가 세상의 모순을 제거하고 세계 역사의 흐름을 바꾼 사람이 될 수 있었던 것은, 그가 진리 안에서 자기 통합을 이룬 사람이었기 때문입니다. 다시 말해 가죽 제품은 귀하게 여기면서도 그것을 만드는 무두장이는 인간 이하로 취급하던 자기모순과 이중성을 극복한 사람이었기 때문입니다. 그래서 그는 욥바의 많고 많은 집을 마다하고 무두장이의 집에서 유숙하였고, 결과적으로 무두장이를 인간으로 취급하지 않던 사회적 모순과 이중성을 제거할 수 있었습니다. 만약 베드로가 자기 내적 모순의 극복 없이 사회적 모순을 제거하기 위해 밖으로 뛰쳐나가기만 했다면, 하나의 모순을 없애기 위해 더 많은 모순의 씨를 뿌리는 혁명가가 될 수 있었을는지는 몰라도, 시간과 공간을 초월하여 바른 역사의 좌표를 보여 주는 진리의 사도가 될 수는 없었을 것입니다.

그러나 베드로 스스로 자기모순을 극복하고 자기 통합을 이룰 수 있었던 것은 아니었습니다. 그것은 오직 주님의 은혜로 가능하였습니다. 인간 속에 도사리고 있는 이중성과 자기모순을 제거해 주시기 위해 이 땅에 오신 분이 주님이시요, 되어져야 할 자신과 현재의 자기 자신을 통합해 수시기 위해 주님께서 십자가를 지셨습니다. 바로 그 십자가 위에서 인간의 모든 이중성과 자기모순이 못박혔습니다. 다시 말해 그 십자가 위에서 현재의 자신은 죽고, 되어져야 할 자신으로 부활함으로 주님 안에서 자기 통합이 이루어지게 되는 것입니다. 주님의 십자가를 통해서만, 우리를 위해 돌아가시고 부활하신 주님 안에서만, 우리의 참된 내적 통합이 이루어질 수 있는 이유가 여기에 있습니다. 베드로가 자기 통합을 이루고 무두장이의 집에서 유숙할 수 있었던 것은 그가 위대해서가 아니라, 베드로 속에 계신 주님의 위대하심으로 인함이었습니다.

사랑하는 교우 여러분!

지금 주님께서 우리와 함께하고 계십니다. 그분을 우리의 중심에 모시어 들이십시다. 그분의 십자가를 삶의 푯대로 삼으십시다. 영원한 진리이신 그분의 말씀 속에 거하십시다. 그때부터 나의 내적 이중성과 모순이 제거됩니다. 그때부터 나의 내적 통합이 이루어집니다. 그때부터 내 안의 무두장이와는 말할 것도 없고, 내 밖에 있는 무두장이와의 통합도 이루어집니다. 그때부터 우리는 비로소 성숙한 인격의 소유자가 될 수 있습니다. 그때부터 자신의 배우자를 자기 몸처럼 사랑하는 남편과 아내가 될 수 있습니다. 그때부터 자식에게 본이 되는 믿음의 부모가 될 수 있습니다. 그때부터 이 사회의 모순을 몰아내는 진리의 증인, 진리의 빛이 될 수 있습니다. 무엇보다도 그때부터 우리는 그리스도인이라는 우리의 호칭에 걸맞게, 예수 그리스도를 닮은 진정한 그리스도인으로 살아갈 수 있습니다. 지금 이 자리에 임해 계시는 예수 그리스도는 갈릴리의 무식한 어부 베드로를 위대한 사도 베드로가 되게 하신, 바로 그 주님이시기 때문입니다.

사랑의 주님!
오늘도 나를 불러 주시고 본문 말씀을 통하여, 가죽 제품은 좋아하면서도 무두장이는 인간으로 취급하지 않던 유대인의 이중성이, 바로 나 자신의 이중성임을 일깨워 주심을 감사합니다. 나의 영안을 열어 주시고, 내 속에 도사리고 있는 이율배반적인 자기모순을 보게 하심을 감사합니다. 그 모든 내적 모순과 이중성의 제거와 자기 통합은, 오직 주님 안에서, 주님의 십자가를 통해서만 가능함을 깨우쳐 주심도 감사합니다.
길이요 진리요 생명이신 주님만을 나의 구주로 모시고, 날마다 주님 안에서 살기를 원합니다. 주님의 십자가 위에 나의 인생을 세우기를 원합니다. 주님의 말씀 속에서 나의 인생을 엮어 가기를 원합니다. 주님의 은총으로 나의 내적 모순과 이중성을 제거해 주시고, 되어져야 할 나와 현재의 나 자신 사이에 자기 통합이 이루어지게 하옵소서. 내 안에 있는 무두장이와는 물론이요, 내 밖에 있는 무두장이와도 통합이 이루어진 이 시대의 베드로로 살아가게 하옵소서. 나의 가정에서, 나의 일터에서, 내가 속해 있는 이 사회 속에서, 성숙한 인격의 그리스도인으로 살아가게 하옵소서.
그리하여 예수 그리스도를 닮아 가는 나의 삶을 통해, 이 세상의 모순을 일소하시는 주님의 섭리가 날마다 펼쳐지게 하옵소서. 아멘.

부록

신년 0시 예배 **미래와 희망**

2008년 1월 1일

전 교인 합동 예배 및 운동회 **아브라함, 이삭, 야곱의 하나님**

2008년 5월 4일

2008년 1월 1일
미래와 희망 신년 0시 예배

예레미야 29장 11절
여호와의 말씀이니라 너희를 향한 나의 생각을 내가 아나니 평안이요 재앙이 아니니라 너희에게 **미래와 희망**을 주는 것이니라

꼭 1년 전 이 시간, 그러니까 2007년 1월 1일 0시 예배가 끝나고 교우님들과 인사를 나눌 때였습니다. 마침 저를 만난 김경래 장로님께서 말씀하셨습니다. "목사님, 예배드리러 올 때는 70대였는데, 갈 때는 80대로 갑니다!" 신년 예배를 드리기 위해 2006년 12월 31일 밤에 댁을 나서실 때는 79세셨는데, 2007년 1월 1일 0시 예배를 시작하면서 80세가 되신 것이었습니다. 오늘도 마찬가지일 것입니다. 이곳에 오실 때에는 70대였는데, 이 시간에 이미 80대에 진입한 분들이 계실 것입니다. 물론 60대로 오셨다가, 지금 막 70대가 되신 분도 계실 것입니다. 저 개인적으로는 조금 전 집을 나설 때는 59세였는데, 0시 예배를 시작하면서 우리 나이로 60세가 되었습니다.

일반적으로 사람들은 어릴 때에는 나이가 빨리 들기를 원합니다. 얼른 어른이 되고 싶은 것입니다. 그러나 일정한 나이를 넘어서면, 사람들은 어릴 때와는 반대로 나이 먹는 것을 꺼리거나 두려워합니다. 그래서 60대, 70대, 80대처럼 높은 연령대로 진입하면 사람들은 인생무상, 인생의 덧없음을 한탄하곤 합니다. 그러나 참된 신앙인에게는, 나이는 두려움이나 거리낌의 대상이 아닙니다. 하나님의 자녀에게 인생은 결코 덧없는 것이 아닙니다. 하나님을 믿는 사람에게 매해 쌓여 가는 신앙의 연륜보다 더 큰 영적 자산은 없습니다. 이다음 하나님께서 부르실 때 하나님께 인간이 보여 드릴 수 있는 유일한 것은, 이 세상에 속한 그 무엇도 아닌, 바로 참된 신앙의 연륜입니다.

백발은 영화의 면류관이라 공의로운 길에서 얻으리라 (잠 16:31).

따라서 오늘 또 한 해를 맞음으로 우리 각자의 나이가 한 살 더 많아지게 되었다는 것은, 우리가 하나님 앞에 가지고 갈 수 있는 영적 자산이 더 커졌음을 의미하기에 오히려 기뻐하고 감사할 일입니다.

지금 이 시간에는 모두 건강한 모습으로 신년 0시 예배를 드리고 있지만, 올 한 해를 살아가는 동안 우리 가운데 육체의 질병으로 시달리는 분들이 있을 것입니다. 추진하는 일이 무산되어 실패의 아픔을 겪는 분들도 분명 있을 것입니다. 그러나 하나님과 동행하는 사람들에게는 건강의 상실이나 실패의 의미가 세상 사람들과는 다릅니다. 건강은 건강을 상실해 본 사람만 그 소중함을 아는 법입니다. 손가락이 열 개 다 있는 사람은 손가락의 고마움도, 소중함도, 그 절대적 의미도 알지 못합니다. 그러나 열 개의 손가락 중 단 한 개의 손가락이라도 잃은 사람은, 나머지 손가락이 아홉 개나 붙어 있고 그것들이 자신이 원하는 대로 움직이는 것이 기적임을 비로소 알게 됩니다. 그래서 건강을 잃어 본 사람만 육체적으로는 말할 것도 없고, 영적으로도 진정으로 건강한 삶을 추구할 수 있습니다. 하나님을 경외하는 사람이 때로 겪는 육체의 질병은, 영육 간에 한 차원 높은 건강을 주시려는 하나님의 은총입니다.

하나님을 믿는 사람에게는 실패 역시 마찬가지입니다. 고름은 아무리 시간이 지나도 살이 되지 않습니다. 반드시 짜내거나 환부를 도려내지 않으면 도리어 더 큰 화를 자초하게 됩니다. 하나님께서는 때로 우리의 실패를 통해, 우리 인생에서 제거해야 할 고름이나 환부를 도려내십니다. 이것이 호세아 선지자가 다음과 같이 증언하는 이유입니다.

오라 우리가 여호와께로 돌아가자 여호와께서 우리를 찢으셨으나 도로 낫게 하실 것이요 우리를 치셨으나 싸매어 주실 것임이라(호 6:1).

하나님께서 때로 인생을 치시는 것은 그 자체가 목적이 아니라, 하나님을 등진 인간을 회개케 하시어 하나님의 영원한 생명과 사랑으로 영원히 싸매어 주시기 위함입니다. 그러므로 하나님을 경외하는 사람에게 실패는 실패가 아닙니다. 하나님의 자녀에게 실패는, 전혀 다른 차원의 성공적인 삶으로 인도하시는 하나님의 은총입니다.

그래서 오직 하나님에게만, 우리의 참된 미래와 희망이 있습니다.

지금부터 약 2600년 전 예레미야가 살던 시대의 이스라엘은 사회적으로나 신앙적으로나 암울한 어둠의 시대였습니다. 하나님의 선민임을 자처하는 이스라엘 백성들은 하나님의 말씀을 좇거나 하나님의 인도하심을 구하려 하지 않았습니다. 정치 지도자들은 누구와 손을 잡는 것이 자신에게 유리한지 따지며 자기보다 힘센 사람이나 나라를 쫓아다녔고, 종교 지도자들은 타락할 대로 타락하여 예루살렘성전에서 형식적인 제사를 드리는 것만으로 신앙의 의무를 다하는 것이란 착각 속에 빠져 있었습니다. 인간들의 삶 속에서 하나님의 말씀은 실종되었고, 오히려 욕망에 눈먼 인간들의 욕망을 부추기는 거짓 선지자들의 거짓 사설만 난무하고 있었습니다.

그와 같은 상황 속에서 주전 597년, 바벨론 제국의 느부갓네살의 대군이 예루살렘을 침공하였습니다. 유다 왕 여호야김은 성이 포위되기도 전에 죽었고, 그의 아들 여호야긴은 예루살렘 성을 내준 뒤, 수많은 유대인들과 함께 바벨론으로 끌려갔습니다. 바벨론 군대는 향후 유다 왕국이 바벨론 제국의 속국이 되어 조공을 바친다는 조건하에 퇴각하였습니다. 그러나 왕위에 오른 시드기야가 애굽의 힘을 믿고 바벨론에 조공 바치기를 중단하자, 바벨론 제국의 느부갓네살은 다시 예루살렘을 침공하였고, 마침내 주전 586년 유다 왕국의 멸망과 더불어 또다시 수많은 유대인들이 포로로 끌려갔습니다.

하나님의 성전이 있는 예루살렘이 이방 군대에 유린당하고 하나님의 선민인 이스라엘 백성이 포로가 되어 이방으로 끌려간다는 것은, 포로로 끌려가는 사람이든 예루살렘에 남아 있는 사람이든 유대인 모두에게 큰 충격이었음은 두말할 나위도 없습니다.

오늘의 본문은 그 암울한 시대 상황 속에서 예레미야 선지자가 유대인들에게 전한 하나님의 말씀입니다.

여호와의 말씀이니라 너희를 향한 나의 생각을 내가 아나니(11절 상).

"열 길 물속은 알아도 한 길 사람 속은 모른다"는 말이 있습니다. 아무리 가까운 사이라도 상대의 속생각까지는 알 수 없다는 말입니다. 같은 사람끼리도 상대의 속생각을 완전히 알 수 없다면, 하물며 피조물인 인간이 어떻게 창조주이신 하나님의 생각을 온전히 알 수 있겠습니까?

> 이는 내 생각이 너희의 생각과 다르며 내 길은 너희의 길과 다름이니라 여호와의 말씀이니라 이는 하늘이 땅보다 높음같이 내 길은 너희의 길보다 높으며 내 생각은 너희의 생각보다 높음이니라(사 55:8-9).

하나님께서 인간의 생각과 하나님의 생각의 차이를 하늘과 땅의 차이라고 말씀하셨습니다. 하늘과 땅의 차이란 끝이 없는, 무한한 차이란 말입니다. 인간은 절대로 하나님의 생각을 제대로 알 수 없다는 의미입니다. 그래서 하나님께서는 오늘 본문을 통해 '너희를 향한 나의 생각을 내가 안다'고 말씀하셨습니다. 하나님의 생각은 하나님만 아신다는 것입니다. 다시 말해 하나님께서 가르쳐 주시지 않는 한, 인간은 결코 알 수 없다는 의미입니다. 그러므로 하나님께서 친히 이스라엘 백성을 향한 하나님 당신의 생각을 밝혀 주셨습니다.

> 여호와의 말씀이니라 너희를 향한 나의 생각을 내가 아나니 평안이요 재앙이 아니니라 너희에게 미래와 희망을 주는 것이니라(11절).

삶의 터전인 예루살렘이 멸망당하고 포로로 끌려간 유대인들에게, 그들이 당한 환난은 재앙 그 자체였습니다. 그러나 하나님께서는, 그것은 재앙이 아니라 평안을 주시기 위함이라고 밝히셨습니다. 이스라엘 백성들은 이제 모든 것이 끝장이요, 자신들에게 내일은 없다는 절망에 사로잡혀 있었습니다. 하지만 그것은 하나님께서 그들에게 새로운 미래와 희망을 주시기 위함이었습니다. 생명의 근원이신 하나님을 외면하고, 욕망에 눈이 멀어 한 번밖에 없는 소중한 생명을 허망하게 갉아먹고 있는 그들을 하나님께서 꺾으심으로, 그들로 하여금 진리와 더불어 사는 삶의 참된 평안과, 영원하신 하나님 안에서 새로운 미래와 희망의 삶을 누리게 해주시기 위함이었습니다.

하나님께서 친히 일러 주신 하나님의 이 생각을 알게 된 이스라엘 백성들은 죄에서 돌이켜 하나님 앞에서 회개하였습니다. 그리고 하나님께서 작정하신 때가 되었을 때 그들은 예루살렘으로 되돌아와 참된 평안 속에서, 하나님께서 약속하신 새로운 미래와 희망을 누릴 수 있었습니다. 호세아 선지자의 지적을 빌리자면 하나님께서 이스라엘 백성들에게 평안을 주시기 위해 죄악에 물든 그들을 찢으셨고, 새로운 미래와 희망을 주시기 위해 욕망에 눈먼 그들을 치신 것이었습니다.

하나님의 이 깊은 생각을 믿는 사람은, 인생의 길목에서 어떤 일을 당하든 결코 절망하거나 좌절하지 않습니다. 어떤 경우, 어떤 상황을 만나든, 그것은 하나님께서 나의 삶 속에서 그릇된 부분을 도려내시고 나의 삶을 하나님의 참된 평화, 새로운 미래와 희망으로 채워 주시기 위한 하나님의 섭리임을 알기 때문입니다.

지금 막 시작된 2008년을 우리는 거리낌 없이 새해라 부릅니다. 그런데 새해가 대체 어디에 있습니까? 새해의 실체가 과연 무엇입니까? 속지 마십시오. 새해는 없습니다. 새해는 외부로부터, 혹은 저절로 주어지는 것이 아니라는 말입니다. 새해는 매일 새로운 삶을 사는 사람의 삶 속에, 결과적으로 결실되는 열매입니다. 지금 우리가 어떤 모습, 어떤 상황 속에 처해 있든,

그것은 우리가 이제껏 살아온 삶의 결과이지 않습니까? 마찬가지로 오늘 내가 어떤 삶을 사느냐에 따라, 오늘의 결과인 나의 내일이 달라지지 않겠습니까? 따라서 내가 매일 새로운 삶을 살 때에만, 그 삶의 결과인 2008년이 새해로 축적될 것임은 두말할 나위가 없지 않습니까?

하나님을 믿는 사람은 이 세상에서 항상 부귀영화를 누리고 무병장수한다는 말에 현혹되지 마십시오. 그것은 새빨간 거짓말일 뿐, 절대로 복음이 아닙니다. 만약 우리의 인생에 태양만 내리쬔다면, 우리의 인생은 생명과는 무관한 죽음의 사막이 될 것입니다. 겨울의 맹추위로 병충해를 박멸시켜 준 언 땅이 봄볕에 녹으면 농부가 씨를 뿌립니다. 그 씨는 여름의 태양은 말할 것도 없고 비와 바람, 때로는 폭풍을 맞으면서 속이 꽉 찬 열매로 결실되어 가을에 거두어집니다. 이처럼 우리의 인생에도 봄·여름·가을·겨울이 교차되는 가운데 우리 인생이 꽉 찬 열매로 결실되게 하시는 것은, 인생을 창조하신 하나님의 섭리입니다. 그러므로 하나님을 믿는 우리가 올해 어떤 계절을 맞든, 그것은 궁극적으로 하나님께서 우리에게 참된 평안, 새로운 미래와 희망을 주시기 위함임을 믿어야 합니다. 그 믿음을 지닌 사람만 인생의 엄동설한과 폭염 속에서도 자신의 오늘을 진리 안에서 바르게 가꿀 수 있고, 그 결과로 참된 평강 그리고 새로운 미래와 희망의 실체로서의 내일이 결실될 수 있습니다.

이것이 올해 우리 교회의 표어를 '미래와 희망'이라고 정한 이유입니다. 하나님 안에서 새로운 미래와 희망의 믿음을 지닌 사람, 아니 하나님을 자신의 미래와 희망으로 삼은 사람만 그 미래와 희망의 씨앗을 오늘 뿌릴 수 있고, 그 사람의 내일만 미래와 희망으로 결실될 수 있고, 그때에만 그 내일들의 집합인 2008년이 진정한 새해로 축적될 것이기 때문입니다.

현대 중국이 오늘날과 같은 강대국으로 부상하는 데 결정적 역할을 했던 덩샤오핑은 생전에 낙관주의자로 유명했습니다. 그는 즐겨 이런 말을 했습니다.

"나는 하늘이 무너져도 걱정하지 않는다. 하늘이 무너지면 키 큰 사람의 머리에 먼저 부딪칠 것이기 때문이다."

잘 아는 바와 같이 덩샤오핑은 5척 단신이었습니다. 성인치고 그보다 크지 않은 사람이 없었습니다. 따라서 하늘이 무너져도 키 작은 자기 머리에는 나중에 부딪칠 것이니 키 큰 사람보다 낫다는 것입니다. 그처럼 미래에 대한 낙관적인 믿음으로 매일매일을 살았으니 그 결과인 그의 미래는 말할 것도 없고, 그가 이끌던 중국의 미래까지 새로워진 것은 당연한 일 아니겠습니까?

그런데 그 덩샤오핑은 공산주의자였습니다. 공산주의자는 무신론자입니다. 하나님을 부정하는 유물론자입니다. 하나님을 믿지 않는 무신론자도 미래에 대한 낙관적인 믿음으로 그 개인과 그가 속한 나라의 미래를 새롭게 할 수 있었다면, 하물며 천지를 창조하신 하나님을 우리의 미래와 희망으로 삼은 우리야 두말해 무엇하겠습니까? 하나님을 믿는 우리는 하늘이 무너져도 근심하거나 두려워하지 않습니다. 하늘이 무너지면 우리는 오히려 기뻐할 것입니다. 하늘이 무너지는 날이 곧 하나님의 나라가 도래하는 날이요, 우리는 이미 예수 그리스도 안에서 하나님 나라의 백성이 되었기 때문입니다.

우리가 이처럼 하나님을 우리의 미래와 희망으로 믿으며 매일매일을 살아갈 때 어찌 2008년이 진정한 새해로 영글지 않겠습니까? 우리로 인해 우리의 가정과 일터 그리고 이 나라의 미래가, 어찌 희망과 평안의 열매로 충만하지 않겠습니까? 2008년을 맞는 이 순간, 하나님께서 우리에게 말씀하십니다.

"너희를 향한 나의 생각을 내가 아나니 평안이요 재앙이 아니니라. 너희에게 미래와 희망을 주는 것이니라."

새로이 시작된 2008년 첫 시간을, 예배당에 나와 하나님 앞에서 맞게 하심을 감사합니다. 새해가 외부로부터, 혹은 저절로 주어지는 것 같은 착각에 스스로 속지 않게 해주셔서 감사합니다. 새해는 오늘 우리 삶의 결과로, 내일 우리 삶 속에 결실되는 것임을 새해 벽두부터 일깨워 주셔서 감사합니다. 우리가 올 1년 동안 풍성한 수확의 계절을 맞는다고 해서, 하나님을 외면하는 어리석음을 범치 말게 하옵소서. 엄동설한을 맞는다고 자포자기하는, 미련한 사람도 뇌시 낳게 하옵소서. 그 어떤 상황 속에서도, 오직 하나님만을 우리의 미래와 희망으로 삼게 하여 주옵소서. 매일매일 하나님 말씀 안에서 미래와 희망의 씨앗을 뿌리게 하여 주옵소서. 그래서 우리의 2008년이 정녕 새해가 되게 하시고, 우리로 인해 우리의 가정과 일터, 그리고 우리나라의 미래 속에 희망과 평안의 열매가 충만하게 하여 주옵소서.

"눈물을 흘리며 씨를 뿌리는 자는 기쁨으로 거두리로다. 울며 씨를 뿌리러 나가는 자는 반드시 기쁨으로 그 곡식 단을 가지고 돌아오리로다"(시 126:5-6).

우리의 오늘이, 우리의 내일을 결정함을, 2008년 1년 내내 잊지 말게 하옵소서. 아멘.

2008년 5월 4일

아브라함, 이삭, 야곱의 하나님

전 교인 합동 예배 및 운동회(가정 주일)

출애굽기 3장 13-15절

모세가 하나님께 아뢰되 내가 이스라엘 자손에게 가서 이르기를 너희의 조상의 하나님이 나를 너희에게 보내셨다 하면 그들이 내게 묻기를 그의 이름이 무엇이냐 하리니 내가 무엇이라고 그들에게 말하리이까 하나님이 모세에게 이르시되 나는 스스로 있는 자이니라 또 이르시되 너는 이스라엘 자손에게 이같이 이르기를 스스로 있는 자가 나를 너희에게 보내셨다 하라 하나님이 또 모세에게 이르시되 너는 이스라엘 자손에게 이같이 이르기를 너희 조상의 하나님 여호와 곧 **아브라함의 하나님, 이삭의 하나님, 야곱의 하나님**께서 나를 너희에게 보내셨다 하라 이는 나의 영원한 이름이요 대대로 기억할 나의 칭호니라

우리 교회가 2005년 7월 10일에 창립된 이래 2년 10개월 만에, 오늘 가정 주일을 맞아 드디어 처음으로, 전 교인이 사랑하는 가족들과 함께 한 공간에서 예배드리게 되었습니다. 이 귀한 은혜를 베풀어 주신 하나님께 먼저 감사와 찬양의 박수를 올려 드리십시다. 그리고 오늘 예배와 행사를 위해 수고한 모든 분들께도 박수로 감사를 표하십시다.

가정 주일을 맞아 하나님께서 오늘 우리에게 주신 본문은 모세가 하나님의 부르심을 받는 장면을 전해 주고 있습니다. 그때 모세의 나이는 80세, 이집트 왕자의 신분에서 미디안 광야의 양치기로 전락한 지 40년이 경과했을 때였습니다. 이를테면 모세는 더 이상 소망이랄 것이 없는 인생 막장의 노인이었습니다. 그러나 하나님께서 그 노인 모세를 부르시고 그에게 당신의 명령을 내리셨습니다. 그 명령은 모세 개인사와 관련된 것이 아니었습니다. 놀랍게도 이집트에서 노예살이하고 있는 이스라엘 백성을 해방시키라는 명령이었습니다. 인생의 벼랑 끝에 서 있는 팔십 노인에게 한 국가와 민족의 운명과 미래를 맡기신 것입니다. 모세가 하나님께 여쭈었습니다.

모세가 하나님께 아뢰되 내가 이스라엘 자손에게 가서 이르기를 너희의 조상의 하나님이 나를 너희에게 보내셨다 하면 그들이 내게 묻기를 그의 이름이 무엇이냐 하리니 내가 무엇이라고 그들에게 말하리이까(13절).

모세는 자신이 이집트에서 노예살이하고 있는 이스라엘 백성들을 찾아갔을 때, 자신을 보내신 하나님을 그들에게 어떻게 소개할 것인지 물었습니다. 한마디로 당신이 누구시냐는 질문이었습니다. 팔십 노인인 자신에게 이스라엘 민족을 해방시키라는 엄청난 명령을 내리시는 하나님이 대체 어떤 분이신지, 누구보다도 모세 자신이 궁금했기 때문입니다.

하나님이 모세에게 이르시되 나는 스스로 있는 자이니라 또 이르시되 너는 이스라엘 자손에게 이같이 이르기를 스스로 있는 자가 나를 너희에게 보내셨다 하라(14절).

하나님께서는 모세의 질문에 대하여 "나는 스스로 있는 자"라고 대답하셨습니다. 하나님을 이보다 더 잘 표현할 수는 없는 완벽한 설명입니다. 하나님은 스스로 계시는 분, 즉 '자존자自存者'이십니다. 인간이나 다른 피조물처럼 그 누구에 의해서거나, 혹은 그 누구를 통하여 존재하게 되신 분이 아니라, 본래부터 스스로 계시는 '자존자'이십니다. 하나님께서 창조자이시고, 전능자이시고, 영원자이신 것은 '자존자'이시기 때문입니다. 그러므로 '자존자'이신 하나님께서 팔십 노인인 모세에게 한 민족과 국가의 운명을 맡기신 것은 조금도 이상한 일이 아니었습니다. '자존자'이신 하나님께는 능치 못하심이 없기 때문입니다. 중요한 사실은 하나님의 자기소개가 그것으로 끝나지 않았다는 것입니다.

> 하나님이 또 모세에게 이르시되 너는 이스라엘 자손에게 이같이 이르기를 너희 조상의 하나님 여호와 곧 아브라함의 하나님, 이삭의 하나님, 야곱의 하나님께서 나를 너희에게 보내셨다 하라 이는 나의 영원한 이름이요 대대로 기억할 나의 칭호니라(15절).

하나님께서는 스스로 계시는 '자존자'이시면서도, 인간에 의해 '자존자'로 불리거나 기억되기를 원치 아니하셨습니다. 그 어려운 명칭 대신 하나님께서는 "아브라함의 하나님, 이삭의 하나님, 야곱의 하나님"이 인간에 의해 불릴 당신의 영원한 이름이요, 대대로 기억될 당신의 칭호임을 밝혀 주셨습니다.

'스스로 계시는 분', 혹은 '자존자'라는 공식적이고도 엄숙한 호칭에 비해 다정하면서도 친근감이 넘치는 '아브라함의 하나님, 이삭의 하나님, 야곱의 하나님'이라는 호칭은, 오늘 가정 주일을 맞아 우리에게 참으로 소중한 사실을 일깨워 줍니다. 잘 아시다시피 아브라함과 이삭은 부자지간이고, 야곱은 아브라함의 손자입니다. 따라서 아브라함의 입장에서 '아브라함의 하나님, 이삭의 하나님, 야곱의 하나님'은 '나의 하나님, 내 자식의 하나님, 내 손자의 하나님'이 됩니다. 또 이삭의 입장에서는 '내 부모의 하나님, 나의 하나님, 내 자식의 하나님'이 되고, 야곱의 관점에서는 '내 조부모의 하나님, 내 부모의 하나님, 나의 하나님'이 됩니다.

지금 하나님께서 모세에게 이스라엘 백성을 해방시키라고 민족사적 명령을 내리시면서, 왜 당신의 호칭을 이렇게 소개하시는 것입니까? 왜 그 호칭을 당신의 영원한 이름이요, 대대로 기억할 당신의 호칭이라 하시는 것입니까? 그것은 천지를 창조하시고 '스스로 계시는 자존자'이신 하나님이라고 해서, 인간을 민족이나 국가 단위로만 상대하시는 것은 아님을 일깨워 주시기 위함이었습니다. 다시 말해 하나님께서는 나의 조부모와 부모 그리고 나 자신과 내 자식 개개인과 개별적인 관계를 맺어 주시고, 조부모와 부모 그리고 자식이 한데 어우러진 가정을 통해 역사하는 분이심을 일깨워 주시기 위함이었습니다. 한마디로 인간에게 가정의 중요성을 일깨워 주시기 위함이었습니다. 한 민족과 국가의 기본 단위가 바로 가정이기 때문입니다. 그러므로 건강한 사회는 그 사회를 이루고 있는 각 가정이 건강한 사회요, 각 가정이 행복한 나라가 살기 좋은 나라입니다.

성경의 첫 번째 책을 우리는 창세기라고 부릅니다. 본래 히브리 원어 성경 제목은 '태초에In the beginning'인데, 사람들이 하나님께서 천지를 창조하신 내용의 책이라고 해서 창세기創世記라고 고쳐 부르는 것입니다. 그러나 창세기의 내용상 그것은 적절한 제목이 아닙니다. 총 50장으로 구성되어 있는 창세기 내용 중에 천지창조와 관련된 내용은 1장과 2장에 국한되어 있습니다. 창세기 50장 전체의 내용이 우리에게 전해 주는 일관된 메시지는, 하나님께서는 가정을 세우시고 가정을 통해 역사하신다는 것입니다. 하나님께서는 제일 먼저 아담과 하와의 가정을 세우시고 인류의 역사를 시작게 하셨습니다. 그러나 그 가정이 사탄의 유혹에 빠져 범죄하자, 하나님께서는 노아의 가정을 새로이 선택하시고 인류의 역사를 다시 시작하게 하셨습니다. 그들의 후손마저 바벨탑을 짓는 등 영적 교만에 빠지자, 하나님께서는 아브라함과 그의 아들 이삭 그리고 그의 손자 야곱의 가정을 선택하시고, 친히 '아브라함의 하나님, 이삭의 하나님, 야곱의 하나님'이 되시어 그 가정을 통해 구원의 역사를 펼치셨다는 것이 창세기의 핵심입니다. 이런 의미에서 성경 첫 번째 책의 제목은 창세기가 아니라 '창가정기創家庭記'라 함이 타당할 것입니다.

하나님께서 가정을 얼마나 중요시하시면, 성자 하나님이신 예수님께서도 그냥 하늘에서 직접 내려오시지 않고 요셉과 마리아의 가정을 통해 이 땅에 오셨겠습니까? 하나님께서 이렇듯 가정을 중요시하시는 까닭이 무엇이겠습니까? 이미 말씀드린 것처럼 한 국가와 민족의 역사도, 인류의 역사도, 언제나 가정에서부터 시작하기 때문입니다.

그러므로 그리스도인들은 모든 가족들이 한마음으로 '아브라함의 하나님, 이삭의 하나님, 야곱의 하나님'을 섬기면서 자신의 가정을 믿음의 가정으로 세우는 동시에, 그 가정을 바른 사회와 건강한 국가, 그리고 평화로운 세상을 구현하기 위한 시발점으로 삼아야 합니다. 하나님께서 우리를 그리스도인으로 불러 주시고, 우리에게 사랑하는 가족과 가정을 주신 까닭이 여기에 있기 때문입니다.

이 시간에는 한 가정의 이야기를 함께 들어 보겠습니다.

안녕하십니까? 313구역 오종희 집사입니다.

작년 12월 6일, 2008년도 사업 계획을 보고하러 간 자리에서, "후임은 누구를 생각하고 있습니까?"라는 갑작스런 질문을 받았습니다. 예기치 못한 충격적인 말에 잠시 멍하니 앉아 있던 저는, 직장 생활을 곧 끝내야 함을 알게 되었습니다. 대기업의 말단 사원으로 시작하여 CEO에 오른 33년간의 직장 생활은, 예상보다 일 년 앞서 끝이 나고 말았습니다. 만 60세가 정년이니까 만 60이 되는 해인 2008년 말까지는 직장 생활을 할 수 있으리라 생각했는데, 생일이 3월 말 이전이라 2007년 말에 퇴직을 해야 한다는 것이었습니다. 회사 규정이 바뀐 것을 모르고 있었기에, 정년 퇴직을 하면서도 예고도 없이 중간에 잘리고 만 느낌이었습니다. 그때의 당혹감은 마치 운전을 하다가, 저 앞에 가서 멈춰야지 했는데 갑자기 급브레이크를 밟은 것 같았습니다. 짐을 정리해서 16년간이나 사용해 오던 방을 나서는데 만감이 교차했습니다. 20대 후반 청년기에 입사해서 반백이 된 60대가 되어 나오다니, 쉴 틈 없이 앞만 보고 달려온 지난 33년의 세월이 순식간에 어디론가 사라지고 만 것 같아 허탈했습니다.

직장 생활을 하면서 너무도 힘들고 지칠 때면 당장이라도 그만두고 싶었습니다. 그러나 그때마다 부모님과 처자식의 얼굴이 어른거리고, 가장으로서의 책무가 어깨를 짓눌렀습니다. 그때 내가 다시 일어설 수 있었던 것은 결혼 전 아내에게 했던 약속과, 가족의 따뜻한 사랑 때문이었습니다. 집 한 채 없는 5남매의 장남으로 시부모를 모셔야 하는 데다, 나이가 일곱 살이나 많은 내가 염치도 없이 프러포즈했을 때 아내는 질겁하였습니다. 그 때 난 "당신을 위해 내가 할 수 있는 일은 다 하겠다"고 약속했고, 결혼한 이후 지금까지 저는 그 약속을 지키고자 최선을 다해 왔습니다.

퇴직을 며칠 앞둔 크리스마스 날, 교회에서 예배를 드린 뒤 아내와 함께 집에 들어서자, 먼저 와 있던 자식들이 정년퇴직하게 된 아버지를 위한 이벤트를 마련하여 저를 감동시켰습니다. 거실 천장에 풍선을 매달고, 직장 생활 33년을 나타내는 색종이를 붙여 놓은 아들과 며느리 그리고 딸이 고깔모자를 쓰고 환호와 박수로 나를 맞아 주었습니다. 스피커에서는 〈My way〉, 〈You raise me up〉 등의 노래가 흘러나왔습니다. "힘들 때면 하나님, 당신께서 나를 일으켜 주신다", "가족들보다는 아버지 당신을 위한 길을 가시라"는 메시지를 그 노래들은 전하고 있었습니다.

"더도 말고 덜도 말고, 아버지가 가족을 위해 걸어온 길을 가고 싶다"는 아들.

"그동안 고생 많으셨는데, 이젠 저희가 잘 모실 테니 아버님 하고 싶으신 일 하며 사세요" 하는 며느리.

"초등학교 3학년 때, '다음에 다시 태어나도 지금 부모님이 있으면 좋은 사람?' 하는 선생님의 물음에 주저 없이 손을 들었다며, 지금도 친구들이 아빠 엄마 같은 부모님을 둔 저를 부러워한다"고 말하는 딸.

"장남으로 가정을 지탱해 나가느라 자기가 하고 싶은 것은 절제하고 양보만 하면서 살아온 당신, 참 수고 많았어요. 엊그제 주일 설교에서 목사님이 하신 말씀이 생각나네요. 세상에서는 1등이 상대적이지만, 하나님 앞에서는 모두 다 1등이 될 수 있는 절대적인 등수라고 하셨지요. 이제 당신 앞에는 비교와 경쟁 속의 1등을 위한 삶이 아닌, 눈에 보이거나 드러나지 않지만 하나님 앞에 인정받는 삶이 시작되길 바래요. 33년의 직장 생활을 마치고, 당신이 그토록 소중하게 가꾸고 지켜 온 가정으로 돌아오심을 환영합니다. 가족이야말로 험한 세상의 방주임을 깨달으면서, 다가오는 새날들을 함께 살아갑시다"라는 글을 써준 사랑하는 아내.

그날 저는 가족들의 따뜻한 격려와 위로를 받으면서, '그래도 지금까지 헛 살아오지는 않았구나' 하는 행복감을 느꼈습니다. 저는 감격스런 마음에 아이들에게 말했습니다. "그래, 그렇게 얘기해 주어서 고맙구나. 이제 난 2선으로 물러섰으니, 너희들이 무대 전면에서 마음껏 열심히 살아라. 다만 꼭 한 가지 당부하고 싶은 것은, 바울 사도의 말씀처럼 믿음의 경주를 끝까지 달려가 주길 바란다." 그리고 아내에겐 "나를 믿고 지금까지 함께 해 준 당신이 고맙소. 당신이 내 곁에 있었기에 33년의 직장 생활을 무사히 마칠 수 있었소"라고 말해 주었습니다.

2008년 1월 2일, 여느 때 같았으면 새해 시무식을 하기 위해 직장으로 향했을 터이지만, 그날은 아내와 함께 포천에 있는 부모님 묘소를 찾아 정년퇴직 신고를 하였습니다. 나이 60이 넘어 예수님을 믿게 된 것이 너무 억울하다시며 손자들한테 너희들은 어릴 때부터 예수님을 믿으니 얼마나 좋으냐시던 어머니. "주님! 믿습니다. 감사합니다. 할렐루야, 아멘"—이 다섯 마디를 마지막으로 세상을 떠나신 아버지. 물질적 재산이 아닌 아름다운 신앙을 물려주신 부모님이 그날따라 사무치게 그리웠습니다. "지금까지는 나와 가족을 위해 살아왔지만, 앞으론 나를 필요로 하는 사람들을 위해 그리고 한 영혼을 구원하는 일을 위해 열심히 살겠다"는 기도를 드리는데 눈물이 핑 돌았습니다.

부모님 묘지를 떠나오면서 아내에게 말했습니다.

"여보, '열심히 일한 당신, 떠나라!' 하는 광고 카피 알지? 우선은 나 훌훌 떠날 거야. 장로가 되었지만 목사가 되진 않을 테니 걱정 말고. 내가 언제 장로가 되었냐고? 장기간 노는 사람이 장로지. 목적 없이 사는 사람이 목사고."

감사합니다.

얼마나 감동적인 이야기입니까? 오 집사님에게는 이 세상을 먼저 떠나 하나님의 나라에 가신 믿음의 부모가 계십니다. 오 집사님 자신은 눈이 오나 비가 오나, 추우나 더우나, 사랑하는 가족을 부양하기 위하여 33년 동안 수고와 헌신과 땀과 눈물을 아끼지 않았습니다. 그리고 그 수고와 헌신에 동참한, 사랑하는 믿음의 아내가 있습니다. 그뿐 아니라 아버지의 수고와 헌신에 진심으로 감사하면서, 은퇴한 아버지에게 새로운 삶의 날개를 달아 드릴 줄 아는 멋진 믿음의 자식들이 있습니다. 오 집사님에게 하나님은 우리 부모의 하나님, 우리 부부의 하나님, 우리 자식의 하나님이십니다. 바꾸어 말하면, 오 집사님에게도 하나님은 '아브라함의 하나님, 이삭의 하나님, 야곱의 하나님'이신 것입니다. 그리고 오 집사님은 앞으로 자신이 무엇을 해야 할 것인지도 바르게 알고 있었습니다. 그는 올해 초 은퇴 신고를 하기 위해 찾아간 부모님의 묘소 앞에서, '지금까지는 나와 가족을 위해 살아왔지만 앞으로는 나를 필요로 하는 사람들을 위해, 그리고 한 영혼을 구원하는 일을 위해 열심히 살겠다'는 다짐의 기도를 드렸습니다. 오 집사님은 자신의 가정이 자기 삶의 종착역이 아니라, 이 세상에 하나님의 뜻을 구현하기 위한 시발점임을 자각하고 있는 것입니다.

그렇다면 이와 같은 믿음의 가정을 통해 그동안 하나님의 역사가 얼마나 아름답게 펼쳐져 왔겠습니까? 또 '아브라함의 하나님, 이삭의 하나님, 야곱의 하나님'의 섭리 속에서, 앞으로도 이 가정을 통해 얼마나 많은 생명의 역사가 일어나겠습니까?

사랑하는 교우 여러분!

오늘 뜻깊은 가정 주일을 기점으로 삼아, 우리 모두 더욱더 우리 자신의 역할에 충실하십시다. 믿음의 부모로서의 역할, 믿음의 부부로서의 역할, 믿음의 자식으로서의 역할, 믿음의 형제자매로서의 역할에 충실함으로, 우리 각자의 가정을 진정한 믿음의 가정으로 일구십시다. 그때 하나님께서 우리 가정을 통해 이 시대를 위한 출애굽의 역사를 반드시 이루어 가실 것입니다. 우리가 믿는 하나님은 '아브라함의 하나님, 이삭의 하나님, 야곱의 하나님'이시기 때문입니다.

우리에게 가정 주일을 허락하시고, 이처럼 온 교우들이 사랑하는 가족들과 함께 처음으로 한 공간에서 예배드릴 수 있는 은총을 베풀어 주셔서 감사합니다. 오늘 예배를 통해 가족과 가정의 소중함을 다시 한 번 일깨워 주셔서 감사합니다. 무엇보다도 스스로 계시는 자존자이신 하나님께서 내 조부모의 하나님, 내 부모의 하나님, 우리 부부의 하나님, 내 자식의 하나님, 내 손자의 하나님 되어 주심을 감사합니다.

우리 모두 '아브라함의 하나님, 이삭의 하나님, 야곱의 하나님'의 은총 속에서, 각자의 역할에 충실하게 하옵소서. 믿음의 부모로서, 믿음의 부부로서, 믿음의 자식으로서, 믿음의 형제자매로서의 역할에 충실하게 해주셔서, 우리의 가정이 모두 향기로운 믿음의 가정이 되게 하여 주옵소서. 우리의 가정으로 인해 이 시대와 우리 사회가 새로워지게 하시고, 우리를 한 가족 되게 하신 하나님의 뜻이 우리의 가정을 통해 이 세상에 아름답게 구현되게 하옵소서. 아멘.